한사군은
중국에 있었다

이 도서의 국립중앙도서관 출판시도서목록(CIP)은 서지정보유통지원시스템 홈페이지 (http://seoji.nl.go.kr)와 국가자료공동목록시스템(http://www.nl.go.kr/kolisnet)에서 이용하실 수 있습니다(CIP제어번호: CIP2016012769).

처음부터 새로 읽는 한국고대사

한사군은 중국에 있었다

문성재(文盛哉) 지음

우리역사연구재단

한사군은 중국에 있었다

2016년 6월 1일 초판 1쇄 인쇄
2016년 6월 7일 초판 1쇄 발행

지은이 | 문성재
펴낸이 | 이세용
펴낸곳 | 우리역사연구재단
주 간 | 정재승
교 정 | 배규호
디자인·편집 | 배경태
출판등록 | 2008년 11월 19일 제321-2008-00141호

주 소 | 서울시 서초구 서초동 1689-2번지 서흥빌딩 401호
전 화 | 02-523-2363
팩 스 | 02-523-2338
이메일 | admin@koreahistoryfoundation.org
홈페이지 | http://www.koreahistoryfoundation.org

ISBN | 979-11-85614-02-1 93910

잘못된 책은 구입하신 서점에서 바꾸어 드립니다.
이 책의 저작권은 우리역사연구재단에게 있습니다.
우리역사연구재단의 허락 없이 내용을 인용하거나 발췌하는 것을 금합니다.

정 가 | 22,000원

Ⅰ. 들어가는 글   13

Ⅱ. 고조선의 연혁   25

1. 기자 이전에 이미 조선이 존재하고 있었다   25
1) 《상서대전(尙書大傳)》 속의 조선   25
2) 《한서》〈지리지〉에 보이는 조선   27
3) 《사기》〈조선열전〉 속의 '조선'   29

2. 위만집단의 동래   33
1) 한나라 제후국 연국   33
2) 위만의 망명 – 만이복과 퇴결   37
3) 위만의 세력 확장   41

3. 위씨조선과 그 주변   45
1) 위만정권의 수립   45
2) 위씨조선의 발전   47
3) 위씨조선의 위치   50
4) 남려와 '창해군'   57
5) 진번과 임둔   60

Ⅲ. 조한(朝漢) 전쟁 시말   62

1. 조한 전쟁의 발발   62
1) 섭하의 돌출행위   62
2) 양복과 순체의 출병   67
3) 한대의 전선과 수군의 편제   70

2. 지리멸렬하는 한나라 정벌군 74
  1) 졸정 다(多)의 선제공격 74
  2) 먼저 도착한 양복의 수군 76
  3) 무제의 위산 파견 78

3. 전쟁의 재개 82
  1) 한나라 군의 3차 공세 82
  2) 대치 국면에 돌입한 전쟁 86
  3) 양복과 순체의 알력 89
  4) 제남태수의 월권 91

4. 한나라 수군의 항해 경로 복기하기 93
  1) '종(從)'의 해석 93
  2) 발해의 위치 97
  3) '부(浮)'는 황해 횡단이 아니다 99
  4) 중국 학자도 인정하는 한대의 연안 항해 105
  5) 고염무가 고증한 누선군의 항로 108

5. 전쟁의 종료 110
  1) 조선의 매국노들 110
  2) 순체와 양복의 말로 114
  3) 조선 내통자들에 대한 논공행상 117
  4) 참의 영지 '니계'의 문제 124

Ⅳ. 진 시황과 만리장성 127

1. 진-한대 중국인들의 영토 인식 127
  1) 《사기》〈진시황본기〉에 나타난 진나라의 영토관 128

2) 진나라 동쪽 끝은 발해와 그 인근　　133
　　3) 제국의 도로망　　136
　　4) '동방도'의 북쪽 종착점 산해관(山海關)　　137

2. 진 시황의 동방 순행　　140
　　1) 동방 순행의 경로　　140
　　2) 1차 동방 순행　　143
　　3) 2차 동방 순행　　145
　　4) 3차 동방 순행　　145
　　5) 4차 동방 순행　　146
　　6) 동방 순행과 제국 강역의 함수관계　　147

3. 진 시황의 만리장성　　149
　　1) 장성의 출현　　149
　　2) 진나라 장성　　152
　　3) 만리장성의 서쪽 기점 '임조'　　154
　　4) 만리장성의 동쪽 종점은 어디인가　　156

4. 만리장성의 진실　　159
　　1) '만리'에 관한 세 가지 가능성　　159
　　2) '1만 리'는 우회거리　　163
　　3) 20세기 고고학계에서의 만리장성 논의　　169
　　4) 만리장성 동쪽 종점은 하북과 요령 경계지역　　174

Ⅴ. 갈석산과 수성현　　177

1. 문헌 속의 갈석산　　177
　　1) 고대사의 랜드마크 - 갈석　　177

2) 《상서》〈우공〉을 통해 보는 갈석산	179
3) 《산해경》과 《회남자》의 갈석산	182
4) 보정시에는 갈석산이 없다	185

2. 역사적 진실과 허구의 혼재   188
1) 갈석궁과 강녀석의 수수께끼   188
2) 중국 지자체들의 '역사 지어 내기'   194
3) 진황도 지명의 두 가지 유래   195

3. 제왕들의 순행과 갈석산   200
1) 갈석산과 진 시황, 한 무제   200
2) 조조의 오환 정벌과 갈석산   203
3) 북위 황제 문성제의 갈석산 순행   205

4. 낙랑군 수성현의 문제   207
1) '만리장성의 기점' 수성현   207
2) '고구려 옛 땅'에 갈석산이 있다   209
3) 두우가 언급한 '고구려 옛 땅'의 의미   212
4) 도엽암길의 '만리장성재수안설'   215
5) 이병도의 '갈석산재수안설'   223

5. 수성현이 수안군일 수 없는 이유들   227
1) '수안'이라는 이름의 유래   227
2) 두우의 '우갈석' 오독   231
3) 순행 동선상의 모순   234
4) 갈석산과 조선, 낙랑   237
5) 조선, 낙랑과의 위치 문제   240
6) 갈석산이 순행 명소가 된 이유   241

7) 갈석산은 평주에 있었다	243
8) '계석산'은 갈석산이다	246
9) 갈석산의 입지조건들	248

Ⅵ. 한사군과 낙랑 — 250

1. 역사 문헌 속의 낙랑 — 250
1) 낙랑은 과연 한반도에 있었을까 — 250
2) 낙랑은 낙랑, 평양은 평양 — 252
3) 《한서》에 언급된 낙랑의 위치 — 254

2. 낙랑의 지리적 검증 — 258
1) '한사군'에 대한 학자들의 지리 고증 — 259
2) 《후한서》의 리수 데이터 — 261
3) 거리 정보의 시대별 편차 — 264
4) 산지 - 위치 추정의 주요한 변수 — 268
5) 역대 도량형의 변천 — 272
6) 다시 '한사군'의 위치에 관하여 — 275

3. 한대 죽간 속의 낙랑 — 279
1) 제33.8번 죽간의 내용 — 280
2) 왕자금의 '낙랑' 해석 — 282

Ⅶ. 조작의 징후들 — 286

1. 이른바 '낙랑' 고분들의 문제 — 286
1) 중국계 고분으로 둔갑한 애 무덤들 — 287

2) 천차만별의 고분 양식 291
  3) 부장품이 고분의 성격을 규정할 수 있는가 292
  4) 움직일 수 있는 모든 것은 조작이 가능하다 294
  5) 평양지역에서만 쏟아지는 '낙랑계' 유물들 297

2. 이른바 '점제현 신사비'의 수수께끼 299
  1) 한대에는 비석이 존재하지 않았다 300
  2) '점제현 신사비'는 공간이동 된 것인가 303
  3) 용강 인근에는 웅장한 산이 없다 307
  4) 점제현은 서무산 근처에 있었다? 311
  5) 북한 학계의 과학적 분석 소견 317

3. 낙랑 봉니의 수수께끼 318
  1) '낙랑' 봉니는 위조된 것인가 318
  2) '낙랑' 봉니 200점의 의문 323

4. 이른바 '낙랑군 호구부' 진위 문제 325
  1) 정백동 고분의 발굴과 잡다한 유물들 325
  2) '낙랑군 호구부'의 언어적 모순 329
  3) 윤만 한(漢) 간독의 경우 331
  4) 국내 역사서, 문헌들의 경우 332
  5) '낙랑군 호구부'에 대한 문자학적 소견 334

5. 한국 고대사 조작의 주역들 341
  1) '만선사관(滿鮮史觀)'을 창도한 백조고길 342
  2) 대동강변을 낙랑군 치소로 비정한 조거용장 347
  3) '신의 손' 관야정 349

6. 태집둔 유적, 유물의 경우 356
　1) 소황지촌에서 발굴된 유물들 357
　2) 평가절하된 '임둔태수장'의 존재 359
　3) '임둔태수장' 봉니와 임둔의 위치 360
　4) '도하(徒河)'에 대한 중국 학계의 인식 365
　5) 주학연이 제공한 '도하' 관련 단서들 370
　6) '도하(屠何)'는 고대 북방민족의 이름 371

Ⅷ. 나오면서 375

찾아보기 386

Ⅰ. 들어가는 글

1

 우리는 보통 역사서나 문헌 자료들에 기록된 역사적 사실(historical fact)을 100% 역사적 진실(historical truth)로 받아들이는 경향이 있다. 그래서 일각에서는 1차 사료나 '정사(正史)'에 과도하게 집착하는 모습까지 보이기도 한다. 그러나 우리가 그동안 익숙하게 알고 있던 역사적 인물이나 사건에 대한 상식이 과연 100% 확실한 역사적 진실일까? 사마천(司馬遷)은 《사기(史記)》에 도가의 비조인 노자(老子)가 주(周)나라의 멸망과 함께 함곡관(函谷關)을 나가 서방으로 은둔했다고 하면서도 그 후손들이 그 정반대 쪽인 동방의 제 땅에 살면서 한나라에 출사했다는 기록을 남기고 있다.
 공자(孔子)의 경우도 마찬가지이다. 춘추전국시대에 완성된 《춘추공양전(春秋公羊傳)》은 공자가 서른 살이 되던 해가 기원전 522년이라고 적었고, 그로부터 수백 년 후인 전한대의 사마천은 그가 태어난 해를 기원전 551년으로 전하고 있다. 그러나 최근 중국 남창시(南昌市)에서 발견된 전한대 한 무제의 손자 해혼후(海昏侯) 유하(劉賀, BC93~BC59)의 무덤에서 출토된 공자 그림 병풍에서는 공자가 《춘추공양전》의 기록보다 14년, 《사기》의 기록보다는 15년이나 빠른 기원전 566년에 태어났다는 글귀가 확

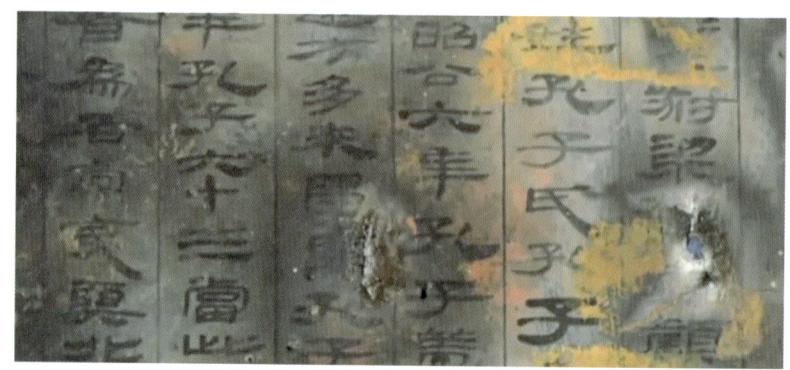
공자의 출생 연도가 기록된 병풍 부분도

인되었다.

이뿐만 아니다. 진수(陳壽)는 《삼국지(三國志)》에서 조조(曹操)가 조참(曹參)의 후손이라고 적었고, 배송지(裴松之)는 《삼국지주(三國志注)》에서 조조 집안이 원래 하후씨(夏后氏)에서 조씨로 입적되었다고 기록한 바 있다. 그러나 2013년 복단대(復旦大)의 사학과와 인류학과가 조조의 DNA를 공동 연구한 결과 진수와 배송지의 주장은 진실이 아니라는 것이 과학적으로 판명되었다.

세계사에서 이와 유사한 사례들은 이루 헤아릴 수가 없을 정도로 많다. 과연 이 중에서 누구의 어느 기록이 역사적 진실을 전하고 있을까? 우리들 중 적잖은 사람들은 오랫동안, 심지어 수천 년 동안 진실이라고 확신했던 역사 상식들이 실제로는 진실과 한참이나 동떨어져 있다는 사실을 뒤늦게 깨달은 경험이 한두 번씩은 있을 것이다.

지금까지 수천 년 동안 역사를 연구하는 과정에서 학자들이 가장 절대적으로 의존하고 신뢰하는 것은 역사 기록이었다. 왜냐하면 그것들이 현재와 역사 기록 속의 당시를 연결시켜 주는 중요한 연결고리이자 거의 유일한

조조 DNA 분석을 통하여 역사 기록의 오류를 과학적으로 바로잡았다. 이 분석 결과 조조는 ① 조참의 후손도 아니고, ② 하후씨 집안에서 조씨 집안으로 입적된 것도 아니며, ③ 난리를 피해 성씨를 '조(操)'로 바꾼 적도 없음이 밝혀졌다. 사진은 중국 매체의 관련 보도 내용.

단서들이었기 때문이다. 실제로 역사 기록들 속에는 우리가 상상할 수 없을 정도로 다양하고 흥미로운 비밀과 코드들이 도처에 감추어져 있다.

　문제는 '역사 기록'이라는 것은 당대의 것이든 후대의 것이든 예외 없이 작게는 사건 발생 연대상의 착오로부터 인물 또는 사건의 성격과 의미에 대한 평가, 나아가 사건의 시말을 전하는 데에 이르기까지 이런 저런 크고 작은 오류와 시비에 노출될 경우가 많다는 점이다. 즉, 역사 기록들이 전하는 인물과 사건들이 역사적 진실과 100% 완벽하게 일치하지는 않는 것이다. 역사 기록은 인간이 역사를 기록하기 시작한 이래로 인류사에서 명멸해 간 수많은 인물들과 사건들을 온전히 기록한 것이 아니라, 그중의 극히 일부분만 추려 놓은 인류사의 다이제스트 판일 뿐이다. 더욱이 기록자의 주관적인 관점과 의도에 따라 인물과 사건에 대한 인위적인 첨삭과 조작이 얼마든지 이루어질 수 있는 '주관의 산물'이기도 하다. 역사 기록이라는 것은 애초부터 그 특성상 단지 과거 어느 한 시점에 특정한 인물이나 사건이 '존재했었다는 것'을 알려주는 바로미터일 뿐이다. 참고의 근거는 될지언정 숭배의 대상은 아닌 것이다. 따라서 그 이상의 것, 예를 들어 그 '존재했던' 인물이나 사건이 '어떤 것이었느냐' 하는 문제들에 대한 해답은 줄 수 없으며, 때로는 역사적 진실로 다가서는 것을 오히려 방해하기도 한다.

앞서 예로 든 노자의 행적이나 공자의 출생연도, 조조의 가계 등의 사례들은 역사 기록이 얼마나 불완전한 근거인지 잘 보여 주고 있기 때문이다.

만일 DNA 추적을 가능하게 한 조조 후손의 어금니나 공자의 출생연도에 관한 단서를 적은 그림 병풍이 발견되지 않았다면, 우리는 아마 지금 이 순간까지도 역사 기록이 100% 확실한 역사적 진실이라고 굳게 믿고 있었을 것이다. 역사 기록과 진실 사이의 간극은 이렇듯 우리의 상상을 넘어설 정도로 큰 것이다. 따라서 이 문제는 기존 학계의 고대사 연구 방식처럼, 역사 기록만 유일하고 절대적인 연구 대상으로 받들면서 무작정 문헌 고증에만 매달려서는 10년이 가고 100년이 가도 절대로 해결할 수 없다. 역사 기록 자체가 이미 원초적인 한계성을 안고 있기 때문이다. 따라서 훌륭한 역사 연구자라면 절대로 1차 사료나 '정사'만 맹신하거나 집착하지 않으며, 그 기록의 진실성 여부를 끊임 없이 의심하고 검증하려 노력할 수밖에 없다.

그렇다면 역사 기록과 역사적 진실 사이의 간극은 어떻게 해야 최소화할 수 있는 것일까? 역사 기록들은 언제나 고고학, 지리학, 유전학, 인류학, 언어학 등 인접 학문들의 차용을 통하여 끊임없이 대조되고 분석되고 검증되어야 한다. 그래야만 전방위적인 접근과 입체적인 검증을 통하여 보다 진실에 가까운 답안을 도출해 낼 수 있게 된다. 학자들의 경우도 마찬가지이다. 개방적인 마인드로 안으로는 역사적 사실을 보다 입체적이고 과학적으로 재구성하고 분석할 수 있는 능력을 갖추는 데에만 전념하는 한편, 밖으로는 연구 과정에서 다양한 해석의 여지를 두고, 재야의 사학자, 각계의 전문가들과도 겸허하게 소통, 협력하면서 지속적인 공조-협력 관계를 유지하는 데에 최고의 노력을 기울여야 옳다. 그래야만 역사적 진실에 한 걸음 더 가깝게 다가설 수 있는 것이다.

2

그동안 우리가 우리 고대사, 특히 고조선과 '한사군'의 역사를 연구하는 데에는 이런저런 제약이 적지 않았다. 우선, 한민족에게 고유한 문자가 존재하지 않았던 까닭에 관련 문헌 기록이 거의 모두 남의 나라(중국) 역사가들의 손에서 작성되었다. 그렇다 보니 역사 기술 과정에서 고조선을 철저하게 타자화하여 자신을 높이고 상대를 깎아내리는 '춘추필법(春秋筆法)'에 입각하여 역사 사실을 기술한 까닭에, 문화우월주의 또는 자국중심적인 편견이 두드러지게 반영되었다.

게다가 우리에 대한 이해가 그다지 많지 않은 남의 나라 역사가들의 손에서 역사 기록이 이루어지다 보니 분량에서도 상당히 단편적, 피상적으로 이루어지고 사실 왜곡이나 각종 오해들이 필연적으로 나타날 수밖에 없었다. 이 같은 현상은 단지 역사 기록에만 국한된 문제는 아니었다. 고조선 관련 고고학적 유물, 유적들 역시 수적으로 턱없이 부족하여, 고조선 또는 '한사군' 시대의 상황을 전반적, 구체적으로 고찰한다는 것이 원천적으로 불가능하였다.

그나마 발굴된 유물, 유적들조차 고고학적 유물, 유적들 역시 언제든 수시로 운반이 가능한 것이어서 얼마든지 조작이 가능한 데다, 일제 강점기 일본인 식민사학자들의 손을 탄 것이다 보니 그것들에 대한 사람들의 시선은 다분히 의심에 찬 것이었다. 설사 해방 후에 발굴된 것이라 해도 북한에 직접 가서 조사, 검증하기가 불가능한 탓에 그 역사적 실체에 다가선 다는 것이 원천적으로 차단되어 있는 실정이다.

그 결과 그 쟁점들의 해결을 위한 단서들은 한결같이 깨어진 그릇의 파편처럼 그것들 자체만으로는 고조선 및 '한사군'의 위치나 영역과 관련된 온전한 그림을 담고 있는 경우는 하나도 존재하지 않았다.

이렇듯 우리 고대사의 실체에 대한 접근이 현실적으로 불가능하거나 문제가 많다면 우리로서는 역사적 진실을 찾아내기 위해서는 역사기록이든 고고유물이든 어느 한쪽만 맹신할 수는 없는 것이다. 그런 상황에서 대안이 될 수 있는 것은 바로 고대사에 수시로 등장하는 지형지물, 건축물이나 역사서, 지리서에서 언급, 묘사되는 산천을 근거로 고조선 또는 '한사군'의 위치 및 영토를 찾아내는 등의 지리적인 접근이라고 할 수 있다.

만일 고조선, 한사군의 역사를 재조명하는 과정에서 문헌 고증과 고고유물, 그리고 지리 고증을 유기적으로 연동시키고, 이를 효과적으로 활용한다면 지금까지 제대로 밝혀내지 못했던 고대사 속의 많은 현안들을 해결하는 작업이 한결 쉬워질 것이다.

3

2010년 중국에서는 우리의 이목을 끄는 대단히 의미가 심장한 사건이 일어났다. 북경 남서쪽 교외에 자리 잡은 대흥구(大興區) 삼합장촌(三合莊村)에서 재개발을 위한 토지측량이 진행되던 중 고분의 흔적이 다수 발견된 것이다. 문화재 관련 법규의 재정비를 거쳐 북경문물국에서 2014년 10월 10일부터 본격적인 발굴 작업을 벌인 결과 그 일대에서는 조성 시기가

북경 근교 삼합장촌 발굴 현장

서로 다른 무덤이 129기나 발견되었다.[1]

그런데 그 가운데 한 무덤에서 다음과 같은 명문이 새겨진 벽돌이 발견되었다.

元象二年四月十七日樂浪郡朝鮮縣人韓顯度
銘記

이 명문을 통하여 무덤의 주인이 '낙랑군 조선현' 출신으로, 이름이 한현도(韓顯度)이고 원상(元象) 2년에 사망했음을 알 수 있었다. '원상'은 동위(東魏)의 효정제(孝靜帝)가 사용한 연호이므로, 원상 2년이라면 서기로는 539년에 해당한다.

북경문물국에서는 1차 발굴 작업이 마무리된 후 한현도 묘의 성격과 관련하여 "한반도

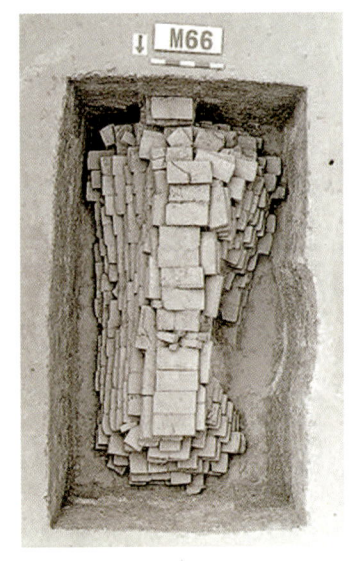

2014년 발굴된 한현도 묘의 모습.

1) 관련 동영상(19분) – http://video.baomihua.com/v/35340158

의 낙랑군에 거주하던 낙랑군 유민들이 모용씨의 고구려 정벌을 계기로 북경까지 강제 이주해 온 데 따른 결과물"이라는 논평을 내놓았다.

그들은 이것이 북위(北魏)의 태무제(太武帝) 탁발도(拓跋燾: 408~452)가 430년대에 북방을 통일하는 과정에서 위만조선의 백성들을 평양에서 비여로 강제 이주시키고 조선현을 설치한 후에 조성된 것이라는 결론을 내렸다. 그러면서 한국에서 벌어질 역사 해석 논란을 의식했던지 한현도는 당시 조선현에 안치되었던 조선인의 후손이며, 따라서 그의 무덤 역시 "강제 이주의 결과물이므로 한국에는 자랑거리가 아니다"라면서 이에 대한 또 다른 해석의 가능성을 서둘러 차단하였다.

중국 당국에서는 당초 땅이 해동된 후인 2015년 5~6월부터 해당 무덤군에 대한 본격적인 발굴 작업을 진행한다는 계획이었다. 그러나 무슨 이유에서인지 그 후로 1년이 지난 지금까지도 발굴 작업과 관련된 어떠한 후속 발표도 나오지 않고 있다.

중국 당국이 어째서 한현도 묘의 발굴이 지니는 역사적 의의를 애써 축소시키려 하는지, 그리고 중국에서 근본도 모를 비석 조각만 나와도 언론 플레이를 하느라 난리를 치던 국내 학계가 어째서 정작 이 문제에 대해서는 지금껏 침묵으로 일관하고 있는지 그 영문을 알 수는 없다. 한 가지 분명한 것은, 한현도 무덤의 발견이 고조선과 '한사군(漢四郡)'의 위치 등 한국고대사의 주요한 쟁점들의 연구와 관련하여 우리에게 새로운 해석 가능성을 환기시켜 주었다는 것이다.

4

국내에서는 그동안 고조선 중심지 및 '한사군'의 위치와 관련하여 크게 세 가지 학설이 통용되어 왔다.

1. 한반도 중심설
2. 요서 중심설
3. 중심이동설

이 중에서 학계가 정설로 신봉해 온 것은 한반도 중심설이었다. 문제는 1920~1930년대의 신채호(申采浩), 정인보(鄭寅普) 등 민족주의 역사학자들, 그리고 1950년대의 리지린 등 북한 학계, 1970년대의 윤내현(尹乃鉉), 1990년대 이후의 이덕일(李德一) 등 재야 사학자들은 요서 중심설의 입장에서 기존의 정설에 대하여 지속적으로 이의를 제기해 왔다는 것이다. 그 후로 강단학계 일각에서 뒤늦게 일종의 절충안으로 중심이동설을 제기하기도 하였다. 그러나 이는 조선의 초기 중심지를 한반도로 설정하고 있다는 점에서 본질적으로 한반도(평양) 중심설의 아류나 변종일 뿐이다. 따라서 엄밀하게 본다면 국내에서는 고조선과 '한사군'의 위치에 관련하여 한반도 중심설과 요서 중심설 이 두 가지 입장이 팽팽하게 대립하고 있는 상황이라고 해도 무방한 셈이다.

그렇다면 과연 고조선의 중심지 및 한사군의 위치와 관련한 역사적 진실은 어디에 있는 것일까? 어느 학설이 역사적 진실에 더 가까이 다가간 것일까?

5

이 책은 식민사학과 민족사학, 강단과 재야의 차원을 떠나서 보다 객관적인 시각에서 보다 다양한 방법으로 두 학설 중 어느 쪽이 역사적 진실에 보다 더 가까운지 우리의 고대사를 진지하게 조명하고 고찰해 보자는 순수한 동기에서 기획되었다. 즉, 어느 한쪽을 일방적으로 매도하거나 편파적으로 두둔하기 위하여 준비한 것이 아니라는 말이다. 필자는 이 책의 기술 과정에서 논박이 꼭 필요한 대목이 아니라면 감정적인 비판은 가급적 자제하고 필자의 생각과 분석 결과를 개진하는 데에만 집중하였다. 한 사람의 인문학자로서, 한 치의 가감도 없이 객관적이고 엄정한 자세로 우리의 고대사를 돌이키고 더듬고 반추해 보려고 한다.

이 책에서는 조한 전쟁, 만리장성, 낙랑군 등, 고대사 속의 주요한 키워드들을 몇 개의 장으로 구성하고 학계에서 100년 가까이 끊임없이 논란이 되고, 또 논란을 만들어 왔던 고대사 속의 쟁점들을 차례로 복기해 나갈 것이다. 그 과정에서 양측의 주장들 중에서 수용할 것이 있으면 수용하고, 비판할 것이 있으면 비판하고, 보완할 것이 있으면 보완하면서, 역대 역사 기록들에 문제는 없는지, 학자들의 해석, 주장에 오류는 없는지 하나하나 검증해 볼 것이다.

그리고 그 과정에서 강단 또는 재야에서 우리들이 소홀히 했거나 무심하게 넘겼던 부분들을 하나하나 짚어 나가면서 그동안 맞추지 못했던 고대사의 퍼즐 조각들을 차례로 끼워 나감으로써 하나의 온전한 그림으로 완성해 나갈 것이다. 이 과정에서 문헌 고증만으로는 미흡하거나 논리 전개에 필요한 경우에는 필자의 능력과 여건이 허락하는 한도 내에서 역사 기록이나 고고학적 유물, 유적 이외에도 지리학, 해운학, 천문학, 인류학,

언어학, 문자학, 금석학 등 인접 학문 관련서들을 두루 참조하면서 나름의 견해를 피력하고자 한다.

필자는 30년 넘게 고문과 문사철을 공부하고 연구해 온 사람이다. 따라서 적어도 역사서나 지리서의 번역, 해석 등 언어적 접근에서만큼은 거의 완벽하게 문제들을 해결했다고 자부할 수 있다. 다만, 문헌 고증이 아닌 다른 문제들, 예를 들어 지리, 해운, 천문, 인류, 민속 등 분야의 문제들의 경우는 필자가 전공자가 아니기 때문에 아무래도 이런저런 부분에서 전문성이 부족하거나 잘못 알고 있는 정보가 없을 수 없다.

게다가 지면이 한정되어 있다 보니 더러 '수박 겉핥기' 식으로 허겁지겁 넘어가는 부분도 없을 수 없을 것이다. 그런 부분들에 대해서는 우리 고대사에 대한 애정이 남다른 독자 여러분들께서 애정 어린 지적과 편달을 아끼지 않으시리라 믿는다. 그것은 고조선 또는 '한사군'에 관한 후속 연구에 있어 대단히 유용하고 훌륭한 밑거름이 될 것이기 때문이다.

이 책을 통하여 그동안 강단과 재야의 학자들 사이에서 편견이나 오해로 말미암아 고대사 연구 및 원전 분석 과정에서 알게 모르게 이루어졌던 오독이나 오역들을 조금이라도 바로잡을 수 있게 되기를 바란다. 관련 연구자들은 그것만으로도 우리 고대사를 보다 전향적이고 입체적으로 접근, 연구하는 데에 적잖은 계발을 받을 것이기 때문이다.

끝으로, 이 자리를 빌려 어려운 여건 속에서도 우리 고대사에 각별한 애정을 가지고 언제나 관심과 지원을 아끼지 않으시는 우리역사연구재단의 이세용(李世鏞) 이사장님께 심심한 존경과 감사의 말씀을 올린다. 아울러 이 책을 구상, 집필하는 과정에서 이런저런 자문과 도움을 주었던 강석정(姜錫廷) 선생님, 한상봉(韓相奉) 선생님, 고대사의 쟁점들을 둘러싼 토론과 논쟁에 기꺼이 소중한 시간을 할애해 준 친구 송강호(宋康鎬) 선생, 우리 고대사 쟁점들과 관련하여 좋은 글로 필자에게 신선한 영감을 주신 온라인의 역사 블로거 여러분께도 심심한 감사의 말씀을 드린다. 그리고 이번에도 좋은 책이 될 수 있도록 다방면으로 애쓰고 격려해 주신 정재승 이사님, 늘 꼼꼼한 교열과 인상적인 디자인으로 책의 격을 높여 주시는 배규호, 배경태 두 분 편집위원께도 감사의 말씀을 전하는 바이다.

2016년 4월 31일
서교동 조공헌(釣○軒)에서
문성재

II. 고조선의 연혁

1. 기자 이전에 이미 조선이 존재하고 있었다

 중국 문헌에서 고조선에 관한 기록은 그다지 많지 않다. 여기서는 전한 대 역사가 사마천(司馬遷: BC145~?)이 편찬한 《사기(史記)》의 〈조선열전(朝鮮列傳)〉을 중심으로 고조선의 연혁과 체제를 살피면서 아울러 기타 주변 자료들을 활용하여 부연하는 방식으로 고조선의 정확한 위치와 그 진면목을 추적해 보도록 하겠다.

1) 《상서대전(尙書大傳)》 속의 조선

 중국에는 이미 기자(箕子) 시기부터 조선의 존재가 알려져 있었던 것으로 보인다. 기자는 은(殷)나라 왕족 출신으로, 대략 은나라 말기에서 주(周)나라 초기(BC1176~BC1083 전후)의 인물이다.
 중국에서 가장 오래된 역사서로 일컬어지는 《상서(尙書)》의 〈홍범(洪範)〉에는 주 무왕(周武王) 희발(姬發: BC1087~BC1043)이 재위 13년째 되던 해에 기자를 예방하고 자문을 구한 일이 소개되어 있다. 이 기록에 따르면, 두 사람이 만나 나눈 대화는 "어떻게 해야 (주)나라를 잘 다스릴 것인가"를

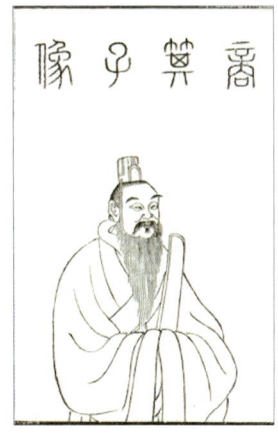

중국 문헌 속에 묘사된 기자

주제로 한 것이 전부였다. 중국에서 고조선을 기자와 결부시켜 언급한 기록이 처음으로 등장한 것은 그로부터 1,000여 년이 지난 전한대(BC206~AD8)부터이다. 효문제(孝文帝: BC180~BC157) 시기에 복승(伏勝)이라는 학자는 《상서대전(尙書大傳)》[2]에서 조선과 기자의 관계를 다음과 같이 소개하고 있다.

… 무왕이 기자의 연금을 풀어 주었다. 기자는 주나라가 (자신을) 풀어 준 일을 참지 못한 나머지, 도망쳐 조선으로 갔고 무왕은 그 소식을 듣고 그렇게 된 김에 조선 땅에 그를 책봉하였다. 기자는 기왕에 주나라의 책봉을 받은 이상 신하로서의 예의가 없을 수 없다고 여겨 무왕 12년에 (주나라로) 와서 입조하니 무왕이 그가 입조한 사이에 통치원칙을 문의하였다.

… 武王釋箕子之囚. 箕子不忍周之釋, 走之朝鮮, 武王聞之. 因以朝鮮封之, 箕子旣受周之封, 不得無臣禮, 故於十二祀來朝, 武王因其朝而問洪範.

《상서대전》이 전하는 내용이 역사적 진실이 확실하다면, 우리는 이를 통하여 두 가지 사실을 확인할 수 있다. 우선, ① 기자가 "도망쳐 조선으로 갔고", 그 소식을 전해 들은 주 무왕이 ② 그 일을 계기로 "조선 땅에 그를 책봉하였다"는 사실이다. 다시 말하면, 기자가 주나라 무왕을 피해 정치적 망명을 하기 전부터 조선이라는 나라가 이미 그 동쪽에 존재하고 있었으

---

[2] 《상서대전》은 중국에서 가장 오래된 역사책인 《상서》에 주석과 해설을 가한 책이다. 중국에서 가장 오래된 역사서로 일컬어지는 《상서》는 공자(孔子: BC551~BC479)가 엮었다는 전설이 있기는 하지만 전국시대(BC475~BC221)에 편찬되었다는 것이 통설이다.

며, 무왕이 그를 조선후로 책봉한 것 또한 기자에게 주나라의 영토를 분할해 준 것이 아니라 애초부터 동쪽에 존재하던 조선에서의 기자의 생존권을 추후에 승인해 준 것에 불과하다.

만약 기자가 망명할 당시 동쪽에 '조선'이라는 나라가 존재하지 않았다면 《상서대전》의 저술자는 이런 식으로 기록하지 않고 당연히 "도망쳐 동쪽으로 갔다"는 의미에서 "주지동방(走之東方)" 또는 "주지해동(走之海東)" 식으로 기록했을 것이다. 그런데 여기서 구체적인 나라 이름을 명시했다는 것은 이미 기자 당시 또는 그보다 이전부터 '조선'이라는 나라가 은나라 동쪽에 존재하고 있었다는 방증인 셈이다.

무왕의 책봉 역시 마찬가지이다. 무왕이 기자를 '조선후(朝鮮侯)'로 책봉한 것은 기자가 망명하고 정착한 동방이 그 이전부터 '조선'이라는 이름으로 불리고 있었기 때문에 그 땅 이름을 붙여서 '조선후'라고 한 것이지 이전에는 없던 땅 이름을 무왕이 새로 만들어 내서 '조선후'로 책봉한 것이 아니라는 말이다.

따라서 《상서대전》의 이 두 군데의 언급만으로도 우리는 기자가 동쪽으로 망명하기 전부터 이미 '조선'이라는 고대 국가가 존재하고 있었다는 사실을 확인할 수 있는 것이다. 기자 이전에 이미 '조선'이 존재하고 있었다는 사실은 《사기》 등 중국의 다른 사서, 문헌들에서도 확인할 수 있다. 여기서는 후한대 역사가 반고(班固: 32~92)의 《한서(漢書)》〈지리지(地理志)〉 기록을 살펴보도록 하자.

2) 《한서》〈지리지〉에 보이는 조선

… 은나라의 도가 시들해지자 기자는 나라를 떠나 조선으로 가서 그 백성

들에게 예의와 의리, 농사와 양잠, 직조, 수공업을 가르쳤다. 낙랑 조선의 백성들에게는 '범금 8조'가 있었는데, 사람을 죽이면 그때의 값으로 갚고 다치게 하면 곡식으로 갚으며, 도둑질을 하면 사내는 호적을 없애고 그 집 종으로 들였고 여자는 하녀로 삼았다. 만일 몸값을 치르고자 하는 경우에는 1인당 50만 전을 내어야 했는데, 아무리 죄를 면제받아 민호로 있더라도 세간에서는 그를 부끄럽게 여겨 시집을 가고 아내를 맞으려 해도 짝이 되려는 이가 없었다. 그래서 그 백성들은 늘 도둑질을 하지 않았고 문을 닫는 일이 없었으며, 부녀자들은 정숙하고 지조가 있어서 음탕하게 처신하지 않았다. 그 농부들은 제기처럼 값진 그릇으로 밥을 먹었지만 도읍에서는 관리나 내군 상인을 모방하는 일이 많아서 흔히 잔 같은 그릇으로 음식을 먹었다. 이 군은 초기에 요동으로부터 관리를 선발했는데 그 관리들이 보니 백성들이 문을 닫거나 물건을 재어 두는 일이 없었다. 그러던 것이 상인들이 들어가면서부터 밤에는 도둑질을 하여 풍속이 갈수록 각박해졌다. 지금은 범금이 더 많아져서 60여 조에 이른다. …

… 殷道衰, 箕子去之朝鮮, 敎其民以禮義, 田蠶織作. 樂浪朝鮮民犯禁八條: 相殺以當時償, 相傷以穀償, 相盜者, 男沒入爲其家奴, 女子爲婢. 欲自贖者, 人五十萬, 雖免爲民, 俗猶羞之, 嫁取無所讎. 是以其民終不相盜, 無門戶之閉, 婦人貞信不淫辟. 其田民飮食以籩豆, 都邑頗放效吏及內郡賈人, 往往以杯器食. 郡初取吏于遼東, 吏見民無閉藏, 及賈人往者, 夜則爲盜, 俗稍益薄. 今于犯禁浸多, 至六十餘條. …

반고가 〈지리지〉에서 소개한 조선 백성들에게 도덕을 깨우치고 농사를 가르쳤다는 등, 기자와 관련된 일련의 일화와 전설들이 과연 역사적 진실인지에 대해서는 확인할 길이 없다. 다만 여기서 우리의 눈길을 끄는 것은

"은나라에서 도가 시들해지자 기자는 나라를 떠나 조선으로 갔다(殷道衰, 箕子去之朝鮮)" 부분이다. 앞서의 《상서대전》의 기록과 마찬가지로, 여기서도 기자가 "조선으로" 간 사실, 즉 기자가 동쪽으로 가기 전부터 이미 '조선'이라는 고대 국가가 존재하고 있었다는 사실을 확인해 주고 있는 것이다.

《상서》에는 전혀 언급되지 않았던 조선과 기자의 이야기가 어떻게 그보다 1,000여 년이 지난 후에 저술된《상서대전》나《사기》,《한서》등의 사서와 문헌들에 추가되었는지, 또 그 이야기가 진실에 입각한 것인지의 여부는 확인할 길이 없다. 다만, 적어도 기자가 정치적 망명을 떠나던 시기, 즉 무왕이 주나라를 건국한 기원전 12세기에 그 동쪽에 '조선'이라는 고대국가가 존재하고 있었다는 사실은《상서대전》의 기록을 통하여 분명하게 확인되는 셈이다.

우리가 알고 있는 역사 지식에 근거하는 한, 기자 이전의 조선이라면 '단군조선(檀君朝鮮)'밖에 없다. 따라서 기원전 12세기에 기자가 망명한 동쪽 나라 조선은 바로 단군조선일 수밖에 없는 것이다.

아쉬운 것은 중국의 고대 문헌 기록들 중에서 기자 이전의 단군조선에 관한 기록은 이것뿐이라는 사실이다. 따라서 우리 책에서도 단군조선에 관한 논의는 이 정도로 그칠 수밖에 없을 것 같다.

3) 《사기》〈조선열전〉 속의 '조선'

《사기(史記)》〈조선열전(朝鮮列傳)〉은 그 제목 때문에 '조선'을 기술의 주체로 삼아 작성한 것으로 생각하기 쉽다. 그러나 중국 정사의 특성상 각 역사서의 '열전(列傳)'은 어디까지나 해당 중원 왕조의 시각에서 기술될 수밖에 없었다. 따라서 기록자의 시각은 여전히 중원 왕조 – 한나라에 머물고 있기 때문에 제목에 '조선'을 달고 있기는 해도 조선과 관련된 내용은 주마간산 격으로 언급되어서 다분히 엉성하고 단편적이라는 느낌을 지울 수가 없다.

그럼에도 불구하고 〈조선열전〉이 중요한 역사 자료로서 주목받는 것은, 그 기록의 진실성 여부는 차치하고라도, 군데군데에 언급된 고조선에 관한 내용들을 퍼즐 조각처럼 하나하나 짜서 맞추어 나가다 보면 어렴풋하게나마 고조선의 실체, 나아가 고조선과 주변 정세에 대한 접근이 가능해지기 때문이다. 〈조선열전〉에서는 전국시대의 연(燕)나라와 관련하여 이렇게 전하고 있다.

> 연나라가 온전할 때부터 진번, 조선 등을 공략해 그 강역의 일부를 자국의 영토로 복속시킨 후 현지에 관리를 파견하고 장새를 쌓았다.
> 自始全燕時嘗略屬眞番, 朝鮮, 爲置吏, 築鄣塞.

연나라 장군 진개(秦開)가 고조선을 공략하여 그 땅 1,000리를 점령했다는 사실은 우리가 이미 중국 역사서들을 통해서 잘 알고 있는 일이다. 그로부터 550여 년 후인 삼국시대에 위(魏)나라 학자 어환(魚豢: ?~?)이 저술한 역사서인 《위략(魏略)》에는 이때 점령했다는 조선의 영토가 2,000리, 그 주체 역시 '동호(東胡)'로 나와 있다. 따라서 학계에서는 이 부분의 해석을 놓고 지금도 학자들 사이에서 논란이 벌어지고 있는 실정이다. 중원 주변 이민족들에 관한 기록이 단편적인 데다가 그 기록들 대부분이 중원 왕조를 중심으로 기술되다 보니 이 같은 혼선과 논란은 피할 길이 없어 보인다.

다만 이 대목에서 우리가 명심해야 할 것은 진번(眞番), 조선(朝鮮) 등의 동이계 국가들의 영토에 대한 연나라의 점령이 장기적, 전면적으로 이루어진 것은 아니라는 점이다. 바꾸어서 말하자면, 연나라가 진번, 조선 등의 영토를 일시적, 부분적으로 점령한 것은 역사적 사실이지만, 그 나라 전체를 정복해 연나라의 영토로 삼는 일은 없었다는 말이다.

그 같은 사실은 〈조선열전〉의 "위치리, 축장새(爲置吏, 築鄣塞)"이 여섯 글자를 통해서도 어렴풋하게 확인할 수가 있다. 여기서 "위치리(爲置吏)"는 점령지역을 임시로 통치하기 위하여 관리를 파견한 것을 가리키고, "축장새(築鄣塞)"란 이민족들이 연나라가 빼앗은 점령지역을 공격하거나 탈환하는 것을 막기 위하여 '장새(鄣塞)'를 쌓은 것을 가리킨다.

'장(鄣)'은 지금의 '장(障)'과 같이 '가로막다'의 의미를 나타내는데, 평지에서 사람이 마음대로 다니지 못하도록 통제하기 위하여 길에 놓아두거나 쌓아 두는 일종의 바리케이드나 임시로 지은 초소 같은 방어시설을 말한다. 이를테면 서울로의 진입을 통제하기 위하여 통일로에 여러 겹으로 놓아둔 바리케이드 초소 정도의 것이라고 이해해도 무방할 것이다.

또, '새(塞)'는 원래 '틀어막다'의 의미를 나타내는데, 험준한 지형의 산지에서 유일하게 사람이 드나들 수 있는 중요한 길목을 막고 적의 침입을 방지하기 위하여 견고하게 구축한 보루나 요새 같은 군사시설을 가리키기도 하지만, 본질적으로는 일종의 국경 검문소나 관문을 뜻한다. 고대사에서 수시로 언급되는 '장새(障塞)'는 이 두 가지 형태의 방어시설을 아울러 일컫는 말로, 적군의 출입을 효과적으로 통제하기 위하여 변방의 군사적 요충지에 구축하는 방어시설을 통칭한다고 할 수 있다.

장새는 사방을 돌이나 흙으로 쌓은 벽을 수십 m에서 때로는 300m까지 둘러치기도 하지만, 엄밀하게 말하면 순전히 방어를 목적으로 구축한 임시적인 시설이어서 해당 지역에 대한, 그 성격이 지속적인 통치를 목적으로 하는 성(城)과는 확연히 다른 것이었다.

따라서 여기서의 "위치리, 축장새"는 점령지역을 자국의 영토로 삼아 통

일종의 바리케이드 및 임시 초소 격인 '장'과 산세를 이용해 구축한 검문소 격인 '새'를 주로 평지에 성벽을 둘러 짓는 '성'과 동일한 성격의 건축물로 이해하는 것은 곤란하다. 오른쪽 사진은 중국 사천성, 섬서성, 감숙성인 사천성의 경계지역인 사천성 검각현(劍閣縣)에 세워진 관문인 검문관(劍門關)의 모습.

치하는 것을 말한다기보다 이민족의 출입이나 공격을 효과적으로 통제하는 것을 말한다. 학자들, 특히 중국 학자들은 임시로 구축된 이 같은 방어시설들까지 만리장성의 범주에 포함시키는 경우가 많다. 그러나 이런 것까지 성의 범주에 포함시킨다면 전 세계적으로 만리장성 아닌 것이 없을 것이다.

〈조선열전〉에 따르면, 진나라는 연나라를 멸망시키고 그 강역을 그대로 접수했는데, 이때 조선은 "요동의 경계 너머(遼東外徼)", 즉 그 동쪽에 위치해 있었다. 중국의 대표적인 사전인 《사해(辭海)》에서는 '요(徼)'를 '요새'를 가리키는 말로 보고 다음과 같이 설명하고 있다.

목책을 세워 오랑캐와의 경계로 삼았다.
立木柵, 爲蠻夷界.

그렇게 본다면 조선은 동쪽에서 당시 서쪽에 있었던 진나라의 요동군과 국경선을 마주하고 있었다는 말이 된다.

그 뒤를 이어 건국된 한나라는 "요동의 경계 너머" 지역이 너무 멀어서 지키기 어렵다는 점을 들어 연나라 시절의 요동의 옛 요새들을 보수하고 패수를 국경선으로 삼고 연국에 귀속시킨다. 만일 〈조선열전〉이 전하는 이 기록이 사실이라면, '패수(浿水)'는 평양의 대동강일 수 없다. 예로부터 패수는 조선과 중원 왕조의 지리적, 정치적, 문화적 경계선 역할을 했던 강이었기 때문이다. 그런데 이 뒤에 이어지는 대목에서 사마천은 위만(衛滿)의 이동 방향에 관하여 이렇게 적고 있다.

> 동쪽으로 달아나 요새를 나가서 패수를 건넌 후 진나라의 옛 빈 터전인 상-하장에 머물렀다.
> 東走出塞, 渡浿水, 居秦故空地上下障.

이 전언에 근거할 때 중원 왕조의 가장 동쪽 끝이 연나라의 "요새"이고, 거기서 조금 동쪽에 있는 것이 "패수"이며, 진나라의 옛 빈 터전인 상-하장은 그보다 훨씬 더 동쪽에 자리 잡고 있었다는 말이 되는 셈이다.

2. 위만집단의 동래

1) 한나라 제후국 연국

위만의 개인사와 위만조선에 관해서는 《사기》〈조선열전〉 첫머리에서 주로 소개되고 있다. 여기서 그에 관한 이야기가 시작되기 직전에 노관(盧綰: BC256~BC194)의 행적에 관한 언급이 삽입되어 있다. 패풍현(沛豊縣) 출신인 노관은 원래 한나라의 창업자인 고조(高祖) 유방(劉邦: BC247?~BC195)과는 한 고향 친구로서, 유방이 진나라에 반기를 들 때부터 그를 따르면서 조언과 지지를 아끼지 않았던 동지였다.

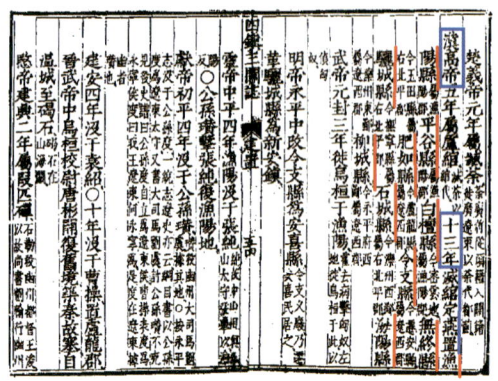

《사진삼관지》〈계진건치(薊鎭建置)〉'연혁'조에는 노관이
책봉된 연국의 강역이 소개되어 있다.

한나라가 건설된 후 그는 그동안의 봉사와 공로를 인정받아 이성(異姓) 제후의 한 사람으로서 '연왕(燕王)'에 책봉되었다. 그러나 평소에 의심이 많았던 유방은 노관이 자신의 황제 자리를 넘보고 있다고 여기고 의심의 눈초리로 그의 일거수일투족을 감시한다. 생존 본능에 이끌린 노관은 결국 조정에 반기를 들었지만 실패하고 흉노(匈奴)에게 귀순하여 거기서 여생을 마친다. 명나라 만력 4년(1576)에 간행된 지리지인《사진삼관지(四鎭三關誌)》에서는 노관이 흉노로 망명한 후 그의 영지이던 연국이 어떻게 처리되었는지 자세하게 소개하고 있다.

> 한나라 고조 5년(BC202), 노관에게 귀속되었으나, 고조 13년(BC194), 노관을 멸망시키고 연국을 평정한 후 어양현, 평곡현, 백단현, 무종현, 비여현, 영지현, 여성현, 석성현, 해양현, 유성현을 설치하였다.
>
> 漢高祖五年, 屬盧綰, 十三年, 滅綰定燕, 置漁陽縣, 平谷縣, 白檀縣, 無終縣, 肥如縣, 令支縣, 驪城縣, 石城縣, 海陽縣, 柳城縣.

말하자면 한나라 조정은 노관이 흉노로 망명하자 그 영지이던 '연국'을 직할령으로 전환하여 그 땅에 어양, 평곡, 백단, 무종, 비여, 영지, 여성, 석성, 해양, 유성 등의 현을 설치한 것이다. 그렇다면 이 10개의 현을 합친 것이 한나라 건국 초기 노관이 책봉된 연국의 영지인 셈이다. 《사진삼관지(四鎭三關志)》의 주석에 따르면, '어양현'과 '평곡현'은 어양군에 속하고, '백단현' 역시 어양군에 속하는 곳으로 밀운현(密雲縣)에 해당하며, '무종현'은 우북평군에 속하는 곳으로 옥전현(玉田縣)에 해당한다는 것이다.

마찬가지로, '비여현'과 '영지현'은 모두 요서군에 속하는 곳으로 각각 노룡현(盧龍縣)과 천안현(遷安縣)에 해당하고, '여성현'과 '석성현'은 모두 우북평군에 속하는 곳으로 각각 무령현(撫寧縣)과 난주(灤州) 서편에 해당하며, '해양현'은 요서군에 속하는 곳으로 난주의 동편에 해당한다.

마지막으로, '유성현'은 요서군에 속하는 곳으로 영평부(永平府) 서쪽에 해당한다. 영평부라면 고대에 고죽국(孤竹國)이 있던 자리로, 지금의 진황도(秦皇島), 당산(唐山) 대부분 지역과 요령성 서남부 일대를 관할하던 명대의 행정구역이다.

그렇다면 노관의 영지이던 연국은 그 영역이 대략 지금의 서쪽으로는 북경 동쪽에서 동쪽으로는 진황도 인근까지였던 것으로 추정할 수 있는 셈이다.

그런데 100여 년 후인 청나라 강희(康熙) 8년(1669)에 간행된 지리서 《산해관지(山海關志)》〈지리지〉'연혁'조에는 연국의 영역에 다소 차이가 보인다.

진나라가 연나라를 합병하고 그 땅을 요서군에 귀속시켰다. 한나라 고조 5년, 노관에게 귀속되었으나, 고조 13년, 다시 노관을 멸망시키고 연국을 평정한 후 비여, 영지, 여성, 해양의 네 현을 설치하였다.

秦幷燕, 以其地, 屬遼西郡. 漢高帝五年, 屬盧綰, 十三年, 復滅綰定燕, 置四縣, 肥如, 令支, 驪城, 海陽.

위에서 볼 수 있는 것처럼, 명대에 간행된《사진삼관지》의 소개 내용과 비교할 때, 당초 노관의 연국에 포함되어 있던 어양, 평곡, 백단, 무종, 석성, 유성 등 6개 현이《산해관지》의 기록에는 제외된 셈이다. 물론, 1,000년이 넘는 과거에 발생한 일이다 보니 당시의 상황을 100% 정확하게 고증해 낼 수는 없을 것이고,《사진삼관지》와《산해관지》중 어느 쪽의 기록이 보다 역사적 진실에 근접해 있는지는 누구도 알 수가 없다.

그렇기는 하지만 이 두 지리서는 둘 다 명-청대에 중앙 관청에 의하여 간행된 관판서(官版書)이다. 게다가 이 두 책 모두 그 내용이 주로 중요한 자국의 군사기밀들을 담고 있기 때문에 당시로서는 기사를 작성할 때 지명이나 위치 고증에 각별한 심혈을 기울였을 것이다. 만일《사진삼관지》와 《산해관지》의 기록이 정확하다면, 노관의 연국은 그 영역을 최소한 비여, 영지, 여성, 해양의 4개 현 정도, 최대한으로는 나머지 6개 현을 포함한 정도로 추정할 수 있는 있겠다.

《사진삼관지》와《산해관지》의 기사를 참조할 때, 한나라 때의 제후국이던 연국은 그 영역의 동쪽 끝을 지금의 진황도 인근까지로 비정할 수 있는 셈이다. 그렇다면 그동안 연국의 동쪽 끝을 한반도

〈사진삼관지〉와 〈산해관지〉를 참조한 연국의 영역(동그라미 부분). 아무리 영역을 최대한으로 늘여도 산해관(진황도)를 넘지 못한다.

인근까지로 비정해 왔던 국내외 학자들의 주장은 심각하게 재고되어야 할 필요가 있다고 하겠다.

어쨌든, 사마천이 〈조선열전〉에서 위만과 그의 행적에 관하여 기술하기에 앞서 간략하게나마 노관을 먼저 언급한 것을 보면 아마 위만은 그의 휘하에 있던 측근 장수이거나 모반의 동지들 중 한 사람이었던 것으로 보인다. 당시 위만이 연국을 떠나 정치적 망명을 하게 된 데에는 연왕 노관이 흉노로 망명한 사건이 결정적인 계기로 작용했을 것이다.

2) 위만의 망명 – 만이복과 퇴결

〈조선열전〉에는 위만이 "이전의 연 땅 사람[故燕人]"이었다는 말 이외에는 그 출신 배경에 관한 언급이 전혀 없다. 따라서 그가 원래 동이족 출신이었는지 한족 출신이었는지에 관해서는 확인할 길이 없다. 다만, 망명과정에서 1,000여 명이나 되는 추종자를 거느린 그가 이른바 "퇴결(魋結)"과 "만이복(蠻夷服)" 차림을 하고 있었다는 사마천의 언급을 보면 아무래도 위만이 순수한 한족 출신이기보다는 고조선 등 동이계 민족 출신이거나 그 문화적 영향을 적잖게 받은 인물이었을 가능성이 높다.

당시 중국인들은 '화하(華夏)'라는 표현에서도 볼 수 있듯이, 자신들을 문화적으로 우월한 집단으로 자부하는 반면 주변 북방민족들에 대해서는 '동이-서융(西戎)-남만(南蠻)-북적(北狄)' 식으로 철저하게 타자화(他者化)하면서 문화적으로 미개 또는 열등한 집단으로 무시하는 경향이 있었다. 그 같은 문화적 분위기는 전국시대 중후기에 조 무령왕(趙武靈王: BC340~BC295)의 군사개혁 과정만 보아도 충분히 알 수 있다. 그는 보다 효율적인 전쟁을 수행하기 위하여 군사개혁을 단행했는데, 당시 가장 격렬한 논쟁의 빌미가 된 것이 다름 아닌 조나라 군의 군복을 북방민족의 "만이복"으로 교체하는 문제였다.

당시만 해도 이민족에 대한 중국인의 민족적, 문화적 편견이 너무도 강했기 때문에 무령왕은 북방민족과 싸우기 전에 먼저 조정 대신들의 그 같은 편견 및 반대와 맞서 싸워야 했을 정도였다. 그런 사실을 보더라도 위만과 그 추종자들은 적어도 그 같은 '오랑캐' 문화에 익숙하거나 적어도 문화적으로 거부반응이 없는 사람들이었음이 분명하다.

"만이복"은 보통 '호복(胡服)'이라고도 부르는 것으로, 옷깃을 왼쪽으로 여며 입는 동이 식의 복장을 말한다. 동이족이 옷깃을 왼쪽으로 여민 복장을 착용하게 된 가장 큰 이유는 수렵, 전쟁 등의 목적으로 일상에서 활을 많이 다루었기 때문이라는 것이 통설이다. 옷깃을 오른쪽으로 여며 입으면 전장에서 말을 타고 활을 쏠 때 활 끝이 옷깃에 걸려 표적을 제대로 맞출 수 없었다.

한족은 복장을 착용하는 데에 있어서도 하(夏)-은(殷)-주(周) 이 3대로부터 계승된 전통적인 예법은 준수하는 것을 대단히 중요하게 생각하였다. 따라서 일상에서 생활하기에 다소 불편하더라도 전통에 따라 그대로 옷깃을 오른쪽으로 여몄던 것이다. 이에 비하여 동이족은 일상에서 활 등의 무기를 자주 다루어야 했기 때문에 한족처럼 '허례허식'에 얽매이지 않고 생활상의 편의를 고려하여 언제 어디서나 일터나 전장으로 달려갈 수 있도록 하기 위하여 착용 방식을 바꾸었던 것이다.

춘추전국시대의 중국인은 소매통이 넓고 옷자락이 길며 품이 풍성한 원피스 형태의 옷을 입었다. 반면에 '만이복'은 소매통이 좁고 옷자락이 무릎까지 올라간 재킷과 몸에 달라붙는 바지의 투피스 형태를 기본으로 하면서 여기에 추가로 긴 가죽 장화를 착용하는 것이 보통이었다. 바지는 원래

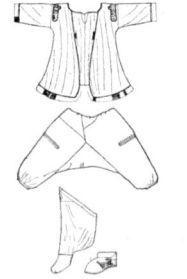

몽골의 노인울라에서 출토된 흉노 '만이복'과 전국시대 중국 복식

말을 탈 때 엉덩이나 사타구니, 종아리 등에 가해지는 충격과 마찰을 어느 정도 흡수, 완화시켜 주는 역할을 했으므로 매일 말을 타야 하는 기마민족 이라면 당연히 입을 수밖에 없는 복장이었다. 그러나 농경민족으로서 평소에 말을 타지 않는 한족의 눈에는 이 같은 복장이 상당히 야만스럽고 불경스러운 꼴불견으로 비쳐졌으리라.

'퇴결'의 '퇴(魋)'의 경우, 중국 일각에서는 '추(椎)'의 차용자로 이해하기도 한다. 따라서 '추'의 사전적 의미에 따라 '퇴결'을 '추계(椎髻)'로 이해하여 '북 상투'니 '망치머리'니 하는 식으로 번역하며, 국내에서도《사기》의 또 다른 열전인〈육가열전(陸賈列傳)〉등을 근거로 들어 이 같은 해석을 그대로 따르는 경향이 있다.

사마천은 남월(南越)의 왕으로 남만문화에 동화된 위타(尉他: BC240~BC137)의 모습을 "퇴결기거(魋結箕倨)"라는 표현으로 묘사하고 있다. 그러나 여기에 언급된 '퇴결'은 중국 서남방에 위치한 남만의 헤어스타일을 두고 한 말이므로 그보다 1만 리 넘게 떨어진 동북쪽에 위치한 동이의 그것과 동일한 헤어스타일로 보기는 어렵다.

사실 이 같은 헤어스타일은 당시 중원에서도 더러 볼 수 있는 것이었다.

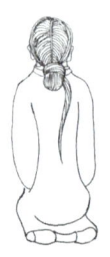

고대 중국의 '퇴결'과 운남 출토 청동상의 '퇴결'

따라서 남만이나 중국의 '추계'를 위만의 헤어스타일인 '퇴결'과 동일한 것으로 보기에는 다소 무리가 따른다. 왜냐하면 '계(髻)'는 머리를 위로 틀어올리는 상투를 가리키는 글자인 데 비하여 '결(結)'은 주로 머리를 땋아서 아래로 드리우는 경우를 가리키는 글자이기 때문이다.

그렇게 본다면 우리가 평소 '몽골족' 또는 '여진족' 하면 의례적으로 뇌리에 떠올리게 되는 그 헤어스타일이 오히려 이 개념에 보다 근사하다고 할 수 있는 셈이다. 게다가 그 뒤에 이어지는 '만이복'이나 위만의 출신지가 북방민족과의 교류-교역-전쟁이 빈번했던 연나라였다는 점을 감안하면 그 개연성은 더욱 커진다.

필자가 생각하는 '퇴결'의 전형 – 칭기즈칸의 경우

3) 위만의 세력 확장

〈조선열전〉에서는 전형적인 동이족의 모습을 한 위만 집단이 그 길로 "동쪽으로 도주해 변방 요새를 나온 후 패수를 건너(東走出塞, 渡浿水)" 진나라 때부터 비어 있던 땅인 상-하장(上下鄣)에 한동안 머물렀다고 적고 있다. 그런데 이 대목에서 우리가 주의해야 할 점이 세 가지가 있다. 그것은 사마천이 위만 집단이 '동쪽'으로 도주해서 '변방 요새'를 통과한 다음에 '패수'를 건너고, 마지막으로 '패수 동쪽' 상-하장에 정착했다고 적고 있다는 것이다.

사마천의 이 기록이 정확한 것이라는 전제하에 위만의 이동 경로를 역순으로 복기해 보면, 위만 집단은 서쪽으로부터 적어도 '한나라 ⇒ 변방 요새'의 순서로 동쪽으로 이동한 셈이다. 그 다음에 등장하는 패수가 어느 방향에 있었는지에 대해서는 따로 언급하지 않았지만, 그 앞에 따로 방향사를 붙이지 않은 것을 보면 방향을 바꾸지 않았을 것이고, 따라서 패수 역시 변방 요새에서 동쪽에 자리 잡고 있었을 것이다.

그렇다면 일부 학자들이 주장하고 있는 것과는 달리, 한나라 초기 위만이 망명할 당시의 고조선은 한반도에 위치해 있었다고 보기가 어렵다. 중국인이 그린 한나라 강역도를 보면 노관과 위만이 각각 망명하던 전한 원년, 즉 기원전 202년의 연국은 그 동쪽 끝이 이미 한반도 북부까지 넘어와 있는 상태이다. 다소 애매하기는 하지만, 이 그림대로라면 사마천은 위만이 도주한 방향을 동쪽이 아니라 남쪽이라고 적었어야 옳다. 왜냐하면 그림과 같은 국경선 상태에서 위만 집단이 계속 '변방요새 ⇒ 패수'의 순서로 동쪽으로 진행할 경우 그들 앞에 나타날 것은 평양이 아니라 동해 바다뿐이기 때문이다.

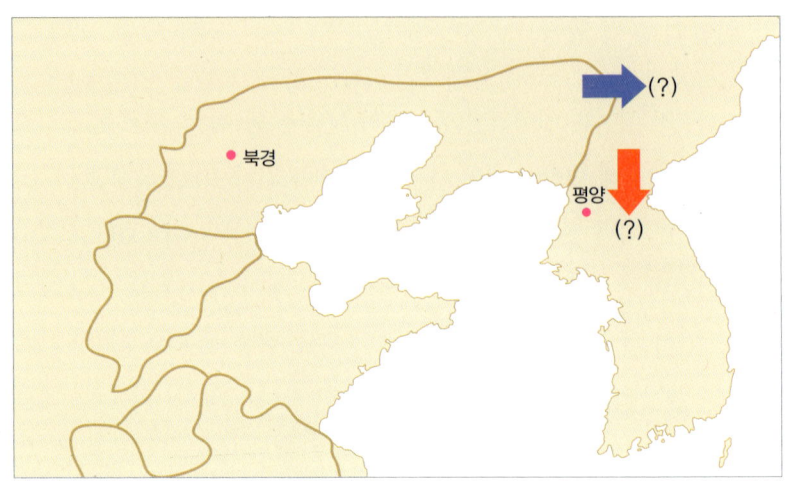

기존 정설에서 노관의 연국이 존재하던 전한 원년 무렵의 위만의 망명 추정 경로

게다가 패수는 당시 변경지역을 흐르면서 일종의 천연적인 국경선 역할을 했던 강이다. 그런데 위만 집단이 동쪽으로 변방 요새를 나온 후 패수를 건넜다면 그것만으로도 이미 평양의 대동강보다 더 동쪽까지 가 있었던 셈이 된다. 진수(陳壽: 233~297)의 《삼국지(三國志)》〈한전(韓傳)〉에서는 위만이 당시 고조선을 통치하던 준왕에게 조선의 "서쪽 변방(西界)"을 할양해 줄 것을 부탁했다고 적고 있는데, 이는 그동안 알려져 있던 위만의 이동 경로에 근거해서 생각해 보면 납득이 되지 않는 말이다. 위만이 "서쪽 변방"의 할양을 준왕에게 간청했다는 것은 그 자체가 위만이 서쪽의 연국으로부터 동쪽으로 이동하여 조선의 영역으로 진입한 후 정착한 곳이 조선 강역의 가장 서쪽에 있던 "서쪽 변방"임을 의미하기 때문이다.

위만이 망명했다는 조선의 위치가 지금의 한반도였다고 가정해 보자. 그렇게 되면 그가 이동하는 방향은 자연히 북쪽으로부터 남쪽으로 진행되어야 정상이다. 즉, 위만이 준왕에게 할양을 부탁한 변방의 땅은 방향이 서쪽이 아니라 북쪽이 되어야 하는 것이다. 이 경우 만일 한반도에서의 평양의 위치를 염두에 둔다면 거기서 "서쪽 변방"에 존재할 수 있는 것은 바다밖에 없다.

그런데도 《삼국지》에서 "서쪽 변방"이라고 명기하고 있다는 것은 위만집단이 정착한 조선이 위치해 있었던 곳이 한반도가 아니라 중국 북방의 어느 한 지점임을 간접적으로 증명하는 셈이다. 이 점만 놓고 보더라도 위만이 건넜다는 패수는 대동강 등 한반도에 위치한 강이 아니라 난하(灤河) 등 중국의 고대 하천의 또 다른 이름이고, 조선 역시 그 강역이 한반도가 아니라, 역시 재야에서 끊임없이 문제를 제기해 온, 하북성 동부 및 요령성 서부 인근에 존재했을 개연성을 충분히 보여 주고도 남음이 있는 것이다.

또, 사마천은 위만 집단이 패수를 건넌 다음 최종적으로 진나라 때부터 비어 있던 상-하장에 머물렀다고 했는데, 이 역시 납득이 되지 않는 말이다. 패수가 평양의 대동강이라면 "진나라 상-하장"은 당연히 평양 이남의 어느 한 지역이었다는 말이 되기 때문이다.

패수가 대동강이라는 주장을 따르게 되면 평양 이남지역까지가 진나라의 영토였다는 소리가 되므로, 진나라 때에는 고조선이 황해도 너머까지 밀려나 있었다는 의미여서 왕험(王險)을 도읍으로 한 고조선의 존재를 아예 부정하는 것과 다를 바가 없다. 한마디로 어불성설인 것이다.

그렇다면, 이런 상황에서 상정할 수 있는 가능성은 두 가지밖에 없다고 본다. 사마천이 "남쪽으로 도주하여"라고 적어야 할 것을 "동쪽으로 도주하여"로 잘못 적었거나, 그것이 아니라면 문제의 패수와 고조선의 위치가 애초부터 잘못 설정되어 있었을 가능성이다. 만일 위만 집단이 애초의 기록대로 동쪽으로 도주한 것이 틀림없다면 그것만으로도 고조선의 위치는 한반도가 아니라 중국의 하북성에서 요령성까지의 어느 한 지점일 수밖에

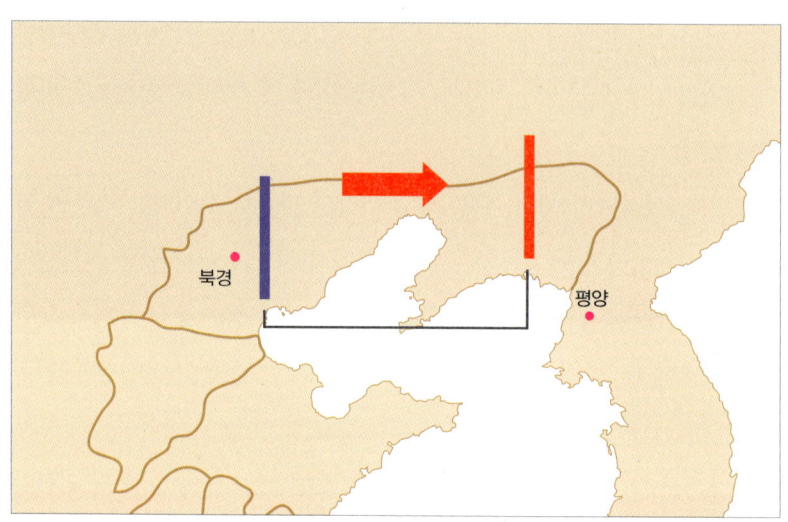

사마천의 기록이 정확하다고 전제했을 때 위만의 망명 가능 범위

없다. 그렇다면 "진나라의 상-하장" 역시 이 일대에서 찾는 것이 옳은 것이다.

　이제는 망명 이후의 위만의 행적을 더듬어 보도록 하자. 진나라 시절 빈 땅이었던 상-하장을 새로운 거점으로 삼은 위만 집단은 그곳에 머무는 동안 현지의 원주민이라고 할 수 있는 진번, 조선의 동이족 및 전국시대에 연(燕), 제(齊) 등의 나라로부터 건너 온 한족 망명집단과 지속적으로 교섭 및 교류 관계를 가지면서 그들을 자신에 대한 지지세력으로 포섭하거나 복속시켜 나갔다. 얼마 후 그들의 추대로 '조선의' 왕으로 옹립된 위만은 정식으로 왕험을 도읍으로 정하고 조선에서의 자신의 정치적 입지를 확고하게 다지게 된다.

3. 위씨조선과 그 주변

1) 위만정권의 수립

조선으로 망명한 위만이 현지에서 중요한 지배세력으로 자리 잡는 동안 한나라에서는 조정(朝廷), 즉 중앙 정부의 주도로 제후들을 대상으로 한 피비린내 나는 숙청작업이 벌어지고 있었다. 이 과정을 거쳐 효혜제(孝惠帝: BC211~BC188)와 그 생모로 역사적으로 '고후(高后)' 또는 '여후(呂后)'로 일컬어지는 여치(呂雉: BC241~BC180)의 집권기에 이르면서 한 제국은 비로소 정치적 안정기로 진입하게 된다. 반고는 《한서》〈고후기(高后紀)〉에서 당시의 상황을 이렇게 평가하고 있다.

> 전국이 전란의 고통으로부터 헤어나서 군주와 신하가 저마다 성인의 통치[무위지치]를 추구하게 되매, 효혜제가 가만히 옥좌를 지키고 여후가 여자의 몸으로 조정의 정사를 주재하니 이들이 궁문을 나서지 않아도 천하가 태평해져 형벌을 쓰는 일이 드물어지고 백성들은 백성들대로 안심하고 각자의 생업에 종사하게 되어 모두가 입고 먹는 것이 넉넉해졌다.
> 海內得離戰國之苦, 君臣俱欲無爲, 故惠帝拱己, 高后女主制政, 不出房闥, 而天下晏然, 刑罰罕用, 民務稼穡, 衣食滋殖.

조선에서 이미 정치적 입지를 확고하게 다진 위만이 한나라와 관계 개선을 모색하기 시작한 것은 이즈음부터였다.

〈조선열전〉에 따르면, 천하가 안정을 되찾은 효혜제-고후의 통치기에 위만은 한 제국의 동쪽 끝에 있는 조선에서의 자신의 정치적 지위를 국제사회에서 인정받으려 하였다. 따라서 그는 한나라 조정에 당시 이민족들에 대한 대응을 위하여 제국의 동쪽 끝에 설치한 요동군(遼東郡)의 실질적인 통치자인 요동태수(遼東太守)와의 물밑 접촉을 시도했던 것 같다.

당시 황제의 위임을 받은 요동태수는 위만에게 한나라의 '외신(外臣)'으로서의 신분을 보장하는 대신, 국경 너머의 북방민족들이 한나라의 변방에서 도적질을 벌이는 사태가 없도록 단속하는 동시에 만일 북방민족의 우두머리들이 한 제국에 입국하여 천자를 알현하려 할 경우 이를 막지 말 것을 조건으로 내걸었다.

건국하기가 무섭게 '내부의 적'인 제후들과 권력투쟁을 벌이고 있던 한나라 조정의 입장에서는 이민족과의 충돌로 전선을 변방까지 확대하여 군사력과 국가재정을 소모할 처지가 아니었다. 위만의 경우도 마찬가지였다. 당시 그가 '조선왕'으로서의 자신의 정치적 위상을 확고하게 다지기 위해서는 아무래도 국제사회에서 자신을 지지하고 협력할 수 있는 외교적 동반자가 필요한 시점이었다. 이렇게 양측의 이해관계가 서로 잘 맞아 떨어졌기 때문에 교섭은 원만하게 타결되었을 것이다.

그 결과 위만은 한나라와의 원만한 관계에 힘입어 막강한 군사력과 재물을 앞세워 주변 국가들을 복속시키면서 영역을 확장해 나갔으며, 나중에는 어느 사이에 사방 수천 리에 이르는 큰 나라로 성장하였다. 진번(眞番), 임둔(臨屯) 등 주변의 소국들이 사자를 보내 그에게 복속해 온 것도 이 무렵의 일이었다.

당시의 주변 정세들을 감안해 볼 때, 위만의 조선은 직접 통치하에 있는 사방 수천 리의 직할 영토를 중심으로 주변 동이족들이 세운 진번, 임둔 등과 같은 소국들과 주종관계를 유지하는 일종의 '느슨한 연맹국가'적 성격을 지니고 있었던 것으로 보인다.

조선이 당시 느슨한 연맹국가 체제로 존재하고 있었다는 사실은 예(濊)

의 군장 남려(南閭)가 28만 명이나 되는 자신의 백성들을 데리고 한나라로 망명했다는 《한서》, 《후한서》의 기록이나, 재상으로 있던 역계경(歷谿卿)이 우거가 자신의 충언을 받아들이지 않자 자신을 따르던 백성 2,000여 세대를 데리고 조선 동쪽에 있는 진국(辰國)으로 망명했다는 《위략(魏略)》의 기록 등을 통해서도 어느 정도 추정할 수가 있다.

2) 위씨조선의 발전

한나라와 국경을 접하고 있던 조선은 위만이 왕위를 지키고 있던 초기에는 한나라와 원만한 관계를 유지했던 것으로 보인다. 왜냐하면 조선은 당시 한나라 조정과의 교섭을 통하여 제국의 힘이 미치지 않는 국경 너머의 북방민족 및 국가들에 대한 배타적인 우월권을 누리고 있었기 때문이다. 게다가 적어도 기원전 2세기 전후인 당시까지는 그 주변에 조선과 경쟁하면서 그 권위에 도전할 만한 실력을 가진 정치집단이나 국가가 존재하지 않고 있었다.

당시의 주변 정세가 이렇다 보니 조선과 한나라는 그런 대로 우호적인 관계를 유지할 수 있었다. 조선의 입장에서 보더라도, 자국의 정치적, 문화적 역량을 강화하고 대외적인 위상을 강화하기 위해서는 당시 중원의 패자로 새롭게 떠오른 한나라와의 인적, 물적 교류에 적극적일 수밖에 없었을 것이다.

게다가 지리적으로도 한나라 바로 옆에 자리 잡고 있었으므로, 한나라로부터의 인구의 유입이 상당히 용이했던 점도 한몫 했을 것이다. 사마천의 전언에 따르면, 조선은 실제로 위만의 손자인 우거(右渠: ?~BC108)에 이르기까지 90여 년 동안 한나라로부터 이주하거나 망명해 온 한족 출신

이민자들을 받아들이는 데에 상당히 적극적이었다. 이 점에 관해서는 반고의 《한서》〈조선열전〉이나 남북조시대에 편찬된 범엽(范曄: 398~445)의 《후한서(後漢書)》〈동이전(東夷傳)〉에서도 언급하고 있다.

조선이 불러들이는 한나라의 망명자들이 갈수록 많아졌다.
所誘漢亡人滋多.

한나라가 건국 초기에 크게 어지럽자 옛 연나라, 제나라, 조나라의 사람들이 가서 피신하는 사람이 수만 명에 이르렀다.
漢初大亂, 燕, 齊, 趙人往避地者數萬口.

이러한 역사 기록들을 통해서도 이미 조선과 한나라의 인적, 물적, 문화적 교류가 위만 당시는 물론이고 그 이전에도 빈번했을 것임을 짐작할 수 있는 셈이다. 오늘날 평양시 일대에서 대규모로 출토되거나 발견된 중국계 유물 및 유적들의 경우 역시 그중 일부는 적극적인 이민 수용정책을 통하여 위씨조선이 한나라와 인적, 물적으로 적극적으로 교류하는 과정에서 맺어진 결실이었을 것이다.

지금 국내외의 학자 다수가 평양시 일대의 중국계 유물 및 유적들을 무조건 한 무제의 조선 정벌 및 이른바 '한사군' 설치 이후에 만들어진 결과물로 단정하려는 경향이 지배적이다. 그러나 그 같은 해석은 일종의 '일반화의 오류'라고 본다. 나중에 집중적으로 다루게 되겠지만, 사실 일제시대부터 현재까지 평양에서 출토된 수많은 유물들 중에서 '낙랑'이라는 이름이 새겨져 있는 것은 몇 점 되지 않는다.

더욱이 개중에 일부는 '공간이동'에 의한 조작 의혹까지 안고 있다. 유적들의 경우도 마찬가지이다. 현재까지 평양지역에서는 3,000여 기의 고분이 발굴된 것으로 알려져 있다. 그러나 그 대부분은 학자들이 막연히 '심증'만 가지고 있을 뿐이지 고분 한복판에 '낙랑'이라고 이름표를 박아놓거나 낙랑군의 것이라고 단정할 만한 사례는 단 하나도 존재하지 않는다.

말하자면, 평양지역의 유물이나 유적들이 무제 이후의 한 제국의 식민지, 즉 낙랑군의 흔적들이라는 학자들의 주장을 뒷받침해 줄 만한 근거들은 어디에서도 찾아보기 어려운 것이다! 이 점은 평양뿐만 아니라 요령성 지역에서의 한나라 양식의 유물이나 유적들의 경우도 크게 다를 바가 없다. 그런 의미에서 이들 지역의 유물, 유적들의 성격을 굳이 '낙랑군'과 결부시키려고 집착하는 기존의 인식에는 상당한 수정이 필요하다고 본다.

그 유물, 유적들이 한 무제가 '한사군'을 설치한 데 따른 부산물이라기보다는 조선이 한나라와 인적, 물적으로 활발한 교류를 하는 과정에서 맺어진 결실일 개연성을 절대로 간과해서는 안 된다는 뜻이다. 위의 《한서》와 《후한서》의 간단한 기사 몇 줄이 존재하는 한 굳이 '낙랑'이라는 족쇄를 차지 않더라도 평양지역의 중국계 유물, 유적들의 성격에 대한 기본적인 해명이 얼마든지 가능해지기 때문이다.

위씨조선은 이런 식으로 한나라와의 공식 채널을 통한 교류뿐만 아니라 한족 출신 이주민과 망명자들을 유치하면서 그 과정에서 중원의 선진 문화를 수용하거나 이를 자국의 고유한 문화와 접목시키는 데에도 노력했을 것이다. 또, 한편으로는 지정학적 이점을 살려 주변 국가와 한나라 사이에서 중개무역을 통하여 경제적인 기반을 다져 나갔을 것이다.

이런 식으로 점차 국력이 강해지고 동이계 지역에서의 영향력이 날로 강화되면서 이와 정비례해서 한나라에 대한 경쟁의식 역시 날로 커져 갔을 것이다. 공교롭게도 당시 조선의 왕이던 우거는 위만 당시 요동태수와의 교섭과정에서 양해했던 한나라에 대한 입조, 조공의 약속까지 소홀히

하는 일이 많았다. 주변국들과의 관계 역시 마찬가지였다.

《사기》〈조선열전〉에도 언급하고 있는 것처럼, 한나라 조정에서도 여러 경로를 통하여 조선이 당초와의 협약과는 달리, 진번 등 주변 소국들이 한나라와 직접 통상관계를 가지려는 노력에 냉담한 태도를 보이거나 심지어 이를 방해하고 있다는 정황들을 포착하고 있었다.

> 진번과 그 주변의 여러 나라들이 아무리 한나라에 친서를 바치고 천자를 알현하려고 해도 중간에 가로막고 있는 조선으로 인하여 한나라와의 직접적인 교류가 원천적으로 불가능할 수밖에 없었다.
> 眞番旁衆國欲上書見天子, 又擁閼不通.

반고의 《한서》〈조선열전〉에서는 한나라와 직접 외교관계를 맺으려 한 주체를 "진번과 그 주변의 여러 나라들(眞番旁衆國)"이 아니라 "진번과 진국(眞番辰國)"으로 소개하고 있다. 한나라와 직접 교류하려 한 것이 진번과 진국이든 진번을 포함한 여러 나라이든 간에, 한 가지 확실한 것은 조선이 우거 당시에 그 지정학적 위치를 활용하여 한나라와 주변 국가들 사이에서 중개무역을 통하여 경제적으로 막대한 이익을 얻는 한편, 외교적으로도 한나라로부터 보장받은 배타적인 우월권을 누리면서 주변 국가들에 대하여 엄청난 영향력을 행사하고 있었다는 사실이다.

3) 위씨조선의 위치

여기서 문제가 되는 것이 바로 고조선의 위치이다. 국내외 사학자들 상당수가 당시 조선이 한반도의 평안도 지역에 위치해 있었다고 주장하고 있다. 그러나 과연 그것이 역사적 사실이냐고 묻는다면 그 점에 있어서는 다소 회의적일 수밖에 없다. 왜냐하면 문헌 기록상으로는 그다지 티가 나지 않지만, 역사지리적 측면에서 접근하면 조선과 주변 국가들의 위치에 상당한 편차가 존재한다는 점을 감지할 수 있기 때문이다.

기원전 2세기에 북방의 민족 또는 나라들이 한나라와 교류하고 통상관계를 수립하려면 일단 조선을 거쳐야 하였다. 여기에는 크게 두 가지 이유가 있었다. 우선, 위만 당시 한나라 황제의 대리인인 요동태수와 협약을 맺은 이래로 조선은 한나라로부터 주변 이민족의 단속, 조공, 교역에 관한 한 전권을 위임받고 있었기 때문이다.

그러나 이보다 더 절대적인 이유가 있다면 그것은 바로 조선의 지정학적인 위치였다. 한나라와 조선은 서로 국경을 접하고 있었지만, 작은 읍락국가나 북방민족들은 많은 경우 조선보다 동쪽이나 북쪽 훨씬 너머에 위치해 있었다.

따라서 그 나라들이 한나라에 사절을 보내거나 통상을 하려 하더라도 바로 한나라로 직행할 수는 없었으며, 반드시 조선을 경유해야 하였다. 이들이 해상으로 이동하는 경우도 마찬가지였다. 중간에 조선의 영해가 끼어 있기 때문에 조선왕의 허락이 없이는 절대로 한나라로 갈 수가 없었다. 조선은 이 같은 지정학적 이점 덕분에 위만으로부터 우거에 이르는 90여 년 동안 한나라와 주변 국가 또는 북방민족들 사이에서 중개무역을 통하여 경제적으로 엄청난 이익을 독점했을 것이다.

그렇다면 중국 동북방과 한반도 사이에서 지정학적으로 교통과 무역과 군사의 요지로서 가장 부합되는 위치는 과연 어디쯤일까? 한반도 북부의 어느 한 지점이었을까? 아니면 중국 동북부의 어느 한 지점, 예컨대 하북성과 요령성의 접경지역인 산해관 인근이었을까?

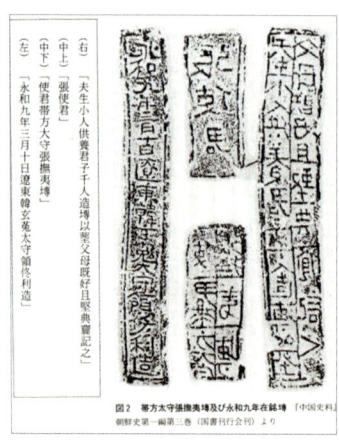

'사군 대방태수 장무이전' 명문이 새겨진 벽돌들

국내 학계에서는 그동안 고조선이 평안도 지역에 존재했다는 주장이 마치 정설처럼 여겨져 왔다. 또, 그 인근에 위치해 있었다고 전해지는 진번에 대해서는 일제 강점기에 황해도 사리원시의 이른바 '당 토성(唐土城)' 지역에서 이루어진 발굴조사 과정에서 '사군 대방태수 장무이 전(使君帶方太守張撫夷塼)'이라는 명문이 새겨진 벽돌들이 발견된 후로 그 위치가 황해도 일대로 비정되어 왔다.

임둔군(臨屯郡) 역시 역사학계와 고고학계에서 '부조예군(夫租薉君)'이라는 명문이 새겨진 인장, 영흥 소라리 유적 등의 고고학적 발굴 결과들을 근거로 그 위치가 대략 함경남도 남부와 강원도 북부 일대인 것으로 비정되어 왔다.

다시 말해, 국내 학계에서는 왼쪽 그림처럼 진번을 황해도 일대, 임둔을 함경도 남부 및 강원도 북부 일부로 비정해 온 셈이다. 점입가경으로 중국

국내 학계(좌) 및 중국 학계(우) 주장에 근거해 재구성한 진번 임둔의 위치

학계는 국내 학계의 이 같은 '양보심' 많은 지리 고증에 한껏 고무된 듯, 아예 진번을 황해도 남부에서 충청도까지, 임둔을 함경도 남부에서 경상북도 북부까지로 늘여 잡는 경우가 빈번하다.

'부조예군' 명문이 들어가 있는 인장 및 인면

국내와 중국 학계의 이 같은 위치 비정은 한나라와 진번, 임둔 사이에 조선이 위치해 있고 진번, 임둔 등 주변 소국들이 한나라로 가기 위해서는 반드시 조선을 경유해야 했다는 중국 사서의 기록을 토대로 한 것이다. 이 문제와 관련하여《한서》〈조선열전〉에는 당시의 상황을 어떻게 소개하고 있는지 살펴보도록 하자.

> 위만이 자손을 남겨 그 손자 우거에 이르러서는 그렇게 불러들이는 한나라 망명자들이 날이 갈수록 많아졌으며, … 진번, 진국 등은 국서를 올리고 천자를 알현하려 해도 (조선에) 가로막혀 오갈 방법이 없었다. 원봉 2년(BC109), 한나라 사절 섭하가 황제의 조서를 전하고 우거를 설득했으나 끝까지 황제의 뜻을 따르지 않았다.
> (衛滿)傳子至孫右渠, 所誘漢亡人滋多, … 眞番, 辰國欲上書見天子, 又雍擁弗通. 元封二年, 漢使涉何詔諭右渠, 終不奉詔.

이병도는 여기에 언급된 "진국"과 관련하여 이렇게 설명하고 있다.

> (조선은) 남방의 진국이 한에 교통하려 함을 방해하였다.[3]

이덕일은 '진국'의 위치와 관련하여 사실은 "조선의 남쪽"이 아니라 동

---

3) 이병도,《조선사대관(朝鮮史大觀)》, 제29쪽, 동지사, 1948.

쪽에 있는 나라인데, 국사교과서와 이병도가 애초에 "동쪽의 진국으로 갔다"로 되어 있던 원문을 '남방의 진국'으로 바꾸었다고 지적한 바 있다. 그 원문이 소개된《삼국지》〈위지〉를 직접 찾아보면 실제로 진국의 위치가 잘못 소개되었다는 사실을 확인할 수 있다. 배송지(裵松之: 372~451)는《삼국지》〈위지〉 "한전(韓傳)"에 붙인 주석에서 진국의 위치를 다음과 같이 소개하고 있다.

> 《위략》에 따르면, 당초, 우거가 아직 한나라에 격파되지 않았을 때 조선의 재상 역계경이 이 일을 간언했으나 우거가 받아들이지 않자 동쪽의 진국으로 갔다. 그때, 백성들 중에는 그를 따라 나가 정착한 자가 2,000여 세대나 되었으며, 또한 조선에 조공하던 번국들과도 왕래하지 않았다고 한다.
>
> 魏略曰, 初, 右渠未破時, 朝鮮相歷谿卿以諫, 右渠不用, 東之辰國. 時, 民隨出居者, 二千餘戶, 亦與朝鮮貢蕃不相往來.

배송지가 인용한《위략》의 내용에 문제가 없다면, 조선에 가로막혀 한나라에 조공하지 못했던 진국은 조선의 남쪽이 아니라 동쪽에 자리 잡고 있었던 셈이다. 이것은 그동안 알려져 있던 조선의 위치가 한반도가 아니라는 점을 뒷받침해 주는 단서 역할을 한다. 국내 사학계의 주장을 주로 반영한《아틀라스 한국사》에 제시되어 있는 고조선 지도에《위략》의 설명대로 진국의 위치를 찾아보면 다음과 같은 결과가 나온다.

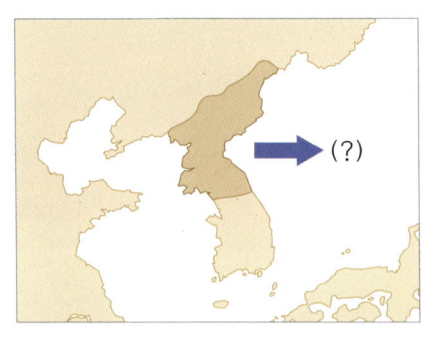

《위략》의 '진국'을 한반도에 적용한 결과

지금까지 강단 사학계가 그린 고조선 강역도를 보면, 조선의 남쪽에 진번, 동쪽에 임둔을 각각 표시해 놓았을 뿐, 진국은 그보다 남쪽인 전라도, 경상도 일대로 비정하고 있다. 그런데 강단에서 주장하는 고조선 지도에 《위략》에서 소개한 진국의 위치를 대입해 보면 진국은 동해 바닷속에 있는 해상국가로 둔갑하게 된다. 주지하다시피 동해 동쪽에 있는 것은 울릉도와 독도가 고작이어서 이것을 진국이라고 보기에는 무리가 따른다. '진국'의 위치에 대한 국내 학계의 고증이 완전히 잘못되었을 가능성이 높다는 뜻이다.

고조선의 위치 역시 문제가 되는 것은 마찬가지이다. 앞서 《사기》, 《한서》의 기사에서도 보았듯이, 조선은 한나라와 주변국가 사이의 교통의 요지에 위치해 있어서 주변국가가 한나라로 가려면 반드시 조선의 영토 또는 영해를 통과해야 하며, 그 이외의 통로는 존재할 수 없어야 한다. 그런데 만일 조선이 한반도에 위치해 있었다면 주변국가가 한나라로 가는 과정에서 굳이 조선을 거쳐 갈 필요가 없게 된다.

기존의 통설에서 고조선 남쪽에 존재한 것으로 여겨져 온 진번의 경우는 조선을 한반도 북부에 비정하더라도 한나라와의 직접 교류가 불가능한 것이 바로 증명된다고 치자. 그러나 조선 동쪽에 존재한 것으로 소개된 진국의 위치는 전혀 해명되지 않는 것이다.

그렇다면 이 경우 남는 가능성은 두 가지뿐이다. "동쪽의 진국으로 갔다"는 《위략》의 기록이 잘못되었거나, 그것이 아니라면 조선이 있던 자리가 애초부터 한반도가 아니었을 가능성이 있는 것이다. 과연 이 중 어느 쪽이 역사적 진실에 더 가까울 것인가? 그리고 조선의 위치는 지금의 한반도 북부와 중국 동북부 중 어느 쪽이 더 적합하겠는가?

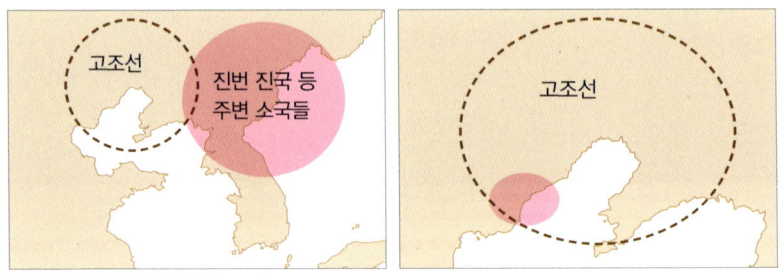

《위략》의 기사에 근거하여 추정한 조선의 위치(왼쪽)와 이를 확대한 지도(오른쪽)

전반적인 상황과 지리적 조건들을 감안할 때, 조선의 위치로 가장 적합한 지점은 중국 동북부라고 본다. 왜냐하면 다른 소국들이 반드시 조선을 경유할 수밖에 없었다면, 또 조선이 그 중간에 위치해 있어서 소국들과 한나라가 서로 길이 막혀 오가지 못했다면 한반도는 조선의 소재지로 그다지 어울리지 않기 때문이다.

강단 사학자들의 주장대로 조선이 한반도 북부에 위치해 있었다면 그 위치는 당시로서는 거의 극동지역에 해당하는 셈이다. 그렇다면 엄밀하게 말한다면 조선의 그 같은 위치는 한쪽으로 치우친 오지인 것이지 교통-교역-군사적으로 중요성이 높은 요지라고 할 수는 없는 것이다. 이 위치대로라면 진번 및 주변의 소국들은 한나라와 교류하는 과정에서 육로이든 수로이든 어느 쪽으로라도 우회할 수 있기 때문에 굳이 조선을 거쳐 갈 이유가 없으며, 이 문제를 놓고 조선과 갈등을 빚는 일도 애초부터 벌어질 리가 없는 것이다.

조선의 위치가 정확하게 어디였느냐에 대해서는 관련 기록이나 자료가 상당히 부족하기 때문에 그 누구도 함부로 단정할 수가 없다. 그러나 한 가지 확실한 것은 주변의 지리, 지형적 조건들을 따져 볼 때 그 자리가 한반도는 아니라는 것이다. 필자는 조선이 중국 요서와 요동에 걸쳐 존재했을 것으로 보고 있다. 중국 하북, 요령 각지의 지방 연혁지들을 참고할 때, 하북성 동북부 산해관 인근 지역에 조선 관련 지명이나 유적들이 산재해 있고, 지형적으로도 서쪽에 거대한 연산산맥(燕山山脈)이 병풍처럼 둘러쳐 있어서 출입이 상당히 불편해서 중원으로 진입하는 데에 가장 빠른 방법은 많은 경우 발해만을 낀 이른바 '요서주랑(遼西走廊)'을 거쳐 가는 것뿐이었기 때문이다. 통설에 따르면 삼국시대에 위나라의 통치자였던 조조(曹操: 155~220)가 오환(烏桓)을 정벌할 때에도 이 길을 거쳐 갔다고 한다.

4) 남려와 '창해군'

원래 예(濊)는 조선의 부속국이었다. 예의 이탈은 바로 이 같은 상황 속에서 발생하였다. 《한서》와 《후한서》에 따르면, 원삭(元朔) 원년(BC128), 요동지역에 위치한 예의 군장 남려(南閭)는 "우거와 사이가 틀어지자" 28만 명이나 되는 자신의 백성들을 데리고 요동군까지 찾아가 한 무제에게 귀순할 것을 자청하였다.

얼마 후 무제는 그들이 안치된 요동군의 모 지역을 따로 쪼개어 '창해군(蒼海郡)'을 설치하라는 명령을 내리고 있다. 남려와 그 백성 28만 명이 안치된 창해군이 지금의 어느 지역에 설치되었는가에 대해서는 학자마다 조금씩 견해가 다르다. 그러나 그 군의 이름만 놓고 본다면 그 위치는 발해만(渤海灣) 주변이었을 것이다. 중국에서 전통적으로 '창해'로 불린 지역은 발해만 일대밖에 없기 때문이다.

'창해(滄海)'는 경우에 따라서는 '창해(蒼海)' 또는 '창해(倉海)' 등으로 쓰기도 하는데, 글자는 다르지만 가리키는 지역은 기본적으로 동일하다. 오환 정벌에 나섰던 조조가 갈석산에 올라가 지었다는 〈관창해(觀滄海)〉라는 시에는 "동쪽으로 갈석에 이르러 창해를 바라본다(東臨碣石, 以觀滄海)"라는 구절이 나오는데, 거기에 등장하는 '창해'가 바로 이곳이다.

또, 시기가 다소 늦기는 하지만, 《초학기(初學記)》라는 백과사전을 저술한 당나라 학자 서견(徐堅)은 서진시대에 장화(張華: 232~300)라는 학자가 자신의 《박물지(博物志)》에서 언급한 '창해'에 대한 설명을 다음과 같이 인용하고 있다.

> 동해에는 따로 '발해'가 있다. 따라서 '동해'라는 이름으로 발해까지 함께 일컬으며, 때로는 이를 통틀어 '창해'라고도 한다.
> 東海之別有渤澥, 故東海共稱渤海, 又通謂之滄海.

그렇다면 한-위-진 세 시대, 즉 적어도 기원전 3세기에서 기원후 4세기까지 중국인들의 세계관 속에서 '창해' 또는 '동해'는 곧 발해로 인식되었다고 해도 과언이 아닌 셈이다. 즉, 지금의 발해는 고대에 '동해' 또는 '창해'라는 이름으로 불리기도 한 것이다. 청대 학자인 정겸(丁謙) 역시 일본 학자 농천자언(瀧川資言: 1865~1946)이 엮은 《사기회주고증(史記會注考證)》에서 '발해'와 관련하여 다음과 같은 주석을 붙이고 있다.

> '황해'라고도 하는데, 지금의 직예와 산동의 동쪽 바다를 말한다.
> 一名黃海, 今直隷山東東面之海也.

'직접 예속되어 있다'라는 뜻으로 해석되는 '직예(直隷)'는, 우리에게 익숙한 '경기(京畿)'와 비슷한 표현으로, 여기서는 청대 중국의 수도인 북경에 행정적으로 직속되어 있는 지역을 가리키며, 북경을 둘러싸고 있는 지금의 하북지방에 해당한다. 말하자면, '발해'는 북쪽으로는 지금의 하북성으로부터 남쪽으로는 산동반도 동쪽 끝까지의 구간에 있는 바다를 가리키는 말인 셈이다.

이보다 200여 년 전 청대 초기의 지리학자인 호위(胡渭: 1633~1714)는 발해의 범위를 보다 구체적으로 설정하고 있다.

대체로 청주, 내주 이북으로부터 유주, 평주 이남까지는 모두 바다를 마주하고 있는데 그 바다를 통틀어서 '발해'라고 한다.
蓋自靑, 萊以北, 幽, 平以南, 皆濱於海, 其海通謂之勃海.[4]

그의 고증에 따르면 중국인들에게 있어 '발해' 또는 '창해' 또는 '동해'라는 이름은 통상적으로 청주 및 내주, 즉 산동반도로부터 북쪽에서 유주 및 평주 즉 하북성 동북부 산해관, 진황도 인근까지의 지역이 마주하고 있는 바다를 모두 아울러서 가리키는 셈이다. 중국 문헌에서 '발해'는 한자로는 보통 '渤海'로 적지만, 때로는 발음은 같지만 글자가 서로 다른 '勃海', '勃澥', '渤解', '郭海' 등으로 적기도 한다.

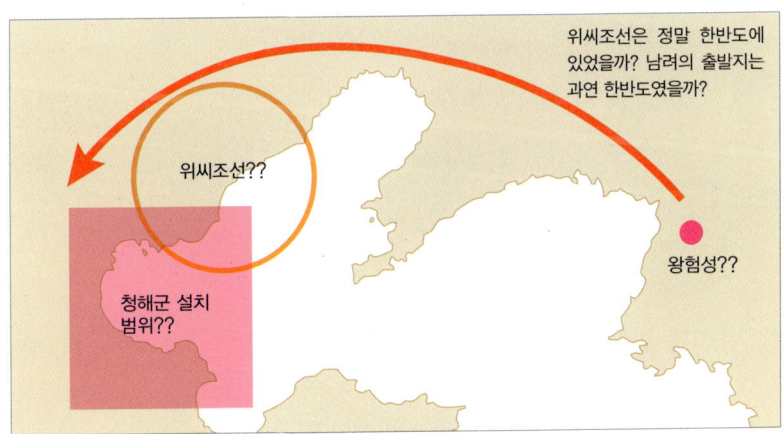

위씨조선과 창해군의 위치 추정도 – 창해군은 발해만 인근에 설치되었을 것이다.

---

[4] 시지면(施之勉), 《한서집석(漢書集釋)》, 제3171쪽, 삼민서국(三民書局), 2003.

이 같은 표기는 고대에 동일한 발음을 가진 명사를 기록하는 과정에서 기록자가 개인적인 편의나 필요에 따라서 다른 한자를 사용한 '통가(通假)'의 전형적인 사례들로서, 그것이 나타내는 의미에는 별 차이가 없다.

만일 여기에 언급된 '창해'가 발해만 일대의 바다를 가리킨다면 요동군으로 간 남려와 예의 백성 28만 명이 안치된 곳 역시 자연히 그 인근 지역이 될 수밖에 없으며, 요동군 역시 지리적으로 거기서 그다지 멀지 않은 곳에 위치해 있었을 것이다. 그렇다면 창해군이 위씨조선과 한나라 사이에 끼어 있던 지역이라고 한 리지린의 주장과도 어느 정도 부합되는 셈이다.

어떤 학자는 평양이 왕험이라는 기존의 정설을 의식하여 '창해'를 지금의 한반도의 동쪽 바다, 즉 '동해(東海)'로 비정하기도 한다. 그러나 그것은 무지의 소치이다. 한대에는 '창해' 자체가 발해의 별칭이었던 반면, 한반도의 동해가 당시 '창해'로 불렸다는 문헌적 근거는 어디에도 없기 때문이다.

더욱이, 1만 명도 아니고 무려 28만 명이나 되는 백성을 한반도 북부에서부터 인솔해서 수천 리나 떨어진 서쪽의 발해만 인근까지 간다는 것은 상식적으로 수긍이 되지 않는다. 정설대로 위씨조선이 한반도 북부에 위치해 있었다면 굳이 머나먼 발해만까지 찾아갈 것 없이 요서나 요동반도까지만 이동해도 조선의 정치적 간섭으로부터 충분히 자유로울 수 있기 때문이다.

5) 진번과 임둔

이 대목에서 우리가 또 한 가지 기억해야 할 것은 진번(眞番)과 임둔(臨屯)의 존재이다. 〈조선열전〉이 우리의 주의를 환기시켜 주고 있듯이, 기자가 동방으로 망명하기 전부터 이미 고조선이라는 나라가 존재하고 있었던 것처럼, 진번과 임둔은 한 무제가 이른바 '한사군(漢四郡)'을 설치하기 전부터 이미 소국의 형태로 존재하고 있었다. 즉, 반고가 《한서》에서 처음 언급하는 '한사군'의 구체적인 이름인 낙랑, 현토, 진번, 임둔 중에서 한나라 조정이 새로 이름을 부여한 군은 낙랑과 현토뿐인 것이다.

왜냐하면 사마천도 이미 이 대목에서 밝히고 있듯이, 진번과 임둔은 고조선이 한나라와 전쟁을 벌이기 90여 년 전부터 이미 읍락국가의 형태로 조선 인근에 존재하고 있었기 때문이다. 조선을 정벌한 한나라가 '한사군'을 설치하면서 원래 그 자리에 존재했던 진번과 임둔의 이름을 그대로 빌려 쓴 셈이다.

III. 조한(朝漢) 전쟁 시말

1. 조한 전쟁의 발발

1) 섭하의 돌출행위

　동북방에서 국력이 신장된 조선이 주변 소국들과 정치, 경제적으로 알력을 빚는 한편, 한나라에 대해서도 당초 약속했던 조공까지 소홀히 하기 시작하였다. 한나라는 이 같은 조선의 불분명한 태도에 불만을 품고 있었다. 게다가 조선이 중원으로부터의 망명자, 인재들을 적극적으로 받아들이는 데 대해서도 이렇게 세력을 키우는 조선이 언제 제국의 안위를 위협하는 적대세력으로 돌변할지 모른다는 우려도 고개를 들기 시작했을 것이다. 이렇게 해서 위만 이래 90여 년 동안 유지되어 온 두 나라의 원만한 관계는 어느 사이에 파열음을 내기 시작하였다.

　결국 무제는 원봉(元封) 2년(BC109) 섭하(涉何)를 사절로 보내 당시 조선왕 우거에게 9년 동안의 협약 위반 사례들에 대하여 공식적으로 문제를 제기하였다. 그러나 우거가 무제의 뜻을 따르기를 끝내 거부하는 바람에 섭하는 아무 소득도 없이 귀환 길에 오를 수밖에 없었다. 그런데 이 과정에서 두 나라가 전혀 예상하지 못한 사건이 발생하게 된다.

왕험성을 떠나 국경지대까지 온 섭하는 빈손으로 돌아갔다가는 황제의 노여움을 살 것이 두려웠던지 아니면 개인적인 공명심의 발로였는지는 알 수 없으나, 양국의 국경지대를 흐르는 패수(浿水)까지 왔을 때 자신의 마차를 몰던 수하를 시켜 자신을 그곳까지 호송해 준 조선의 비왕(裨王) 장(長)을 죽인 후 패수를 건너 재빨리 한나라 요새로 달아나 버린 것이다. 8세기 당대 역사가인 장수절(張守節)은 자신이 저술한 《사기정의(史記正義)》에서 섭하의 도주 경로와 관련하여 이렇게 주석을 붙이고 있다.

평주의 유림관으로 들어갔다.
入平州楡林關也.

현재 중국에는 '유림관(楡林關)'이라는 지명이 존재하지 않기 때문에 그곳이 구체적으로 지금의 어느 지점인지 알 길이 없다. 다만, 여기에 언급된 '평주(平州)'는 후한대에 요동지역에 할거하던 군벌 공손도(公孫度: 150~204)가 자신을 '평주목(平州牧)'으로 일컬으면서 보이기 시작하는 지역명이다. 《진서(晉書)》〈무제기(武帝紀)〉에서는 태시(泰始) 10년(266) 2월 "유주의 다섯 군을 쪼개어 평주를 설치하였다(分幽州五郡置平州)"라고 간단히 적고 있다. '평주'의 연혁에 관해서는 《진서》의 〈지리지〉에서 비교적 자세하게 소개하고 있다.

평주

따져보건대 〈우공〉의 기주 땅으로 주나라 때에는 유주에 속했고 한대에는 우북평군에 속하였다. 후한 말기에 공손도가 자신을 '평주목'으로 일컬었고 그 아들 공손강, 강의 아들 공손문의가 나란히 요동에 함부로 할거하매 동이의 아홉 부족이 모두 그에게 복속하였다. 위나라 때에는 동이교위를 설치하고 양평을 치소로 삼았는데, 요동, 창려, 현토, 대방, 낙랑 다섯 군을 쪼개어 '평주'로 삼았으며 나중에 도로 유주에 합쳐졌다. 공손문의가 멸망한 후에는 '호동이교위'가 생겨 양평을 치소로 삼았다. 함녕 2년(276) 10월, 창려, 요동, 현토, 대방, 낙랑 등의 다섯 군국을 쪼개어 '평주'를 두었다. 관할 속현은 26개, 민호는 1만 8,100호였다.

平州

案禹貢冀州之域, 於周爲幽州界, 漢屬右北平郡. 後漢末, 公孫度自號平州牧. 及其子康, 康子文懿並擅據遼東, 東夷九種皆服事焉. 魏置東夷校尉, 居襄平, 而分遼東, 昌黎, 玄菟, 帶方, 樂浪五郡爲平州, 後還合爲幽州. 及文懿滅後, 有護東夷校尉, 居襄平. 咸寧二年十月, 分昌黎, 遼東, 玄菟, 帶方, 樂浪等郡國五置平州. 統縣二十六, 戶一萬八千一百.

《진서》〈지리지〉의 소개를 요약하면, 평주는 원래 한대에 우북평군에 속했던 지역이다. 그런데 후한 말기에 공손도가 '평주목'을 자처하면서 '평주'로 불리기 시작한 것이다. 그리고 삼국시대의 위나라 및 그 뒤의 진나라 때에는 유주의 요동, 창려, 현토, 대방, 낙랑을 평주로 삼고 각각 동이교위와 호동이교위를 설치한 것이다. 말하자면, 처음에는 우북평군의 일부 지역이던 평주가 공손씨의 할거과정에서 1차적으로 영역이 확장되었고, 위-진 두 시기에 유주의 다섯 군까지 통합했던 셈이다. 그렇다면 평주의 대체적인 위치를 찾아내려면 우북평군을 기준으로 삼는 것이 좋을 것 같다.

북위(北魏)시대에 새로 평주를 설치하면서 원래 평주이던 지역은 '영주(營州)'로 개칭했으며, 당대에는 노룡(盧龍)에 그 치소를 둔 것으로 전해진다. 그렇다면 후한대 말기로부터 위-진 두 시기까지의 '평주'는 북위 이후의 '영주'와 거의 동일한 지역이라고 할 수 있는 것이다.

만일 장수절의 고증이 정확하다면 섭하가 달아난 한나라 요새 유림관은 대체로 지금의 하북성 동북부의 모 지점이었을 것이라는 추론이 가능해진다. 중국 학계에서는 공손도가 할거한 요동지역을 현재 동일한 이름으로 불리는 요동반도 일대로 보아 그 위치를 요령성과 길림성 사이의 지역으로 비정하고 있다.

그러나 이와 함께 언급되는 다른 지명들과 대조해 볼 때 중국 학계의 고증이 그다지 신빙성이 높아 보이지는 않는다. 만일 중국 학자들의 이 같은 지리 고증이 공신력을 얻자면 무엇보다도 요동지역이 고대의 평주 또는 영주였다는 사실을 뒷받침해 줄 수 있는 송대 이전 문헌들부터 먼저 제시해야 옳다.

그러나 현실에서는 평주가 요동반도에 있었다는 기록은 송대 이전의 문헌 어디에도 존재하지 않는다. 그 이전에는 요동지역은 중국의 땅이 아니었기 때문이다. 그런 의미에서 담기양이 그린 평주의 영역 지도는 역사적 진실이 아니라 상상력의 산물이 지나지 않는다.

다시 섭하의 이야기로 되돌아가 보자. 본국으로 귀환한 섭하는 천자에게 "조선의 장수를 죽였다"고 자랑스럽게 보고했고, 그를 가상하게 여긴 무제 역시 돌출행동을 한 데 대한 책임을 추궁하기는커녕 오히려 그를 '요동 동부도위(遼東東部都尉)'에 임명하였다.

중국에서 '태수(太守)'와 '도위(都尉)'는 진-한대에 지방행정을 관장하는 행정관으로, 후자의 경

담기양이 그린 평주의 영역과 실제의 추정 위치(동그라미 부분)

우는 현지에 병력을 주둔시킨 군사 책임자가 민정까지 관장하는 형태로 운영되었다. 한대에는 변방지역을 효율적으로 통제하기 위하여 지역마다 방위별로 동, 서, 남, 북, 중의 각 부도위(部都尉)를 두었는데, 전한대에 북쪽 변경인 요동(遼東), 요서(遼西), 상곡(上谷), 대군(代郡), 안문(雁門), 정양(定襄), 오원(五原), 삭방(朔方) 등의 군에 각각 동부도위와 서부도위를 둔 것이 그 예이다.

이 경우 현지에 대한 통치가 어느 정도 안정되고 만족스러우면 정식으로 군을 설치하는 것이 일반적이었으나, 원만한 통치가 어려울 때에는 군이 거꾸로 부도위로 변경되기도 하였다. 무제가 섭하를 요동 동부도위로 임명한 것은 그로 하여금 요동태수를 보필하여 요동 동부, 즉 조선 방면의 방어를 강화하게 한 것으로 이해할 수 있다.

비왕(裨王) 장이 뜻밖의 죽음을 당하자 우거는 섭하에게 원한을 품게 된다. 얼마 후 섭하가 요동 동부도위(遼東東部都尉)로 부임했다는 소식을 접한 우거는 즉시 군사를 보내 그 임지를 기습하고 섭하를 죽였다. 그런데 후한 말기의 학자 순열(荀悅: 148~209)이 저술한 중국 최초의 편년체 단대사(斷代史)인 《전한기(前漢紀)》의 〈효무황세기(孝武皇帝紀)〉 부분을 보면 다음과 같은 기사가 보인다.

> 조선왕이 반란을 일으켜 요동태수를 살해하였다.
> 朝鮮王反, 殺遼東太守.

이 기사가 정확한 것이라면, 한 무제 당시에 반란을 일으킨 조선왕은 우거임이 분명하다. 그런데 순열은 이 기사에서 우거가 '요동태수'를 살해했다고 적고 있다. 우리가 기억하고 있기로는 《사기》〈조선열전〉에서는 무제 재위기간에 우거가 살해한 한나라 요동군의 주요 인사는 섭하뿐이다. 따라서 여기에 언급된 '요동태수'는 섭하를 두고 한 말일 것이다. 과연 섭하는 요동태수였을까 요동동부도위였을까?

2) 양복과 순체의 출병

섭하가 당시 요동군의 태수였든 도위였든 간에, 한나라 조정의 입장에서는 중앙정부에서 파견한, 그것도 직급이 높은 고위 관리가 조선왕에게 죽임을 당했기 때문에 이 사태를 가만히 좌시하고만 있을 수는 없었다. 〈조선열전〉에 따르면, 장안에서 이 소식을 전해들은 무제는 격분한 나머지 조선 정벌을 선언하고 양복(楊僕)을 누선장군(樓船將軍), 순체(荀彘)를 좌장군(左將軍)으로 각각 임명한 후 당시 전국의 중죄인들 중에서 자원자들을 원정군으로 충당했다고 한다.

이때 차출된 병력은 순체의 육군이 5만, 양복의 수군이 7,000으로 도합 5만 7,000명이었다. 사마광은 《자치통감(資治通鑑)》에서 무제가 이때 천하의 사형수들 중에서 병력을 모집했다고 적고 있다. 당시 한나라에 얼마나 범죄자나 죄수가 많았는지는 알 수가 없다. 그러나 사형수들 중에서 5만 7,000명의 병력을, 그것도 지원자를 대상으로 모집한다는 것은 단시일 내에 해결할 수 있는 문제가 아니기 때문에 시간적으로 상당히 지체되었을 것이다. 따라서 사형수보다는 중죄인들 중에서 병력을 모집했다고 보는 것이 보다 합리적인 추론이 아닐까 싶다.

병력 구성에 있어서도 5만 7,000명 전부가 죄수들로 구성되었다고 보기는 어렵다. 당시의 전쟁이 단순히 무기라고는 다루어 본 적도 없는 자국 민간인의 반란을 진압하는 것도 아니었으니 미지의 이민족 군대와 대적하기 위해서는 아무래도 일정 기간에 걸쳐 최소한의 군사훈련을 받은 정예부대가 필요하기 때문이다. 따라서 죄수들은 직접 전투에 참여하는 전투병력보다는 주로 노군이나 병참 수송부대 인력으로 충당되었을 가능성이 높다.

그렇다면 무제에 의하여 각각 수군과 육군의 지휘관으로 기용된 양복과 순체는 어떤 인물이었을까? 양복은 무제 초기 어사(御史)를 거쳐 제후국의 왕과 그 자손들에 대한 관작의 책봉과 박탈을 관장하는 주작도위(主爵都尉)로 있던 원정(元鼎) 5년(BC112) 무제의 눈에 들어 처음 누선장군으로 임명되었다. 누선장군은 한대에 각 군사 분과별로 설치한 별정직 장군의 하나로, 수군의 주력부대를 통솔하는 것을 주된 임무로 삼았다. 평소 결단력이 있고 힘이 세었던 양복은 원정 5년 육군과의 양면작전으로 남월국(南越國)을 평정하고 그 공으로 장량후(將梁侯)로 봉해졌다.

그러나 이 원정 직후 무제는 그의 다섯 가지 과오를 들면서 신중한 작전을 할 것을 공개적으로 경고를 하였다. 말하자면 그는 '지장'이라기보다는 '용장'에 더 가까운 인물이었던 셈이다. 그는 2년 후인 원봉(元封) 원년(BC110) 다시 누선장군으로 임명되어 다른 장수들과 함께 동월국(東越國)을 평정하는 데에 참전하고 이때에도 상당한 전공을 세웠다.

순체의 경우는 황제의 수레를 능숙하게 잘 몰아 시중(侍中)으로 발탁되면서 벼슬길에 오른 케이스였다. 시중은 원래 진나라 때 궁중에서 승상을 보좌하기 위하여 처음 설치한 관직으로, 한대에는 정규직과는 구분되는 일종의 별정직으로 분류되었고 그 업무도 황제가 사용하는 수레, 가마, 복장, 기물을 관장하는 정도가 고작이었다.

그러나 그 같은 사소한 부분에서부터 황제의 측근에서 시중을 들면서 궁궐을 드나들고 국가 중대사를 논하는 자리에까지 배석하다 보니 나중에는 상시(常侍)에 버금가는 요직으로 간주되기도 하였다. 따라서 그 자리에는 주로 황제의 심복이 임명되는 경우가 많았다. 순체는 그 후 교위(校尉)를 거쳐 나중에는 대장군(大將軍) 위청(衛靑)을 따라 여러 차례 흉노(匈奴) 정벌에 나서기도 하였다.

대외 정벌이 빈번했던 무제 시기에는 무관의 경우 다양한 직함들이 새로 등장했는데, 대장군(大將軍), 표기장군(驃騎將軍), 거기장군(車騎將軍), 위장군(衛將軍)이 가장 지위가 높았으며, 전장군(前將軍), 후장군(後將軍), 좌장군, 우장군(右將軍)이 그 다음이었으며, 그 다음으로는 분과별로 강노장군(强弩將軍), 발호장군(拔胡將軍), 준계장군(浚稽將軍), 이사장군(貳師將軍), 횡해장군(橫海將軍), 누선장군, 장둔장군(將屯將軍), 호군장군(護軍將軍), 복파장군(伏波將軍) 등의 특정직 장군들이 있었다.

좌장군은 한대의 비상설 무관직으로 도성의 경비나 변방의 방위가 주된 임무였다. 그러나 그 지위는 상경(上卿) 다음으로서, 대신들만 누릴 수 있는 자주색 끈이 달린 황금 관인을 지닐 특권을 누릴 정도로 높았다. 그런데 당시까지만 해도 대단한 전공을 세운 일이 없었던 순체가 조선 정벌을 앞두고 양복보다 서열이 높은 좌장군으로 임명된 것을 보면 무제 즉위 초기부터 측근에서 황제의 시중을 들었던 전날의 인연도 어느 정도 작용했던 것으로 보인다.

《사기》〈조선열전〉과《전한기》〈효무황제기〉등의 기록에 따르면, 같은 해인 원봉 2년 가을, 동월국을 평정하고 돌아온 양복은 무제의 명령에 따라 다시 누선장군의 신분으로 제(齊), 즉 지금의 산동반도에서 수군 7,000명을 전선에 태우고 바닷길을 통하여 조선 정벌에 나섰다. 좌장군 순체 역시 그 뒤를 이어 중죄인들을 중심으로 급하게 편성된 군사 5만 명을 거느리고 요동군 방면으로 출격하였다.

3) 한대의 전선과 수군의 편제

그동안 중국과 국내의 사학자들은 누구랄 것 없이 모두가 양복이 수군을 거느리고 산동반도에서 바로 황해를 횡단하여 한반도 평양 인근으로 건너왔다고 주장해 왔다. 그러나 이쯤에서 우리는 누선장군 양복의 진군 경로에 관하여 되짚어 볼 필요가 있을 것 같다.

한나라의 조선 출병과 관련하여 가장 먼저 따져 보아야 할 것은 당시 전선으로 사용되었다는 누선(樓船)이다. 진-한대에는 창, 방패 등의 공수 설비를 모두 갖춘 대형 전선이 수전에 자주 사용되기 시작했는데, 갑판 상부가 복층구조로 지어져 외관이 마치 누각처럼 웅장하다고 해서 '누선'으로 불렸다. 실제로 무제가 양복을 처음 누선장군에 임명하여 남월국을 정벌할 때 만들어진 전선은 상부구조가 3~4층이나 되고 높이가 10장(丈), 즉 대략 27.6m나 되는 대형 누선으로, 한 척에 한꺼번에 1,000명을 태울 수 있을 정도로 규모가 컸다.

만일 누선장군 양복이 조선 정벌 당시에도 이와 유사한 규모의 누선을 전선으로 동원했다면 수군 7,000명을 전선으로 이동시키는 과정에서 적어도 5척 이상이 동원되었다고 보아도 무방한 셈이다. 그러나 한대의 수군 모두가 이 같은 초대형 누선을 실전에 전선으로 사용했다고 보기는 어렵다.

누선은 많은 병력을 태우고 적들에게 위압감을 주는 데에는 대단히 유용했을 것이다. 그러나 상부구조를 여러 층이나 쌓아 올려

중국 문헌에 보이는 전형적인 누선의 형태 – 무게중심이 상부에 있어서 한눈에 보기에도 불안정해 보인다.

높이만 해도 30m 가까이 되다 보니 하부에 있어야 할 배의 무게중심이 상부에 있어서 진퇴나 방향 전환은 물론이고 선체의 균형을 잡기도 벅찼을 것이다.

위의 그림으로 보기에도 상부구조가 지나치게 높은 누선의 구조는 금방 뒤집어지기라도 할 것처럼 상당히 불안정해 보인다. 이처럼 누선이 구조적으로 이미 불안정한 결함을 지니고 있다 보니 중심을 제대로 잡지 않거나 큰 바람이 불기라도 하면 순식간에 배가 전복되어 침몰하는 일이 빈번하게 일어났다.

실제로 이보다 수백 년 후인 삼국시대 오(吳)나라에서 손권(孫權: 182~252)은 수전에 대비하고 위용을 과시할 목적으로 다섯 층이나 되는 초대형 누선을 여러 척 건조했으나, 폭풍이 몰아치자 모두 전복되어 강 속에 침몰되고 말았다고 한다. 누선은 이 같은 구조적 결함 때문에 당시에도 주로 내해나 근해에서만 투입되었으며, 파도나 바람 등의 외부 물리력의 영향을 많이 받는 먼 바다에서는 거의 사용할 수 없었다고 한다.[5] 따라서 중국 역사서에서 누선에 관한 기록은 송-원대를 지나면서 점차 역사의 저편으로 사라지게 된다.

그렇다면 고대 중국에서 초대형 누선은 누선장군이 수군을 지휘하거나 위용을 과시하는 등 무력시위를 벌이는 데에 주된 목적이 있었고, 실제 전투에는 이보다 크기가 작고 구조도 보다 안정적인 소형 누선이 다수 배치되었다고 보는 것이 합리적이라고 생각된다. 《후한서》〈마원전(馬援傳)〉에서는 이보다 70여 년 후인 후한대 건무(建武) 18년(42) 복파장군(伏波將軍) 마원(馬援, BC14~AD49)이 교지국(交趾國)을 정벌할 때의 상황을 이렇게 전

---

5) 추가적인 문제 결함에 대해서는 《중국과학기술사》(교통권), 제77쪽 참조.

한대에 제작된 누선문경(樓船紋鏡) 속의 누선의 모습

하고 있다.

크고 작은 누선 2,000여 척과 전사 2만여 명을 동원했다.

將樓船大小二千餘艘, 戰士二萬餘人.

이러한 《후한서》의 기사를 참조할 때, 한대의 누선군은 대체로 수백 척 이상의 크고 작은 누선으로 편성되었을 것이다.

그렇다면 수군의 병력이 이보다 1/4 수준이고 선박 건조기술도 상대적으로 낙후되어 있었을 100여 년 전의 한 무제 시기에는 조선 정벌에 최소한 100척 이상의 누선이 동원되었을 가능성도 있는 셈이다.

그렇다면 당시 한 척의 전선에는 몇 명의 수군이 탑승했을까? 한대 전선의 수용 인원에 관해서는 조선 숙종(肅宗) 때에 편찬된 《수군변통절목(水軍變通節目)》의 기록이 유용한 자료가 될 수 있을 것 같다. 이 병서의 〈각군선제정액수(各軍船制定額數)〉에 따르면, 당시 삼도수군통제사(三道水軍統制使)와 각 수사(水使)의 기함(旗艦)들을 제외한 통상적인 전선인 2층 구조의 판옥선(板屋船)의 경우, 노를 맡은 노군(櫓軍)은 100명이 배치되었다고 한다.

당시 표준적인 판옥선은 노가 좌우로 8개씩 설치되어 있었으니, 이 각각의 노마다 4명의 노군과 1명의 노장(櫓長)이 배치되었으므로 전선마다 정규 노군은 80명인 셈이다. 그런데 여기에 지친 노군과 교대할 예비 병력인 여군(餘軍)이 20명 대기하고 있었다고 한다.

반면에 전투에 투입되는 전사(戰士)는 지휘관을 포함하여 54명 정도에 불과했다. 이에 비하여 일본의 전선인 안택선(安宅船)의 경우는 노군이 90

명인 데 비하여 전사가 200명 정도까지 탑승할 수 있었다고 한다. 판옥선을 안택선과 비교했을 때 전사 병력에서 이처럼 큰 차이를 보이는 데에는 아무래도 판옥선에는 무거운 화포도 여러 개 탑재되었기 때문일 것이다.

그렇다면 한대 수군의 경우는 어떤 동력 장치나 대포 등 중무기도 탑재하지 않고 칼, 창 등의 무기와 노군, 전사를 수용하는 것이 고작인 대단히 원시적인 전선의 형태를 보여 주는 안택선의 수군 편제와 거의 비슷했을 것이라는 추정이 가능하다. 물론, 당시에는 대포 같은 중무기가 존재하지 않고 칼, 창, 방패가 고작이었으며, 배의 조작 역시 디젤 엔진 같은 동력 장치가 아니라 순전히 노군의 팔힘에 전적으로 의존하고 있었을 것이다.

따라서 《수군변통절목》의 소개처럼, 한나라 수군에서 노군:전사의 비율은 대체로 1:2 정도로 유지되었을 것이다. 즉, 양복의 수군 7,000명 중에서 노군이 2,000명 정도이고 전사는 아무리 많이 잡아도 5,000명 이내였다는 말이다. 이 수치를 양복의 한나라 수군에 그대로 대입해 보면 아무리 적어도 수십 척의 누선이 투입되었다는 계산이 나온다. 중국 사서에 언급된 1,000명을 태울 수 있다는 누선은 산술적으로는 그 많은 인원을 모두 수용할 수 있을지 모른다. 그러나 누선의 불안정한 구조를 감안할 때 실제로 1,000명을 태웠다면 노군의 피로감은 두 말 할 것도 없고 배의 속도도 상당히 느려질 수밖에 없다. 따라서 그 같은 대형 누선이 실전에 대량으로 투입되기는 현실적으로 불가능했을 것이다.

2. 지리멸렬하는 한나라 정벌군

1) 졸정 다(多)의 선제공격

누선장군 양복과 좌장군 순체의 육-해 양면작전은 기본적으로 원정(元鼎) 5년(BC112) 남월(南越)에 대한 정벌과 비슷한 작전 방식으로 이루어졌다. 남월 정벌 당시에도 가을에 각 방면의 군대가 출발한 후 겨울에 접어들어 남월에 먼저 도착한 양복의 수군이 심협(尋陜) 등 지금의 광동성 광주(廣州) 일대를 공략해 남월군의 예봉을 꺾자 노박덕(路博德)의 선봉부대 1,000여 명이 바로 그 뒤를 이어 수군과 합류한 후 육-해 양면으로 진군하여 남월의 수도인 번우성(番禺城) 아래까지 파죽지세로 밀어붙여 결국 승리를 거두었었다.

무제는 조선 정벌에서도 이와 똑같은 낙승을 기대하고 있었을 것이다. 게다가 남월 정벌 때보다 훨씬 규모가 큰 대군이 조선을 향해 출정했으니 양복과 순체의 원정군이 도착과 동시에 낭보를 전할 줄 알았을 것이다. 그러나 조선은 남월과 경우가 달랐다.

한나라 군은 육-해 양면으로 조선으로 쇄도해 갔다. 〈조선열전〉에는 언급이 전혀 없지만, 우거는 이미 한나라 조정의 전쟁 선언과 정벌군 파견 소식을 전해 들었던 것으로 보인다. 우거는 즉각 군사를 내어 지세가 험준한 왕험성 인근의 요지에 진을 쳤다. 얼마 후 좌장군의 '졸정(卒正)' 다(多)는 좌장군 순체가 조선에 도착하기에 앞서 요동군이 보유하고 있던 기존의 병력을 지휘하여 먼저 조선에 대한 선제공격을 가하였다.

그러나 〈조선열전〉에서도 적고 있듯이, 우거의 군사가 장기간에 걸쳐 훈련과 교육을 받은 정예부대인 것과는 대조적으로, 양복과 순체 휘하의 병력은 상당수가 고조선 정벌에 임박하여 전국의 사형수 등 중죄인들을 되는 대로 끌어 모아 급조한 오합지졸이었다. 따라서 제대로 군사훈련을 받을 틈이 없었으며 군기 역시 제대로 잡혀 있을 리가 없었다.

요동군은 제대로 훈련을 받지 않았던지 조선군과 맞붙기가 무섭게 크게 패하여 지리멸렬된 채 대열조차 이루지 못하고 뿔뿔이 흩어져 버렸다. 결국 본대로 귀환한 다는 군사를 제대로 통솔하지 못했다는 이유로 군법에 따라 목이 잘리고 말았다.

여기서 한 가지 이해가 되지 않는 것이 다의 관직명이다. 사마천은 〈조선열전〉에서 다가 당시 좌장군 휘하의 '졸정'이었다고 소개하고 있다. 그러나 반고의《한서》〈왕망전(王莽傳)〉에 따르면, 사마천의 기록은 역사적 사실과는 다소 거리가 있다.

> 왕망이 〈주관〉, 〈왕제〉에 따라 졸정, 연솔, 대윤 등의 벼슬을 두었는데, 그 직급이 태수와 같았으며, 속령, 속장 등을 두었는데, 그 직급이 도위와 같았다. … 서열은 공작급을 목, 후작급을 졸정, 백작급을 연솔, 자작급을 속령, 남작급을 속장으로 삼았는데, 이 모두는 해당 벼슬을 대대로 세습하게 하되 작위가 없는 사람은 '윤'으로 삼게 하였다.
> 莽以周官, 王制之文, 置卒正, 連率, 大尹, 職如太守; 屬令, 屬長, 職如都尉. … 公氏作牧, 侯氏卒正, 伯氏連率, 子氏屬令, 男氏屬長, 皆世其官, 其無爵者爲尹.

반고의 설명을 따르자면, '졸정'이라는 벼슬은 천봉(天鳳) 원년(14)에 왕망(王莽, BC45~AD23)이《예기》의 〈주관(周官)〉, 〈왕제(王制)〉 등의 기록을 근거로 하여 직급이 태수(太守)와 맞먹는 졸정, 연솔(連率), 대윤(大尹)과 직급이 도위(都尉)와 맞먹는 속령(屬令), 속장(屬長)을 두는 등, 기존의 관직제도에 대한 일련의 개혁을 단행하면서 비로소 처음 설치된 벼슬들 중의 하나인 것이다.

그런데 왕망의 이 직제 개혁은 전한 평제(平帝) 원시(元始) 원년(1)으로부터 왕망 정권이 붕괴하는 기원후 23년까지 24년간 지속되었다. 정리해서 말하자면, 한나라에 '졸정'이라는 벼슬이 처음으로 등장한 것은 〈조선열전〉이 작성된 무제 때로부터 100년이 훨씬 지난 왕망 정권에서부터인 것이다. 그런데 그 벼슬을 처음 설치했다는 왕망 정권보다 100년이나 빠른 원봉 2년 기사에 이 관직명이 등장하고 있는 것은 시기적으로 앞뒤의 순서가 전도된 격이다.

2) 먼저 도착한 양복의 수군

위씨조선의 수도인 왕험(王險) 땅에 먼저 모습을 드러낸 것은 누선장군 양복이 이끄는 7,000명의 수군이었다. 이때 왕험성을 지키고 있던 우거는 염탐을 통하여 양복이 1만 명도 되지 않는 소규모 병력만 대동하고 나타난 것을 확인하고 즉시 성을 나와 한나라 수군을 공격하기 시작하였다. 오랜 항해로 심신이 지친 데다 상륙하느라 경황이 없던 한나라 수군은 갑작스럽게 밀어닥친 조선군과 싸움 한 번 제대로 벌여 보지 못한 채 지리멸렬되어 뿔뿔이 달아나기에 바빴다.

얼마 전까지만 해도 남월, 동월 정벌에서 승승장구하면서 여러 차례 용맹을 과시했던 천하의 맹장 양복조차 그 서슬에 자신의 휘하 병력을 잃어버리고 체면 불구하고 허겁지겁 왕험성 인근의 산 속으로 몸을 피할 수밖에 없었다. 한참이 지나 가까스로 정신을 추스른 양복은 열흘 동안 산속에 숨어 지내면서 이곳저곳에서 뿔뿔이 흩어졌던 군사들을 다시 불러 모으기 시작하였다. 한나라 수군은 조선에 도착한 후에도 열흘이라는 시간이 더 지나서야 가까스로 대열을 정비할 수 있었던 것이다.

이즈음에 좌장군 순체가 이끄는 5만 명의 육군은 패수(浿水)를 지키고 있던 조선의 서군을 공격하고 있었다. 그러나 서군의 저항 역시 워낙 완강한 탓에 미처 이를 격파하고 조선 땅으로 진입할 도리가 없었다. 말하자면 서부전선에서는 조선 서군과 한나라 육군이 팽팽하게 대치하고 있는 상황이어서 양복의 누선군과의 합류가 무한정 지연되고 있었던 셈이다.

박성용은 순체와 양복의 합류와 관련하여 조선 원정에 나선 한나라 군의 최종 목적지가 평양이 아니라 중국 하북성 모 지역이었을 가능성이 높다고 주장하면서 한나라 육군의 기동로가 너무 길었다는 점을 그 근거로 들었다. 그의 이 같은 주장은 조한 전쟁을 군사학적 측면에서 입체적으로 분석하는 데에 대단히 유용하다. 적어도 이 문제에 관해서는 굳이 문외한인 필자가 객쩍은 소리 늘어놓을 것 없이 군사학 전문가인 박성용의 전문적인 분석을 참조하는 것이 좋을 듯하다.

… 북경에 집결한 한나라 육군이 한반도 평양까지 행군하려면 군대가 하북성을 동북쪽으로 가로질러 조백하, 난하를 건너고 산해관을 빠져나와 발해 북안에 면한 좁은 요서주랑을 통과해야 한다. 이어서 대릉하, 유하, 혼하, 태자하를 건너고 천산산맥을 넘어 압록강, 청천강을 건너 대동강 연안에 다다라야 한다. 실제로는 험준한 천산산맥을 넘기 어려워 현 요령성 요양(랴오양)을 거쳐 요동반도 서해안을 따라 대련으로 남하한 후 요동반도 동쪽 해안을 따라 한반도 신의주로 들어왔을 것으로 추정되므로 〈그림 1〉처럼 한나라 육군의 기동로는 매우 긴 거리가 되었을 것이다.[6]

---

6) 박성용, 〈한나라 군사작전으로 본 위만조선 왕검성 위치 고찰〉, 《2016년 상고사 토론회

박성용이 재구성한 〈그림4〉를 보면 순체가 이끄는 한나라 육군 5만명이 북경 동쪽을 출발하여 한반도의 평양까지 진군할 경우 반드시 거쳐 가야 하는 조백하–난하–대릉하–요하–혼하–압록강–청천강–대동강 등의 큰 강들을 확인할 수 있다. 물론, 북경에서 평양까지의 구간에는 하천만 존재할 뿐만 아니라 크고 작은 산과 산맥들까지 겹겹으로 솟아 있다. 박성용이 언급한 하천들의 경우는 둘째치고 거기에 북경-진황도 구간의 연산산맥과 영구-단동 구간의 천산산맥, 그리고 압록강 이남 한반도 북부의 다수의 산맥들을 모두 통과하는 시간까지 합산하면 목적지까지 이동하는 데에만 몇 개월이 소요되었을 것이다. 이런 점만 감안하더라도 고조선과 왕험성이 한반도에 위치해 있었을 가능성은 상당히 낮다. 붉은 동그라미로 표시된 도시들은 각각 요서설(진황도), 요동설(영구), 평양설(평양)에서 주장하는 왕험성의 위치이자 한나라 수군의 상륙지점이다.

3) 무제의 위산 파견

한편, 장안에서 낭보를 기다리고 있던 무제는 양복과 순체 두 장수로부터 아무 기별도 없자 조바심이 생겨 이번에는 위산(衛山)을 사자로 조선에 파견하였다. 사마천이 이 대목에서 "위산을 사자로 보내 군사의 위세를 빌

자료집》, 제76쪽, 2016.3.22. 박성용은 〈그림1〉을 예시했지만 이 상황을 이해하는 데에는 오히려 〈그림4〉가 보다 효과적이라고 보아 〈그림4〉를 인용하기로 한다. 한나라 군의 조선 원정과정에 관한 자세한 내용은 박성용, 같은 글의 《『사기』「조선열전」에 나타난 한나라 육군 공격 루트 분석》(제74-81쪽) 및 〈한나라 수군의 상륙작전 고찰〉(제81-85쪽)을 참고하기 바란다.

어 우거를 설득하였다(使衛山因兵威往諭右渠)"라고 적고 있는 것을 보면 무제가 위산을 사자로 보낼 때 양복, 순체의 군사와는 별도의 군사를 추가로 파견해서 무력시위를 벌였을지도 모른다.

어쨌든 황제의 사자인 위산이 이때 왕험성으로 찾아가 우거에게 한 제국의 군사력을 과시하면서 항복하도록 설득한 것은 사실이었던 것으로 보인다. 황제가 파견한 사자임을 증명하는 신표인 '절(節)'을 확인한 우거는 위산에게 용서를 빌었다. "원래 항복하려 했는데 두 장수가 저를 속여 살해하지 않을까 싶어 걱정을 많이 했소. 이제 사자가 들고 온 신표를 확인했으니 황제의 뜻에 승복하고 항복할까 하오."

사절이 휴대하는 '절'은 황제의 권위를 상징하는 신표였다.

사마천은 우거가 한나라와 강화를 맺는 조건으로 태자를 한나라 조정으로 보내 황제에게 정식으로 사죄하기로 하고, 그 사례로 조선의 명마 5,000필을 조공으로 바치는 동시에 한나라 군사들이 먹을 군량까지 챙겨 주었다고 전하고 있다. 여기서 우리들의 눈길을 끄는 것이 우거가 한나라와 강화를 맺는 대가로 내놓은 5,000필의 말이다.

말은 교통, 운수, 통신, 음식 등 일상생활에서 다양한 용도로 널리 사용되었을 뿐 아니라 전쟁에서도 중요한 군사적 기능을 수행했기 때문에 고대 사회에서 대단히 귀중하게 여겨졌던 동물이었다. 따라서 고대에는 전마를 얼마나 확보하고 있느냐가 전쟁의 승패를 가늠하는 데에 대단히 중요한 척도로 여겨졌다.

전한대 중국인들의 말에 대한 인식은 〈대완열전(大宛列傳)〉에 소개된 무제의 '한혈마(汗血馬)'에 대한 집착을 통해서도 어느 정도 짐작할 수 있을 정도이다. 한나라 때 말 한 마리가 어느 정도의 가치를 가지고 있었는지에 대해서는 확인할 길이 없다. 다만, 그보다 1,000여 년 이후인 당나라 때의 기록을 통해서 그 대체적인 양상만 짐작할 수 있을 뿐이다.

당나라 정사인 《당서(唐書)》의 기록에 따르면, 당 현종(唐玄宗) 이융기(李隆基: 685~762)는 당시 중앙아시아를 주름잡고 있던 기마민족인 돌궐(突厥)과의 무역을 거론하면서 돌궐의 말 1만 4,000필을 사들이려면 50만 필의 비단을 그 대가로 지불해야 한다고 말하고 있다. 말하자면 말 1필을 사들이는 데에 35.7필의 비단이 지출되었던 셈이다.

그 이후에도 회골(回鶻) 등의 기마민족으로부터 말을 사들일 때에는 말 한 필에 평균 40필의 비단을 지불하고 있다. 그렇다면 한대에도 상황은 크게 다르지는 않았을 것이다. 어쩌면 말을 사육, 관리하기가 더 힘들고 말에 대한 집착 또한 강렬했던 이 당시에는 오히려 당나라 때보다 더 비싼 가격으로 말이 거래되었을지도 모를 일이다.

그런데 그렇게 귀중한 말을 조선에서 강화의 대가로 몇백 필도 아닌 5,000필이나 내놓은 것이다. 물론 품종에서 적잖은 차이가 있었을 가능성이 높기는 하지만, 그 만큼의 말을 구입하려면 당 현종 때의 가치로 따져도 비단을 거의 20만 필이나 지불해야 할 정도로 엄청난 규모였다. 참고로 중국 남조 유송(劉宋)시기의 역사를 기록한 《송서(宋書)》의 〈고구려전(高句麗傳)〉에 따르면, 고구려 장수왕(長壽王)은 당시 북벌을 계획하고 있던 유송 황제의 요청으로 800필의 군마를 지원했다고 한다. 요동과 한반도를 아우르며 최고의 전성기를 구가하고 있던 5세기의 고구려가 지원한 군마가 1,000필을 넘지 않은 것을 보면 그보다 550여 년 전에 이미 그보다 6배나 많은 명마를 내놓은 조선의 군사적, 경제적 잠재력이 어느 정도였을지는 충분히 짐작하고도 남음이 있다. 같은 맥락에서 우거가 이렇게 많은 수의 말을 그것도 단 한 번에 내놓은 것을 보면 조선에서는 이보다 몇 배나 많은 말을 보유하고 있었을 가능성이 높다.

보유한 말의 수만 놀라운 것이 아니다. 이 많은 말을 유지하려면 그 말들을 먹이는 데에 엄청난 양의 먹이가 필요했을 것이다. 17세기의 어떤 기록에 따르면, 소 한 마리가 1년 동안 먹는 여물이 콩 한 섬 정도인 데 비하여 말은 한 필당 콩 두 섬에 좁쌀 열 말이나 들었다고 한다.

그렇다면 보유한 말의 수만 가지고도 당시 조선의 경제력이 어느 수준에 있었는지 짐작할 수 있는 셈이다. 이는 다른 의미에서는 조선이 이미 그 당시에 자국 내에 상당한 규모의 양마 시설을 갖추고 있었다는 말이 된다. 만일 당시의 조선이 한반도 북부가 아닌 중국의 요령지방에 자리 잡고 있었다면 이 같은 추론은 얼마든지 가능해진다. 왜냐하면 요령지방에는 드넓은 평야지대가 펼쳐져 있어서 말을 방목하거나 훈련시키기에 아주 적합하기 때문이다.

그런데 이 같은 조건을 한반도에 대입해 보면 모든 것이 불가능해진다. 국토의 70% 이상이 산지로 이루어진 한반도, 그것도 대부분의 땅이 고도가 높은 고산지대인 한반도 북부에서 수만 필이 넘는 말을 방목하고 훈련시킨다는 것이 가능했을까? 게다가 그 많은 말들이 먹어치우는 엄청난 양의 먹이들은 또 어떻게 충당할 수 있었을지 의문이 아닐 수 없다.

어쨌든 조선과 한나라는 이런 우여곡절을 거쳐 긴장 국면을 해소하고 다시금 화해 무드가 조성되는 듯하였다. 그러나 그것도 잠시뿐이었다. 만족스러운 결과를 가지고 왕험성을 나온 위산과 순체 일행은 국경을 넘어 요동군으로 귀환하던 중에 조선 쪽에서 1만여 명의 무리가 무기를 들고 자신들을 따라 패수를 건너려 하는 광경을 발견한 것이다. 위산과 순체는 당시 그들이 배후에서 자신들을 공격할지도 모른다는 위협을 느꼈던 듯하다. 그래서 조선 태자에게 안전상의 이유를 들어 기왕에 항복한 처지이니 그들에게 무기를 버리라는 명령을 내려 줄 것을 요청하였다.

두 사람의 의외의 반응에 놀라기는 태자 역시 마찬가지였다. 조선에서는 애초에 위산 일행을 호위하기 위하여 그 무리를 동원한 것인데 그들을 지레 무슨 암살단이라도 되는 것처럼 받아들인 눈치였기 때문이었다. 태자는 둘이 자신을 속여 한나라로 끌고 간 후 살해하려는 것이 아닐까 의심한 나머지 패수를 건너다 말고 끝까지 버티다가 결국 그 무리와 함께 도로 왕험성으로 되돌아가 버리고 말았다. 조선과 한나라의 화의는 이렇게 의외의 상황이 발생하는 바람에 결국 무위로 돌아가 버리고 말았다.

3. 전쟁의 재개

1) 한나라 군의 3차 공세

조선에 급파했던 위산이 이렇다 할 성과도 없이 귀환하자 무제는 격분한 나머지 그를 주살하고 만다. 가까스로 사그라드는가 싶었던 전쟁의 불씨는 평소 신하들의 사소한 잘못조차 절대로 그냥 넘기는 일이 없었던 무제의 다혈질 때문에 도로 되살아나고 말았다. 무제에게 등이 떠밀린 순체와 양복은 결국 조선과의 전쟁을 재개할 수밖에 없었다. 사마천은 〈조선열전〉에서 당시의 상황에 관하여 이렇게 적고 있다.

좌장군(순체)이 패수의 조선 (서)군을 무찌르고 그 길로 전진하여 (왕험)

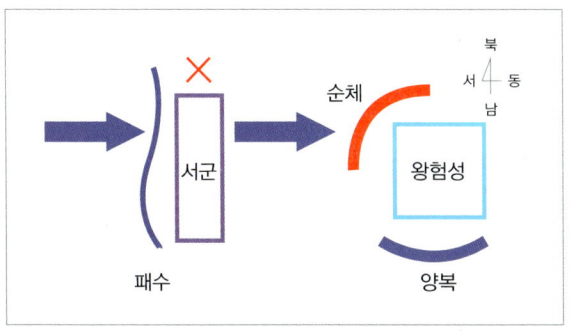

한나라 군의 제3차 공세 예시도

성 아래까지 이르자 그 서북면을 포위하였다. 누선장군(양복) 역시 그와 합류한 후 성의 남쪽에 포진하였다. 우거는 마침내 성을 굳게 지키니 몇 달이 다 되도록 함락시키지 못하는 것이었다.
左將軍破浿水上軍, 乃前, 至城下, 圍其西北. 樓船亦往會, 居城南. 右渠遂堅守城, 數月未能下.

이처럼 전열을 재정비한 순체와 양복이 서북쪽과 남쪽 양면에서 거침없이 공세를 퍼부었지만, 우거가 농성에 돌입하는 바람에 한나라 군은 몇 달이 다 지나도록 왕험성을 함락시킬 수 없었다는 것이다.

사마천이 〈조선열전〉에서 기술한 바에 따르면, 조선에 대한 한나라 군의 제3차 공세는 대체로 위의 예시도처럼 이루어진 것으로 보인다. 즉, 육군을 이끄는 좌장군 순체가 패수를 지키는 조선의 서쪽 방위군을 격파한 후 그 길로 국경 너머의 조선 영토로 진격하여 왕험성 서북면을 포위하고, 그 뒤를 이어서 누선장군 양복의 수군이 왕험성 남쪽에 포진한 것이다.

국경지대의 패수를 기준으로 했을 때 왕험성의 위치는 최소한 패수보다 더 내륙 즉 동(북)쪽이 될 수밖에 없다. 그렇다면 여기에 언급된 왕험은 한반도의 평양지역일 수가 없다.

《사기》 등 중국 사서에서는 패수가 왕험성의 서쪽으로 흐른다고 적고 있다. 문제는 지금의 대동강은 위의 지도에서도 확인할 수 있는 것처럼 평양의 남쪽으로 흐르고 있다는 것이다. 양복이 왕험성 남쪽에 포진한 일은 대동강이 흐르는 방향을 따라 억지로라도 증명해 보일 수 있다고 치자.

그러나 〈조선열전〉에서는 좌장군 순체가 요동군이 있던 서쪽으로부터 군사를 이동시켜 그 동쪽에 대치하고 있던 조선의 서부군을 격파하고 그 길로 동쪽으로 패수를 건너 진격한 후 왕험성 서북면을 포위했다고 기술하였다. 만일 사마천의 기록대로라면 순체가 이끈 한나라 육군의 진군 방향과 포위 위치는 평양의 현재 입지 상황과 대조해 볼 경우 실제와는 상당한 편차가 발생하게 된다.

평양 인근지역에서 천연의 국경을 이룰 만큼 규모가 큰 하천은 대동강이 유일한데, 그 강줄기는 평양의 동북쪽에서 남쪽을 지나 서남쪽으로 흐르고 있다. 즉, 위의 지도에서 볼 수 있듯이, 그 강이 순체의 진격로가 아닌

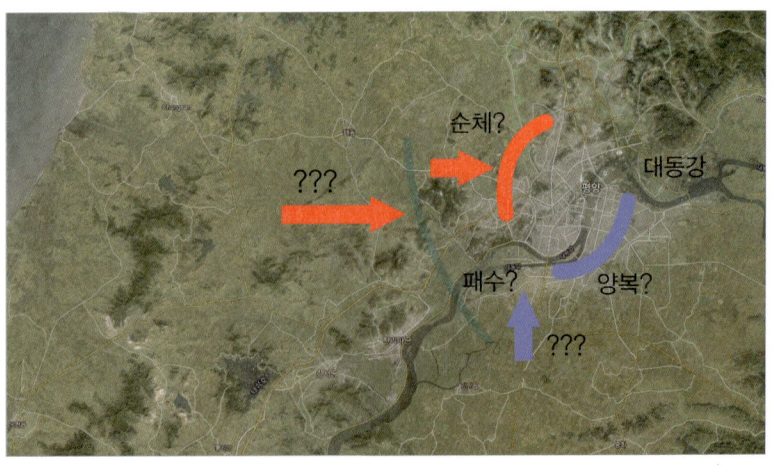

평양은 한나라군의 공격-배치 경로나 강의 흐름을 보더라도 왕험일 수 없다.

〈조선열전〉의 묘사와 가장 유사한 왕험의 위치

양복의 진격로에 걸쳐 있는 것이다.

만일 패수가 대동강이고 순체가 이끄는 연(燕), 대(代) 출신의 정예부대가 패수를 건넜다는 것이 확실한 역사적 진실이라면 대동강의 하류는 마치 성의 해자(垓字)처럼 평양지역을 빙 둘러서 다시 북서쪽으로 흘러 서해로 진입해야 정상이다. 그래야 순체가 건너갈 패수가 생기기 때문이다. 그러나 실제의 대동강은 평양 남쪽을 지나 서남쪽으로 흘러 서해로 진입한다.

사마천의 기록이 정확하다면, 순체는 자기 휘하의 병력을 서쪽에서 동쪽으로 이동시켜 '패수를 건넌 후' 왕험성의 서북면을 포위했다고 했으니, 패수가 대동강이라면 그 대동강은 평양의 서쪽을 흐르고 있다는 말이 된다. 그러나 지도에서도 볼 수 있듯이, 실제로는 평양 서쪽에는 보통강이라는 길이 55km 정도의 청계천 수준의 작은 하천만 보일 뿐 국경선 역할을 할 만큼 큰 하천은 전혀 존재하지 않는다.

그런 상황에서는 설사 패수가 대동강이라고 치더라도 순체가 패수를 건넜다는 것은 역사적 진실로 믿기 어렵다. 이처럼 당시 조선 수도 왕험의 입지 상황이나 하천(패수)의 방향, 또 순체-양복 등 한나라군의 진격-배치의 경로를 차례로 따져 보면, 코흘리개 어린 아이가 보더라도 패수는 대동강일 수가 없으며, 왕험 역시 평양일 수가 없는 것이다. 사마천의 기록을 종합해 볼 때, 〈조선열전〉의 묘사와 비슷한 입지와 지형, 그리고 한나라 군의 진격 방향 등, 이 모든 조건들을 충족시켜 줄 수 있을 만한 지점은 그나마 지금의 산해관 남쪽, 구체적으로 말하면 창려현 인근 정도뿐이다. 또, 발해 북안 일대에서 험한 산이 있을 만한 곳 역시 그 일대 이외에는 없다.

그렇다면 사마천이 조선과 왕험의 위치와 관련하여 없는 사실을 날조해서 기록했을 가능성은 없을까? 그렇지는 않다고 본다. 명색이 중국을 대표하는 역사가인 그가 조금만 들추어 보면 금방 허점이 드러날 허술하고 유치한 사기극을 벌였을 리는 없기 때문이다. 이 같은 엉성하기 짝이 없는 역사 조작은 1차적으로 '식민통치'라는 불순한 정치적 목적을 가진 도엽암길(稻葉岩吉) 등 20세기 초기의 일제 식민사학자들에 의하여 이루어졌을 것이다.

그리고 그 뒤를 이어 그들로부터 정신적으로 세뇌되고 자신들의 밥그릇을 지키는 데에만 혈안이 된 한국과 중국의 반도사학자들에 의하여 일종의 미신처럼 확고하게 각인되었다고 본다.

2) 대치 국면에 돌입한 전쟁

양복과 순체는 왕험성을 포위한 채 공략했지만 몇 달이 지나도 함락시킬 수 없었다. 사마천은 순체가 한때 무제의 시중(侍中)으로 있었던 인연으로 전부터 황제의 총애를 받았다고 적고 있다. 실제로 순체는 궁중에서 시중으로 있으면서 무제가 타는 어가를 직접 몰았다고 한다. 앞서 언급했듯이, 순체가 조선 출정 과정에서 상경(上卿)에 버금가는 좌장군으로 중용된 것도 어쩌면 무제를 측근에서 보필한 전날의 인연이 큰 계기로 작용한 결과였을 것이다.

사마천은 순체가 조선으로 출정할 때 그 휘하에 연(燕)-대(代) 출신의 군사들을 거느리고 있었다고 하였다. 중국의 대표적인 사이트인 빠이뚜(百度)에서는 "연-대"를 다음과 같이 소개하고 있다.

연-대

전국시대에 연나라와 대나라가 존재했던 소재지로, 지금의 하북성 서북부와 산서성 동북부를 두루 가리킨다.

燕, 代

戰國時燕國, 代國所在地. 泛指今河北西北部和山西東北部地區.

다들 빠이뚜의 설명에 다시 한 번 주목해 주기 바란다. 빠이뚜의 이 설명대로라면, '연'은 하북성 서북부, '대'는 산서성 동북부를 각각 가리키는 이름인 셈이다. 한대에는 이 두 지역 출신의 병사들이 전장에서 용맹무쌍한 무적부대로 명성이 자자했다고 한다. 왕험성을 포위하기 직전에 순체가 조선 서군을 상대로 승리를 거두고 파죽지세로 왕험성 아래까지 진격할 수 있었던 것도 이같은 배경이 있었기 때문이었다.

박성용(2016: 75)은 이 연-대 출신의 한나라 육군이 죄수들로 구성되어 있었을 것으로 보았다. 그러나 사마천이 순체 휘하의 연-대 병력이 용맹스럽고 자신이 넘쳤다고 적고 있는 것을 보면 죄수들로 급조된 오합지졸들이라기보다는 잘 훈련되고 전투 경험도 제법 있는 정규군들 중에서 상당한 인원을 차출한 것으로 보는 것이 보다 현실적이라고 생각된다.

양복이 이끄는 누선군의 분위기는 이와는 대조적이었다. 〈조선열전〉에서는 양복 진영의 분위기를 이렇게 전하고 있다.

> 좌장군은 한때 시중을 지내며 총애를 받았고 연-대 땅의 병졸들을 지휘했는데 모두가 용맹스러운 데다가 승세를 타서 그런지 군사들 다수가 자신감이 넘쳐흘렀다. (그러나) 누선장군은 제 땅의 병졸들을 지휘했는데, 항해를 하는 과정에서 사고와 탈영이 빈번하더니, 그가 먼저 우거와 싸움을 할 때에는 (우거가) 병졸들이 도망치는 것을 놀리자 병졸들이 모두 두려워하고 지휘관들도 내심 부끄러워 하였다. 그는 우거를 포위할 때조차 언제나 강화를 맺자는 신표를 지니고 다녔다.
> 左將軍素侍中, 幸, 將燕代卒, 悍, 乘勝, 軍多驕. 樓船將齊卒, 入海, 固已多敗亡. 其先與右渠戰, 因辱亡卒, 卒皆恐, 將心慚, 其圍右渠, 常持和節.

위에서 보았던 것처럼, 제 땅 출신의 수군은 이미 북상 과정에서부터 탈영과 사고가 빈발할 정도로 군기가 해이한 상태였다. 더욱이 오랜 항해로 지친 상태에서 조선에 도착한 그들은 상륙하기가 무섭게 우거가 이끄는 조선군에게 보기 좋게 참패를 당하고 그중 상당수가 뿔뿔이 도망쳐 버리고 말았다.

얼마 전 남월, 동월을 정벌할 때만 해도 파죽지세로 승전보를 전했던 천하의 맹장인 양복은 왕험성 아래에 도착하자마자 조선군에게 참패하여 적잖은 병력을 잃고 자신까지 덩달아 산속으로 피신하다 보니 장수로서 부하들을 볼 면목이 없을 정도였다. 그의 지휘를 받는 병사들도 상황은 마찬가지였다. 의기가 소침해진 그들은 누구랄 것 없이 한결같이 조선군이라면 두려움에 떨었다.

게다가 최초의 싸움에서 참패한 일이 일종의 트라우마가 되어 전쟁기간 내내 엄청난 수치심에 시달려야 하였다. 그렇다 보니 그동안 전세가 역전되어 한나라 군이 승세를 타고 왕험성까지 포위하는 데에 성공했음에도 불구하고 싸울 생각보다는 그저 조선과 강화를 맺을 생각이나 하면서 번번이 소극적인 공격에만 급급할 뿐이었다.

3) 양복과 순체의 알력

얼마 후 순체가 조선 측에서 대비할 틈도 없이 신속하게 공세를 취하자, 조선 조정에서는 대신들 중 강화를 주장하는 일파가 비밀리에 양복에게 사람을 보내 항복하기로 약속하였다. 그러나 도중에 사자를 몇 차례 교환하기는 했어도 사안이 사안인지라 양측 모두 쉽게 결정을 내리지 못한 채 시간만 지체하고 있었다. 양복이 순체와의 공조를 주저한 데에는 그럴 만한 이유가 있었다.

〈남월열전〉에 따르면, 원정 6년(BC110) 겨울, 양복은 누선장군으로 임명되어 복파장군(伏波將軍) 노박덕(路博德)과 함께 수군을 거느리고 남월국으로 출정하여 그 도성인 번우(番禺)성에 도착한 후 남월의 군사를 공격해 무찌르고 불을 질러 번우성을 태워 버리는 과격한 작전을 펼쳤다.

반면에 함께 출정한 노박덕은 남월국 사람들을 회유와 관용으로 대하여 그들의 신임을 얻었다. 그러자 남월국 사람들은 양복의 만행에 두려움과 분노를 느낀 나머지 모두 노박덕에게로 가서 투항해 버렸다. 결국 양복은 고생은 고생대로 하고 공로는 막판에 경쟁자인 노박덕에게 모두 빼앗기는 낭패를 당하고 말았다. 조선 정벌은 그 일이 있은 지 2년도 채 되지 않은 시점에 일어났으니, 어쩌면 양복의 뇌리에는 2년 전의 그 불쾌한 기억이 여전히 생생하게 남아 있었을 것이다.

게다가 지난번 남월 정벌 때와는 달리 이번에는 첫 싸움에서부터 벌써

조선군에게 참패를 당한 상태였다. 그렇다 보니 이 두 사건이 대비되면서 일종의 트라우마로 작용한 데다, 이번만큼은 지난번처럼 공로를 경쟁자에게 빼앗기지 않겠다는 강박심리까지 동시에 작용하여 매사에 신중에 신중을 거듭하면서 최대한 심사숙고하고 있었다.

그 같은 내막을 알 길이 없는 순체는 양복과 병력을 합쳐 왕험성을 서북쪽과 남쪽 양면에서 동시에 협공할 날짜를 정하기 위하여 양복에게 몇 번이나 사람을 보내고 있었다. 그러나 순체 몰래 조선의 강화파와 물밑 접촉을 하고 있던 양복은 자신이 독식해야 할 공로를 남월 정벌에서처럼 경쟁자에게 허무하게 빼앗기기 싫었던지 순체와의 합류를 차일피일 미루었다.

그 과정에서 뒤늦게 낌새를 알아챈 순체는 자신도 조선 조정에 사람을 보내는 등, 양복보다 먼저 조선 왕을 항복시키기 위하여 온갖 방법을 다 강구하였다. 그러나 조선 조정에서는 강경 일변도의 순체를 신뢰하지 못한 채 오로지 양복에게만 공을 들이고 있었다. 어느 사이에 양복과 순체 두 장수는 서로 합심협력하여 왕험성에 대대적인 공세를 퍼부어 하루라도 빨리 조선을 항복시키는 일은 정작 뒷전에 제쳐놓고 각자 자기 욕심 챙기기에만 급급하다 보니 이러지도 저러지도 못한 채 시간만 대책 없이 흘러갈 뿐이었다.

그러나 '양복이 지난번에는 군사를 크게 잃는 죄를 범하더니 이번에는 조선과 사사로이 가깝게 지내는 통에 우거가 항복하지 않고 버티고 있는 것'이라고 판단한 순체는 급기야 한나라를 배반하려는 마음을 품은 양복이 적기를 찾지 못해 실행하지 못하고 있는 것뿐이라는 의심까지 품기에 이르렀다. 견디다 못한 무제는 이번에도 사자를 보내 두 장수를 다그쳤다.

"장수 된 자가 군사를 제대로 통솔하지 못하기에 지난번에 위산을 보내서 우거에게 항복할 것을 설득해서 우거가 태자를 보내려 한 것이다. 그런데 위산이 결단을 내리지 못하고 순체와 함께 당초의 계책을 망치는 바람에 조선 왕 우거가 항복하려던 약속을 파기하게 만들고 말았다. 지금 두 장수가 왕험성을 포위하고 있으면서도 서로 사이가 틀어지고 딴 생각을 품는 바람에 시간이 하염없이 지체되고 있는데도 여전히 문제를 해결하지 못하고 있다."

4) 제남태수의 월권

그렇게 해서 무제는 제남태수(濟南太守)이던 공손수(公孫遂: ?~BC108)에게 사람을 보내어 직접 조선으로 가서 상황에 맞추어 임기응변으로 이 문제를 원만하게 잘 처리할 것을 지시하였다. 황제의 명령을 받들어 조선 전선으로 달려간 공손수는 먼저 좌장군인 순체를 만나 유리한 상황에서도 제대로 작전을 수행하지 못한 책임을 추궁하였다.

공손수의 힐난이 억울했던지 순체는 조선에 대한 정벌이 진작에 완수되지 못한 이유를 해명하고 나섰다. 그는 오히려 양복이 자신과의 협공 약속을 여러 차례 무시하면서 왕험성 공격에 동참하지 않고 있다면서 그동안 양복에 대해 품고 있는 속내 생각을 모조리 공손수에게 털어 놓았다.

지금 이 상황에서 만일 양복의 신병을 확보하지 않으면 장차 크나큰 해악이 되어 그 자신뿐만 아니라 거기다 조선과 한 패가 되어 아군을 전멸시키려 들 것입니다.
今如此不取, 恐爲大害, 非獨樓船, 又且與朝鮮共滅吾軍.

손체에게 설득당한 공손수는 결국 황제가 내린 신표로 조선을 항복시킬 계책을 의논한다는 명목으로 양복에게 속히 좌장군의 병영으로 출두할 것을 명령하였다. 계책에 속은 양복이 순체의 병영에 모습을 나타내자 공손수는 순체의 병사들을 시켜 즉시 양복을 체포하고 누선군을 모두 순체 휘하에 통합시켰다. 일단 이렇게 상황을 수습한 공손수는 그 길로 본국으로 귀환하여 무제에게 그간의 경위를 보고하였다.

그러나 무제는 무엇이 불만이었던지 뜻밖에도 공손수를 주살해 버렸다. 당초에 무제가 공손수를 파견한 것은 양복과 순체 사이의 알력을 해소하고 두 장수가 합심협력해서 조선에서의 전쟁을 조속히 매듭 짓도록 재촉하는 데에 그 목적이 있었을 것이다. 그런데 공손수가 황제의 의중을 제대로 파악하기는커녕 순체의 꾀임에 넘어가 멋대로 양복을 체포하고 지휘계통이 다른 수군과 육군을 멋대로 통합시켜 오히려 원만한 작전 수행을 방해하는 과오를 범한 셈이었다.

무제가 공손수를 주살한 표면적인 이유는 바로 이 같은 일련의 과오들에 대한 책임추궁의 일환이었을 것이다. 그러나 그보다 더 근본적인 이유는 어쩌면 그 같은 일련의 중대사들이 모두 자신의 동의와 재가가 전혀 없는 상태에서 순체와 공손수가 함부로 판단해 처리했기 때문이었을 것이다. 역사적으로 볼 때 무제는 아량이 그다지 넓은 황제가 아니어서 자신의 절대권력을 넘보거나 그 권위에 누를 끼치는 사람에 대해서는 절대로 관용을 베풀지 않았다.

말년에 측근인 강충(江充)의 말만 믿고 태자 유거(劉據: BC128~BC91)에게 반역죄를 씌워 그 일가족과 함께 수만 명의 목숨을 빼앗은 사건은 유명하다. 그래서 흉노 정벌에서 여러 차례 혁혁한 전공을 세워 국내외적으로 명망이 높던 대장군 위청(衛靑: ?~BC106)조차 만일 처벌할 죄인이 있을 때에는 그 신병을 본국까지 압송하여 황제가 직접 그 생살 여부를 결정하게 할 정도였으니 그의 성격이 어떠했을지 충분히 짐작할 수 있는 셈이다.

4. 한나라 수군의 항해 경로 복기하기

누선장군 양복의 항해 경로를 살피는 과정에서 우리가 점검해야 할 또 한 가지 사항은 〈조선열전〉의 언어 표현상의 문제이다. 〈조선열전〉에서는 양복의 원정 경로를 "종제부발해(從齊浮渤海)" 다섯 글자로 나타내고 있다. 단 다섯 글자, 그것도 그중 세 글자가 지명으로 되어 있는 아주 짧은 문장이지만, 여기에는 상당히 많은 정보가 담겨 있다.

1) '종(從)'의 해석

먼저 첫 글자인 '종(從)'에 주목해 보자. 그동안 리지린 등 국내외의 많은 학자가 이 부분을 해석하는 과정에서 '종'을 출발지점을 나타내는 전치사 '~로부터, ~에서(from)'의 의미로 이해해 왔다. 그것이 무의식적인 행동인지 의도적인 행동인지는 알 수 없으나, 심지어 한자를 자국의 문자로 사용하고 있는 중국 학자들조차, 약속이라도 한 것처럼 이를 출발지점을 표시하는 표지로 해석하는 경향이 강하였다.

물론, '종'을 '~로부터, ~에서'의 의미로 사용하는 것은 중국어에서 일상적으로 찾아볼 수 있을 정도로 상용화된 용법이다. 그러나 '종'을 '~로부터, ~에서'의 의미로 사용하는 용법은 구어체 중국어인 백화(白話)에서 주로 찾아볼 수 있는 것이다.

더욱이 그 이전에 사용된 고대 중국어, 즉 고문(古文)에서 '종'은, 사전적으로 여러 가지 의미를 나타내기는 하지만, 이 경우처럼 뒤에 특정한 지명이 동반될 때에는 '~를 따라가다, ~를 좇아가다(trace)'라는 의미를 나타내는 동사로 해석하는 경우가 많다. 그 단적인 사례는 우리에게 익숙한 광개토대왕(廣開土大王) 비문에서도 찾아볼 수 있다.

우리 고대사 연구에서 상당히 중요한 금석학적 가치를 가지고 있는 이 비문에는 그 유명한 '경자년(庚子年)'조가 나온다.

(十年庚子, 教遣步騎五萬, 往救新羅) 從男居城至新羅城, 倭滿其中.

여기서 학자들 사이에 논란이 되는 것은 밑줄 친 부분에 대한 해석이다. 대부분의 학자는 이 부분을 "남거성에서 신라의 성까지 왜군이 그 범위 안에 가득 차 있었다" 식으로 번역하고 있다. 중국의 광개토대왕 비문 연구 전문가로 알려져 있는 왕건군(王健群) 역시 이 '從'을 '~로부터, ~에서'의 의미로 이해하고 이 대목을 다음과 같이 해석하였다.

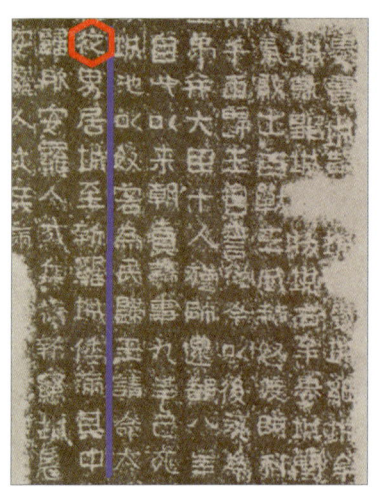

고구려 광개토대왕비 '십년경자'조 부분

남거성은 신라 변경에 있었으며 고구려 군대가 왜구와 처음 맞부딪치는 곳이었을 것이다. 거기서 왕도까지는 거리가 상당히 멀었으니 이 정도의 공간 내에 왜구가 가득 차 있었다면 상황의 심각성을 엿볼 수 있을 뿐만 아니라 고구려가 신라를 구하러 가는 사안의 중요성도 엿볼 수 있는 셈이다. … '남거성으로부터 신라성까지 왜인들이 그 안에 가득 차 있었다'라는 의미이다.

男居城應該是在邊境, 是高句麗軍隊和倭寇開始接觸的地方. 那裏到王都 距離很遠, 在這樣一個範圍內, 倭滿其中, 旣看到形勢的嚴重, 也看到高句 麗往救新羅的重要. … 從男居城到新羅城, 倭人佈滿其中.[7]

왕건군은 '종'을 '~로부터'의 의미로 이해하고, "종남거성지신라성(從男居城至新羅城)"의 주체를 모두 왜군으로 보았다. 즉, 신라 변경의 남거성에서부터 신라의 도성에 이르는 공간이 모두 왜군으로 가득 차 있었고, 고구려군과 왜군의 최초의 접전지가 남거성이라고 해석한 셈이다. 그러나 왕건군의 이 같은 해석은 명백한 오독이다. 이 같은 해석은 문법적으로도 문제가 있지만, 현실적으로 따져 보더라도 앞뒤가 맞지 않는다.

고대에 군사적인 목적으로 쌓은 성들은 서로 간의 간격이 아무리 가깝다고 하더라도 그 사이의 간격이 몇 리 정도는 되었을 것이다. 그런데 광개토대왕 비문의 "종남거성지신라성"을 "남거성에서 신라성까지"로 이해하고 이 두 성 사이의 공간을 모두 빈틈없이 왜군으로 채운다면 인원이 수만 명이 아니라 수십만 명은 더 필요할 것이다.

서울시의 추산에 따르면 덕수궁과 시청 사이에 조성된 서울광장은 2002년 월드컵 대회 때처럼 사람을 빈틈없이 모으면 최대 2~3만 명까지 수용할 수 있다고 한다. 즉, 그 좁은 공간만 해도 수만 명이 들어갈 수 있다는 말이다. 여기 조금 더 나아가 덕수궁 정문에서 을지로 입구역까지만 범위를 넓히더라도 10만 명 정도는 충분히 채울 수가 있다.

바꿔서 말하면 남거성에서 신라성 사이가 아무리 육안으로 보일 정도로 지척에 있는 작은 거리와 공간이라고 하더라도 최소한 수만 명은 채우고도 남는다는 말이다. 그런데 이 '종'을 '~로부터'로 해석해서 "남거성에서

---

7) 왕건군, 《호태왕비 연구(好太王碑研究)》, 제217-219쪽, 길림인민(吉林人民), 1984.

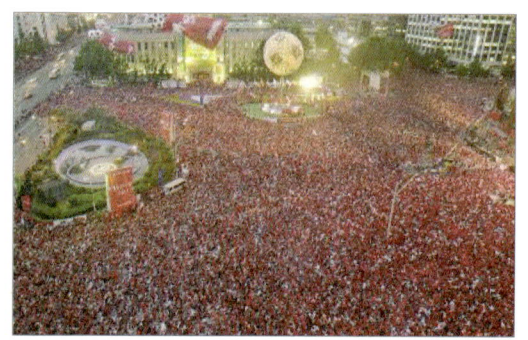
서울시청 광장의 최대 수용 인원은 2~3만 명 정도이다.

신라성까지"로 번역하면 그 사이의 공간을 채우고 있을 왜군은 수십만 명이 넘게 되는 셈이다. 따라서 '종'에 대한 기존의 해석은 문법적으로는 물론이고 현실적으로도 대단히 잘못된 해석이 될 수밖에 없는 것이다.

당시 왜군의 병력이 수십만 명이나 되었다면 어째서 고구려군 수만 명이 신라를 지원하기 위하여 달려왔다고 해서 대응 한 번 해볼 생각도 하지 않고 그대로 도주했겠는가? 이래서 역사 문헌에 대한 접근은 대단히 신중해야 하며, 학자들이 원전 해석 능력을 갖추는 일 역시 대단히 중대한 일이라고 하는 것이다. 비문에서는 단 몇 글자에 불과한 기사이지만, 단 한 글자만 해석이 잘못되어도 역사적 진실을 찾아내어야 할 사학자들이 이처럼 저도 모르는 사이에 오히려 역사를 왜곡하는 어리석음을 스스로 범할 수도 있기 때문이다.

'경자년'조의 '종'은 당연히 '~로부터, ~에서'가 아니라 '~를 따라가다, ~를 좇아가다'의 의미로 이해하여 "남거성 방면 길을 따라 신라의 성에 당도하니 왜군이 그 안에 가득 차 있었다" 식으로 번역해야 옳다. 남거성은 "고구려 군대가 왜구와 처음 맞부딪치는 곳"이라는 왕건군의 주장과는 달리, 고구려에서 신라로 진입하는 '신라 방면의' 통로를 가리키는 것으로 해석해야 옳은 것이다. 바꿔서 말하자면, 남거성은 고구려군과 왜군이 최초의 접전을 벌인 곳이 아니라 고구려군이 위기에 처한 신라를 구원하기 위하여 신라 땅으로 진입하는 길을 대표하는, 또는 그 노상에 소재한 성일 뿐인 셈이다. 그 위치 역시 신라의 동쪽 최전방이 아니라 고구려에 가까운 북쪽으로 이해해야 옳다.

2) 발해의 위치

또 하나 유념해야 할 것은 양복의 수군이 전선을 띄워 도달한 곳이 '발해'라는 사실이다. 리지린도 지적한 바 있듯이, 중국에서 '발해'는 전국시대 문헌들에서부터 이미 그 이름이 확인되고 있다.《전국책(戰國策)》〈제책(齊策)〉에는 그 위치가 이렇게 소개되고 있다.

제 땅 북쪽에 발해가 있다.
齊北有渤海.

《열자(列子)》〈탕문(湯問)〉에서는 이를 상당히 과장해서 적고 있다.

발해의 동쪽은 몇 십만 리나 되는지 모른다.
渤海之東, 不知幾億萬里.

다소 과장이 있기는 하지만, 당시 중국인들이 발해를 얼마나 큰 바다로 인식하고 있었는지, 바다를 얼마나 두렵게 여기고 있었는지 짐작할 수 있는 대목이다. 이는 그 당시 중국인들이 '바다의 끝'이라고 생각한 것이 '발해의 동쪽'이며, 그들이 바다를 통하여 여행을 할 때 주로 사용한 항로가 발해 우회 항로였음을 간접적으로 시사해 주고 있다.

"종제부발해(從齊浮渤海)" 이 다섯 글자는《사기》에만 나오는 것이 아니라《통전(通典)》'조선(朝鮮)'조나《일지록(日知錄)》'해사(海師)'조에서도 그대로 언급되고 있는 것을 보면 '발해'는 잘못 기록된 것이 아닌 셈이다.

어떤 학자는 〈조선열전〉 원문에 버젓이 나와 있는 '발해'의 존재조차 무시하고 "황해를 횡단하였다"는 식으로 해석하는 경우도 보이는데, 그것은 원문에 있지도 않은 내용을 자의적으로 추측하고 날조한 것이어서 실증사학에 정면으로 배치되는 역사 왜곡이라고 할 수밖에 없다.

또, 어떤 학자들은 당시 고조선이 한반도에 있었다는 주장을 입증하기 위하여 궁여지책으로 이때 양복의 수군이 산동반도에서 그 동북방으로 징검다리처럼 이어지는 묘도군도(廟島群島)를 따라 지금의 요동반도로 건너가서 다시 한반도로 진격해 들어갔다고 얼버무리기도 한다.

묘도군도 최북단의 섬인 북황성도(北隍城島)는 요동반도의 대련(大連)과는 40km나 떨어져 있다. 따라서 21세기인 지금은 몰라도 항해술이 그다지 발달하지 않았던 2,000여 년 전의 상황이나, '누선'이라는 당시 전선의 특성 등을 고려한다면 그다지 과학적인 추론이라고는 할 수 없다.

게다가, 정말 묘도군도를 따라 요동반도로 올라갔다면 양복의 누선군이 항해하는 과정에서 발해를 거쳐 가지 않았다는 말이 된다. 따라서, 애초에 기록할 때 "부묘도군도(浮廟島群島)" 식으로 적지 "부발해(浮渤海)"라고 적지는 않았을 것이다. 발해 자체가 산동과 하북 인근의 동쪽 바다를 가리키는 명사이기 때문에 그 항해 노선 역시 그 주변에 한정될 수밖에 없다.

만일 한나라의 수군이 최종적으로 당도한 목적지인 고조선의 수도 왕험이 지금의 한반도 평양지역이고, 정말 산동반도에서 황해를 가로질러 바로 평양지역에 도달했다면 어째서 "황해로 떠 갔다(浮黃海)"라고 하지 않고 "발해로 떠 갔다(浮渤海)"라고 기록했겠는가?

또한, 항해한 바다를 발해가 아닌 동해로 표기해서 "부동해(浮東海)"라고 썼다면 중국에서 동해가 발해만은 물론 산동 바다까지 아우르는 보다 큰 개념이므로 황해를 통한 횡단을 염두에 두고 해석에 혼동이 있을 수 있다.

그러나 이 대목에서 사마천이 분명히 "부발해(浮渤海)"라고 밝히고 있기 때문에 그 경유지나 목적지에는 어떠한 이론도 있을 수가 없다.

즉, '발해' 이 두 글자만 보더라도 한나라 수군의 최종적인 목적지인 고조선의 왕험은 한반도가 아니라 중국 발해 인근의 특정한 지점에 위치해 있었다는 해석이 얼마든지 가능한 것이다. 지금까지 살펴본 바들을 종합해 볼 때, "종제부발해(從齊浮渤海)"는 "제 땅에서 발해를 통하여 항해하였다"가 아니라 "제 땅을 따라 발해까지 항해하였다"가 되어야 하는 셈이다. 그리고 문법적으로 접근할 경우, 그 항해의 종착지인 왕험의 정확한 위치는 알 수가 없지만, 바로 이 다섯 글자만으로도 양복이 이끄는 7,000명의 누선군이 조선을 향하여 항해해 간 노선이 제 땅에서 황해를 횡단하거나 묘도군도를 징검다리로 해서 요동반도로 북상한 것이 아니라 제 땅으로부터 발해 연안을 따라 하북성 북부까지 이동해 갔음을 분명히 알 수가 있다.

3) '부(浮)'는 황해 횡단이 아니다

끝으로, "종제부발해"에서 우리가 가장 눈여겨보아야 할 것은 '부(浮)'에 대한 이해이다. 중국 고문에서 '부'는 보통 형용사로, 어떤 물체가 물이나 공중에 떠 있는 상태(afloat - 뜨다)를 나타낸다. 그런데 이 글자가 동사로 충당되면 물 위에 떠서 파도, 바람 등과 같이 가장 원초적인 물리력을 빌어 이동하거나 왕래한다는 의미(float - 떠서 가다)를 나타내는 것이 보통이다. 이를테면 '부'는 디젤 엔진 같은 기계적인 동력을 배제시킨 상태에서 수상으로 이동하는 것을 표현할 때 주로 사용되는 글자인 셈이다.

고대에 인류가 배를 이용한 이동을 처음 시작했을 때에는 지금처럼 망망대해까지 나가지 못하였다. 초기에는 육지의 존재를 확인할 수 있는 산 등의 지형지물이 육안에 들어오는, 바꿔서 말하자면 해상에서 사고가 발생하더라도 얼마든지 육지로 되돌아올 수 있을 정도의 거리까지만 나갔다. 그러다가 인류의 지능이 보다 높아지면서 여기서 조금 더 발전하여 바다에서 배로 육지의 지형지물을 시야에서 놓치지 않으면서 해안선을 끼고 다른 지점으로 이동하는 항해술을 사용하기 시작했는데 이것이 바로 이른바 '연안항법(沿岸航法, coastal navigation)'이다.

고대인들은 다년간의 항해 경험을 통하여 육지의 지형지물을 시야에서 놓치지만 않으면 초보적인 기술만으로도 얼마든지 먼 거리를 이동하여 먼 곳까지 갈 수 있다는 사실을 깨달았다. 그러나 일본의 항해계기학(航海計器學) 학자인 무재인남(茂在寅男: 1914~2013)도 《세계항해사(世界航海史)》에서 말한 것처럼 "그 시대의 이른바 바다 여행(항해)이라는 것은 기본적으로 시야가 육지를 벗어나지 않는 그런 항해였으며, 당시 사람들은 시야에서 육지를 놓치는 것을 대단히 두려워하였다."[8]

고대에는 항해기술이 단순하고 조선술이 초보적이었던 데다, 나침반, 망원경 등, 안전한 항해를 보장해 줄 수 있는 최소한의 항해 계기조차 존재하지 않았다. 바닷가로 밀려드는 물결조차 배를 제대로 가눌 수 없을 정도로 흔들어 놓는 힘을 가졌는데 배를 제외하고는 빈 손과 다를 바가 없는 상태에서 바다로 배를 몰고 나간다고 상상해 보라.

사방이 확 트인 망망대해에서 폭풍우나 태풍을 만나기라도 하면 그것은 곧 죽음을 의미하는 일이었을 것이다. 따라서 항해의 목적이 모험이거나 죽기 위해서 바다로 뛰어들었거나 타의에 의하여 표류하는 경우가 아니라

---

[8] 무재인남(茂在寅男), 〈세계항해사〉,《세계함선(世界艦船)》, 1980.제6호. 장손(章巽) 주편,《중국항해과기사(中國航海科技史)》, 해양(海洋)출판사, 1991, 제245쪽에서 재인용.

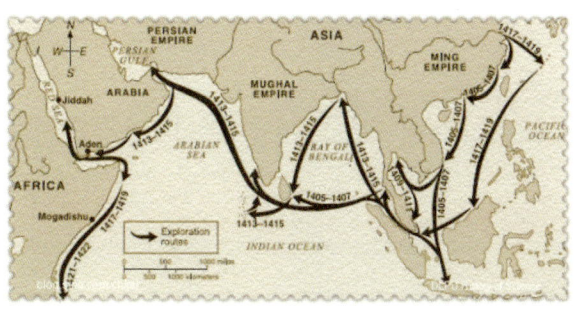
1405년 정화의 대함대가 거쳐 간 항해노선도 – 정화의 대항해는 기본적으로 연안항법을 따른 항해였다.

면 누구라도 생존본능에 따라 가장 안전한 '연안항법'을 선호할 수밖에 없었다. 특히 중요하고 긴박한 목적을 수행하거나 값지고 진귀한 물품이나 여객들을 실은 경우는 더더욱 안전에 신중을 기할 수밖에 없었을 것이다.

사람들이 망망대해를 가로지르는 데에 조금이라도 자신감을 갖게 된 것은 원나라에서 나침반이 발명된 13~14세기 후부터이다. 그렇다면 항해 과정에서 사람들에게 자신감을 불어넣어 준 나침반이나 망원경 같은 근대적인 '안전장치'들이 발명된 시점으로부터 최소한 1,000여 년 전에는 바다를 이동할 때 원양 횡단을 한다는 것이 현실적으로 불가능했다고 보아야 옳다.

실제로 중국에서는 당대 이전까지만 해도 배로 바다를 여행할 때에는 망망한 대해를 무작정 횡단하는 것보다는 해안선을 따라 목적지로 이동하는 '연안항법'을 따르는 것이 당연하게 여겨졌다.

중국에서는 심지어 15세기 초기까지도 여전히 연안항법이 선호되었다. 명나라 환관(宦官) 정화(鄭和: 1371~1433)의 대항해의 경우, 최근 대선단을 이끌고 인도양을 넘고 아라비아, 아프리카를 지나 아메리카까지 항해했다는 주장이 제기되고 있다. 하지만, 그 항해 경로를 소개한 지도를 자세히 살펴보면 직항로를 통한 원양 항법이 부분적으로 적용되기는 했지만, 기본적으로는 연안항법을 위주로 이루어진 항해였음을 알 수 있다.

왕자금(王子今) 같은 중국 학자들은 〈조선열전〉에서 한나라 수군이 "제 땅에서 출발하여 '패수'에 이르렀다고 했으니 역시 황해 해역을 곧장 건너 갔을 가능성도 배제할 수 없다"라는 식의 주장을 거침없이 내뱉는다. 그러나 그것은 전혀 현실성이 없는 주장이다. 고대 중국의 항해술을 과신하는 그의 이 같은 주장은 역시 중국의 지리학자인 손광기(孫光圻)의 고증을 통하여 얼마든지 논박이 가능하다.

그의 고증에 따르면, 고대 중국에서 천문학을 이용한 항해기술은 한대에 실제로 사용되었다는 사례가 보이지 않으며, 따라서 한대까지만 해도 중국에서의 항해 활동은 근해에서의 연안항법을 통하여 이루어졌다고 보아야 하며, 설사 이 시기에 인도양까지 사신을 파견할 때에도 예외일 수가 없다는 것이다.[9)]

즉, 전한과 후한을 통틀어 한대에 해상을 통하여 이루어진 모든 여행은 표류 등의 예외적인 상황이 아닌 이상 원천적으로 육지가 보일 정도로 멀지 않은 근해에서 해안선을 따라 이동하는 연안항법에 의거해서 이루어진 셈이다. 그렇게 본다면 산동반도에서 곧장 황해를 건너 평안도에 도달했다는 왕자금의 주장은 그저 상상으로나 가능할 뿐 실제로는 가능성이 희박하다는 말이 된다.

중국 학자들이 이런 주장을 하면 이를 방어하는 쪽에서는 그들의 논리

---

9) 손광기,《중국고대항해사(中國古代航海史)》, 제174쪽, 해양출판사, 1989.

를 다각적으로 검증하고 분석한 후 받아들일 것은 받아들이고 따질 것은 따져야 한다. 그런데 국내 학계는 무슨 일이든 중국에서 한 마디 하면 그 같은 황당한 논리가 역사적 진실이라도 되는 양 그대로 보고 베끼기에만 바쁘다.

우리가 명심해야 할 것은 당시의 전선은 모두가 무동력의 갤리선이었다는 사실이다. 당시에는 거대한 전선은 말할 것도 없고 하

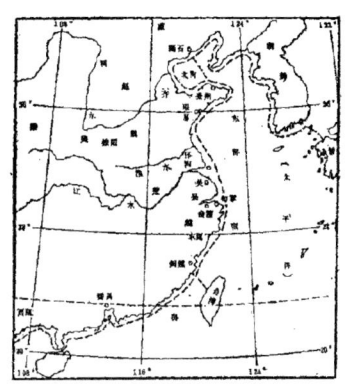

고대 중국의 연안 항해 경로도

다못해 작은 조각배조차도 주요한 동력을 인력에 의존해야 하였다. 물론, 파도와 바람의 힘을 빌릴 수도 있었지만, 그런 경우는 특정한 시기나 지역이 아니면 애초부터 만족스러운 효과를 기대하기 어려웠다. 16세기의 임진왜란(壬辰倭亂) 당시만 떠올려 보아도 전진, 후퇴, 방향 전환 등의 과정에서 조선 수군이 절대적으로 의존한 주된 동력은 바로 인력이 아니었던가?

그렇다 보니 장거리 항해를 하자면 적당한 휴식과 보급이 요구되었으며, 따라서 항해 기간 역시 거기에 비례해서 상당히 늘어날 수밖에 없었다. 게다가 나침반 같은 최소한의 안전장치조차 없었던 당시에 묘도군도 같은 징검다리조차 없고 아무것도 기댈 데 없는 망망대해를 횡단해서 항해를 한다는 것은 그 당사자가 모험을 즐기는 사람이거나 피치 못할 사정이 있는 경우가 아닌 이상 자살행위와 다를 바가 없는 것이다.

양복의 누선군의 경우도 마찬가지이다. 언제 어떻게 풍랑에 휩쓸려서 얼마나 오래 표류하게 될지도 모르는 판국에 7,000명이 넘는 대규모 병력

을 한 치의 차질도 없이 이동시켜 제때에 군사작전을 수행해야 할 입장에 있던 양복이 안전하게 목적지에 도착할 수 있는 연안항법을 제쳐 두고 인명의 안전조차 예측할 수 없는 위험하고 불안하기 짝이 없는 원양 항법으로 수천 명이나 되는 인명을 싣고 그것도 2,000여 년 전에 그 큰 바다를 가로질러 건너갔다는 것은 애초부터 어불성설인 것이다.

한나라의 조선 정벌 과정을 연구한다면서 황해 횡단을 당연하게 생각하는 학자들이 더러 있지만, 그들이 내세우는 유일한 근거는 그들의 과도한 상상력 하나뿐으로, 그 같은 주장을 뒷받침해 줄 그 어떤 문헌적, 과학적, 고고학적 근거조차 확보되어 있지 않다.

만일 이때부터 벌써 '산동반도 ⇒ 황해 ⇒ 한반도'의 직항로가 보편적으로 운용되고 있었다면 지금 한반도에서는 중국계 유적이나 유물들이 평양 등 한반도의 서북부뿐만 아니라 남부, 동부 및 내륙지역까지 전국적으로 광범하게 분포하고 발견되고 있어야 정상일 것이다.

그러나 현실에서 중국계 유적 및 유물들은 오로지 평양 일대에만 편중되어 확인, 출토되고 있을 뿐이다. 중국계 유적, 유물의 이 같은 지역적 편중성은 그 자체가 당시까지는 '산동반도 황해 ⇒ 한반도'의 직항로가 아직 개척되어 있지 않았음을 간접적으로 뒷받침해 주는 증거라고 할 수 있다.

또, 평양지역의 유적, 유물들 역시 한대 '식민지' 낙랑군의 흔적들이 아니라 고대 중국인들이 진-한-삼국-서진 등 여러 시대에 걸쳐 연안항법으로 한반도를 항해하는 과정에서 '신라방(新羅坊)', '왜관(倭館)', '차이나타운', '조계(租界)' 등과 같은 일종의 무역기지 내지 거주지역의 용도로 조성되었을 가능성을 시사해 준다고 하겠다.

이른바 '낙랑' 유적과 유물들이 한반도 북부에만 편중되어 있다는 것 역시 연안항법을 통한 항해에 의해서만 가능한 일이다. 만일 직항로를 통한 원양 항해였다면 조류 등 여러 가지 이유들로 인하여 평양보다는 오히려 인천 이남이 거점으로 훨씬 적합했을 것이기 때문이다.

4) 중국 학자도 인정하는 한대의 연안 항해

왕새시(王賽時) 같은 학자는 한대 이후로 중국에서 편찬된 역사서들 속에서 산동성 연해를 출발하여 한반도로 항해했다는 기록을 찾아낸 후 이를 고조선이 한반도 평양에 위치해 있었다는 자신의 주장을 입증하는 데에 중요한 증거로 활용하였다.

그는 그 첫 번째 증거로 산동성 낭야군(瑯琊郡) 불기(不其) 출신으로 왕경의 8대조인 왕중(王仲)이 한나라 건국 초기에 난리를 피하여 바다를 통하여 피신한 일을 소개한《후한서》〈왕경전(王景傳)〉의 기록을 들었다.

동해로 떠 가서 낙랑군의 산속으로 달아났다가 그곳을 고향으로 삼았다.
浮海東奔樂浪山中, 因而家焉.

그 두 번째 증거는 아이러니하게도 바로 '연안항법'이다. 왕새시는 원봉 3년(BC108), 한 무제가 지금의 평양지역에 설치한 낙랑군이 한나라의 식민지였는데 당시 산동성 사람들이 이 미지의 식민지로 갈 수 있는 유일한 방법은 해상 항로를 거치는 길밖에 없었다고 보았다. 그러면서 그는 "당시의 항해술에 근거해서 보자면, 왕중이 불기(지금의 청도 노산 서북쪽)에서 배를 타고 출발했다면 당연히 해안선을 따라 돌아가서 최종적으로 한반도 서해안에 도달할 수밖에 없었다"[10]는 결론을 내리고 있다. 그러면서 그는

---

10) 왕새시,《산동해강문화연구(山東海疆文化硏究)》, 제332쪽, 제로서사(齊魯書社), 2006.

'연안항법'의 결정적인 증거로 《신당서(新唐書)》〈지리지하(地理志下)〉의 다음 문장을 제시하였다.

등주에서 바닷길로 가서 고(구)려-발해도로 진입한다.
登州海行入高麗渤海道.

실제로 《신당서》〈지리지하〉에서는 당나라 사람들이 바닷길로 신라로 갈 때 항해의 거점인 산동성 등주에서 바로 황해를 가로질러 한반도 남서부로 가지 않고 일단 발해 쪽으로 북상한 후 요동반도의 동남해안을 따라 한참을 우회해서 한반도 남쪽의 신라에 도착하는 과정을 상세하게 소개하고 있다. 여기에는 당시 항해의 노선과 좌표, 구간별 리수(里數) 등이 일목요연하게 기록되어 있으므로 의심의 여지가 있을 수 없다.

이와는 별개의 사안이기는 하지만, 신라가 삼국을 통일한 후 200여 년 동안 모두 26차례 견당사(遣唐使)를 파견하면서 번번이 어김없이 옛 고구려 땅인 '북한 ⇒ 요령성'을 거치고 하북성의 발해를 지나 산동성의 등주로 상륙하고 있는 것도 그 증거라고 할 수 있다. 그런데 왕새시는 '대담하게도' 이 기록들을 고조선과 '한사군'이 한반도에 있었다는 주장을 입증하는 데에 결정적인 증거로 이용하려 한 것이다.

그러나 왕새시에게는 대단히 미안한 일이지만, 그의 의도와는 정반대로, 그리고 대단히 역설적이게도, 위의 두 사실은 고조선과 한사군이 한반도에 존재하지 않았다는 사실을 입증하는 데에 대단히 중요한 단서를 제공해 주고 있다. 원양 항해를 가능하게 해 준 나침반의 발명은 13세기 원대에 들어와서야 비로소 이루어졌다. 그런데 그보다 훨씬 오래 전인 2,000년 전의 한나라 때에 무슨 수로 먼 바다에서 방향을 잡고 무슨 수로 먼 나라를 항해한다는 말인가?

게다가 황해가 어떤 바다인가? 과학기술이 발달한 오늘날에도 나침반이 설치되어 있고 디젤 엔진을 동력으로 운행되는 쾌속 페리선으로도 인천에서 산동반도의 청도(靑島)나 연대(煙臺)까지는 최소한 18시간 이상의 시간이 소요될 정도로 큰 바다이다. 망망대해에서 18시간은 온갖 사건 사고가 다 발생하고도 남을 만큼 긴 시간이다.

그렇다고 해서 산동반도에서 요동반도까지의 항로처럼 중간에 묘도군도 같은 중간 기착지가 있어서 도중에 쉬어갈 수 있는 것도 아니다. 최고 성능을 가진 디젤 엔진을 달고 항해를 해도 이 정도로 긴 시간이 걸릴 정도라면 아무 동력도 없이 그저 돛에 부는 바람과 노꾼의 팔 힘에만 의존해서 항해해야 했던 2,000년 전이라면 모르긴 몰라도 최소한 몇날 며칠은 걸렸을 것이다.

게다가 자칫 풍랑이나 조류에 휩쓸리기라도 한다면 배는 고사하고 그 배에 탄 사람들의 운명도 어떻게 될지 예측조차 할 수 없는 것이다. 그런데도 〈조선열전〉에서 양복의 수군이 먼저 조선의 왕험성 아래에 도착했다고 전하고 있는 것을 보면, 연안항법에 따른 근해 항해 말고는 가능성이 없다고 보아야 한다.

따라서 우연한 표류나 의도적인 모험이 아닌 이상, 산동지역에서 한반도 평양지역까지의 먼 거리를 황해를 가로질러 곧장 한반도로 건너온다는 것은 적어도 당시로서는 원천적으로 불가능할 수밖에 없는 것이다. 이 같은 단서와 추론들에만 주목해 보다라도 이들이 경유한 바닷길이 황해나 묘도군도가 아니라 발해이며, 누선군의 최종 목적지 역시 한반도의 평양이 아니라 중국 동북방의 모 지점이었을 가능성이 훨씬 높은 것이다.

5) 고염무가 고증한 누선군의 항로

이 같은 주장은 비단 왕새시만의 주관적인 억측인 것은 아니며 청대 초기의 고증학자 고염무(顧炎武: 1613~1682)에 의해서도 수백 년 전에 이미 제기되었다. 고염무는 《일지록》의 '해사(海師)'조에서 산동-요동 항로를 분석한 후 이렇게 결론을 내린 바 있다.

> 한 무제가 누선장군 양복을 보내 제 땅을 따라 발해로 가서 조선을 치게 한 일, 위 명제가 여남태수 전예를 보내 청주 각 방면의 군사들을 독려하면서 바닷길을 통하여 공손연을 토벌한 일, 전진의 부견이 석월을 보내 기병 1만을 이끌고 동래에서 우경으로 나가 화룡을 습격하게 한 일, 당 태종이 고구려를 정벌할 때 장량에게 명하여 수군을 이끌고 동래에서 바다를 건너 평양까지 달려가고, 설만철에게 명하여 무장병 3만 명을 이끌고 동래에서 바다를 건너 압록수로 진입하게 한 일, 이 모든 경우는 산동에서 바다를 통하여 요동으로 가는 길이었다.
> 漢武帝遣樓船將軍楊僕從齊浮渤海擊朝鮮. 魏明帝遣汝南太守田豫督青州諸軍, 自海道討公孫淵. 秦苻堅遣石越率奇一萬自東萊出右徑襲和龍. 唐太宗伐高麗, 命張亮率舟師自東萊渡海, 趣平壤, 薛萬徹率甲士三萬自東萊渡海, 入鴨綠水, 此山東下海至遼東之路.

비슷한 시기의 지리학자 호위(胡渭: 1633~1714) 역시 고염무와 비슷한 인식을 가지고 있었다. 그는 〈조선열전〉의 "종제부발해"에 대하여 다음과 같은 주석을 붙이고 있다.

> 양복이 제 땅을 따라 발해를 항해했다고 한 대목의 경우, 대체로 청주, 내

주 이북에서, 유주, 평주 이남까지는 모두 바다를 마주하고 있는데 그 바다를 통틀어서 '발해'라고 한 것이지 발해군을 가리켜 말한 것은 아니다.
僕從齊浮勃海, 蓋自靑, 萊以北, 幽, 平以南, 皆濱於海, 其海通謂之勃海, 非指渤海郡而言也.

그는 주석에서 〈조선열전〉에 언급된 '발해'가 지금의 하북성 천진(天津) 인근으로부터 산동성 북부 일부 지역까지를 관할하던 같은 이름의 행정지역인 발해군을 가리키는 것이 아니라 청주(靑州), 내주(萊州), 즉 산동반도로부터 북쪽에서 유주(幽州), 평주(平州), 즉 하북성 동북부 산해관, 진황도 인근까지의 지역이 마주하고 있는 바다를 말하는 것이라고 설명한 것이다.

바로 이 호위의 설명을 통하여 "종제부발해"를 양복의 누선군이 산동반도로부터 진황도 인근까지의 구간을 항해했을 것이라는 추론을 할 수 있는 셈이며, 동시에 황해를 가로질러 한반도로 항해했을 가능성은 상당히 희박하다는 것을 짐작할 수 있게 된다.

앞서 말했듯이, 오늘날도 디젤엔진이 달린 페리선으로 18시간 이상을 가야 육지를 만날 수 있는 것이 황해이다. 이런 망망대해에는 거리를 측정할 수 있는 기준점이 존재하지 않기 때문에 계속 전진할 수 있는 항해 방향을 확정할 도리가 없다. 게다가 언제라도 조류에 휩쓸려 표류하거나 암초에 부딪쳐 배가 난파, 좌초, 전복하는 불상사들을 당할 위험까지 무릅쓸 수밖에 없다.[11]

한대에 아무리 항해술에 엄청난 발전이 있었다고 하더라도, 황해 같은 망망대해를, 심지어 여러 가지 구조적인 문제를 안고 있는 누선을 몰고, 달랑 돛 몇 개만 믿고, 그것도 7,000명이나 되는 대병력을 태우고 횡단해 건넌

---

11) 손광기, 같은 책, 제174쪽.

다는 것은 선장이 미치지 않고서야 그야말로 자살행위와 다를 바가 없는 것이다. 또, 그것이 가능했다고 주장하는 것 역시 역사적 진실을 찾자는 것이 아니라 남을 속이고 진실을 은폐하려는 행위와 다를 바가 없다고 본다.

그렇게 본다면, 양복이 이끄는 한나라 수군의 누선 대열이 산동반도를 출발하여 바로 황해를 가로질러 한반도까지 직항했다는 식의 발상이나 추론이 얼마나 황당무계한 것인지 잘 알 수 있는 셈이다.

지금까지 살펴본 이상의 사항들을 종합해서 "종제부발해(從齊浮渤海)"을 재해석해 보면 한나라 수군이 산동반도에서 황해를 횡단하여 한반도로 직행한 것이 아니라 육안으로 육지가 보일 정도의 거리를 유지하면서 "산동반도를 따라서 '연안항법'으로 발해까지 북상했다"라는 의미가 되는 셈이다.

그렇다면 누선장군 양복이 이끄는 7,000명의 한나라 수군은 '제 땅 ⇒ 발해 ⇒ 왕험' 식으로 발해만의 해안선을 따라 연안 항해를 통하여 최종적으로 목적지인 조선에 도달했다고 보는 것이 가장 합리적인 결론이라고 본다. 그렇게 본다면 한나라 수군이 당도한 최종 목적지는 한반도가 아니라 중국 동북방의 어느 한 지점이었다고 보는 것이 합리적인 결론인 것이다.

5. 전쟁의 종료

1) 조선의 매국노들

양복의 병력을 접수한 순체는 장안에서 이 같은 사태가 벌어지는 줄도 모른 채 왕험성에 대대적인 공세를 퍼붓고 있었다. 그동안 양복만 믿고 있

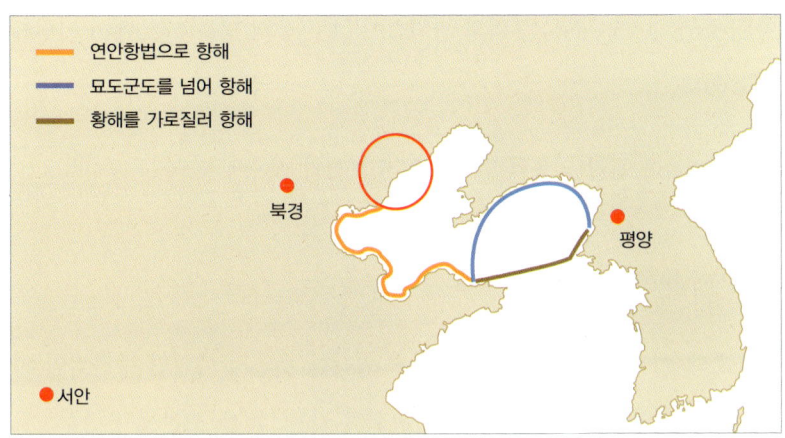

한나라 수군이 조선 출정 당시 사용했을 가능성이 가장 높은 항해법은 연안을 따라 목적지로 접근하는 연안항법이다.

었던 조선 조정은 순체의 대공세를 만나자 일대 혼란에 빠지고 만다. 그 외중에 조선의 재상 노인(路人)과 한음(韓陰), 니계(尼谿)의 재상 참(參), 장군 왕협(王唊)은 은밀히 회동을 가지고 이 위기를 타개할 대책 마련을 위하여 각자 의견을 내 놓았다.

> (우리는) 원래 양복에게 항복하려 했었다. 그런데 믿었던 그가 지금은 체포되고, 혼자 남은 좌장군 순체는 군사를 합친 후 전보다 더 격렬하게 공세를 퍼붓고 있다. 이렇게 가다가는 도저히 버틸 도리가 없는데 (왕은) 항복할 생각조차 하지 않고 있구나.
> 始欲降樓船, 樓船今執, 獨左將軍幷將, 戰益急, 恐不能與, 又不肯降.

사마천은 노인, 한음, 참의 관직을 '상(相)'으로 소개하고 있다. 조선이 당시 얼마나 큰 나라였고 그 조정에 얼마나 많은 관리를 두고 있었는지는 알 수 없다. 그러나 한 나라에 재상이 이처럼 많았을 리는 없다. 후한대 학자 응소(應劭: 153~196)는 이와 관련하여 《한서음의(漢書音義)》에서 이렇게 적고 있다.

오랑캐들은 관리 임용의 법도를 알지 못했기 때문에 모조리 '상'이라고 불렀다.
戎狄不知官紀, 故皆稱相.

응소의 이 설명이 객관적인 사실에 입각한 것인지 아니면 주관적인 억측인지 확인할 길은 없다. 한 가지 확실한 것은 '상'은 조선에서 정식으로 사용한 관직명이 아니라 한나라 사람들이 자신들이 편한 대로 일방적으로 갖다 붙인 이름이라는 것이다. '상'은 어디까지나 조선의 관직을 한자로 옮긴 것일 뿐이지 원래부터 조선에서 사용하던 이름은 아니었을 것이기 때문이다.

어쨌든 〈조선열전〉의 기록을 보면 노인, 한음, 왕협, 참 네 사람은 당초 양복과의 물밑 거래를 통하여 한나라와의 전쟁을 원만하게 마무리할 생각이었던 것으로 보인다. 그러나 결정적인 순간에 자신들이 믿고 있던 양복이 순체에게 체포되고 수군 지휘권까지 박탈당하자 결국 조선에는 더 이상 희망이 없다는 판단에 따라 자신들만이라도 목숨을 건질 생각으로 한나라에 투항했던 것이리라. 이들의 마지막 선택에는 그럴 만한 또 다른 이유가 하나 있었다. 당대 역사가인 사마정(司馬貞: 679~732)은 자신이 저술한 《사기색은(史記索隱)》에서 이렇게 응소의 주석을 인용하고 있다.

노인은 어양현 출신이었다.
路人, 漁陽縣人.

그렇다면 우거의 아들 장항을 제외한 나머지 매국노들 중 최소한 한 사람 이상은 그 선대나 당대에 중원으로부터 조선으로 망명하거나 귀화한 후 조선 왕에 의하여 대신으로 중용된 한족 출신자로 보아도 무방한 셈이다. 게다가, '어양현'이라면 북경 북쪽인 지금의 하북성 밀운현(密雲縣) 인근이므로, 북경 사람이 수천 리나 멀리 떨어져 있는 조선에까지 와서 벼슬살이를 했다는 소리인 셈이다.

이것이 현실적으로 가능한 소리인가 하는 것은 일단 제쳐 놓도록 하자. 어쨌든, 이날 비밀 회동을 가진 결과 한음, 왕협, 노인 세 사람은 한나라에 투항하기로 하고 그 길로 왕험성에서 탈출을 시도한다. 세 사람이 탈출한 후에도 혼자 조선 조정에 머물고 있던 참은 원봉 3년(BC108) 여름, 마침내 수하를 시켜 조선왕 우거를 시해하고 한나라에 투항한다.

조선의 수도인 왕험은 이때까지만 해도 완전히 함락되지는 않은 상태였던 것으로 보인다. 이 무렵 우거의 또 다른 대신인 성사(成巳) 등이 다시 한나라에 반기를 들고 조선에 파견된 한나라 관리들을 공격하는 사건이 벌어지고 있기 때문이다. 그러나 순체는 우거의 아들 장항과 전 재상 노인의 아들 최(最)를 포섭하여 조선 백성들을 회유하도록 압박함으로써 얼마 후 결국 성사를 사로잡아 주살하고 만다.

성사의 경우, 학자에 따라서는 그 이름을 '기(己)' 또는 '이(巳)'로 적기도 하는데, 어느 쪽이 진짜 이름인지는 확인할 길이 없다.

'사'와 '기'와 '이'는 원래 형태적으로 서로 비슷한 글자들이다. 그렇다

전한대 마왕퇴 필사본의 '기'와 '이'와 '사'자

보니 고대에는 이 글자를 읽거나 쓸 때 혼동을 일으키는 일이 많았을 것이다. 이 고조선의 충신의 이름이 역사 문헌들마다 각자 다른 이름으로 일컬어지게 된 것도 어쩌면 한나라 때 필사본으로 작성된 《사기》가 제삼자에 의하여 새로 필사되고 후대에 다시 목판에 새겨지고 읽히는 과정에서 원래의 글자가 오독되거나 다른 글자로 오기되면서 혼선이 빚어졌을 가능성이 높다.

글자의 사전적인 의미만 따진다면 '이미(already)'라는 의미의 '이'일 가능성은 거의 없으며 '자신(himself)'이라는 의미의 '기'이거나 '뱀(snake)'이라는 의미의 '사'였을 가능성이 상대적으로 높다. 그러나 한 개인의 특징을 가장 잘 표현하고 있는 의미라면 아무래도 '뱀'밖에 없으므로 이 충신의 이름은 '성사(成巳)'로 읽는 것이 옳다고 본다.

2) 순체와 양복의 말로

원봉 3년 전후, 성사의 부흥운동을 끝으로 위씨조선은 결국 역사의 저편으로 사라지고 만다. 얼마 후 무제는 그 자리에 한나라의 중앙정부가 직접 관할하는 군현들(이른바 '한사군')을 설치하였다. 그리고 그 다음에 이어진 것은 조선 정벌에 공을 세운 공신들에 대한 논공행상이었다.

조선으로 출정하여 최종적으로 한나라의 승리를 이끈 좌장군 순체와 누선장군 양복은 아마 상당한 보상을 기대하고 있었을 것이다. 비록 정벌 과정에서 이런저런 우여곡절이 있었고 서로 간에 반목과 알력이 있기는 했지만 결과적으로 전쟁에서 최종적으로 승리를 거두고 조선을 온전히 한제국의 영토로 편입하는 데에도 성공하였다. 따라서 이들에 대한 논공행상은 어찌 보면 당연한 절차였다.

순체의 경우는 특히 적전에서의 갈등을 수습한 후 이간계를 써서 조선 조정을 분열시키고 왕험성에 대대적인 공세를 퍼부어 한나라의 승리를 앞당겼으므로 황제의 논공행상에 품은 기대가 더 컸을 것이다. 그러나 변덕스러운 무제의 마음은 언제나 그랬던 것처럼 어디로 튈지 모를 럭비공과 다를 것이 없었다. 조선이 평정된 후 장안으로 소환된 순체와 양복을 기다리고 있는 것은 후한 보상이 아니라 처절한 응징이었다.

좌장군은 소환되어 온 후 전공을 다투어 서로 반목함으로써 계책을 틀어지게 만들었다는 죄를 쓰고 '기시'형에 처해졌다. 누선장군 역시 병력이 열수 어귀에 당도했을 때 응당 좌장군의 군사가 도착할 때까지 기다렸어야 함에도 불구하고 마음대로 먼저 군사를 푸는 바람에 잃거나 도주한 병사가 많았다는 죄를 써서 주살될 처지에 처했다가 속전을 내고 평민으로 강등되었다.

左將軍徵至, 坐爭功相嫉, 乖計, 棄市. 樓船將軍亦坐兵至洌口, 當待左將軍, 擅先縱, 失亡多, 當誅, 贖爲庶人.

무제는 한때 자신의 측근으로 총애를 받았던 순체를 전공을 세우는 데에 눈이 어두워져 황제의 사자인 공손수를 사주하여 함부로 양복을 구금하고 수군을 통합함으로써 대사를 그르쳤다 하여 극형에 처하고 그 시신을 저잣거리에 방치함으로써 황제의 뜻을 거역한 자의 말로가 어떤 것인지 만인이 똑똑히 지켜보게 한 것이다. 얄궂은 운명은 양복도 비켜가지 않았다. 무제는 열수 어귀[洌口]에 먼저 도착한 양복이 전공을 세울 욕심이 앞서서 순체와 합류하기도 전에 싸움을 벌이는 바람에 아군의 피해를 키운 죄를 따져 속전(贖錢)을 받고 그를 평민으로 강등시켰다.

두 장수에게 이처럼 의외의 처분이 내려진 데에는 그럴 만한 이유가 있었다. 애초에 한나라 조정은 순체와 양복이 군사를 집결시킨 후 육-해 양면에서 왕험성에 총공세를 퍼부으면 속전속결로 조선을 항복시킬 수 있다고 판단했던 것으로 보인다.

그런데 무제가 그렇게 신임했던 두 장수가 서로의 공명심 때문에 당초의 작전계획을 무시하고 각자 병력을 쪼개어 조선군과 싸움을 벌여 오히려 조선군에게 기선을 제압당하는 바람에 속전속결로 끝날 줄 알았던 전쟁을 1년 가까이 끌었던 것이다.

한나라 조정에서 이 두 사람에게 극형을 내린 것은 조한 전쟁에서 군사적, 재정적으로 엄청난 손실을 입힌 죄는 둘째치더라도, 흉노, 남월, 동월에 대한 원정에서 승승장구하던 무제의 명성이 이 전쟁 때문에 한순간에 땅에 떨어지게 만든 죄를 용납하기 어려웠기 때문이었을 것이다.

무제 때 죽을죄를 지은 사람들이 속전 50만 전을 내고 죽을죄를 사면받았다는 기록이 보이는 것을 보면,[12] 아마 양복 역시 이와 비슷한 방식으로 거액의 속전을 내고 가까스로 목숨을 부지했던 것으로 보인다. 반면에, 정작 조한 전쟁을 최종적인 승리로 이끌었던 순체에게는 이 같은 사면이 내려지지 않고 기시(棄市)의 극형이 집행된 것을 보면, 조선 전선에서 힘부로 월권행위를 한 그에 대한 무제의 감정이 돌이키기 어려울 정도로 악화되어 있었던 것이 주된 원인으로 작용했을 것이다.

---

12) 《한서》〈무제기(武帝紀)〉에 따르면, "9월, 죽을죄를 지은 자들을 모아 50만 전을 속전으로 내면 죽을죄를 한 등급 감하여 주었다(九月, 募死罪入贖錢五十萬, 減死一等)"라고 한다. 《중국전비사(中國戰費史)》(제75쪽)에 따르면, 전한대에는 이처럼 거액의 속전을 받고 죽을죄를 사면해 주는 관습이 있었는데, 이렇게 거두어들인 속전은 일단 국고로 들어간 후 군사비 등으로 지출되었다고 한다.

3) 조선 내통자들에 대한 논공행상

자국 장수들에 대한 냉혹한 응징과는 상반되게도, 한나라와 내통한 조선의 대신들에게는 매국의 대가가 후하게 내려졌다. 무제는 이들이 조선을 한 제국의 영토로 편입시키는 데에 결정적인 공로를 세웠다고 판단하여, 우거를 시해한 참을 '획청후(澅淸侯)'로 봉하는가 하면, 한음은 '적저후(荻苴侯)', 왕협은 '평주후(平州侯)', 우거의 아들 장항은 '기후(幾侯)'로 각각 봉하였다. 또, 왕험성을 탈출하는 도중에 죽음을 당한 노인의 경우에도 조선 평정에 공을 세웠다 하여 그 아들 최를 '열양후(涅陽侯)'로 봉하였다.

이 대목에서 우리가 유념해야 할 것이 이들이 책봉받은 영지이다. 남북조시대 유송(劉宋)의 역사가인 배인(裴駰)은 《사기집해(史記集解)》에서 위소(韋昭: 204~273)가 《한서음의(漢書音義)》에 붙인 주석을 인용하여 참이 책봉받은 '획청' 땅은 "제군에 속하고(屬齊)", 한음의 '적저'는 "발해에 속하고(屬勃海)", 왕협의 '평주'는 "양보에 속하고(屬梁父)", 장항의 '기'는 "하동에 속하고(屬河東)", 노인의 아들 최의 '열양'은 "제군에 속했다(屬齊)"라고 적고 있다.

반고는 《한서》〈경-무-소-선-원-성 공신표(景武昭宣元成功臣表)〉에서 이들이 배신의 대가로 받은 녹봉까지 구체적으로 소개하고 있다. 그 기록에 따르면 "한나라 군사가 도착하자 투항한" 왕협에게는 1,480호가 내려지고 원봉 3년 4월에 평주후로 책봉되었고, "조선의 재상이자 장수로서 한나라 군사가 포위하자 투항한" 한음에게는 540호가 내려지고 원봉 3년 4월 적저후로 책봉되었다. 그리고 "수하를 시켜 자신의 왕 우거를 시해하게 한" 참에게는 1,000호가 내려지고 같은 해 6월 획청후로 책봉되었다고 한다.

또, "조선의 왕자이면서 한나라 군사가 조선을 포위하자 투항한" 장항은 원봉 3년에 기후로 책봉되었고, "아비인 조선의 재상 노인이 한나라 군사가 도착하자 가장 먼저 투항했으나 도중에 죽자" 그 봉호를 계승한 최 역시 같은 해 3월에 책봉되었다고 적고 있다. 그렇다면 이들이 책봉된 영지는 지금의 어디쯤일까?

참이 책봉되었다는 '획청'의 경우, 위소가 '제군에 속했다'라는 단서를 제공해 준 바 있다. 그러나 현재 중국에서 이와 유사한 지명을 가진 곳은 존재하지 않기 때문에 산동지방의 모 지점이라는 것 이상은 알 길이 없다.

한음의 영지 역시 참의 경우와 마찬가지로 그 위치가 어디쯤인지 알 수가 없다. 위소는 한음의 영지가 "발해에 속했다"라고 소개한 바 있다. 여기에 언급된 '발해(勃海)'는 하북성과 산동성에 걸쳐 있는 중국의 동쪽 바다를 가리키는 것이 아니라 한나라 건국 초기에 고조 유방(劉邦)이 설치한 발해군(勃海郡)을 말한다.

그러나 치소를 부양(浮陽), 즉 지금의 하북성 창주(滄州)에 둔 이 군은 지금의 산동성 무체(無棣), 악릉(樂陵), 경운(慶雲), 하북성 해흥(海興), 황화(黃驊), 염산(鹽山), 맹촌(孟村), 남피(南皮), 창현(滄縣), 동광(東光), 부성(阜城), 청현(靑縣), 대성(大城), 문안(文安), 안차(安次), 정해(靜海), 무청(武淸) 등 모두 26개 현을 다스리는 큰 군이었다. 그런데 한음이 책봉된 적저국(荻苴國)은 이 발해군 관할하에 있는 한 현에 불과한 데다 《사기》와 《한서》 이외에는 한음에 대한 기록이 전혀 보이지 않기 때문에 그 구체적인 지점은 확인할 길이 없다.

지금으로부터 약 1,000여 년 전에 지어진 중국의 유명한 성씨 백과사전인 《백가성(百家姓)》에는 한음의 후손들이 그의 영지 이름을 따서 자신들을 '한적저씨(韓荻苴氏)'로 부르다가 나중에 이를 외자로 줄여서 '한씨(韓

氏)', '적씨(荻氏)' 또는 '적씨(狄氏)', 저씨(苴氏)' 등으로 불렀다고 하는 언급이 보인다. 그러나 이것은 단순히 민간에서 전해지는 전설일 뿐으로, 그 사실 여부가 과학적으로 검증된 적은 없다. 반면에 왕협, 장항, 최의 영지에 대해서는 어느 정도 고증이 가능하다.

먼저, 왕협이 책봉되었다는 '양보'는 현재 중국의 산동성 태안시(泰安市) 인근으로 비정되고 있다. 《사기》〈봉선서(封禪書)〉에 따르면, 이 지역은 고대부터 진나라 때에는 시황제가, 한나라 때에는 무제, 광무제(光武帝) 등 여러 황제들이 태산(泰山)에 제사를 지낸 다음에는 반드시 이곳에 들러 제사를 지낼 정도로 봉선(封禪) 의식의 성지로 명성이 높았으며, 한-당대에는 이 지역에서 〈양보음(梁父吟)〉이라는 민요가 널리 유행했다고 전해진다.

무제는 이곳에 양보현을 설치했는데 그 이름이 지금 '고성촌(古城村)'으로 바뀌기는 했지만, 현지에는 아직도 옛 성의 흔적이 남아 있다고 한다. 우거의 아들 장항이 책봉된 '기'의 경우, 위소가 "하동에 속해 있다"라고 한 것을 보면 대체로 《삼국연의(三國演義)》에 등장하는 주요 등장인물들 중 하나인 관우(關羽)의 고향으로 유명한 지금의 산서성 운성현(運城縣)과 그 옆의 임분현(臨汾縣) 일대를 가리키는 것으로 보인다.

진-한대에는 산서성 서남부에 위치한 이 지역이 지리적으로 황하유역의 동쪽에 위치해 있다는 의미에서 '하동(河東)'으로 불렸으나, 당대 이후로는 지금의 산서성 서남부를 대부분 포괄하는 이름으로 사용되었다. 장항의 봉호가 '기후'로 된 것은 그가 책봉된 영지가 '하동'에 위치해 있었기 때문이다.

진-한 두 왕조의 수도가 장안(長安)이다 보니, 우리나라에서 서울을 둘러싼 주변지역을 '경기(京畿)'라고 부르듯이, 장안을 둘러싼 주변지역이 '기전(畿甸)'으로 불렸다. 따라서 그의 봉호는 '기전의 제후'라는 의미에서

'기후'로 불린 것이다.

최의 영지의 경우는 상황이 다소 복잡하다. 왜냐하면 《사기》의 〈건원 이래 후자 연표(建元以來侯者年表)〉와 《한서》의 〈경-무-소-선-원-성 공신표(景武昭宣元成功臣表)〉에는 '열양(涅陽)'으로 소개되어 있지만, 《사기》 〈조선열전〉에는 '온양(溫陽)', 《한서》 〈조선전〉에는 '저양(沮陽)'으로 서로 다르게 기록되어 있기 때문이다.

최의 영지에 관해서는 《사기》와 《한서》의 열전과 공신표 말고는 추가적인 정보가 존재하지 않기 때문에 현재로서는 '열양', '저양', '온양' 이 셋 중 어느 쪽이 맞는지 확인할 길이 없다.

'열(涅)'이 '저(沮)' 또는 '양'으로, 또는 '저'가 '열' 또는 '양'으로 각각 다르게 전해지게 된 데에는 반고가 사마천의 《사기》를 참조하는 과정에서, 또는 후대의 역사가가 반고의 《한서》를 필사하는 과정에서, 또는 후대의 판각공이 당초에 죽간본으로 필사된 《사기》와 《한서》의 내용을 목판으로 판각하는 과정에서 오독이나 오기가 발생한 데서 비롯되었을 가능성이 높다.

왜냐하면 한대의 소전체나 예서체에서 '저'와 '열', '열'과 '양'은 외관상 서로 비슷해서, 원전의 보존 상태가 나쁠 경우 그 내용을 읽거나 기록하는 과정에서 얼마든지 제삼의 글자로 오독하거나 오기할 여지가 크기 때문이다.

다만, 편찬 시점이 빠른 《사기》뿐만 아니라 《한서》에도 최의 영지를 '열

전한대 마왕퇴 필사본의 '열'과 '저'와 '온'

양'으로 소개하고 있는 데다 '열양'만 유일하게 《사기》와 《한서》, 즉 복수의 역사서에 동시에 언급되고 있는 것을 볼 때 '저양'이나 '온양'이 아니라 '열양'이 정확한 지명일 가능성이 높다.

'열양'은 일반적으로 지금의 하남성 남양시(南陽市) 일대로 알려져 있다. '남양'은 《삼국연의》의 주요 등장인물들 중의 하나인 제갈량(諸葛亮)이 유비(劉備)에게 발탁되기 전에 은둔했던 곳이기도 하다. 열양현은 한나라 초기에 설치되었는데, 문제(文帝) 5년(BC175) 열양후국(涅陽侯國)에 귀속되었다. 《한서》〈지리지〉에서는 열양현이 남양군 관할에 있다가 후국에 합병되었다고 소개한 바 있다.

이 밖에도 북위의 지리학자 역도원(酈道元: 466~527)의 《수경주(水經注)》나 당대의 위왕(魏王) 이태(李泰: 620~652)의 《괄지지(括地志)》, 명대 가정(嘉靖) 연간의 지방 연혁지인 《남양부지(南陽府志)》 등에도 이와 유사한 소개가 보이는 것을 보면 '열양'은 지금의 하남성 남양시 인근으로 보아도 큰 무리가 없을 듯하다.

위소가 열양을 제군에 속해 있었다고 한 것을 보면 한대에는 제군의 서쪽 끝에 자리 잡고 있었던 것으로 보인다. '저양'은 진 시황이 설치한 상곡군(上谷郡)의 치소가 있던 저양현의 자리로 지금의 하북성 회래현(懷來縣)에 해당하는 지역일 것이다. 반면에 '온양'에 대해서는 현재까지 어디인지 알려진 바가 없다.

이상에서 찾아본 참, 한음, 왕협, 장항, 최의 영지를 지도를 통하여 확인해 보면 대체로 다음과 같다.

다음 쪽의 예시도를 살펴보면, 조선의 매국노인 이 다섯 사람이 책봉된 영지가 상당한 간격을 두고 서로 멀리 떨어져 있다. 특히 우거의 아들인 기후 장항의 영지와 열양후로 책봉된 노인의 아들인 열양후 최의 영지는

조선의 매국노들이 책봉된 영지 예시도

조국인 조선에서 수천 리나 떨어지고 한나라의 한복판에 역시 서로 상당한 간격을 두고 위치해 있는 것을 확인할 수 있다.

한나라 조정의 이 같은 다소 산만해 보이는 제후 책봉은 사실 알고 보면 고도의 정치적 계산 하에 이루어진 것이었을 것이다. 이들은 한나라와 내통하여 조선 왕을 시해하고 자기 나라를 한나라에 팔아 넘겼으니 한나라의 입장에서는 대단한 충신이 아닐 수 없었다. 실제로 이들에게 내려진 매국의 보상은 겉으로 보기에는 나무랄 것 없이 후한 것이었다.

그렇다고 해서 한나라 조정이 이들을 절대적으로 신뢰한 것은 아니었을 것이다. '자기 조국도 배신한 자들인데 피 한 방울 섞이지 않은 남의 나라인 한나라라고 해서 배신하지 않는다는 보장이 어디에 있겠는가?'

평소에 의심이 많고 변덕이 죽 끓듯 하던 다혈질의 무제는 어쩌면 이런 의심을 품었을지도 모른다. 무제는 자신이 그토록 총애하고 중용하던 순체와 양복조차도 자신의 권위를 손상시켰다는 이유 하나만으로 극형을 내리는 데에 조금도 주저하지 않은 잔인한 인물이 아닌가?

이 다섯 사람을 각자 상당한 거리를 떨어진 곳에 책봉하여 서로 뿔뿔이 떨어뜨려 놓은 것도 그 같은 무제의 속내와 이들에 대한 의심이 반영된 결과였을 것이다. 우연의 일치였는지는 모르나, 무제의 의심은 나중에 현실이 되고 만다. 반고가 작성한 〈경-무-소-선-원-성 공신표〉에 따르면, 평주후 왕협은 책봉된 후 4년 만에, 열양후 최는 책봉된 후 5년 만인 태초(太初) 원년(BC104)에 각각 후사 없이 죽고, 적저후 한음만 책봉된 후 19년 만인 연화(延和) 2년(BC91)에 천수를 누리고 죽었다.

반면에 우거를 시해하고 한나라에 투항했던 참은 책봉된 후 11년 만인 천한(天漢) 2년(BC99)에 불행을 맞는다.

조선에서 달아난 포로를 숨겨 주었다는 죄목을 쓰고 감옥에 갇혀 병을 앓다가 죽었다.
坐匿朝鮮亡虜, 下獄病死.

우거의 아들 장항 역시 책봉된 후 6년 만에 역시 참과 비슷한 최후를 맞이한다.

조선의 백성들이 반란을 모의하게 사주했다는 죄목으로 맞아 죽었다.
使朝鮮, 謀反, 格死.

이들은 나라야 망하건 말건 일단 나부터 살고 보자며 한나라에 투항했지만 결국 당초의 바람과는 달리 명분도 목숨도 모두 잃고 만 셈이었다. 단군 이래로 위만에 이르러 느슨한 형태의 부족연맹국가로 성장한 조선은 이 같은 우여곡절을 거쳐 결국 한나라군에게 멸망당하고 그 자리에는 한 제국의 중앙정부가 직접 통제하는 네 개의 군이 자리 잡게 된다.[13]

---

13) '현토'는 한 무제가 사망한 후, 아들 소제(昭帝) 때(BC75)에 요동에 현도성을 쌓았다는

4) 참의 영지 '니계'의 문제

사마천은 〈조선열전〉에서 참이 조선 조정에서 "니계의 재상[尼谿相]"으로 있었다고 소개하였다. 그러면서도 그는 '니계'가 어느 지역에 속한 땅인지에 대해서는 밝히지 않았다. 그런데 〈공자세가(孔子世家)〉를 펼쳐보면 거기에는 이런 대목이 보인다.

제나라 경공이 니계의 밭을 공자에게 내리려 하였다.
齊景公欲以尼谿田封孔子.

제 경공(齊景公: BC547~BC490)이라면 춘추시대에 58년 동안 제나라 군주로 재위한 인물로, 사치와 향락을 즐기기는 했지만 국정에 대한 관심도 대단하여 재위기간에 충신과 간신을 적절하게 활용하면서 나라를 비교적 평온하게 다스렸다고 알려져 있다. 경공이 공자에게 니계의 밭을 내리려고 한 시점은 그가 공자에게 정치에 관하여 문의하자 "정치의 요체는 재물을 절약하는 데에 있습니다(政在節財)"라고 대답한 노나리 소공(魯昭公) 26년으로, 공자의 나이가 36세 되던 기원전 516년이었다.

공자에게 니계의 밭을 내리려던 경공의 결정은 공자를 탐탁지 않게 여겼던 그의 중신 안자(晏子)의 제지로 무산되고 만다. 이 일화는 《안자(晏子)》와 《묵자(墨子)》에도 소개되어 있으며, 《여씨춘추》 〈이속람(離俗覽)〉에

《한서》〈소제본기(昭帝本紀)〉의 기사에서 처음으로 등장한다. 낙랑은 그보다 나중에, 왕망(王莽)이 한나라 황태자를 폐하고 신(新)나라를 세운 건국(建國) 원년(9)에 부여, 고구려, 낙랑, 현도 등 동방의 여러 왕국에 사자를 보냈다는 《한서》의 기사에서 비로소 등장한다. 따라서 한 무제 때 네 군이 모두 동시에 설치되었다기보다는 상당한 시차를 두고 차례로 설치되었을 가능성이 높다. 참고로 '현토(玄菟)'의 경우 학계에서는 일반적으로 '현도'로 읽지만, '도'는 속음으로 올바른 발음은 아니므로 원음대로 '토'로 읽는 것이 옳다고 본다.

도 이와 비슷한 일화가 보인다.

> 공자가 제나라 경공을 알현하니 경공이 늠구를 내려 먹고 살게 하려 했으나 공자는 사양하고 받지 않았다.
> 孔子見齊景公, 景公致廩丘以爲養, 孔子辭不受.

'늠구'는 제나라의 늠읍(廩邑)으로, 지금의 산동성 운성진(鄆城鎭) 일대이다. 공자 생시에 두 사람은 여러 차례 만남을 가졌기 때문에 속단할 수는 없지만, 만일 《여씨춘추》의 기술 내용과 〈공자세가〉의 기술 내용이 동일한 일화의 다른 버전이라면 '늠구'와 '니계'는 같은 곳이었을 개연성도 없지 않다. 즉, '니계'가 산동성 운성진 또는 그 부근이었을 가능성을 배제할 수 없다는 것이다. 어쨌거나 사마천의 기록이 정확하다면, 그가 공자에게 내리려고 한 '니계'라는 지역은 춘추시대 제나라의 영토 안에 존재하고 있었을 가능성이 높다고 하겠다.

당대의 역사가인 안사고(顏師古: 581~645) 역시 간단하기는 하지만 '니계'에 대하여 '지명'이라고 주석을 붙인 것을 보면 〈조선열전〉의 '니계' 역시 지명이라는 점에는 의심의 여지가 없으며, 따라서 참이 '니계' 지역을 관장하던 대신이었다는 해석 역시 충분히 가능한 셈이다. 여기서 문제가 되는 것은 〈조선열전〉의 '니계'와 〈공자세가〉에 언급된 '니계'가 동일한 곳인가, 아니면 이름만 같을 뿐 위치는 서로 다른 지역인가 하는 것일 텐데, 이에 대해서는 앞으로 보다 심층적인 연구가 필요하다고 본다.

이와 관련하여 한 가지 이해가 되지 않는 점은, 참과 함께 한나라에 투항한 한음이나 노인의 경우 그 관직이 "조선의 재상"으로 소개되는데 어째서 유독 참만 "니계의 재상"으로 소개되었을까 하는 것이다. 문헌에 기록이 없으니 확인할 길은 없다. 그러나 당시 조선이 느슨하지만 북방에서 상당히 큰 연맹국가의 맹주였다는 점을 감안할 때, 니계는 조선의 직할령이기보다는 진번, 임둔, 예 등의 경우처럼, 일종의 속국이나 조공국이었을 가능성이 높다. 그리고 만일 '니계'가 〈공자세가〉에 등장하는 그 '니계'와 동일한 곳이라면 당시 조선이 제 땅에 개척한 일종의 식민지였을 개연성도 배제할 수 없을 것이다. 이 둘 중 어느 한 경우가 아니라면 엄연히 국왕이 존재하는 조선이라는 나라 안에서 별개의 지역을 관직명으로 쓴 일은 해명이 되지 않는다.

Ⅳ. 진 시황과 만리장성

1. 진-한대 중국인들의 영토 인식

춘추시대 초기에 진(秦)나라는 한낱 서융(西戎) 변방에 위치한 소국에 불과했다. 춘추시대 300여 년 동안 진나라는 정치, 군사적으로 점차 강대해졌고, 다시 동쪽으로 이동하여 수도를 함양(咸陽)에 정한 후로는 강역이 크게 확장되었으며, 그 세력 역시 관중(關中) 및 그 이서지역까지로 확대되어 서융과 패권을 다투기에 이르렀다.

전국시대에 들어와서 국력이 더욱 커진 진나라는 '전국 7웅(戰國七雄)'의 반열까지 올랐으며, 나중에는 관동(關東)의 여섯 나라와 정치, 군사적으로 맞설 정도로 강대국으로 발전하게 된다. 그리고 영정(嬴政)은 진나라

 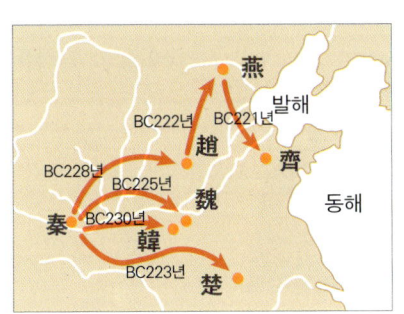

진 시황과 중원통일 과정

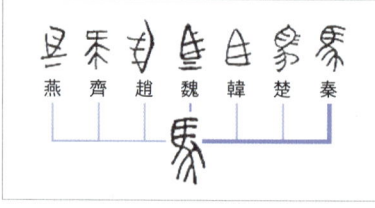 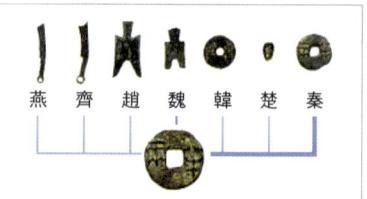

진나라에 의한 문자, 화폐 통일-앞에서 차례로 연, 제, 조, 위, 한, 초, 진의 것

왕으로 즉위한 후 10년 만에 경쟁 상대이던 여섯 나라를 차례로 병탄하고 재위 21년째 되던 기원전 221년 마침내 중원을 통일하고 스스로를 '첫 번째 황제'라는 뜻으로 '시황제(始皇帝)'로 일컬었다.

여섯 나라의 통일은 단순히 중원의 정치적인 통합만 의미하는 것은 아니었다. 그것은 수백 년 동안 각자 다른 형태로 사용되던 문자와 화폐, 도량형 역시 하나로 통합되는 것을 의미하였다.

진 시황은 당시 최고의 법령이었던 조서(詔書)로 진나라의 도량형제도를 반포하고 나머지 여섯 나라 도량형의 폐지를 선언하였다. 그의 조서는 무게를 재는 '권(權)'과 용적을 재는 '양(量)'에 새겨져 전국에 전해졌다.

이는 곧 진나라를 포함한 일곱 나라가 진나라를 주축으로 단일한 문화와 제도 속에 재편된다는 것을 의미하는 일이었던 것이다. 그렇다면 진 시황이 중원을 통일할 당시 자국 영토에 대한 중국인들의 인식은 어떤 것이었을까?

진 시황의 조서를 새긴 '권'

1) 《사기》〈진시황본기〉에 나타난 진나라의 영토관

사마천이 《사기》〈진시황본기〉에서 진 시황

의 중원 통일 이후의 기사에 사용한 표현에 주의를 기울이면 진나라, 나아가 당시 중국인들의 영토관 또는 세계관의 한 단면을 엿볼 수 있다.

이제 폐하께서 의로운 군사를 일으켜 잔혹한 무리를 주살하고 천하를 평정하시어 해내를 군현으로 삼으셨다.
今陛下興義兵, 誅殘賊, 平定天下, 海內爲郡縣.

이제 해내는 폐하의 신비롭고 영험하심에 기대어 하나로 통합되어 모두가 군현이 되었다.
今海內, 賴陛下神靈一統, 皆爲郡縣.

이제 황제께서 해내를 하나로 합병하여 군현으로 삼으시니 천하가 화평해졌다.
今皇帝幷一海內, 以爲郡縣, 天下和平.

폐하의 신비롭고 영험하고 밝고 거룩하심에 기대어 해내가 평정되고 오랑캐들이 추방되니 해와 달이 비치는 곳 치고 복종하지 않는 자가 없게 되었다.
賴陛下神靈明聖, 平定海內, 放逐蠻夷, 日月所照, 莫不賓服.

선제께서 군현을 순행하여 강대한 모습을 과시함으로써 그 위세로 해내를 복종시키셨다.
先帝巡行郡縣, 以示彊, 威服海內.

진나라가 해내를 합병하고 제후들을 아우른 후 남면하고 스스로 황제를 자처하심으로써 사해의 백성들을 부양하였다.
秦幷海內, 兼諸侯, 南面稱帝, 以養四海.

〈진시황본기〉에 집중적으로 소개되어 있는 이 언급들은 고대 중국인들의 영토관과 관련하여 중요한 단서들을 제공해 준다. "해내의 땅을 보면 사방 1,000리나 되는 경우가 아홉이나 된다(海內之地, 方千里者九)"라는 《맹자(孟子)》〈양혜왕하(梁惠王下)〉의 기록에서도 볼 수 있듯이, 고대 중국에서 '해내'는 대개는 '강역, 영토'라는 의미로 사용되는 경우가 많았다. 이것을 글자 그대로 번역하면 그 의미는 '바다 안쪽'이 된다. 따라서 중국인들은 '해내'를 '사해지내(四海之內)', 즉 동해, 서해, 남해, 북해 네 바다의 안쪽에 위치한 육지를 모두 가리키는 말로 사용하였다.

그러나 춘추-전국시대까지만 해도 중국인들과 실제로 밀접한 관계를 가지고 있던 바다는 산동지방과 강소, 절강 두 지방의 동쪽과 남쪽을 아울러 일컫는 '동해'와 그 북쪽 하북지방 동북쪽의 작은 바다인 '북해', 즉 '발해' 정도였으며, 애초부터 바다가 존재하지 않는 서쪽이나 복건, 광동 두 지방의 연해인 '남해'는 중원과는 인연이 적은 변방의 바다로 치부되곤 하였다. 따라서 고대 중국의 문헌에 언급되는 '해내'는 전후 맥락상 '동해'나 '발해'를 가리키는 말로 이해해도 무방하다. 이를 다른 말로 표현하자면, "동해로부터 서쪽에 있는" 육지는 모두 자국의 영토 — '중원(中原)'으로 인식되었던 셈이다. 이 같은 독특한 표현 방식은 '중원' 또는 영토에 대한 고대 중국인들의 인식을 간접적으로나마 잘 보여 준다고 하겠다.

고대 중국인들의 이 같은 영토관은 〈진시황본기〉의 다른 대목에도 잘 드러나 있다.

(a) 천하를 쪼개어 36군으로 삼았다. … 땅이 동쪽으로는 창해와 조선까지 이르고 서쪽으로는 임조, 강중까지 이르고 남쪽으로는 북향호까지 이르렀으며, 북쪽으로는 황하를 거점으로 요새를 삼아 음산을 끼고 요동까

지 이르렀다.

分天下爲三十六郡. … 地東至海曁朝鮮, 西至臨洮, 羌中, 南至北向戶, 北據河爲塞, 并陰山至遼東.

(b) 26년, … 직접 먼 땅의 백성들에게까지 순행하고 이 태산에 올라 동쪽 끝을 두루 굽어보았다.

二十有六年, … 親巡遠方黎民, 登茲泰山, 周覽東極.

(a)는 진 시황이 중원을 통일한 이후의 진나라 강역을 설명하는 부분인데, 그 경계가 각 방위마다 어디까지였는지 보여 주고 있다. 즉, 진 제국의 강역은 동쪽으로는 '바다(동해)' 및 조선에까지 닿고, 서쪽으로는 임조와 강족의 땅(강중)까지 닿고, 남쪽으로는 북향호까지 닿고, 북쪽으로는 황하를 요새 삼으면서 음산을 따라 요동까지 닿았던 것이다.

이를 통하여 당시 중국인들에게 있어 진 제국의 남쪽 끝은 남해가 아니라 북향호였다는 것을 확인할 수 있다. 여기서 '북향호(北向戶)'는 실제로 존재했던 지명이 아니라 '창문이 북쪽으로 난 집'이라는 의미이다. 고대 중국인들은 세상의 남쪽 끝에 사는 사람들은 집을 지을 때 햇빛을 받기 위하여 창문을 북쪽 방향으로 낸다고 믿었다. 이처럼 남쪽의 끝을 실제로 존재한 지명이 아닌, 추상적인 개념의 명사로 표현한 것은 당시 사람들이 남쪽 끝을 직접 찾아가 확인, 체험한 결과가 아니라 상상 속에 남겨진 미지의 땅이었기 때문이다.

즉, 당시 사람들은 태양의 공전이나 지구의 자전 등 천문학적 지식이 부족했기 때문에 남쪽의 끝에 사는 사람들은 북쪽에서 살면서 남쪽으로 문을 내는 북방인들과 달리 북쪽으로 문을 낸 집을 지을 것이라고 상상했을 것이고 '북향호'도 그 같은 상상의 산물이었던 셈이다.

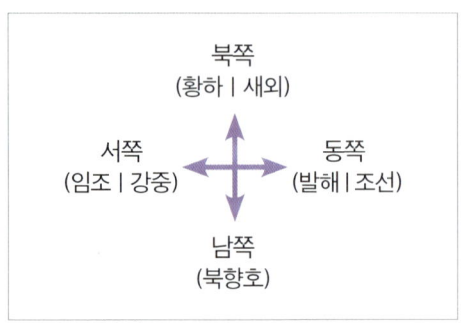

진나라 당시 중국인들의 세계관

　(b)는 재위 26년 되던 해에 진 시황이 산동지방을 순행한 일을 언급한 부분인데, 여기서 주목해야 할 것이 '동극(東極)'이라는 표현이다. '동극'은 글자 그대로 번역하면 '동쪽 끝'이라는 의미가 된다. 그러나 여기서는 전후 맥락상 이와 함께 '제국 영토의 동쪽 끝'이라는 보다 포괄적인 의미를 담고 있는 것으로 이해해야 한다. 즉, 진 제국의 동쪽 끝이 발해 바다 및 조선과의 국경선에서 끝난다는 뜻인 셈이다.

　태산(泰山) 정상에서 동쪽을 끝까지 바라보았을 때 시야에 들어오는 범위는 어디까지겠는가? 진 시황이 올라간 산이 태산이라면 그 정상에서 동쪽을 바라보았을 때 아무리 눈을 크게 뜨고 시야를 넓게 잡더라도 육안으로 볼 수 있는 것이라고는 발해(渤海)의 푸른 바다밖에 없다.

　아마 조선, 보다 구체적으로 표현해서 조선의 서쪽 끝은 이 바다 건너편 또는 인근의 어느 한 지점에 위치해 있었을 것이다. 즉, 거기서 수천 리나 떨어져 있어서 육안은커녕 망원경으로조차 찾으려야 찾을 수 없는 한반도까지 포함시켰을 리는 없다는 말이다. 태산에 올라가 본 사람은 누구나 다 공감하듯이, 제 아무리 특출하게 시력이 좋은 사람이라도 거기서는 한반도는커녕 요동반도조차 포착하기 어렵다.

따라서 여기서 '동극'이라는 표현 자체가 이미 진 시황이 중원 통일 당시까지 개척한 진 제국 영토의 '동쪽 끝'이 어디쯤인지 분명하게 설정하고 있다고 보아도 무방한 것이다. 그리고 그 동쪽 끝은 태산 정상에서 진 시황의 시야에 들어오는 발해와 '그 인근에 위치한' 조선이었을 것이다.

신기한 것은 중국은 물론이고 국내 학자들 중에서도 진 제국 영토의 동쪽 끝이 한반도(북부)라고 확신하고 있는 경우가 많다는 점이다. 그러나 동쪽 끝이 한반도일 가능성은 전혀 없다. 진 시황이든 사마천이든 진 제국의 동쪽 끝이 조선이라고 했을 뿐이지 그 조선이 한반도에 있다고 인식한 것은 아니기 때문이다.

2) 진나라 동쪽 끝은 발해와 그 인근

실제로 진 제국 영토의 '동쪽 끝'이 동해(발해)와 그 인근의 육지(산동반도, 하북지방)를 가리킨다는 사실은 〈진시황본기〉의 다른 대목의 언급들을 통해서도 충분히 확인할 수가 있다.

> 그렇게 해서 발해를 끼고 동쪽으로 진행하여 황현, 수현을 지나고 성산 끝까지 오르고 지부의 정상까지 올라 석비를 세우고 진나라의 덕을 칭송한 다음 그곳을 떠났다.
> 於是乃幷勃海以東, 過黃, 腄, 窮成山, 登之罘, 立石頌秦德焉而去.

위에서 황현(黃縣)과 수현(腄縣)은 둘 다 산동반도, 즉 지금의 산동성 연대(烟臺) 일대를 가리키며, 성산(成山)은 산동반도의 가장 동쪽 끝 삼면이 바다로 둘러싸인 지점에 위치한 곳이다. 그렇다면 진 시황이 발해를 따라 향한 '동쪽'은 요동 방면이 아니라 황현, 수현을 거쳐 성산과 지부(芝罘)까지였으며, 여기서 산 정상에 올라가 진나라의 덕을 칭송하는 글을 바위에 새긴 후 귀환 길에 올랐던 것이다. 그렇다면, 진나라 사람들에게 있어 진제국 영토의 동쪽 끝은 산동반도였다고 보아도 무방한 셈이다. 그들이 '산동'을 제국의 동쪽 끝으로 인식했다는 것은 다른 대목의 기사에서도 어느 정도 짐작할 수 있다.

> 산동이 아무리 어지럽다고 하더라도 진나라 땅은 온전하게 지킬 수 있으니 종묘의 제사가 끊어지지는 않을 것이다.
> 山東雖亂, 秦之地可全而有, 宗廟之祀未當絶也.

> 나무를 베어 무기로 삼고 장대를 처들어 기치로 삼는 식으로 천하에서 구름처럼 모여들어 호응하고 식량을 지고 그림자처럼 따르매 산동의 호걸들이 마침내 일제히 궐기하여 진나라 족속들을 멸망시키려 하는 것이었다.
> 斬木爲兵, 揭竿爲旗, 天下雲集響應, 贏糧而景從, 山東豪俊遂幷起而亡秦族矣.

진 시황 사후의 혼란상을 소개하고 있는 이 기사들에서 진나라 사람들, 나아가 사마천이 어김없이 언급하는 것은 '산동'이다. 이는 진나라 사람들이 '산동'을 제국의 '동쪽 끝'으로 인식하고 있었다는 방증이다.

만일 우리가 산해관 너머를 의식하지 않고 '해내'만을 염두에 두면서 중국 지도를 살펴본다면 거기서 가장 '동쪽 끝'에 위치해 있는 것이 산동지역이다. 비록 산동 북쪽으로 하북지역이 있고 산동 남쪽으로 강소지역이 있다고 하더라도, 산동지역이 '관동'의 축을 이루고 있고 그 세 지역 중에서 가장 동쪽까지 돌출되어 있는 것이 산동반도라면 진나라 사람이 '제국의

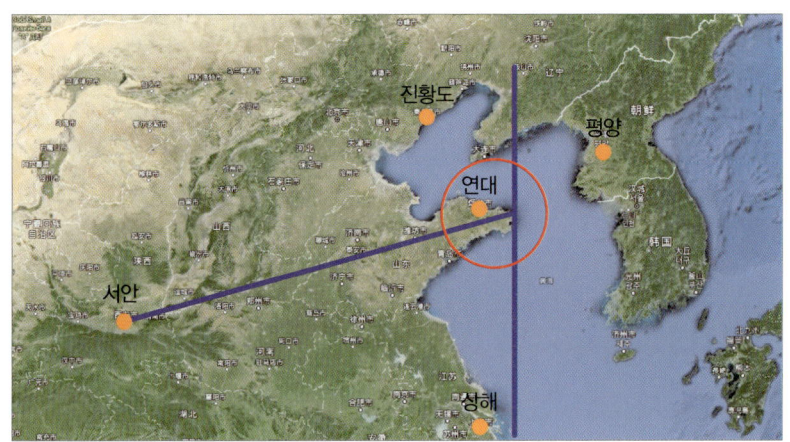

산해관 이내에서 경도상으로 가장 동쪽에 있는 것은 산동지역이다.

동쪽 끝'을 언급할 때 대표적으로 거론될 곳은 산동지역밖에 없는 것이다. 이 점은 진 시황이 북쪽으로 진황도까지 순행했다는 학계 일각의 주장을 역사적 진실로 받아들인다고 하더라도 바뀌지 않는다. 경도상으로 볼 때 산동반도의 성산, 지부는 진황도보다 훨씬 동쪽에 위치해 있기 때문이다.

만일 그렇지 않고 진 제국의 동쪽 영토가 산해관을 넘어 요서, 요동을 지나 한반도까지 펼쳐져 있었다면 진 시황 사후 제국 전역에서 벌어진 반란의 동향을 화제로 삼는 자리에서 유독 '산동'만 언급하고 요서, 요동이나 한반도의 동향에 대해서는 한 마디도 언급이 없다는 것은 도저히 납득하기 어려운 상황인 것이다. 이 같은 점들을 감안해 볼 때, 진 시황이 중원을 통일하던 기원전 3세기 무렵 중국인들이 가지고 있었던 진 제국 또는 중원이라는 지리적 개념의 끝은 기껏해야 서쪽으로는 만리장성이 시작되는 임조('강중'은 그 장성 너머의 미개지), 남쪽으로는 상상 속의 북향호 지역, 북쪽으로는 황하를 거점으로 지어진 요새들, 그리고 동쪽으로는 동해(발해)와 조선까지였다고 이해해도 큰 무리는 없는 셈이다.

진나라 사람들의 이 같은 영토 인식은 진 시황에 의하여 이루어진 다섯 차례의 동방 순행에서도 그대로 확인된다.

3) 제국의 도로망

진 시황의 만리장성과 함께 우리가 주목해야 할 것이 있다면 그것은 바로 '치도(馳道)'와 '직도(直道)'의 존재이다. 진 시황은 중원을 통일한 이듬해인 기원전 222년 특별히 명령을 내려 제국의 수도인 함양을 중심축으로 하여 전국 각지로 통하는 '치도(馳道)'를 건설하게 한다.

이때 건설된 치도는 지금의 섬서성 고릉(高陵)으로부터 상군(上郡)에 이르는 '상군도(上郡道)', 황하를 지나 산서(山西)에 이르는 '임진도(臨晉道)', 함곡관(函谷關)을 나가 하남(河南), 하북(河北), 산동(山東)으로 이어지는

로마제국의 도로에 비견되는 진 제국의 도로망. 빨간색으로 표시된 구간이 '치도'이다.

'동방도(東方道)', 지금의 섬서 상락(商洛)으로부터 동남방으로 이어지는 '무관도(武關道)', 섬서성 진령(秦嶺)을 나가 사천(四川)에 이르는 '잔도(棧道)', 지금의 섬서 농현(隴縣)으로부터 영하(寧夏), 감숙(甘肅)까지 이어지는 '서방도(西方道)', 지금의 섬서 순화(淳化)를 나가 내몽고자치구의 구원(九原)에 이르는 '직도(直道)' 등, 총 9개 노선이었다.

지금의 도로 개념으로 치면 국도에 해당하는 이 치도는 너비가 약 69m로 건설되었으며, 7m 간격마다 나무를 한 그루씩 심도록 규정되어 있었다. 그러나 이 도로는 황제 이외에는 그 누구도 사용할 수가 없었다.

'치도'가 황제의 전용 도로였다면 '직도'는 군사작전 전용 도로였다고 할 수 있다. 이 도로는 진나라 명장 몽염의 진두 지휘로 제국의 수도인 함양에서 그리 멀지 않은 운양군(雲陽郡)으로부터 당시 흉노에 맞서 지금의 내몽고자치구 포두(包頭) 서쪽에 건설한 군사도시인 구원(九原)까지 총 1,800리 구간을 수만 명이 2년 반의 시간 동안 산을 허물고 골짜기를 메우면서 글자 그대로 직선으로 건설되었다.

이 도로는 북쪽 변방에서 흉노 등의 북방민족이 침입하면 함양에서 변방까지 신속하게 군사를 이동시켜 원활하게 작전을 수행할 목적으로 건설한 것이었다. 변방에 긴급 상황이 발생했을 때 이 직도를 이용하면 진나라 기병대는 1주일 만에 전장에 도착하여 바로 작전을 수행할 수 있었으며, 보병과 보급부대 역시 2주일 정도면 현장에 도착할 수 있었다고 한다.

4) '동방도'의 북쪽 종착점 산해관(山海關)

위에 소개한 진나라 '치도' 노선도에서 우리가 주목해야 할 부분이 있다면 그것은 바로 '동방도'의 노선이다. 진 시황 때 구축된 진 제국의 도로 인프라에서 '동방도'는 수도 함양으로부터 '관동(關東)'의 새로 개척된 영토들, 즉 하남, 하북, 산동 등지까지 건설되었다.

위에 함께 제시된 몇 장의 지도는 모두 중국에서 제작된 것으로, 진 제국의 강역이 요령지방을 넘어 한반도 북부까지로 표시되어 있다. 그런데 이 지도들에서 '치도'의 진행 방향을 자세히 살펴보면, 다른 방향은 모두 국경이나 육지 끝까지 뻗어 있는 데 비하여 유독 북쪽만 하북성의 산해관 인근에서 끝나는 것으로 표시되어 있는 것이다. 진나라는 중국 역사상 최초로 중원을 통일한 제국이었으며, 대규모의 도로 건설을 통하여 최초로 전국적인 역참(驛站) 시스템을 구축한 왕조였다.

진 시황은 제국의 안녕을 도모하고 전국 각지에 대한 중앙정부의 통제력을 강화하기 위하여 제국의 수륙교통 인프라를 구축하는 데에 대단한 관심과 노력을 기울였다. 진 시황이 멸망시킨 여섯 나라의 옛 땅에 이미 구축되어 있던 도로망을 토대로 새로 국도 개념의 '치도'를 9개 노선에 걸쳐 대대적으로 건설하는 한편, 일련의 수륙교통 인프라와 역참 시스템까지 구축한 것도 바로 이 같은 이유 때문이었다.

이처럼 전국적으로 치밀하고 신속한 역참 시스템을 구축한 진 제국이 유독 산해관 너머의 요령지방과 한반도 북부에만 도로는커녕 역참조차 단 한 곳도 구축하지 않은 것이다. 현재 산해관 인근의 진황도에서 압록강 건너편의 요령성 단동(丹東)까지는 고속도로 거리로 대략 600km 정도 된다. 그렇다면 터널, 철교 등의 도로 인프라가 구축되지 않아 꼬부랑 산길, 계곡 길을 돌고 돌아야 했던 고대의 리수(里數)로 따지자면 적어도 1,500리는 족히 되었을 것이다.

이 정도의 거리라면 이 지역에는 당연히 운양에서 구원까지의 직도만큼의 규모는 아니더라도 최소한의 도로 인프라가 구축되어 있었어야 정상이다. 왜냐하면 요령지방이나 한반도 북부는 군사적인 측면에서 볼 때 흉노의 침입을 막기 위해 건설된 군사도시들에 못지않게 중요한 지역이었기 때문이다.

비록 진 시황의 죽음으로 중단되기는 했지만, 수만 명을 동원하여 운양-구원 구간의 직도를 단 몇 년 만에 1,800리나 개통시킨 것이 진나라였다. 그처럼 엄청난 동원력을 가진 제국이 어째서 중앙정부와 변방과의 신속한 연락을 보장하는 역참이나 도로 인프라를 '관내', 즉 산해관 이내까지만 구축하고 유독 군사적으로 대단히 중요한 그 너머의 요령지방에 대해서만은 아예 무관심으로 일관했다는 것이 상식적으로 말이 되는가?

중국 지도에서 요령지방의 지형을 살펴보면 요동반도에서 한반도 북부까지의 지역에는 고도가 높고 지세가 험한 산지가 광범하게 자리 잡고 있다. 반면에 요서지역은 대흥안령이 뻗어 내려오는 서북면을 제외하면 고도가 낮고 평탄한 평야지대가 대부분이다. 즉, 도로 건설의 최적지라고 할 수 있는 셈이다. 따라서 진 시황이 마음을 먹기만 하면 사통팔달(四通八達)의 도로 인프라와 역참 시스템을 얼마든지 구축할 수 있었을 것이다. 그럼에도 불구하고 도로의 흔적은 고사하고, 심지어 관련 유적이나 유물조차 발견되지 않았다는 것은 상식적으로 도저히 납득할 수 없는 일인 것이다.

앞에서 이미 언급한 바 있듯이, 어쩌면 당시 진나라 사람들의 뇌리에서 산해관 너머의 '관외' 지역은 자국의 땅이 아닌 치외법권의 이민족의 영역으로 각인되어 있었는지도 모를 일이다. 즉, 그들은 진 제국의 북쪽 끝을 산해관 인근 지역까지로 인식하고 있었던 것이다. 그렇지 않고서는 군사적으로 구원에 버금가는 중요성을 지닌 이 지역에 도로는 고사하고 역참조차 전혀 구축하지 않은 이유가 전혀 해명되지 않는다.

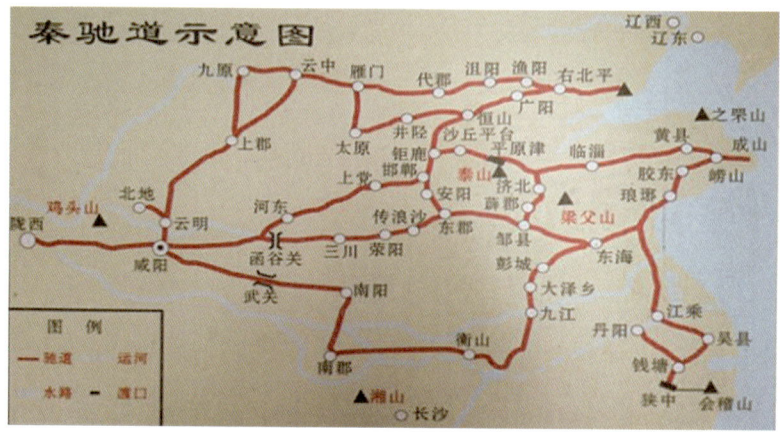

정형(井陘) 진황 고역도 전시실의 진대 역참도. . 여기서도 중원의 최북단의 역참은 산해관 인근에서 끝나고 있다.

어째서 요령-한반도 북부를 제국의 강역으로 그린 이 지도들에서 제국의 도로, 역참이 산해관까지만 그려져 있는 것일까?

2. 진 시황의 동방 순행

1) 동방 순행의 경로

그 당시 진나라가 개척한 제국의 영토가 동쪽으로 어디까지였는지에 대하여 또 다른 중요한 단서를 제공해 주는 것은 바로 진 시황의 동방 순행 경로이다.

진나라 시황제 영정(嬴政)은 중원을 통일한 이듬해인 기원전 220년부터 자신이 건설한 제국 영토에 대한 순행에 나선다. 고대 중국에서 순행(巡行,

巡幸), 순수(巡狩, 巡守) 등으로 불리는 황제의 시찰은 원래 제국 각지의 주요한 산천에 제사를 지내거나 사냥을 하는 데에 주된 목적이 있었다.

물론, 진 시황의 경우에는 순행의 기본적인 동기에는 큰 변화가 없었다. 그는 이전의 통치자들처럼 자신이 여섯 나라에 대한 지속적인 정복사업을 통하여 개척한 동쪽의 새로운 영토를 순행하고 반란세력이나 이민족들에 대비한 변경의 방비태세를 점검함으로써 자신의 통치권을 공고하게 다질 목적으로 순행에 나섰다.

그러나 그는 이와 동시에 일련의 순행과정에서 산천에 제사를 지내는가 하면 각지의 명소들을 순례하고 기공비를 세우거나 영생을 위한 장생불사약을 구하는 등, 자신의 공로와 업적을 대내외적으로 과시하는 데에도 순행을 적극적으로 활용하였다.

진 시황의 순행은 그로부터 10년 후인 기원전 210년 순행 도중에 병을 얻어 사망할 때까지, 2년에 한 번 꼴로 모두 다섯 차례에 걸쳐 이루어졌는데, 이 중에서 재위 27년(BC220)에 제국의 수도인 함양(咸陽)에서 북지(北地), 농서(隴西) 등 '관서(關西)' 지방을 중심으로 이루어진 최초의 순행을 제외하면, 나머지 네 차례는 모두가 여섯 나라를 정복한 후 새로 개척된 동쪽 영토, 즉 '관동(關東)'에 대한 순행이었다.

진나라는 당시 좌-우승상(左右丞相)을 두고 있었는데, 진 시황이 순행에 나설 때에는 함양의 국가행정은 우승상에게 위임되었으며, 진 시황은 좌승상을 대동하고 순행지를 따라 이동하면서 정무를 처리하곤 하였다. 당시의 열악한 도로 사정이나 순행 거리 등을 감안할 때, 진 시황이 병을 얻어 죽는 순간까지 동방 순행에 집착한 것을 보면 그가 제국 경영에 대한 열정과 함께 자기과시욕이 얼마나 대단했는지 충분히 짐작하고도 남음이 있다.

진 시황은 다섯 차례 순행하는 동안 머무는 곳마다 자신의 업적과 위대성을 기리는 글을 거대한 바위에 새기곤 하였다. 이미 파편이 되어 그 내용 전부를 알 수는 없으나, 산동지방에는 당시에 새겼다는 태산 각석(泰山刻石)과 낭야대 각석(瑯琊臺刻石)이 지금까지 남아 전해지고 있다. 그보다 수백 년 후 한나라의 역사가 사마천이 편찬한 《사기》의 〈진시황본기〉에서는 진 시황이 낭야대에 오른 후 그 자리에 진나라와 자신의 업적을 기리는 내용을 담은 석각을 새기게 했다고 전하고 있는데, 그 일부를 소개하면 다음과 같다.

… 황제의 현명하심으로 몸소 사방에 나서 살피시매 존귀하든 비천하든 간에 그 선을 넘지 않았노라. 간교하고 사악한 자들은 용납하지 않으시니 모두가 성실하고 좋아지는 데에 매진하고 작은 일이든 큰 일이든 최선을 다하며 감히 태만하게 일하는 자가 없었노라. … 황제의 덕이 사극에 미치어 난신적자를 주살하고 해악을 제거하시는가 하면 이로운 일을 일으키시어 복이 오게 해 주셨노라. … 육합 안이 모두가 황제의 땅이니, 서로

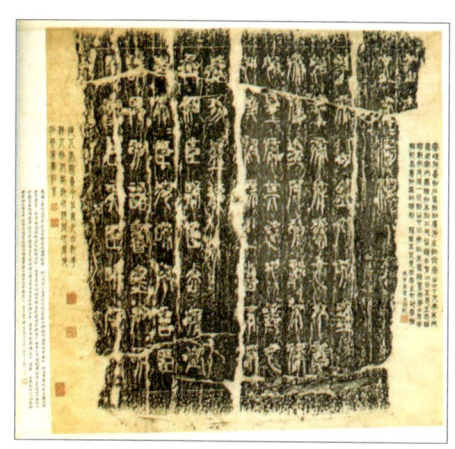

낭야대 각석 탁본

는 유사를 건너시고 남으로는 북호까지 이르시고 동으로는 '동해'를 얻으시고 북으로는 대하를 지나시어 사람의 발자취가 이르는 곳이면 신복하지 않는 이가 없노라. 그 공로가 오제를 무색하게 만드시고 그 은택이 짐승들에까지 이르게 만드시어 그 덕을 받지 않는 이가 없고 저마다 그 세계에서 안락함을 누리

게 되었도다! … 이제 황제께서 '해내'를 하나로 합치시어 군현으로 삼으시니 천하가 조화롭고 공평해졌노라. … 이에 여러 신료들이 저마다 황제의 공덕을 칭송하며 금석에 새기고 경전처럼 받들고자 하노라.

… 東撫東土, 以省卒土, 事已大畢, 乃臨于海. 皇帝之功, 勤勞本事, 上農除末, 黔首是富. 普天之下, 摶心揖志, 器械一量, 同書文字. … 皇帝之明, 臨察四方, 尊卑貴賤, 不踰次行. 奸邪不容, 皆務貞良, 細大盡力, 莫敢怠荒. … 皇帝之德, 存定四極, 誅亂除害, 興利致福. 節事以時, 諸産繁殖, 黔首安寧, 不用兵革. … 六合之內, 皇帝之土, 西涉流沙, 南盡北戶, 東有東海, 北過大夏, 人迹所至, 無不臣者. 功蓋五帝, 澤及牛馬, 莫不受德, 各安其宇. … 今皇帝幷一海內, 以爲郡縣, 天下和平. 昭明宗廟, 體道行德, 尊號大成. 群臣相與誦皇帝功德, 刻于金石, 以爲表經.

사마천《사기》의 기록에 따르면, 동쪽 영토에 대한 진 시황의 순행은 재위 28년(BC219), 29년(BC218), 32년(BC215), 37년(BC210) 등, 모두 네 차례에 걸쳐 이루어졌는데, 그때마다 제국 영토의 동쪽 끝 ― '동해'까지 행차했고, 매번 어김없이 다채롭고 성대한 행사가 거행되었다.

2) 1차 동방 순행

재위 28년(BC219)에 이루어진 동쪽 영토에 대한 첫 번째 동방 순행은 가장 성대하고 다채롭게 진행되었다. 당시 도읍인 함양을 출발한 진 시황은 산동지방의 추역산(鄒嶧山)을 거쳐 태산에 올라 봉선(封禪) 의식을 거행하였다. '봉선'이란 중국에서 하(夏)-상(商)-주(周) '삼대(三代)' 이래로 역대 제왕들이 태평성대를 맞았거나 나라에 상서로운 조짐이 나타났을 때

천지에 제사를 지내는 대규모의 국가행사로서, '봉'은 하늘의 신에게, '선'은 땅의 신에게 각각 제사를 지내는 것을 뜻한다.

고대 중국인들은 중원의 산들 중 태산이 가장 으뜸가는 산이라고 믿었다. 따라서 제왕의 자리에 있거나 그 자리를 지키고 싶은 사람이라면 누구든지 '천하에서 가장 높은' 태산으로 가서 하늘의 신에게 제사를 올려야만 신의 인정을 받아 그 지위를 오랫동안 보장받을 수 있다고 여겼다고 한다. 진 시황도 결국 당시 사람이다 보니 그 시대의 통념에 순응하여 자신의 정치적 입지를 공고하게 다지기 위하여 동방 순행 때마다 봉선 등의 행사를 거국적으로 거행하는 데에 집착할 수밖에 없었을 것이다.

의식을 마친 후 발해 해안을 따라 산동반도의 지부(之罘)를 거쳐 낭야로 남하한 진 시황은 낭야대에 이궁(離宮)을 건설하기 위하여 3개월 동안 현지에 머물렀다. 그는 한편으로 제나라 출신의 도사 서복(徐福)의 제안에 따라 3,000명의 동남동녀를 배에 태우고 동해(발해)의 신선을 찾아서 장생불사의 비법을 알아 오도록 명하였다. 진 시황은 다시 남하를 계속하여 강소지방의 팽성(彭城)을 거쳐 회수(淮水)와 동정호(洞庭湖)를 건넌 후 호북지방의 남군(南郡)을 지나 함양으로 귀환하였다.

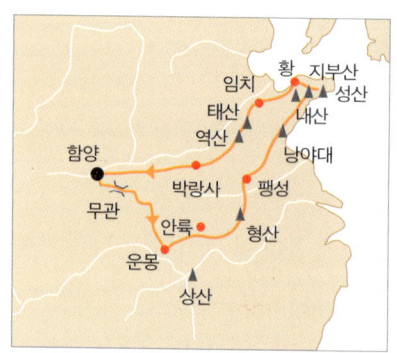 

진 시황의 첫 번째 동방 순행과 태산 각석 탁본

3) 2차 동방 순행

재위 29년(BC218) 이루어진 두 번째 동방 순행에서는 진 시황은 함양에서 관동 중도를 통하여 곧바로 동쪽의 산동 방면으로 직행하였다. 그는 이 순행 길에서 박랑사(博浪沙), 즉 지금의 하남성 원양현(原陽縣) 인근에 이르렀을 때 한(韓)나라 귀족의 후예인 장량(張良: BC250?~BC186)이 보낸 자객에게 기습

진 시황의 두 번째 동방 순행

을 당한다. 이 같은 불상사에도 불구하고 순행을 계속한 그는 제국의 동쪽 끝인 지부까지 행차하였다. 그런 다음 남쪽으로 방향을 틀어 낭야까지 남하한 그는 다시 산서지방의 상당군(上黨郡)을 지나 북도를 통하여 함양으로 귀환하였다.

4) 3차 동방 순행

재위 32년(BC215)의 세 번째 동방 순행에서는 함양에서 바로 하북지방의 갈석으로 직행하였다. 이때 발해만에 조성한 갈석 행궁에 머물면서 갈석문(碣石門)에 표창문을 새기게 한 그는 이번에는 연나라 출신의 방사인 노생(盧生)에 이어, 한종(韓終), 후공(侯公), 석생(石生) 등의 방사들을 차례로 바다로 보내 신선과 장생불사의 명약을 찾도록 독려하였다. 그런 다음 진 시황은 3년 전과 마찬가지로 상당군과 북도를 통하여 함양으로 귀환하고 있다.

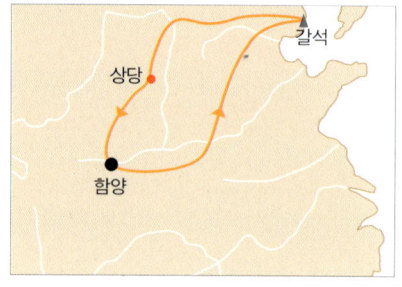

진 시황의 세 번째 동방 순행

중국 학계에서는 1990년대에 발굴 조사를 통하여 당시 조성된 갈석궁의 유적이 지금의 요령성과 하북성의 경계 지역에 있다는 결론을 내린 바 있다. 중국 학자들이 비정한 그 지역은 유명한 피서의 명소인 북대하(北戴河)와 명대에 축조된 장성의 최동단인 산해관(山海關)이 위치해 있으며, 맹강녀(孟姜女) 전설의 발상지로도 널리 알려져 있다. 그러나 아래에서 자세하게 언급하겠지만, 단순히 민간에 전승되는 전설과 현장에서 '발굴'(?)된 몇 개의 유물만으로 이 지역을 진 시황 당시 갈석궁이 조성된 지점으로 비정하는 것은 상당히 위험한 도박이 아닐 수 없다.

5) 4차 동방 순행

재위 37년(BC210) 10월에 이루어진 마지막 동방 순행은 장장 7개월에 걸쳐 진행되었다. 진 시황은 둘째 아들 호해(胡亥: BC230~BC207)를 데리고 함양을 출발한 후 11월 호북지방의 운몽(雲夢)에 이르러 현지에 있는 구의산(九疑山)에서 우순(虞舜)에게 망제를 지냈다. 그런 다음 그는 배를 타고 장강(長江)을 따라 적가(籍柯) ⇒ 해저(海渚) ⇒ 단양(丹陽)을 거쳐 절강지방의 전당(錢塘)까지 남하하였다.

그러나 절강에 이르러 물결이 거칠게 일자 우회하여 회계(會稽)로 올라간 후 대우(大禹)에게 제사를 지낸다. 그런 다음 수로를 타고 남해로 나온 그는 다시 산동지방의 낭야 ⇒ 지부 ⇒ 평원진(平原津)까지 북상하였다. 그 과정에서 평원진, 즉 지금의 산동성 덕주(德州) 인근에서 병을 얻은 진 시황은 만일을 대비하여 장자인 부소(扶蘇)에게 전권을 넘긴다는 요지의 유언을 작성해 측근인 조고(趙高)에게 맡기고 관동 북도를 통하여 서둘러 함양으로 귀환하던 도중 더위가 기승을 부리던 7월

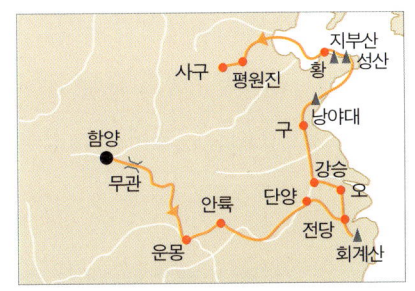

진 시황의 네 번째 동방 순행

사구(沙丘) 평대(平臺), 즉 지금의 하북성 광종현(廣宗縣) 서북쪽에서 병사하고 말았다. 그가 중원을 통일한 지 겨우 12년째 되던 기원전 209년의 일이었다.

호해와 조고, 이사는 진시황의 유서를 조작하여 태자 부소와 명장 몽염을 자결하게 한 후에야 귀환 길에 올랐다. 사마천은 진 시황의 급사를 비밀에 부친 세 사람이 정형(井陘)을 거쳐 구원(九原)까지 가는 동안 어가 행렬에 한 섬이나 되는 전복을 실은 수레를 뒤따르게 함으로써 시신의 썩는 냄새를 감추려 했다고 전하고 있다.

6) 동방 순행과 제국 강역의 함수관계

이상의 네 번에 걸친 동방 순행의 경로들을 자세히 살펴보면, 진 시황이 제국의 영토에서 동쪽으로 가장 멀리까지 간 것은 첫 번째, 두 번째, 네 번째 순행으로, 그 지점은 경도상으로 가장 동쪽에 위치한 지부였다. 마찬가지로 북쪽으로 가장 멀리까지 간 것은 세 번째 순행이었는데, 그 종착지는 갈석이었다. 지부가 산동반도의 동쪽 끝자락에 위치해 있고 갈석산이 지금의 하북성 창려현 인근에 위치해 있다는 기존의 정설을 따른다면 진 시

황의 네 차례의 동방 순행은 모두 산해관 안에서 이루어진 셈이다.

진 시황의 동방 순행이 있은 지 대략 100여 년 후인 한나라 원봉(元封) 원년(BC110) 4월에는 한 무제 역시 진 시황과 비슷한 노선을 따라 순행에 나서고 있다.

천자께서 태산에서 봉선 의식을 마치니 비바람의 재난이 사그라들었다. 그런데 방사가 다시 봉래의 여러 신령스러운 산을 어쩌면 볼 수 있을 것 같다고 고하는 것이었다. 그래서 주상께서 흔연히 그 기회를 얻기를 기대하면서 다시 동쪽으로 가서 바다 위에서 바라보며 봉래의 모습을 볼 수 있기를 기대하였다. 그러나 거자후가 갑자기 병이 들어 하루 만에 죽고 말았다. 주상께서 그래서 마침내 그곳을 떠나 바다를 끼고 북쪽으로 갈석산까지 가서 요서에서부터 순행을 시작하여 북쪽 변방지대를 차례로 순시하면서 구원까지 갔다가 5월에 어가를 돌려 감천에 당도하였다.
天子旣已封禪泰山, 無風雨災, 而方士更言蓬萊諸神山若將可得, 于是上欣然庶幾遇之, 乃復東至海上望, 冀遇蓬萊焉. 奉車子侯暴病, 一日死. 上乃遂去, 幷海上, 北至碣石, 巡自遼西, 歷北邊, 至九原. 五月, 返至甘泉.

사마천의 《사기》〈봉선서(封禪書)〉에는 원봉 원년에 이루어진 한 무제의 동방 순행과정과 노선이 상세하게 기록되어 있다. 이에 따르면, 4월 태산에서 봉선 의식을 마친 한 무제는 배를 타고 동해(발해)로 나가 바다를 끼고 갈석산까지 북상한 후 거기서 육로로 요서를 순시하고 그 길로 구원까지 북쪽 변경지대 요새들을 차례로 둘러본 후 한 달 만인 5월에 감천 행궁에 도착하고 있다.

이때 한 무제는 동쪽으로 갈석산까지 갔지만 거기서 더 동쪽으로 가지 않고 갑자기 방향을 서쪽으로 돌려 요서 ⇒ 장성이 있는 북방 변경지대 ⇒

구원을 돌아 감천으로 귀환하고 있다. 즉, 진 시황을 흉내 내어 동방 순행에 나섰던 무제조차 갈석산 너머로는 나간 일이 없었던 것이다. 이는 곧 당시 한 제국 영토의 동쪽 끝이 갈석산 인근이었음을 시사해 주는 셈이다.

3. 진 시황의 만리장성

1) 장성의 출현

고대 중국에서 '성(城)'은 마을의 동서남북 사방을 흙담으로 둘러막은 건축물을 가리키는 말로서, 보통 안쪽의 내성을 '성'이라고 하고 바깥의 외성은 '곽(廓)'이라고 불렀다. '성'은 애초에 마을의 사람과 재물을 보호하는 동시에 외적이 침입해 사람과 재물을 약탈하는 것을 막기 위하여 지어졌다.

따라서 일반적으로 '성' 하면 유럽 등지에서 보편적으로 볼 수 있는 사방이 장벽으로 완전히 차단된 폐쇄구조의 '성채(castle)'나 '보루'를 뜻한다고 할 수 있겠으며, 그 안에 존재하는 하나의 정치집단 또는 지역사회를 '나라[國]'라고 부른 것이다.

문자학적으로도 한자 '성(城)'은 '흙담[土]으로 완벽하게 둘러싼[成] 건물'이라는 의미를 담고 있다. 위의 금문(金文)에서 두 개의 망루가 동그라

서주시대 문자인 금문에 보이는 '성'

미를 중심으로 위아래로 대칭되게 그려진 것은 성의 흙담이 동서남북 사방으로 둥그렇게 둘러싸고 있는 것을 형상화한 것이라고 할 수 있다. 또한, 노자의 《도덕경(道德經)》에서도 비슷한 용례들을 찾아볼 수 있는 것처럼, 몸글자인 '성(成)'부터가 이미 빈틈이나 터진 곳이 없이 '완벽하(게 만들어졌)다'라는 의미를 충실하게 반영하고 있다.

 이 같은 전통적인 '성'의 개념에 새로운 변화가 나타난 것은 서주시대부터라고 한다. 이 무렵 주나라는 당초의 읍락국가에서 점차 그 영역이 확장되어 전통적인 성으로는 그 영토를 모두 둘러싸기가 힘들어졌다. 동시에 점차 몸뚱이가 커진 주나라와 마찬가지로, 말과 무기를 앞세운 우월한 군사력으로 세력을 확장해 가던 험윤(獫狁) 등의 북방 유목민족과의 접촉-충돌-전쟁이 빈번해지기 시작하였다.

 그렇게 되자 주나라는 이들의 침입으로부터 자국의 백성과 영토를 지키기 위하여 기존의 전통적인 성 이외에도 변경지대에 지금까지는 사방으로 둘러쌌던 성벽을 한 줄로 길게 연결함으로써 그 방어 기능이 크게 강조된 개방 구조의 장벽으로서 장성이 나타나기 시작했는데, 이것을 '성벽이 길게 한 줄로 늘어섰다'라는 의미에서 '열성(列城)'으로 불렀다.

 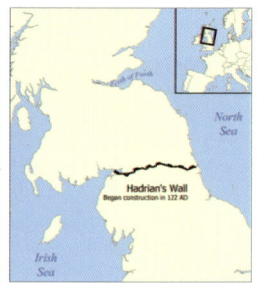

유럽의 장성 '하드리아누스의 방벽'과 그 지도. 사진 속의 방벽은 브리타니아(지금의 영국) 중부에 축조된 것이다.

'장성'을 영어로 'Great Wall'이라고 번역하는 것도 사실 알고 보면 이러한 유형의 성들은 성채나 보루로서의 고유 기능보다 장벽으로서의 '차단'의 기능이 고도로 특화된 예외적인 구조로 축조되었기 때문이다. 서기 2세기 무렵에 로마 황제 하드리아누스(Hadrianus: 76~138)가 이민족들의 침입을 막기 위하여 브리타니아, 게르만, 북아프리카 등지에 축조하여 일반적으로 '하드리아누스의 방벽'으로 불리는 성벽(리메스) 역시 그 개념이나 목적에 있어 중국의 장성과 거의 동일한 경우라고 할 수 있다.

중국에서 방어의 기능이 크게 강조된 이러한 유형의 장성들이 본격적으로 등장하기 시작한 것은 역시 수많은 크고 작은 나라들이 난립하던 춘추전국시대부터였다. 춘추전국시대는 제후국들 사이에서 천하의 패권을 얻기 위하여 빈번하게 전쟁을 벌이던 시대였다. 그래서 자연히 자국을 외적으로부터 지키기 위하여 나라마다 국경지대에 긴 장성을 경쟁적으로 쌓기 시작하였다.

전국시대 각국 장성의 분포도. 연나라 장성의 총연장에 대해서는 논란이 거듭되고 있다.

현재까지 알려진 바로는 이 시기에 가장 먼저 지어진 것은 기원전 7세기의 초나라 방성(方城)이며, 그 뒤를 이어 제(齊), 한(韓), 위(魏), 조(趙), 연(燕), 진(秦), 중산(中山) 등 크고 작은 나라들이 방어 목적의 장성을 경쟁적으로 쌓았다.

이 중에서 진, 조, 연 세 나라는 북방의 막강한 유목민족인 흉노(匈奴)와 국경을 접하고 있었기 때문에 다른 중원왕조의 침공을 막는 장성과는 별도로 흉노의 침입을 막기 위한 또 다른 장성을 북쪽 변경지대에 쌓아야 하였다. 춘추전국시대 장성의 특징은 축조된 성벽의 방향이 각자의 국경에 따라 방향이 제각각이며 길이도 비교적 짧은 편이어서 1,000~2,000km 짜리도 있지만 몇 백 km밖에 되지 않는 경우도 많다는 것이다.

2) 진나라 장성

중국에서 지어진 장성들 중에서 가장 유명한 것은 역시 진 시황이 건설한 장성이다. 진나라에서는 기원전 4세기에 소양왕(昭襄王: BC325~BC251)이 처음으로 장성을 쌓았다. 그로부터 100여 년이 지나 천하의 패권을 놓고 여섯 나라와 각축을 벌이던 진 시황은 재위 32년(BC215), 북쪽 국경선 너머의 잠재적인 위협세력인 흉노(匈奴)로부터 제국의 안전을 보장하기 위하여 대장 몽염(蒙恬: ?~BC210)을 보내 30만 대군으로 흉노를 격파하고 하남지역을 점령하게 했으며, 이어서 전국 인구의 1/20 수준이던 100만 명의 인력을 동원하여 장성 축조를 본격적으로 서두른다. 이때 장성은 주로 황하 이북지역에 지어졌는데, 이 지역 도처에서는 지금도 동서로 이어지는 음산(陰山)산맥을 따라 돌을 쌓아 만든 장성의 유적들을 확인할 수 있다.

진나라는 북쪽으로 흉노와 국경을 접하고 있던 조나라와 연나라가 흉노의 남침을 막기 위하여 북쪽 변경지대에 지어 놓은 기존의 장성들을 재활용하였다. 중원 통일 이후로 내지의 장성들은 그 본래의 기능이 상실되는 반면 북쪽 변경지대의 장성들은 유일한 외적인 북방 유목민족들을 방어하기 위한 군사적 목적 때문에 오히려 집중적으로 건설 또는 보강되었다.

진 시황은 그 과정에서 음산산맥에 새로 건설한 진나라 장성을 동쪽에 이미 지어져 있던 조(趙), 연(燕) 두 나라의 장성과 하나로 연결시켰다. 현재 중국에서 장성의 유적은 서로는 신강 위구르 자치구로부터 동으로는 요령성에까지 띄엄띄엄 분포하고 있는 것으로 확인되고 있다. 국내 학계 일각에서는 이를 모두 전국시대에 진나라 등 중원 왕조가 축조한 것으로 보는 경향이 있다. 그러나 유적으로 남은 그 장성들의 축조 시기는 전국시대로부터 진-한대까지 걸쳐 있다. 축조 시점을 진-한대로 추정하고 있지만 그 축조 주체가 진-한 등의 중원왕조인지 아니면 북방민족 등 제3의 존재인지에 관해서는 역시 확실하게 밝혀진 바가 없다는 뜻이다.

예를 들어, 중국의 대표적인 검색 사이트인 빠이뚜에서는 장성이 주로 중국의 "하북, 북경, 천진, 산서, 섬서, 감숙, 내몽고, 흑룡강, 길림, 요령, 산동, 하남, 청해, 영하, 신강 등 총 15개 성(省)-자치구(自治區)-시(市)에 걸쳐 분포하고 있다"고 소개하고 있다.

그러나 이 중에서 고대부터 중국과 관계를 맺어 왔던 내몽고 지역은 둘째 치고, 흑룡강, 신강 등의 지역에 분포하는 장성들까지 중원 왕조가 지었다고 단정할 수 있을지는 의문이다. 춘추전국시대는 물론이고 진-한대까지만 해도, 그 지역들은 문헌적으로 중국의 역사에 편입된 시기가 상당히 늦기 때문이다.

중국 학계에서는 대체로 이 지역의 성과 성터들까지 모두 중원왕조가 세운 것으로 단정하고 있다. 그러나 그것이 과연 역사적 진실에 부합하는지는 미지수이다. 국내 학자들 중에도 중국 학자들의 논문이나 저서에서 "연, 진 장성(燕秦長城)"이라는 표현이 나오면 무작정 그 건축 주체를 중원 왕조라고 단정하고 보는 경향이 있다.

그러나 그것은 일종의 오독이요 착각일 뿐이다. 왜냐하면 그런 표현은 건축 주체가 연나라나 진나라라는 의미를 담고 있지만, 때로는 그 건축 시점이 중국의 연, 진 시기에 해당한다는 의미로 사용되는 경우가 적지 않기 때문이다. 그 유적이나 유물들이 위구르 자치구나 흑룡강성 등 중국 역사의 변방에 위치해 있는 경우는 더욱 그러하다.

3) 만리장성의 서쪽 기점 '임조'

진 시황의 명령으로 쌓은 장성은 서쪽으로는 임조로부터 동쪽으로는 요동까지 1만여 리에 걸쳐 지어졌다고 하여 후세 사람들에 의하여 '만리장성(萬里長城)'으로 일컬어지게 되었다. 그가 건설한 장성에 대한 기록은 《사기》 등, 중국의 여러 사서, 문헌에 두루 보인다.

> 진나라가 천하의 합병을 마치자 몽염으로 하여금 30만의 무리를 이끌고 북으로 융적을 몰아내고 하남을 접수하고 장성을 쌓게 하였다. 땅의 형세에 따라 험준한 지형을 이용하여 요새를 구축하면서 임조에서 시작하여 요동에 이르기까지 구불구불 1만여 리나 이어졌다.[14)]
> 秦已并天下, 乃使蒙恬將三十萬衆, 北逐戎狄, 收河南, 築長城. 因地形, 用險制塞, 起臨洮, 至遼東, 延袤萬餘里.

---

14) 사마천, 《사기》〈몽염열전〉.

> 진 시황은 … 병졸 50만을 차출하면서 몽공, 양옹자로 하여금 이들을 시켜 장성을 지어 완성하게 하니 서쪽으로는 유사까지 닿고 북쪽으로는 요수와 만나며 동쪽으로는 조선까지 닿았다. 전한 학자 고유는 "서쪽으로는 농서군 임조로부터 시작된다"라고 주석을 붙이고 있다.[15]
>
> 秦皇 … 因發卒五十萬, 使蒙公, 楊翁子將築修成, 西屬流沙, 北擊遼水, 東結朝鮮. 東漢高誘注曰: "西起隴西臨洮".

임조(臨洮)는 기원전 384년 진 헌공(秦獻公: BC424~BC362)이 서융(西戎)의 한 부족인 적(狄)족을 멸망시키고 적도현(狄道縣)을 설치했던 곳으로, 지금의 중국 감숙성(甘肅省) 난주(蘭州) 인근에 해당한다. 이 지역은 중국과 중앙아시아를 연결하는 '실크로드' 연변에 위치하여 고대부터 전략적 요충지로 중시되었던 곳이다.

사마천은 《사기》〈몽염열전(蒙恬列傳)〉에서 만리장성이 서쪽에서는 임조로부터 시작된다고 적고 있다. 이 같은 사실은 2~3세기 후한대 학자 고유(高誘) 역시 《회남자(淮南子)》〈인간훈(人間訓)〉에서 진 시황의 장성 축조 사실을 전하면서 주석을 통하여 재확인해 주고 있다.

북위시대의 지리학자 역도원(酈道元: 466~527)도 장성의 서쪽 기점이 임조라는 데에는 동의하고 있는 것을 확인할 수 있다. 그 후 이태(李泰: 620~652)의 《괄지지(括地志)》를 시작으로, 두우(杜佑: 735~812)의 《통전(通典)》, 이길보(李吉甫: 758~814)의 《원화군현지(元和郡縣志)》, 마단림(馬端臨: 1254~1323)의 《문헌통고(文獻通考)》 등, 당송대에 편찬된 지리서들이 진대의 임조를 당대의 민주(岷州), 즉 지금의 감숙성 민현으로 비정하면서 이 주장이 정설로 자리 잡았다. 지도상으로 보기에도 임조와 민현은 서로가

---

15) 유안, 《회남자》〈인간훈〉.

진 장성 유적 – 임조 구간(좌)과 민현 구간(우)

거리상으로 그다지 멀지 않은 곳에 자리 잡고 있으므로, 그 위치에 큰 변동은 없는 셈이다.

4) 만리장성의 동쪽 종점은 어디인가

장성의 서쪽 기점의 경우와는 대조적으로, 그 동쪽 끝이 어디까지였느냐에 관해서는 학자들 간에 이견이 많으며 총연장에 있어서의 편차 역시 상당히 큰 편이다.

> 임조로부터 시작되어 요동에 이어지기까지 장성이 1만여 리나 되는데 그 과정에서 지맥을 끊는 실수가 없을 수가 없지 않겠는가? 그것은 바로 나 몽염의 죄이다.[16)]
> 起臨洮, 屬之遼東, 城塹萬餘里, 此其中不能無絶地脈哉? 此乃恬之罪也.

> 사실 임조로부터 시작되어 요동에 이어지기까지 장성과 도로가 1만 리나 되니 그 과정에서 지맥을 끊는 실수가 없을 수가 없었다.[17)]

---

16) 사마천,《사기》〈몽염열전〉.
17) 왕충(王充),《논형(論衡)》〈화허편(禍虛篇)〉.

夫起臨洮, 屬之遼東, 城徑萬里, 此其中不能毋絶地脈.

변방의 산세가 험준하기에 골짜기를 파고 수리할 수 있는 것은 수리하는 식으로 임조로부터 시작하여 요동에 이르기까지 1만여 리나 되었다.[18)]

因邊山險, 塹溪谷, 可繕者繕之, 起臨洮, 至遼東, 萬餘里.

위에서 보는 것처럼, 《사기》, 《논형》, 《한서》 등, 전후한대에 편찬된 역사서, 문헌들은 모두가 진 시황의 '만리장성'이 요동까지 이어져 있었다고 소개하고 있다. 만리장성의 동쪽 종점에 대한 고대사 학자들의 인식은 대체로 일치하고 있다.

이 경우에 문제가 되는 것은 만리장성의 동쪽 끝이 요동이냐 하는 것이 아니라, 여기에 거론되는 '요동'이 지금의 요동지역과 '동일한 곳인가' 하는 것이다. 우리가 지금 중국의 검색 사이트인 빠이뚜에서 '요동(遼東)'을 검색하면 다음과 같은 설명이 나온다.

요하 동쪽 지역, 즉 지금의 요령성 동부와 남부 및 길림성의 동남부지역, 주로 대련 및 단동을 가리킨다. 전국시대와 진, 한을 거쳐 남북조시대까지 요동군이 설치되었다.
指遼河以東地區, 今遼寧省的東部和南部及吉林省的東南部地區. 主要是大連及丹東, 戰國, 秦, 漢, 至南北朝, 設遼東郡.

중국뿐만 아니라 우리나라에서도 '요동'은 통상적으로 지금의 요령성 동부, 즉 요동반도 이동지역을 가리키는 말로 이해되고 있다. 만일 이 통설

---

18) 반고, 《한서》 〈흉노전〉.

을 기정 사실로 받아들인다면, 진 시황의 만리장성은 감숙성 임조에서 요동반도까지 뻗어 있었다는 말이 되는 셈이다. 이런 내막 때문에 중국 학계에서는 이 같은 식민사학자들의 터무니없는 논리를 근거로 그동안 만리장성은 말할 것도 없고 진 시황이 건설한 진 제국, 나아가 연나라, 한나라 영토의 동쪽 끝이 한반도 서북부까지 들어와 있었다고 생각하는 것을 당연시 해왔다.

이 같은 인식은 중국은 말할 것도 없고 우리나라 고대사학계에서조차 마치 역사적 진실인양 신봉되고 있다. 그동안 '고조선재평양설'을 견지해 온 송호정 같은 학자는 최근 중국에서의 고고학적 발견들을 근거로 들면서 현재까지 중국에서 장성의 흔적은 모두가 요하를 넘지 않은 위치에서 확인되고 있으며 "가장 동쪽인 요동지역의 장성" 조차도 요양에 머물렀다는 입장을 천명한 바 있다. 이 같은 주장들에 근거한다면, 진 시황의 만리장성은 동쪽으로 아무리 멀리 잡는다고 해도 문헌적으로든 고고학적으로든 지금의 요동지역을 넘어서지 않은 셈이다.

어떤 사람은 그렇게 되면 만리장성이 요동보다 더 동쪽, 심지어 한반도 북부까지 뻗어 있었다는 중국 학자들의 주장을 부정할 수 있고, 적어도 한반도는 우리 땅으로 굳힐 수 있으니 손해 볼 것이 없다고 방심할지도 모른다. 그러나 과연 그럴까?

4. 만리장성의 진실

1) '만리'에 관한 세 가지 가능성

사학자들 특히 중국의 학자들은 그동안 습관적으로 만리장성의 동쪽 끝이 압록강을 넘어 한반도 북부까지 뻗어 있었다고 주장해 왔다. 물론, 1만 리짜리 줄자로 감숙성의 임조로부터 직선으로 연결하면 그 끝이 한반도 북부까지 닿을 수도 있을 것이다. 그러나 이 '만리'가 우리가 통상적으로 생각하듯이 근대적 측량기술로 얻어진 직선(평지)거리로서의 1만 리라고 믿는 것은 곤란하다.

(1) '만리'는 실수가 아닌 허수

첫째, 우리가 가장 먼저 염두에 두어야 할 것은 무엇보다도 만리장성의 '만리'는 실수(實數)라기보다는 허수(虛數)에 가깝다는 것이다. 반고보다

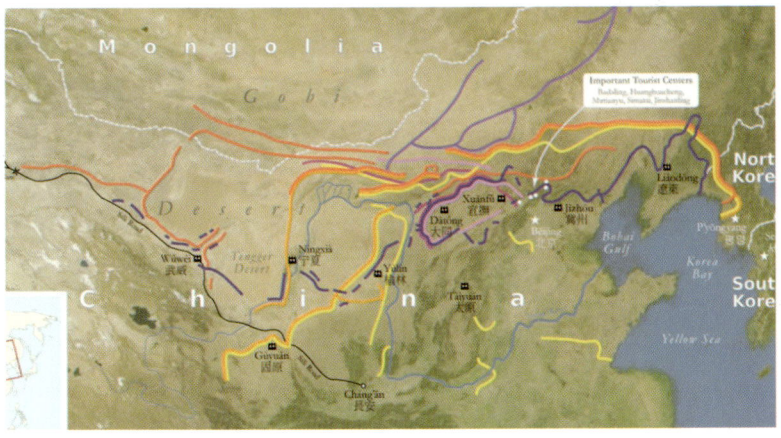

중국인들이 그린 만리장성도 – 장성의 동쪽 종점인 요동이 지금의 요동반도에 그려져 있고, 장성의 최동단은 한반도의 평안도 남쪽까지 내려와 있다.

시기적으로 다소 늦은 후한대 학자 왕부(王符: 85~163)는 자신이 저술한 《잠부론(潛夫論)》에서 '낙랑'에 관하여 다음과 같이 소개하였다.

> 동쪽으로는 낙랑까지 서쪽으로는 돈황까지 만리나 되는 지역에서 서로 앞다투어 이를 사용하느라, 이 일로 시간을 허비하고 농사를 망치니 실로 애통하기 그지없다. (〈부치(浮侈)〉)
> 東至樂浪, 西至燉煌, 萬里之中, 相競用之. 此之費功傷農, 可爲痛心.

> 무황제가 오랑캐를 물리치고 강역을 넓히시매 그 면적이 수천 리나 되었으며, 동쪽으로 낙랑을 설치하고 서쪽으로 돈황을 두고 남쪽으로 교지를 넘고 북쪽으로 삭방의 성을 쌓고 결국 남월을 평정하고 대완의 임금을 처단하니, 용맹스러운 군사가 향하는 곳마다 멸망하지 않는 자가 없었다. (〈구변(救邊)〉)
> 武皇帝攘夷拓境, 面數千里, 東開樂浪, 西置燉煌, 南踰交阯, 北築朔方, 卒定南越, 誅斬大宛, 武軍所嚮, 無不夷滅.

《한서》〈무제기(武帝紀)〉에 따르면 원정(元鼎) 6년(BC111), 무위(武威), 주천(酒泉)의 땅을 쪼개서 장액(張掖), 돈황(敦煌) 두 군을 설치했다고 한다. 여기에 언급된 '돈황(燉煌)'은 글자는 다르지만 바로 그 '돈황'을 뜻하며 지금의 돈황에 해당한다. 그런데 〈부치〉에서 "동쪽으로는 낙랑까지 서쪽으로는 돈황까지의 1만 리나 되는 지역"이라고 한 것은 한 제국의 영토를 달리 표현한 말로, 돈황을 기준으로 할 때 동쪽으로 대체로 1만 리 정도 떨어진 지점에 낙랑군이 위치해 있었다는 말이다. 즉, 그의 소개에 따르면, 낙랑에서 돈황까지의 거리가 1만 리라는 것이다. 이에 대해서는 사마천이 《사기》의 여러 대목에서 진 시황의 장성을 언급하면서 임조로부터 요동까지가 1만 리라고 여러 차례에 걸쳐 언급한 바 있다.

사마천	임조에서 요동까지 1만 리
	임조에서 갈석까지 1만 리
왕부	돈황에서 낙랑까지 1만 리

임조에서 요동까지가 1만 리라면 돈황에서 낙랑까지는 1만 리일 수가 없다. 왜냐하면 《후한서》〈군국지〉의 정보에 근거할 때, 낙랑은 요동보다 동쪽으로 1,400리나 더 멀리 위치해 있고, 돈황은 임조에서 서쪽으로 3,500여 리나 더 멀리 위치해 있기 때문이다. 임조는 지금의 감숙성 임조현 또는 민현 인근으로, 한 제국의 수도인 장안 즉 지금의 섬서성 서안으로부터 1,000리 이상 서쪽에 위치해 있다. 반면에, 돈황은 지금의 위구르족 자치구에 위치해 있는 돈황시로, 상당히 멀리 떨어져 있어서 장안으로부터 5,000리 정도나 떨어져 있다는 사실이다.

그렇다면 돈황은 임조로부터 적어도 4,000리나 떨어져 있는 셈이다. 그렇게 본다면, 만일 사마천이 제시한 임조에서 요동까지의 거리가 1만 리가 확실하다고 할 때, 왕부가 제시한 돈황에서 낙랑까지의 거리는 1만 리가 아니라 1만 4,900리가 되어야 하는 것이다. 그렇다면 여기서 허수는 사마천이 제시한 정보일 가능성이 높다. 반면에 왕부는 한 무제가 조선을 정벌하고 서역(西域)을 개척한 이후에 태어난 사람이므로 이 리수(里數) 정보에 착오가 있을 가능성은 상대적으로 낮다.

(2) '만리'는 복수의 장성의 총길이

두 번째로 염두에 두어야 할 것은 만리장성의 '만리'가 복수의 장성을 모두 합산한 길이일 가능성이다.

중국 고대사를 연구하는 많은 학자들이 만리장성의 총연장을 분석할 때마다 번번이 간과하는 것이 몇 가지 있다. 만리장성의 총연장은 단일한 장성의 총길이를 가리키는 것이 아니라 중원지역에 지어진 여러 개의 장성을 모두 합산한 길이라는 점이다.

우리는 앞에서 당시 북부 변방지대에 축조된 진나라와 연나라의 장성 이외에도 남부의 내륙지역에도 진나라의 장성과 함께 연(燕), 조(趙), 제(齊), 한(韓), 초(楚) 등 전국시대 각국이 쌓은 크고 작은 규모의 장성들이 이미 존재하고 있었음을 확인할 수 있었다.

그렇다면 진 시황의 장성이 1만 리가 넘는다는 것은 아무래도 북부 변방지대의 진, 연 두 나라의 장성은 물론이고 전국시대 각국이 축조한 장성들까지 합산한 결과일 개연성이 상당히 높다고 본다. 즉, 통상적으로 '만리장성'으로 일컬어지는 임조에서 요동까지의 장성으로 국한시킨다면 그 길이는 몇 천 리밖에 되지 않았을 것이라는 말이다.

《한서》〈오행지(五行志)〉에서 반고는 진 시황의 정복욕을 비판하면서 장성에 대하여 이렇게 적고 있다.

> 사기의 진 시황제 26년(BC221), … 이 해에는 진 시황이 여섯 나라를 합병하고 기쁜 나머지 이를 상서롭게 여기어 천하의 무기들을 다 녹여서 황금 인물상 12개를 만들어 이를 형상화하였다. 이렇게 해서 자신을 현자나 성인으로 여기며 시경, 서경을 불태우고 유가의 선비들을 생매장하는 등 사치스럽고 방탕하며 포학한 데다 오로지 땅을 넓히는 데에만 골몰하였다. … 남쪽으로는 산맥 너머의 다섯 지역까지 군사를 보내고 북쪽으로는 장성을 축조함으로써 흉노와 남월에 대비하였으며, 산을 파고 골짜기를 메우면서 서쪽으로는 임조로부터 시작하여 동쪽으로는 요동까지 이르니,

그 길이 수천 리나 되었다.

史記秦始皇帝二十六年, … 是歲, 始皇初幷六國, 反喜以爲瑞, 銷天下兵器, 作金人十二以象之. 遂自賢聖, 燔詩書, 坑儒士, 奢淫暴虐, 務欲廣地, … 南戍五嶺, 北築長城, 以備胡越, 塹山塡谷, 西起臨洮, 東至遼東, 徑數千里.

그렇다면 반고는 진 시황의 만리장성이 서로는 임조로부터 동으로는 요동까지 동서간의 총연장이 1만 리가 아니라 '수천 리'라고 알고 있었던 셈이다. 실제로 임조가 지금의 감숙성 난주 남쪽의 임조현이라고 치고, 그곳에서 요령지방까지는 직선(평지)거리로는 채 1만 리가 되지 않는다. 세 번째로 가장 중요한 것은 만리장성의 길이가 직선(평지)거리가 아니라 우회(산지)거리일 가능성이다.

2) '1만 리'는 우회거리

'구절양장(九折羊腸)'과도 같은 황하의 강줄기는 직선(평지)거리로는 상당히 짧은 거리이지만 지그재그 식으로 흐르는 강줄기를 구불구불 그대로 우회하면서 따라가면 상당히 먼 거리가 된다. 중국 제2의 강인 황하는 청해성(靑海省)의 청장고원(靑藏高原)에서 발원하여 동쪽으로 흐르는데, 도중에 청해 ⇒ 사천(四川) ⇒ 감숙(甘肅) ⇒ 영하(寧夏) ⇒ 내몽고(內蒙古) ⇒ 섬서(陝西) ⇒ 산서(山西) ⇒ 하남(河南) ⇒ 산동(山東)의 아홉 개 성 및 자치구를 거쳐 발해 바다로 유입된다.

이 과정에서 황하의 물줄기는 크게는 9번 방향을 틀고 작게는 18번이나 굽이쳐 흐른다고 해서 '9곡 18만(九曲十八彎)'으로 일컬어진다. 실제로 청

구절양장 같은 황하의 강줄기

장고원에서 발해까지는 고속도로 직선(평지)거리로 2,000km, 즉 4,000리도 되지 않지만, 굽이치면서 흐르는 강줄기를 따라가면서 그 길이를 재어 보면 청장고원에서 발해까지의 길이가 5,464km로 1만 리가 넘는다. 황하의 총 길이와 직선(평지)거리 사이의 편차가 3,500km나 되는 것이다. 총 길이와 직선거리가 이처럼 편차가 큰 이유는 '9곡 18만(九曲十八彎)'의 황하가 일직선으로 흐르지 않고 유역 인근의 지형이나 해발에 따라 여러 차례 방향을 바꾸면서 지그재그로 우회하여 흐르기 때문이다.

만리장성은 평지에만 지어진 것이 아니다. 만리장성은 여러 구간에서 산지의 능선을 따라 구불구불 축조되어 있다. 그것은 바로 진 시황의 장성이 음산을 지나 갈석(요동)에 이르는 구간의 실제 거리이다. 음산산맥을 따라 동쪽의 연산산맥으로 들어서면 그곳에는 수많은 산봉우리들이 첩첩이 이어져 있는 것을 보아도 알 수 있는 일이다.

한 가지 우리가 짚고 넘어가야 할 점은, 《사기》, 《한서》 등의 역사서에 언급된 특정한 구간의 거리는 일반적으로 사람이 다니거나 말을 달리는 길을 기준으로 해서 산출해 낸 값이라는 사실이다. 즉, 지금처럼 평지에 닦은 고속도로를 기준으로 얻어진 직선(평지)거리로 특정한 구간의 길이를 산출하려 하는 것은 대단히 잘못된 접근법인 것이다.

만리장성의 길이 역시 황하와 비슷한 방식으로 이해할 필요가 있다고 본다. 적어도 측량술이 획기적으로 발전하기 전인 100년 전까지만 해도 동서양을 막론하고 직선(평지)거리라는 개념 자체가 존재하지 않았다. 당시에는 굴착기, 불도저 같은 중장비들이 존재하지 않았으므로 요즘처럼 산 아래로 터널을 뚫어 성을 짓는 것은 원천적으로 불가능하였다.

따라서 당시 사람들이 장성을 축조하자면 산과 산의 능선과 능선을 연결하는 가장 원초적인 방법을 선택하는 수밖에 없었을 것이다. 그렇다 보니 직선(평지)거리로는 몇 리밖에 되지 않을 거리를 두고 장성은 능선이나 비탈을 따라 몇 십 리, 심지어 몇 백 리나 돌고 돌면서 산성을 지어야 했을 것이다. 게다가 도중에 큰 강을 마주치기라도 하면 아무리 갈 길이 급해도 발길을 돌려 강폭이 좁은 상류까지 거슬러 올라갈 수밖에 없었다.

우리나라의 경우를 보더라도 마찬가지이다. 필자가 어린 시절을 보낸 고향의 사례는 직선(평지)거리와 우회(산지)거리[19] 사이에 얼마나 큰 차이가 존재하는지 가장 극적으로 보여 준다. 법보 사찰 해인사(海印寺)로 유명한 합천(陜川)은 지리적으로 볼 때 낙동강이 지나는 동부를 제외하면 삼면

---

19) '직선(평지)거리' 또는 '우회(산지)거리' 식의 명칭은 공식적으로 통용되는 전문용어가 아니라 필자가 독자의 이해를 돕기 위하여 편의상 붙인 이름이다. 이 책을 집필하는 동안 관련 서적들을 찾아보기는 했지만 '직선거리'와 '우회거리'에 관한 연구는 거의 찾아보기 어려워서 임의적으로 이런 명칭을 사용하게 된 점을 널리 해량해 주시기 바란다.

에 험한 산지가 겹겹이 에워싸고 있는 전형적인 산간내륙지대에 속한다.

따라서 이미 2,000여 년 전의 삼한시대는 물론이고, 그 후 가야-신라-백제 등이 그 세력을 확장하는 과정에서 반드시 장악해야 하는 천혜의 요새로 중요시되었다. 그러나 지키고 있기에는 용이해도 드나들기는 어려워서, 1960~1970년대만 해도 합천에서 대구로 나가려면 자동차를 타더라도 150분이 넘는 시간이 소요되었다. 합천에서 대구까지는 거리가 72km 정도 되는데, 당시에는 도중에 지랫재-큰재-장승재-기미재나 시리봉-송등산-노구산 등 크고 작은 산과 고개, 골짜기들을 수도 없이 오르내려야 하고, 도중에 길이 막히거나 산세가 험하면 좌우로 꼬부랑 산길을 몇 시간이나 구불구불 돌아서 가야 하였다.

경주에서 석굴암(토함산), 하동에서 청학동(지리산), 공주에서 갑사(계룡산)까지 가는 길보다 몇 배나 높고 험하다고 보면 된다. 그러나 지금은 같은 자동차로 동일한 구간을 가는데도 60분 정도면 바로 대구에 도착할 수 있게 되었다. 수십 년 사이에 주행시간이 90분이나 단축된 것이다. 어떻게 이런 일이 가능해진 것일까? 그 마술의 열쇠는 바로 '어떻게 가느냐'에 있다.

과학기술이 발전한 지금은 그 겹겹의 산들 밑으로 여러 개의 터널을 뚫고 골짜기에 대형 다리를 세움으로써 과거에는 2시간 30분이나 걸리던 산길을 직선으로 단 1시간 만에 신속하게 주파할 수 있게 되었다. 말하자면, 터널과 교량이라는 근대적 건축공법의 도입으로 말미암아 우회(산지)거리와 직선(평지)거리 사이의 편차가 거의 '0'에 가깝게 최소한으로 단축된 것이다. 이 점에 대해서는 합천과 유사한 지형을 가진 지방 사람들은 누구나 공감할 것이다. 특히, 지세가 험준한 경북이나 충북, 강원, 경기 등지의 출신자들은 터널과 교량을 통하여 격세지감을 느낄 것이다. 이 상관관계를 그림으로 설명하면 다음과 같을 것이다.

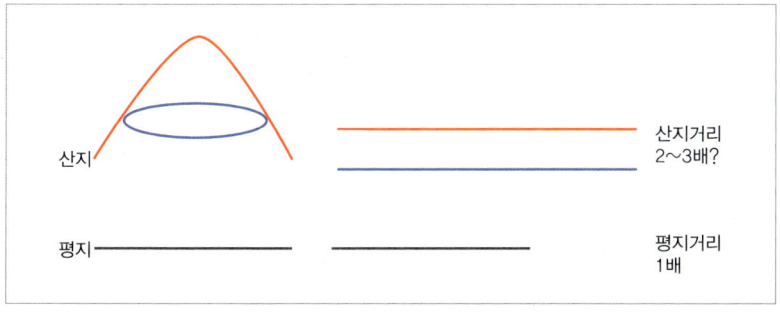

우회거리와 직선거리 사이에는 소요시간에서만 차이가 날 뿐 아니라 물리적인 주행거리에서도 최대 2~3배 가량 차이가 발생한다. 산이 크거나 지세가 험하면 양자간의 격차는 더욱 커진다.

그러나 터널과 교량이 존재하지 않던 100년 전만 해도 이 같은 지형적, 기술적 한계들 때문에 A 지점에서 B 지점까지의 우회(산지)거리와 직선(평지)거리 사이의 편차는 상당히 크게 벌어졌으며, 리수(里數) 역시 자연히 여기에 정비례해서 2배, 3배 심지어 그 이상으로 늘어날 수밖에 없었다. 거기다 도중에 마주치는 산이 크거나 지세가 험하면 험할수록 우회해야 하는 거리는 더더욱 늘어났을 것이다.

만리장성의 거리 역시 이 같은 점을 염두에 두어 추산하는 것이 옳다고 본다. 즉, 임조에서 갈석(요동)까지라도 도중에 어떤 지형을 만나느냐에 따라서 그 실제 거리는 충분히 1만 리 가까이 늘어날 수도 있는 것이다. 만리장성 역시 직선(평지)거리로 따지면 고속도로 거리처럼 얼마 되지 않는 거리이겠지만, 위의 강줄기처럼 곡선으로 이어지는 구간들을 일일이 돌고 꺾고 오르고 내리면서 가다 보면 이 구간 사이의 우회(산지)거리는 상당히 많이 늘어날 수밖에 없다. 임조에서 요동까지 재어도 1만 리가 되지 않는 것은 그 구간 사이에 사진에서 보는 것과 비슷한 '구절양장'의 산이나 계곡들이 여러 개 끼어 있기 때문이다.

고속도로나 터널공법, 철교공법이 전무했던 최소한 100여 년 전만 해도 이 구간을 오가려면 이보다 최소한 몇 배나 긴 거리와 시간이 더 소요되었다고 보아야 옳다. 지도상으로는 보이지 않지만 저 직선구간 사이에는 음산(陰山), 여량(呂梁), 연산(燕山) 등의 산맥을 차례로 거치는 동안 크고 작은 산과 골짜기들이 도처에 자리 잡고 있다. 더욱이 태행(太行) 산맥을 기준으로 서쪽의 산서성과 동쪽의 하북성 사이에는 거의 미국의 그랜드 캐년 높이에 맞먹는 황토고원(黃土高原)이 동서로는 1,000여 km, 남북으로는 750km에 걸쳐 자리 잡고 있어서 고도 차이가 상당히 컸기 때문에 이동, 수송 등의 교통에 상당히 불편하였다.

과학기술이 발달하지 않은 그 당시로서는 저런 식으로 직선으로 관통해서 하북성 동북부로 가려면 날아가는 것 이외에는 달리 방법이 있을 수가 없었다.

따라서 100이면 100이 임조에서 서안(西安)-정주(鄭州)-제남(濟南)으로 이어지는 황하 루트를 따라 우회한 후 여기서 다시 북상하여 갈석 방향으로 진행하거나, 그렇지 않으면 임조에서 곧장 북상한 후 은천(銀川)-호화호특(呼和浩特) 등 내몽고자치구의 평탄한 삭북(朔北)지역을 거쳐 음산산맥을 따라 대(代, 산서), 연(燕, 북경)을 거쳐 동쪽의 갈석 방향으로 진행하는 수밖에 없었다.

황사의 진원지인 중국의 황토고원

물론, 전자의 경우는 안전하고 근사한 여행길인 반면 상당한 거리를 우회해야 하였다. 또, 후자의 경우 이동거리는 상당히 단축되었지만, 메마르고 삭막하며 지루한 여행이 될 수밖에 없었다. 게다가 그곳은 언제라도 북방민족이 출몰할 수 있었기 때문에 생명의 안전을 보장할 수 없을 정도로 위험했을 것이다.

진 시황이 쌓게 했다는 만리장성은 전자의 경로를 따라 축조되었다. 일반 지도에는 그 같은 사정이 전혀 반영되거나 드러나지 않지만, 이렇듯 몇천 미터나 되는 산의 능선을 따라 꼬불꼬불한 길을 한참이나 돌고 돌아서 다니고 거리를 재다 보니까 자연히 그 거리가 지금보다 더 멀게 느껴질 수밖에 없는 것이다.

3) 20세기 고고학계에서의 만리장성 논의

중국은 19세기까지만 해도 진 시황이 부소와 몽염을 시켜 축조한 만리장성의 동쪽 끝이 산해관(山海關)이라고 여겼다. 사마천의 《사기》 이래로 중국에서 편찬되거나 저술된 역사서, 지리서를 포함하는 각종 문헌, 전적들에서 산해관 인근을 진 시황의 만리장성으로 지목했고, 다양한 유적, 지명, 설화들이 그 일대에서 집중적으로 확인되었기 때문이다.

그러다가 20세기에 들어와 고대사 연구에 고고학적 접근법이 새로 도입되고 거기에 불순한 의도를 가진 일본 학자들이 평안도 평양지역을 낙랑군으로 단정하면서 기존의 문헌 기록을 검증, 재고하고자 하는 움직임이 잇따랐다.

진 시황 만리장성의 동쪽 끝에 대한 연구는 초기에는 만주사 연구의 일환으로 일본 학자들에 의하여 주도되었다. 1909년, 당시 남만주철도(南滿

洲鐵道) 주식회사에 부설된 만철조사부(滿鐵調査部) 소속의 일본 학자 송정등(松井等: 1877~1937)은 적의 침입을 막기 위하여 만들어진 진나라 장성이 조나라, 연나라의 장성을 연결하면서 축조된 점에 주목하고 그 동쪽 끝을 요양(遼陽) 서북부로 비정하였다.

이듬해인 1910년에는 역시 같은 조사부 소속의 도엽암길(稻葉岩吉)이 〈진장성동단급왕험성고(秦長城東端及王險城考)〉라는 논문을 발표하고 진나라 장성의 동쪽 끝이 한반도 황해도 수안(遂安)에서 시작된다고 주장하였다. 남만주철도 주식회사는 러-일전쟁 이후인 1906년 일본의 조차지(租借地)가 된 대련(大連)에 설립된 일본의 국책회사였다. 1945년 제2차 세계대전이 종전될 때까지 중국 동북지방에서 철도는 물론이고 광업, 제조업 등 다양한 분야의 사업 경영에 참여하여 전성기에는 80여개 기업의 주식 지분을 가지고 있을 정도였다.

그러나 또 한편으로는 '만주총독부'라고 불러도 과언이 아닐 정도로 만주지역의 상당 부분을 실질적으로 식민 경영하면서, 일본 정부와 군부를 위하여 중국의 정치, 경제, 사회, 군사 등 각 방면의 정보들을 제공하여 만주의 식민지화와 중국 본토 침략을 측면에서 지원하는 일제의 전진기지 역할을 수행하였다.

이 회사에 부설된 만주역사지리조사실은 바로 그 같은 일제의 식민정책에 충실하게 운영되었으며, 그 소속 학자인 송정등이나 도엽암길의 진나라 장성에 대한 연구도 남만주철도 주식회사의 창업 취지와 전혀 무관하다고 할 수 없었다.

일본 학자들이 불을 지핀 진나라 장성 연구는 얼마 후 중국 학자들에 의해서 계속되었다. 1930년, 중국 학자 왕국량(王國良)은 임조에서 시작되는 진나라 장성이 "요동까지 이른다"는 《사기》〈진시황본기〉와 "갈석까지 이

남만주철도 주식회사와 만주지역의 정보를 담아 펴낸 《북지사정종람》

른다"는 《수경주》의 기사를 근거로 진나라 장성의 동쪽 끝을 요동과 갈석 두 곳 중 하나로 비정하였다.

이 같은 그의 주장은 당시 중국의 '의고파(擬古派)' 역사학자인 고힐강(顧頡剛), 사염해(史念海) 등에게 계승되었다. 고고학적 자료가 고대사 연구에 사용된 이래 1940~1950년대에는 이문신(李文信), 동주신(佟柱臣) 등이 장성의 유적을 요서까지로 확정하였고, 1980년대에는 항춘송(項春松), 이경발(李慶發), 장극거(張克擧) 등이 장성의 동쪽 끝을 내만(奈曼), 오한 기(敖漢旗), 북표(北票)까지로 확정하였다. 말하자면 1970~1980년대의 학자들은 모두가 장성의 동쪽 끝을 요서에서 찾고 있는 셈이다.

그러나 이러한 연구 경향은 1990년대에 들어오면서 상당히 변질되었다. 1990년대에는 장성의 끝을 염충(閻忠)이 북표에서 다시 부신(阜新)까지, 손걸(孫傑)은 창무현(彰武縣)까지 각각 연장하였다. 이 밖에도 장박천(張博泉)은 두만강 인근인 훈춘(琿春)까지, 유자민(劉子敏)은 압록강까지 연장하기도 하였다.

1980년대까지의 연구가 문헌 기록과 고고학적 발굴을 똑같이 중시하면서 최대한 연구의 객관성을 지키려 했다고 한다면, 1990년대 이후의 연구는 문헌 기록과는 무관하게 고고학적 발굴만을 근거로 다분히 자의적이고 정치적으로 진행되어 왔다고 할 수 있다.

게다가 장성의 축조 추정선을 국경선으로 인식하는 연구 풍조가 중국 학계를 지배하기 시작하면서 1990년대 후반부터는 그 추정선이 부신, 창무현을 지나 철령(鐵嶺), 심양(瀋陽), 무순(撫順), 본계(本溪), 환인(桓仁)을 거쳐 압록강까지 다다르고 있는 것이 지금의 실정이다.

그런 와중에서 그나마 학자적 양심을 가지고 장성 축조 추정선을 무작정 늘이기에만 바쁜 학자들을 향하여 "연나라 장성은 요서는커녕 요령성 안으로도 들어가지 못했다"고 일갈한 진가외(陳可畏) 같은 학자는 정말 좀처럼 보기 드문 케이스라고 하겠다.

과거의 학자들이 발견해 내지 못했던 고고학적 유적, 유물들이 최근 갑자기 도처에서 불쑥 튀어나온다든지, 전통적인 문헌 기록들과의 비교, 검증조차 없이 장성 축조 추정선을 무한정 늘이는 데에 몰두한다든지, 이러한 1990년대 이후의 연구 경향들은 중국 학자들이 일본 식민사학자들이 만들어 낸 허상인 '진장성재수안설(秦長城在遂安說)'에 뜯어 맞추기 위하여 억지로 유물과 유적들을 조작하고 만들어 내고 있는 것은 아닌가 하는 생각까지 가지게 만든다.

중국 학계의 근래의 연구 경향이 이렇다 보니 진나라 장성의 동쪽 끝이 어디까지냐를 두고 그동안 제시되었던 중국 학자들의 주장은 문헌적 측면에서 그 근거를 찾을 수 없는 것은 물

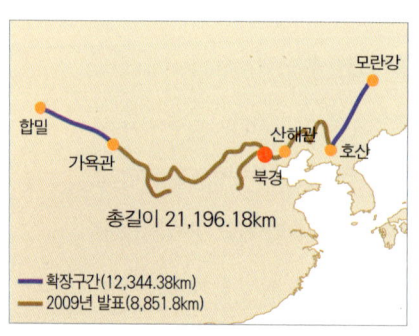

중국 학계의 공격적인 장성선 연장으로 만리장성은 어느 사이에 '4만리'장성이 되고 말았다.

론이고 고고학적으로도 이런저런 문제를 많이 드러내고 있다.

이를테면 명도전(明刀錢), 기와 파편 등 전국시대-한대의 유물이 발견되었다거나 현지 주민이 직접 증언했다는 이유 하나만으로 장성의 흔적조차 발견되지 않은 지역을 억지로 장성 축조 추정선에 포함시키려고 한다든가 "장성의 노선을 확정하는 데에 가장 중요한 근거가 되는 돈대(墩臺)의 경우는 개인적 발굴이나 시 박물관 차원의 것들도 상당수" 있는 등, 발굴 경위나 그 내용이 정식으로 보고하기 곤란할 정도로 문제가 많아서 그들이 근거로 삼는 "현장조사의 결과를 얼마나 신뢰할 수 있을지 의문이 든다"는 말이 다 나올 정도이다.

이들이 각자 그은 진나라 장성의 노선도들에 대해서는 중국 학계 내부에서조차 "고고학적 자료의 결핍으로 확정할 수 없다"거나 "증거가 부족하여 신뢰할 수 없다"는 비판이 쏟아지고 있을 정도이다.[20]

홍승현에 따르면 2000년 이후로 중국 학계에서 연나라, 진나라 장성의 동쪽 끝이 한반도 서북부에서 시작된다는 주장은 나오지 않는 대신 "압록강설이 조율된 입장"으로 천명되고 있는 분위기라고 한다. 그러나 중국의 역사 교과서나 인터넷 공간에서는 여전히 100여 년 전 일본인 식민사학자들이 멋대로 날조해 낸 장성 축조 추정선에 입각하여 그 동쪽 끝을 압록강을 너머 황해도 수안군까지로 그어 놓은 지도들이 판을 치고 있는 것이 지금의 실정이다.

---

20) 중국에서의 장성 연구 추이와 고고학적 검증에 관해서는 홍승현(2011)의 〈중국과 일본 학계의 연, 진, 한 장성 연구와 추이〉를 주로 참조하였다.

4) 만리장성 동쪽 종점은 하북과 요령 경계지역

지금까지 중국에서 제작된 고대사 지도에는 만리장성과 함께 진 제국 영토의 '동쪽 끝'이 한반도 북부까지 진입한 것으로 그리는 것을 당연하게 여겨 왔다. 그러나 이 같은 중국의 지도는 진-한대의 요동군이 지금의 요동반도 일대와 완전히 일치한다는 중국 학자들의 그릇된 고정관념과, 만리장성의 동쪽 기점인 갈석산이 황해도 수안에 있다는 한-일 양국 식민사학자들의 잘못된 역사 인식이 만들어 낸 공상의 산물일 뿐이다.

국내외 사학자들의 주장처럼, 만리장성과 진-한 제국의 영토가 압록강 너머 한반도 북부까지 점유하고 있었다고 한번 가정해 보자. 만일 그것이 역사적 진실이라면 진 시황은 중원을 통일한 재위 21년 이후로 사구(沙丘) 평대(平臺)에서 병사하는 재위 37년까지 16년이라는 긴 기간 사이에 자신이 건설한 제국의 영토를 순행할 때 단 한 번이라도 동쪽 끝인 한반도 북부, 아니 최소한 요동반도까지는 다녀갔어야 정상이다.

그러나 연나라를 멸망시키고 중원을 통일한 그는 관동(關東), 즉 제국의 동쪽 영토만 해도 네 차례나 순행을 거듭했음에도 불구하고 동쪽으로는 산동반도까지, 북쪽으로는 갈석산, 발해만까지 둘러본 것이 전부였다. 심지어 진 시황 사후에 그 아들인 2세 황제 호해(胡亥)조차도 그 부황 진 시황과 비슷한 노선을 따라 비슷한 구간만 맴돌았을 뿐, 단 한 번도 갈석산을 넘어 요서지방까지 발을 들여놓은 적이 없었다.

말하자면 진 시황 부자 모두 20년이라는 세월이 흐를 동안 단 한 번도 지금의 한반도는커녕 그 절반 거리도 되지 않는 요동, 요서까지조차 간 적이 없는 것이다. 그토록 열정이 넘치고 과시욕이 강했던 진 시황이 산해관 너머로 수천 리가 넘는 광활한 신천지를 제국의 영토로 편입해 놓고도 그 땅은 고사하고 산해관조차 단 한 번도 넘어간 적이 없었다는 것이 상식적으로 납득이 가능한 일일까?

갈석산 너머의 영토에 대해서는 어째서 진 시황은 물론이고 진 시황에 관하여 그처럼 상세한 기록을 남긴 사마천조차 일언반구도 적지 않았던 것일까? 만일 진 제국의 강역이 지금의 압록강 또는 그 너머의 한반도 서북부까지였다면 어째서 진 시황은 연나라를 말망시키고 중원을 완전히 통일한 후에 네 차례에 걸쳐 이루어진 동쪽 영토에 대한 순행과정에서 단 한 차례도 압록강을 넘지 않은 것일까?

어째서 매번 지금의 발해만-갈석산-산동반도 인근까지만 기웃거리고 만 것일까? 매번 순행 때마다 산천에 대한 제사를 올리고 성대한 봉선(封禪) 의식을 거행해야 직성이 풀릴 정도로 자기과시욕이 강한 진 시황이 의무려산(醫巫閭山), 백두산(白頭山)처럼 그보다 몇 배나 장엄하고 신성한 성산을 순례하고 제사를 지내는 데에 소극적이었다는 것은 도저히 납득이 되지 않는 일인 것이다.

굳이 진 시황이라는 역사인물을 들 것도 없이 한 집단의 지도자라면, 자신이 개척한 신천지와 변경지대까지 직접 찾아가 현장을 직접 확인하고 자신의 족적을 남기고 국경수비대의 방비 태세를 점검하고 장병들을 격려하면서 자신의 업적과 위대성을 과시하려고 하는 것이 인지상정이다. 하다못해 평범한 무명의 관광객들조차 자신이 다녀간 명소에 자신의 이름이나 족적을 남기려고 애를 쓰지 않는가? 그렇게 본다면 중국 역사상 최초로 중원을 통일했고, 최초의 황제로 등극한 기념비적인 인물인 진 시황의 경우는 그보다 더했으면 더했지 못했을 리가 없는 것이다.

게다가 그 자신 역시 자신이 건설한 제국의 동쪽 영토를 네 차례가 순행하고 가는 곳마다 번번이 산천에 제사를 올린다, 공적을 바위에 새긴다 하고 대대적인 기념행사를 거행할 정도로 열정과 자기과시욕이 충만한 인물이었다. 그런 진 시황이 어째서 동방 순행을 네 차례나 다니면서 단 한 번도 압록강(鴨綠江)까지 가지 않았던 것일까? 결론은 하나뿐이다. 지금까지 진나라 강역의 최동단이 압록강까지였다는 기본 전제가 잘못되었다는 말이다.

즉, 진 시황 부자가 지금의 한반도는커녕 요동, 요서조차 간 적이 없던 것이다. 이는 곧 진나라 사람들이 산해관 너머를 자국의 강역으로 인식하지 않았을 가능성이 높다는 것을 말해 준다. 이 말이 지나치다면 요동반도까지라고 해 두자. 한 무제의 경우도 크게 다를 것이 없다고 본다. 그동안의 진나라나 한나라 강역의 동쪽 끝은 압록강까지가 아니었으며, 사실은 우리가 대부분 짐작하고 있는 것처럼, 바로 하북성과 요령성의 경계지역인 발해만 인근까지였던 것이다!

이 같은 추론은 이미 앞서 소개한 진 시황의 순행 지도들을 통해서도 어느 정도 뒷받침된다고 할 수 있겠다. 우리가 이상의 군들이 모두 연나라를 멸망시킨 후 그 자리에 설치한 것들임을 기억하고 있는 이상, 당시 연나라의 동쪽 끝이라고 할 수 있는 요동은 현재 정설처럼 받아들여지는 지금의 요동, 나아가 한반도 북부가 아니라 지금의 하북성 동북부 및 요령성 서남부 일대였으며 이 지역까지가 진 시황이 정복한 진 제국 영토의 가장 동쪽 끝이었던 셈이다.

V. 갈석산과 수성현

1. 문헌 속의 갈석산

1) 고대사의 랜드마크 – 갈석

고조선과 낙랑군의 위치를 찾는 데 중요한 단서가 되는 또 하나는 바로 갈석산(碣石山)이다. 이 산은 예로부터 중국인들에게는 만리장성이 끝나는 동쪽 종점이자 요동과 요서를 나누는 랜드마크로 인식되었기 때문이다. 북위(北魏)의 지리학자 역도원(酈道元)은 이 관계를 직접적으로 명시하고 있다.

> 시황제 33년(BC214), 임조에서 시작하여 동쪽으로 요동과 발해까지 이어지고 서쪽으로는 음산을 따라 장성을 쌓았다. … 몽염은 죽으면서 "그러고 보니 임조에서 시작하여 요동까지 그 성이 1만여 리나 되다 보니 지맥을 끊지 않을 수 없었으니, 그것만으로도 참으로 죽어 마땅한 셈이다"라고 말하였다.
> 始皇三十三年, 起自臨洮, 東暨遼海, 西幷陰山, 築長城. … 蒙恬臨死曰, 夫起臨洮, 屬遼東, 城塹萬餘里, 不能不絶地脈, 此固當死也.

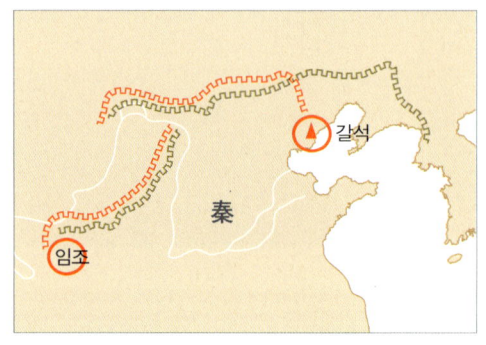

중국에서 그린 진 시황의 만리장성과 《수경주》의 기록에 근거하여 재구성한 만리장성의 구간도(적색)

시황제가 태자 부소에게 명하여 몽염과 함께 장성을 쌓게 했는데, 임조에서 시작되어 갈석까지 이르니 바로 이 성인 것이다.

始皇令太子扶蘇, 與蒙恬築長城, 起自臨洮, 至于碣石, 卽是城也.21)

역도원의 설명을 따른다면, 진나라 시황제가 태자 부소와 장군 몽염에게 쌓게 한 '만리장성'은 서쪽의 임조로부터 동쪽으로는 갈석산까지 이어졌다는 것이다. 여기서 장성의 동쪽 종점인 갈석은 이와 함께 '요해(遼海)', '요동(遼東)' 등으로 표현되기도 한 셈이다. 《수경주》의 기록에 근거하여 진 시황의 만리장성의 구간을 지도로 표시하면 다음과 같다.

중국의 대표적인 검색 사이트인 빠이뚜에서는 '갈석산'을 이렇게 소개하고 있다.

갈석산

하북성 진황도시 창려현의 산봉우리. 고대의 명사인 조조는 이곳에 〈관창해〉라는 시를 남긴 바 있다. (이 산이) 구체적으로 어디에 있는가에 대하여 학술계에는 원래 하북의 창려, 산동의 무체, 요령의 흥성 등 세 가지 견해가 있었다. 1980년대 중기에 진황도 맹강녀 사당 부근의 맹강녀 무덤에서 일련의 문물이 출토됨으로써 창려현성 북쪽의 갈석산이 바로 당시 조

---

21) 역도원,《수경주》〈하수(河水)〉.

조가 올랐던 갈석산임이 증명되었다.

碣石山

河北省秦皇島市昌黎縣山峰. 古代名人曹操曾在此留下詩篇 觀滄海. 具體在哪裏, 學術界原有三種觀點, 一是河北昌黎, 二是山東無棣, 三是遼寧興城. 在二十世紀八十年代中期, 秦皇島孟姜女廟附近的孟姜女墳出土一批文物證明, 昌黎縣城北的碣石山就是當年曹操所登臨的碣石山.

학계에서 비정하는 갈석산의 위치

위의 설명에서도 볼 수 있듯이, 중국에서 '갈석산' 하면 일반적으로 하북성 동부 창려현에 위치해 있는 갈석산을 가리킨다. 그러나 학자에 따라서는 그 소재지로 창려현은 물론이고, 하북성의 여성현(驪城縣), 비여현(肥如縣), 유현(纍縣), 악정현(樂亭縣), 임유현(臨楡縣), 보정시(保定市)나 요령성 수중현(綏中縣), 산동성 무체현(無棣縣) 등을 들기도 한다.

과연 중국 고대사에 등장하는 '갈석산'은 지금의 어느 산을 가리키는 것일까? 어느 산이 고대사에 등장하는 갈석산인지 찾아내기 위해서는 아무래도 중국의 문헌 기록들을 참조할 수밖에 없을 것 같다.

2) 《상서》〈우공〉을 통해 보는 갈석산

중국에서 갈석산에 관한 언급은 선진시대의 《상서(尙書)》〈우공(禹貢)〉에서 가장 먼저 관찰되고 있다.

기주 … 도이가 가죽을 걸치고 갈석산을 끼고 황하로 진입한다. … 견산, 기산을 이끌어 형산까지 와서 황하를 넘고, 호구산, 뇌수산을 이끌어 태악에 이르고, 저주산, 석성산을 이끌어 왕옥산에 이르고, 태행산, 항산을 이끌어 갈석산까지 와서 바다로 진입한다.

冀州 … 島夷皮服, 夾右碣石入于河. … 導岍及岐, 至于荊山, 逾于河. 壺口, 雷首, 至于太岳. 厎柱, 析城, 至于王屋. 太行, 恒山, 至于碣石, 入于海.

〈우공〉의 이 대목은 주로 중국 기주의 주요한 산과 산맥의 진행 방향을 소개하고 있다. 예를 들어, 견산(岍山)과 기산(岐山)이 속한 산맥이 형산(荊山) 방면에서 황하 너머까지 뻗어 있고, 호구산(壺口山)과 뇌수산(雷首山)이 태악(太岳)까지 이르며, 저주산(厎柱山)과 석성산(析城山) 역시 왕옥산(王屋山)까지 이른다는 것이다. 마찬가지로 태행산과 항산이 속한 산맥이 갈석산 방면까지 뻗어 나가 있다는 말이다.

항산은 동서로 이어지는 음산산맥과 만나는 산서성과 하북성 북쪽의 대동(大同) 인근에 위치한 산이다. 태행산은 산서성과 하북성의 경계지역을 남북으로 가로지르는 태행산맥에 속한 산이지만,《상서》〈우공〉에 언급된 지점이 정확하게 어디쯤인지는 알 수 없다. 그런데 당대의 역사가 안사고(顔師古: 581~645)는 이와 관련하여 다음과 같이 주석을 달고 있다.

태행산은 하내군의 산양현 서북쪽에 있고, 항산은 상군의 곡양현 서북쪽에 있다. (여기서는) 두 산이 연결되어 뻗어나가다가 동북쪽으로 갈석산과 이어지면서 바다로 진입한다.

太行山在河內山陽西北, 恒山在上曲陽西北, 言二山連延, 東北接碣石而入于海.

산양현(山陽縣)은 지금의 섬서성 서안의 동남쪽에 있는 상락(商洛)이고, 곡양현(曲陽縣)은 태행산 동쪽 자락에 있는 지금의 하북성 서남쪽의 보정(保定)이다. 이 두 산은 다시 동쪽으로 이어지면서 북쪽으로부터 뻗어 내린 대흥안령(大興安嶺) 산맥과 함께 북경 북쪽에 병풍처럼 둘러쳐진 연산산맥과 합쳐진 후 동쪽의 진황도와 갈석산 인근에서 앞바다(발해)로 진입한다. 즉, 태행산과 항산과 갈석산은 본질적으로 동일한 계통의 산맥에 속한 산들이며, 그 산맥은 갈석산을 지난 후 발해에서 끝나는 셈이다.

우리가 기주 방면의 태행산, 항산, 갈석산의 진행 방향을 지형도를 통하여 살펴보면, 〈우공〉의 설명은 상당히 정확해 보이며, 안사고의 주석에도 큰 문제가 없어 보인다. 이 설명대로라면 갈석산에서 멀지 않은 북쪽에는 태행산과 항산이 자리 잡고 있어야 하며, 또 거기서 멀지 않은 인근에는 발해가 위치해 있어야 되는 셈이다. 그렇다면 그 대체적인 위치는 어디쯤일까?

《상서》〈우공〉의 기록에 근거할 때, 갈석산은 그 소재지가 대체로 지금의 북경지역에서 진황도 인근 사이에 있을 가능성이 높다. 우리는 위의 이 지형도에서 화북지방에서 고도가 높은 산지는 산서성 동남쪽에서 하북성을 동쪽에 두면서 북쪽으로 달리다가 산서성 대동 지점에 이르면 방향을 동쪽으로 꺾어 북경 북쪽을 거쳐 산해관 방면으로 진행되다가 발해 바다에서 끝나고 있는 것을 확인할 수가 있다.

따라서 〈우공〉의 기록에 문제

《상서》〈우공〉의 기록에 근거한 갈석의 위치 추정도

가 없다면 산맥의 진행 방향이나 화북지방의 지형 구조만으로도 위에 표시된 지점, 즉 대체로 하북성 동북부 일대 이외에는 갈석산이 있을 만한 곳이 없다는 사실을 눈치 챌 수 있는 것이다. 그런데 앞서 학계에서 비정한 갈석산의 위치를 표시한 지도를 보면, 산동성의 무체나 하북성의 낙정, 요령성의 흥성 등은 산지가 아닌 평지에 위치해 있어서 《상서》〈우공〉에 기술된 갈석산의 입지조건과는 상당한 차이가 있음을 알 수 있다.

반면에, 국토의 대부분이 산지인 한반도는 러시아 극동 방면의 시호데 알린 산맥과 중국 동북 방면의 소흥안령(小興安嶺) 산맥, 그리고 한반도 북부의 마천령(摩天嶺), 함경(咸鏡), 낭림(狼林), 강남(江南), 적유령(狄踰嶺), 묘향산(妙香山) 등의 산맥들의 영향하에 있다. 중원의 산맥 또는 산지와는 근본적으로 별개의 계통에 속해 있는 것이다.

따라서 황해도 수안군에 정말 돌산이 존재한다고 치더라도 《상서》〈우공〉에서 묘사되고 있는 "태행산과 항산을 이끌고 갈석산까지 와서 바다로 진입되는" 입지조건과는 부합되는 것이 하나도 없다. 즉, 그 산을 갈석산으로 비정할 근거가 전혀 없는 셈이다.

3) 《산해경》과 《회남자》의 갈석산

갈석산에 관한 언급은 선진시대의 지리지인 《산해경》에서도 찾아볼 수 있다.

다시 북쪽으로 500리 간 곳이 '갈석의 산'인데, 승수가 여기서 발원하여 동쪽으로 흘러서 황하로 유입된다.[22]

又北五百里, 曰碣石之山, 繩水出焉, 而東流注于河.

《산해경》에서는 갈석산이 승수라는 강의 발원지인데, 이 강이 동쪽으로 흘러서 황하로 유입된다고 소개하고 있다. 갈석산에서 발원하는 강에 대한 이야기가 나왔으니 전한대에 저술된 《회남자(淮南子)》〈추형훈(墜形訓)〉의 갈석산에 대한 언급을 빼놓을 수 없을 것 같다. 〈추형훈〉에는 갈석산에 관하여 다음과 같이 소개하고 있다.

> 요수는 갈석산에서 나와, 변경 북쪽으로부터 동쪽으로 흐르는데, 요동군의 서쪽으로 직행하여 바다로 진입한다.[23]
> 遼水出碣石山, 自塞北東流, 直遼東之西, 入海.

3세기 후한대의 학자 고유(高誘: ?~?) 역시 전국시대의 백과전서 격인 《여씨춘추(呂氏春秋)》〈유시람(有始覽)〉에서 '요수'에 대하여 비슷한 소개를 남기고 있다.

> 요수는 지석산에서 나와, 변경 북쪽에서 동쪽으로 흐르는데 요동군의 서남쪽으로 곧장 흘러 바다로 진입한다.[24]
> 遼水出砥石山, 自塞北東流, 直至遼東之西南, 入海.

고유의 주석에서는 "요수가 지석산에서 나온다"고 소개하고 있다. 그래서 학자들 중에는 '지석산'이라는 산이 따로 있는 것으로 믿는 경우가 더러 있다. 그러나 여기서 '지석산'의 '지'는 후대의 학자나 기록자가 '갈석

---

22) 《산해경(山海經)》〈북산경(北山經)〉'갈석산'조.
23) 유안, 《회남자》〈추형훈〉
24) 《여씨춘추》〈유시람〉'요수'조.

| 서수간(西陲簡) | 한대 동인(銅印) | 정고비(鄭固碑) | 초민비(譙敏碑) |
| 의 '氐' | 의 '氐' | 의 '碣' | 의 '碣' |

산'에 관하여 기록할 때 '갈'을 글자 형태가 비슷한 '지'로 잘못 적었거나 후대에 전승되는 과정에서 와전되었을 가능성이 높다.

위에서 보는 것처럼, '지(砥)'의 몸글자인 '저(氐)'와 '갈(碣)'의 몸글자인 '갈(曷)'을 비교해 보면, 얼핏 보기에는 서로 다른 글자로 보이지만, 독서, 보관의 과정에서 해당 글자의 일부가 지워졌거나 모호해졌을 때 충분히 혼동될 여지가 있다.

실제로 중국의 역대 문헌들을 아무리 뒤져 보아도 '지석산'이라는 이름을 가진 산은 고유의 주석에만 보일 뿐, 다른 곳에서는 어디서도 찾아볼 수가 없다. 게다가 '요수(遼水)'-'새북(塞北)'-'동류(東流)'-'요동(遼東)'-'입해(入海)' 등 지리적 조건이나 기록이 대부분 일치하는 상황에서 하천의 경유지인 산 이름의 첫 글자만 다르다면 그것은 산 이름이 잘못 읽히거나 잘못 필사됐다는 증거일 수밖에 없다.

따라서 고유의 주석에 등장하는 '지석산'은 '갈석산'의 오기임에 틀림이 없는 것이다. 이 같은 오기는 주석을 붙인 고유의 착오라기보다는 그의 주석을 단 《여씨춘추》의 필사본이 후대에 다시 필사되거나 목판으로 새로 판각되는 과정에서 제3자가 저지른 실수일 가능성이 높다.

《산해경》의 '승수'와 《회남자》의 '요수'가 동일한 강인지의 여부에 대해서는 관련 자료가 존재하지 않기 때문에 확인할 길이 없다. 한 가지 분명한 사실은 적어도 《산해경》과 《회남자》에 근거할 때, 갈석산은 최소한 1개 이상의 하천이 흐르는 산이며, 그중에서 '요수'는 갈석산 너머의 '변방에서 발원해서' 동쪽으로 요동의 서쪽으로 직행한 후 바다로 진입한다는 것이다. 그렇다면 갈석산에는 적어도 변방에서 발원해서 요동 서부를 가로질러 바다로 진입하는 '요수'와, 역시 동쪽으로 흐르다가 황하로 유입되는 '승수' 이 두 하천을 품을 정도로 큰 산이었을 개연성이 높다.

4) 보정시에는 갈석산이 없다

앞서 언급했듯이, 학계에서 갈석산의 소재지로 꼽고 있는 여성현, 비여현, 창려현, 유현, 임유현 등의 경우, 후위(後魏)시대부터 수-당대까지 사용된 이 현들의 이름과 대조해 보면, 시간이 흐르고 왕조가 흥망하면서 행정구역과 현의 이름에 '유현 ⇒ 임유현 ⇒ 비여현 ⇒ 노룡현' 식으로 수시로 변동이 발생했음을 알 수 있다.

그러나 그 산의 존재와 위치에는 별다른 변화가 없었다. 즉, 이들 현이 모여 있는 지역을 근거로 그 소재지를 추정해 볼 때, 고대사에 등장하는 갈석산은 지금의 하북성 창려현 동쪽 인근에 위치해 있는 산을 가리킨다는 결론에 도달하게 되는 것이다.

국내 학계 일각에서는 현재 창려현의 서남쪽에 위치한 하북성 보정시(保定市) 인근에 수성현(遂城縣)이 존재한다는 점을 들어 갈석산이 자리 잡고 있다는 고대사 속의 낙랑군 수성현이 바로 이곳이라고 주장하기도

하북성 보정시 인근에는 산이 없다. 반면에 창려현에는 지도에서 보는 것처럼 바로 위에 (갈석)산이 자리잡고 있다(동그라미 부분).

한다.

그러나 100년만 지나도 뽕밭이 바다로 바뀌는 것이 인간 세상이다. 고조선 자리에 낙랑군 등 '한사군'을 설치한 한 무제 이후로 중국에서는 2,000여 년 동안 수십 개의 왕조가 흥망하고 수백 번이나 지명이 교체되었다. 그런 상황에서 전한대의 지명이 2,000년의 긴 세월이 지난 현재의 지명과 동일한 것이라거나, 지금의 수성현이 2,000년 전의 바로 그 낙랑군 수성현이라는 주장은 현실적으로 신뢰하기 어려울 뿐더러, 상식적으로도 수긍하기 어렵다. 게다가 무엇보다도 현재 보정시 인근에 있는 수성현은 원래 한대에는 이름이 달랐다. 당나라 초기 위왕(魏王) 이태(李泰: 620~652)가 편찬한 지리서 《괄지지(括地志)》의 〈유주(幽州)〉 '수성현'조에서는 다음과 같이 소개하고 있다.

> 역주의 수성(현)은 전국시대에는 무수성이었다. … 수성현 서남쪽 25리 지점에는 용산이 있다.
> 易州遂城, 戰國時武遂城也. … 遂城縣西南二十五里有龍山.

이에 대해서는 《사기》〈조세가〉나 《자치통감》〈진시황기(秦始皇紀)〉 등의 기사를 통해서도 바로 대조해 볼 수 있다.

> (진 시황이) 무수와 방성을 확보하였다. (《사기》〈조세가〉)
> 拔武遂方城.

> 무수와 방성을 취하였다. (《자치통감》〈진시황기〉)
> 取武遂方城.

또, 《기보여지전도(畿輔輿地全圖)》의 '보정현'조에서는 다음과 같이 명시하고 있다.

보정현[영역이 18리] 현내에는 산이 없다.

保定縣[縣界十八里]縣境無山.

만일 《괄지지》, 《기보여지전도》 등의 지리서의 고증이나 《사기》, 《자치통감》 등의 역사서의 기록이 정확한 것이라면, 역주 즉 지금의 보정시 인근에 위치한 수성현은 전국시대에는 '무수(武遂)'로 불렸던 셈이다. 진 시황 때까지 이 지역이 '무수'로 불렸다면 한나라가 들어선 후에도 그 지명이 그대로 계승되었을 가능성이 높다. 설사 도중에 이름이 바뀌었다고 하더라도 한 무제 때의 '수성현'이 이 진 시황 때의 '무수'와 같은 지점이라는 것을 입증할 근거는 어디에도 없다.

더욱이 《괄지지》 '수성현'조에서는 낙랑군 수성현의 '랜드마크'라고 할 수 있는 갈석산에 대한 언급은 아예 없이 그 서남쪽에 있다는 용산에 대해서만 소개하고 있다. 역사 속에 등장조차 하지 않을 정도로 존재감이 미미한 용산에 대해서는 상세하게 소개하면서 정작 이미 춘추전국시대의 《상서》〈우공〉에서부터 그 이름이 보이고 진 시황, 한 무제 등 역대 제왕들이 수시로 찾아올 정도로 유명한 갈석산에 대해서는 소개는커녕 이름자조차 언급하지 않는다는 것은 상식적으로 납득이 되지 않는 일이다.

실제로 구글이나 중국의 검색 사이트 빠이뚜의 위성지도로 보정시 인근 지역을 검색해 보면 그 주변이 모두 평지이며 큰 산은 어디에도 보이지 않는다. 게다가 역대 사서나 지리서에서 기술하고 있는 갈석산의 연혁이나 지리적 조건과도 부합되는 부분이 없다. 따라서 고대사에 등장하는 갈석산은 아무래도 산맥과 산이 실제로 존재하는 하북성 북부나 동북부에서 찾는 것이 순리라고 본다. 지리 고증을 할 때에는 단순히 지명 자체의 유사성을 살피는 것도 중요하지만, 그와 동시에 그 지역의 연혁, 인문지리적 조건, 역사적 상황들과의 상호관계 등에 대한 대조, 분석 역시 종합적, 입체적으로 병행되어야 정확한 위치를 찾아낼 수 있다는 점을 명심해야 한다. 여러 가지 정황으로 볼 때 지금의 수성현은 한 무제 당시의 낙랑군 수성현과 이름자만 같을 뿐 실제로는 전혀 연고가 없는 곳이다. 이 양자가 동일한 지점이 아니라는 사실은 이 수성현을 역대 중국 역사서, 지리서, 각종 문헌에 등장하는 갈석산의 연혁이나 낙랑군과의 관계와 결부시켜 따져 보더라도 금방 알 수가 있다.

2. 역사적 진실과 허구의 혼재

1) 갈석궁과 강녀석의 수수께끼

중국 학계 일각에서는 허북과 요령 두 성의 경계지역에 위치해 있는 '진황도(秦皇島)'라는 지명에 착안하여 진 시황이 산해관을 지나 지금의 요동지역까지 순행을 나갔다고 믿어 왔다. 1982년 요령성에서는 금주시(錦州市) 문물 조사대가 예로부터 '강녀석(姜女石)'으로 불려진 자연 암초가 위치해 있는 호로도시(葫蘆島市) 수중현(綏中縣) 해안에서 발굴작업을 벌였는데, 요령성 문물국에서는 현지에서 발견된 석비의 흔적, 와당(瓦當) 등을 근거로 이를 진 시황 당시 조성된 갈석 행궁의 흔적이라는 판정을 내리고 이 유적지를 '강녀석 진한건축군(姜女石秦漢建築群)'으로 공표하였다.[25]

---

[25] 요령성 문물고고연구소 강녀석 공작참(遼寧省文物考古研究所姜女石工作站), 〈요령 수중현 '강녀석' 진한 건축군 유적지 석비 유적지의 탐사와 시굴(遼寧綏中縣'姜女石'秦漢

그러나 중국의 역사서, 지리지를 아무리 뒤져 보아도 요령지방 사학자들의 그 같은 주장을 뒷받침해 줄 만한 그 어떠한 문헌적 증거도 찾을 길이 없다. 요령성 문물국은 1982년 당시 이른바 '갈석 행궁' 발굴 결과를 발표할 때 '강녀석'에서 글자의 흔적을 확인했다는 언급은 한 적이 없었다. 만일 강녀석에 글자가 새겨진 흔적이 한 군데라도 발견되고, 그

요령지방의 사학자들은 오른쪽 암초가 갈석, 왼쪽의 유적지가 갈석 행궁 터라고 주장하고 있다.

글자가 진나라 문자인 전서(篆書)로 확인되었다면 이 암초를 진 시황 당시의 자신의 공적을 새긴 갈석으로 보더라도 큰 문제는 없을 것이다.

1982년으로부터 30년이 넘게 지난 현재까지도 이 강녀석에서 글자의 흔적이 확인되었다는 글은 본 적이 없었다. 30년 동안 수십 명의 사학자가 진 시황과 갈석산에 관한 연구를 진행했을 텐데도 그중 단 한 명도 글자의 흔적을 발견하지 못한 것이다. 그렇다면 이 암초에는 애초부터 글자가 새겨진 적이 없었다고 보아야 옳다고 본다. 즉, 진 시황이 자신의 공적을 새겼다는 고대사 속의 그 '갈석산'과는 전혀 관계가 없는 별개의 지형 지물이라는 말이다. 만일 '강녀석'이라는 이름으로 불리는 이 암초가 진 시황 당시의 그 '갈석산'이 아니라면 금주시 문물조사대가 그 인근에서 '발굴'했다고 주장하는 그 몇 개 되지 않는 유물들 역시 진 시황의 동방 순행과 전혀 무관한 것들일 수밖에 없다.

문제의 '갈석 행궁' 터에서 출토되었다는 유물들도 미심쩍기는 마찬가지

建築群址石碑地遺址的勘探與試掘)〉,《考古》, 제36쪽, 1997. 제10기.

이다. 그 터가 진 시황 당시의 갈석 행궁이 확실하다면 함양의 아방궁(阿房宮) 수준은 아니더라도 대량의 유물들이 발굴되어야 정상이다. 그러나 역대 역사서, 지방 연혁지들을 통틀어 어느 한 군데에서라도 와당이나 벽돌, 도기 등에 대한 언급은 찾아보기 어렵다. 1982년에 금주시 문물조사대가 출토했다는 와당의 경우, 직경이 54cm, 높이가 37cm, 길이가 68cm여서 '와당왕(瓦當王)'이라는 별명을 붙일 정도로 초대형이다. 그러나 보존 상태가 너무도 양호한 것은 둘째 치고, 단 한 점만 출토되었을 뿐이다. '진 시황'과 '행궁'이라는 두 단어만으로 본다면 그 일대에서는 이 같은 와당이 대량으로 출토되었어야 정상이다. 그런데 어째서 단 몇 점만 출토된 것일까?

요령지방 사학자들이 '갈석문'이라고 주장하는 강녀석의 모습 역시 상당히 기괴하다. 암초란 통상적으로 바닷물에 잠긴 지반의 돌출된 부분이 수면 위로 드러나 있는 것을 말한다. 즉, 지반과 분리된 것이 아니라 지반 그 자체인 것이다. 따라서 암초의 형태 역시 당연히 피라미드처럼 아래로 갈수록 그 면적이 넓어져야 정상이다. 직접 현지에서 확인해야 정확히 판정할 수 있기는 하지만, 사진에 보이는 '갈석'은 전혀 그렇지 않은 것이다. 마치 누군가가 그곳에 갖다 놓은 것 같은 착각이 들 정도로 상당히 이질적이라는 느낌을 갖게 한다.

갈석 행궁 터에서 발견된 진대 '와당왕'

현지의 유적, 유물을 '강녀석'과 결부시켜서 진 시황 당시의 것이라고 판정한 것도 상식적으로 납득하기 어렵기는 마찬가지이다. 여기서 '강녀'는 맹강녀(孟姜女)를 말한다. 중국 역사에서 맹강녀에 대한 최초의 기록은 춘추시대 문헌인 《좌전(左傳)》에서 보인다. 여기에서는 맹강이 춘추시대 제나라의 장군 기량(杞梁:

요령성 문물국이 갈석이라고 주장하는 수중현 강녀석의 만조기 및 간조기 모습

?~BC550)의 아내인데 기원전 549년 기량이 거(莒) 땅에서 전사하자 당시 제나라의 군주이던 장공(莊公)이 직접 집으로 찾아가 조문했다는 사실만 전하고 있다.

이 밖에 《예기(禮記)》〈단궁(檀弓)〉에서는 공자의 제자 증삼(曾參: BC505 ~BC435)의 말을 빌어 맹강이 길가에서 운구되어 온 남편 기량의 주검을 맞이하면서 애절하게 통곡을 했다고 적고 있다. 전한대 후기에 이르면 역사적 사실에 문학적 허구화가 가미되면서 유향(劉向: BC77~BC6)의 《설원(說苑)》,《열녀전(列女傳)》에 맹강녀가 남편이 전사한 일로 하도 슬프게 통곡을 하는 바람에 장성이 무너졌다는 전설이 소개되기 시작한다.

그런데 유향이 소개한 맹강녀의 일화는 문학적 허구화 과정을 거친 것으로, 그 일화가 한대를 거치는 동안 이미 역사적 진실로부터 멀어졌다는 것을 시사해 준다. 실제로 맹강녀 전설은 북주시대-당대, 즉 6~7세기에 이르러서야 비로소 민간에서 구전되기 시작했다는 것이 중국 학계의 정설이다.

그렇다 보니 전국시대의 문헌에는 맹강녀와 진나라 장성에 관한 기록이 단 한 줄도 보이지 않을 수밖에 없는 것이다. 그로부터 수백 년이 지난 한대에도 상황은 마찬가지여서, 사마천의 《사기》에서조차 맹강녀와 장성 또는 진 시황에 대한 언급이나 일화는 전혀 찾아볼 수가 없다. 따라서 적어도 역사를 연구하는 학자라면, 지금 중국에서 전해지는 맹강녀 전설의 이야기를 진 시황 당시의 역사적 진실로 곧이곧대로 받아들이는 것은 상당히 위험한 일인 셈이다.

민간에 전승되는 맹강녀 전설이 역사적 진실과는 거리가 멀다는 것을 보여 주는 증거는 이 이외에도 한둘이 아니다. 우선, 맹강녀 자체는 실존인물이지만 그녀의 출신지는 제나라이고 그녀와 관련된 전설에 등장하는 장성 역시 제나라에 지어진 것이다. 반면에 '강녀석'이 위치한 지점은 맹강녀 당시만 해도 제나라에서 그 위의 연나라를 건너뛰어 산융(山戎) 등 북방민족의 근거지였다. 역사적으로 보거나 지리적으로 보더라도 맹강녀의 일화는 진나라와는 전혀 상관이 없는 셈이다.

시간적으로 보더라도 맹강녀를 진나라 장성과 결부시키는 것은 무리이다. 중국에서는 그동안 소설, 연극, 영화 등 각종 예술 장르들을 통하여 장성 축조를 위한 노역에 끌려간 남편이 죽은 후 우연히 진 시황의 행렬을 마주친 맹강녀가 진 시황을 호되게 힐난했다는 내용이 널리 전해져 왔다. 그러나 진나라가 장성을 축조한 시점은 진 시황 재위 32년인 기원전 215년이었다.

그렇다면 맹강녀와 진 시황 사이에는 거의 330년의 시차가 존재한다. 따라서 두 사람이 한 공간에서 마주친다는 것은 역사적으로는 물론이고 물리적으로도 완전히 불가능한 셈이다.

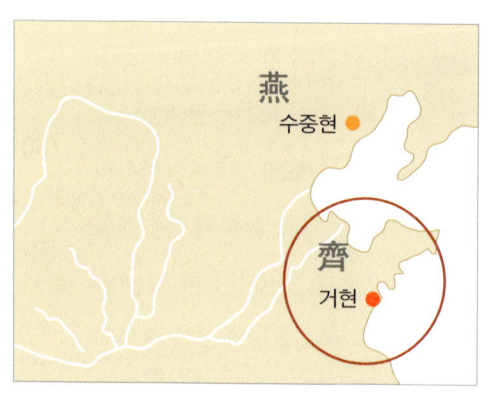

맹강녀의 실제 활동 무대(거현)와 현재 강녀석이 있는 위치(수중현)

이런 것을 보더라도 맹강녀와 만리장성은 전혀 상관이 없으며, 진 시황과는 더더욱 어떠한 형태로라도 연결될 수 없음을 알 수 있다. 그렇다면 맹강녀와 관련된 유적이나 유물, 기록들은 그것이 어디에 있는 것이든 간에 진-한대 이후에 비로소 만들어진 허구의 산물이라고 보는 것이 합리적인 판단인 셈이다.

맹강녀가 진 시황을 매도했다는 전설을 그린 그림

그렇다면 '강녀석'은 어떻게 된 영문일까? '강녀석'이라는 이름은 명-청대 지방 연혁지에서 언급되기 시작하는데, 그 유래는 아무리 높이 소급해 보더라도 한대의 민간전설 이상으로 올라가기 어렵다. 명-청대 중국인들이 당시까지 전승되는 민간전설에 근거해서 그렇게 이름을 붙인 것뿐이지 역사적 진실과는 전혀 관계가 없기 때문이다. 그렇게 본다면 요령성 문물국이 1982년에 진 시황 당시 조성된 갈석 행궁의 흔적이라고 공식적으로 발표한 유적, 유물들은 실제로는 진 시황과는 그다지 관계가 없을 개연성이 커진다. 왜냐하면 그것들은 '강녀석'이라는 특정한 이름과 지형지물을 근거로 '진 시황'과 '갈석 행궁'이라는 역사적 사실을 재구성해 낸 것이기 때문이다.

더욱이, 그 인근에서 발견되었다는 유적, 유물은 얼마든지 조작이 가능하며, 그 이전의 문헌에서는 전혀 언급조차 없었던 것들이다. 즉, 이 유적, 유물들은 애초부터 진 시황과는 관련이 없을 개연성이 높은 셈이다.

그렇다면, 역사적으로 전혀 무관한 맹강녀와 진 시황을 같은 시대로 엮어 놓은 문학적 허구화의 산물인 민간의 전설을 역사적 진실로 인식하고, 또 이를 근거로 근본이 불분명한 '강녀석'이라는 해상의 암초를 진 시황이 자신의 공적을 새긴 '갈석문(碣石門)'으로 판정한다는 것은 그 자체가 고고학적인 대발견이 아니라 일종의 난센스이며, 동시에 진 시황이 수중현까지 왔었다는 사실을 뒷받침해 주는 유력한 증거가 아니라 정반대로 중국 학계의 역사 고증에 얼마나 허점이 많은지를 여실하게 보여 주는 증거인 셈이다.

2) 중국 지자체들의 '역사 지어 내기'

그렇다면 요령지역의 사학자들은 어째서 '강녀석'과 그 인근에서 출토된 유물들을 근거로 이 같은 판정을 내렸을까? 그들이 그 같은 무리를 범한 데에는 중국 학술계에 침투해 있는 경제논리가 한 몫을 한 것으로 볼 수 있겠다. 중국에서는 지방의 자치단체들이 관광 수입을 올리기 위하여 학술적으로 제대로 검증을 거치지 않은 민간의 전설을 마치 역사적 진실인양 포장하는 일이 비일비재하다. 현지의 사학자들 역시 자치단체의 구미와 의도에 영합하여 역사적 진실과는 거리가 먼 엉터리 고증을 에써 모른 척하는 경우도 적지 않다.

내몽고자치구 중부지역에 위치한 오르도스 근교에 5.5헥타르에 달하는 웅장한 규모로 조성되어 있는 칭기즈칸 능은 그 대표적인 사례라고 할 수 있다. 이 칭기즈칸 능은 중국 정부가 AAAAA급 관광 명소로 공인한 이래로 해마다 수백만 명의 관

내몽골 오르도스에 위치한 칭기즈칸 능의 전경

광객을 끌어 모으고 있다.

 그러나 칭기즈칸 당시 몽골에서는 비밀리에 장례를 치르는 '밀장(密葬)'이 성행하여 그 무덤의 정확한 위치는 여전히 베일에 가려져 있다. 따라서 오르도스의 칭기즈칸 능은 학술적으로 제대로 검증되지 않은 반쪽짜리 관광 명소인 셈이다. 이처럼 야사나 전설의 한 줄짜리 기록을 마치 역사적 진실인 것처럼 포장해서 사진에서 보는 것처럼 초대형 관광 명소로 개발하고, 국내외 관광객들을 유치하여 관광 수입을 올리는 사례는 중국 각지에서 얼마든지 찾아볼 수 있다.

 문제는 이 같은 행태들이 단순히 지자체의 돈벌이에서 그치는 것이 아니라 이런 관광지를 찾은 국내외 관광객들의 뇌리에 잘못된 역사인식을 각인시키고, 학술적인 역사연구, 나아가 역사적 진실을 찾아가는 작업을 필연적으로 방해할 수밖에 없다는 데에 있다.

3) 진황도 지명의 두 가지 유래

 또 하나 중요한 것이 '진황도(秦皇島)'라는 지명이다. 이 지명의 유래에 관해서는 두 가지 주장이 존재한다. 가장 널리 알려진 것은 진 시황이 이 섬에 머물렀다는 주장이다. 진황도에 관한 기록들 중 시기적으로 가장 이른 것은 명나라 홍치(弘治) 14년(1501) 《영평부지(永平府志)》〈산천(山川)〉 '진황도'조의 기사이다.

> 진황도
> 무령현 동쪽 70리 지점에 있다. 바닷속에는 산이 있는데 세간에는 진 시황이 신선을 찾아서 일찍이 이곳에 머무른 적이 있다고 전해지고 있다.

秦皇島

在撫寧縣東七十里, 有山在海中, 世傳秦始皇求仙嘗駐蹕於此.

1986년, 북대하(北戴河) 금산취(金山嘴) 동쪽 횡산(橫山)에서는 3,000여 제곱미터 면적의 터를 발굴하여 여러 군데의 대형 건물군의 흔적과 함께 다양한 문양의 와당, 벽돌 등의 유물을 출토하였다. 현지의 사학자들은 당시 이 일대를 진 시황 부자가 갈석산을 순행할 때 지은 행궁의 터로 판정한 바 있다.

이처럼, 많은 사람들은 '진황도'라는 이름에 대한 선입견 때문에 진 시황이 이곳까지 왔었고, 이 지역의 이름 역시 그에게서 유래했다고 믿는 경향이 있다. 그런데 시기적으로는 다소 늦기는 하지만, 청대에 간행된《임유현지(臨楡縣志)》,《무령현지(撫寧縣志)》 등의 지방 연혁지에 따르면, 이 지역에는 진 시황 관련 전설과 함께 원래 이름이 '진왕도(秦王島)'라는 또 하나의 전설이 전승되어 왔다고 한다. 청나라 강희(康熙) 21년(1682) 간행된 《무령현지》에서는 이 지역을 이렇게 소개하고 있다.

진왕도

진황도로 잘못 알려져 있으며, 무령현의 동쪽 70리 지점에 위치해 있다. 사방이 물이며 섬이 그 가운데에 있다. 당 태종이 고구려를 정벌할 때 이곳에 머물렀다.

秦王島

誤秦皇島, 在縣東七十里. 四面皆水, 惟島居中. 唐太宗征高麗, 駐蹕於此.

또, 건륭(乾隆) 21년(1756) 간행된《임유현지》〈고적(古蹟)〉에서는 이렇게 소개하고 있다.

진왕도

(임유현) 성 서남쪽 25리 지점에 위치해 있으며, 바닷물이 그 섬을 둘러싸고 있다.

秦王島

在城西南二十五里, 海水環之.

이보다 몇 백 년 후인 광서(光緖) 4년(1878) 《임유현지》〈고적〉'진왕도' 조에는 이보다 더 자세하게 소개되고 있다.

진왕도

(임유)현성에서 서남쪽으로 25리 떨어져 있다. 산맥이 동쪽에서 서쪽으로 방향을 틀어 바닷속까지 뻗어 들어가 수면을 가로 누르고 있어서 멀리 바라보면 그 모습이 마치 누운 누에 같은데, 해양진의 수구산이며, 위에는 관음묘가 있다. 옛 《임유현지》에서는 진 시황이 신선을 찾아서 이곳에 머물렀다고 전했는데, 《무령현지》에서는 "'진황'은 '진왕'으로 고쳐야 된다. 당 태종이 고구려를 정벌할 때 군대를 이곳에 주둔시켰는데 그가 번왕일 때의 칭호를 따른 것이다. 섬에는 가시덤불이 바닥에 늘어진 채 자라 있는데, 진왕이 무릎을 꿇고 절을 해서 그렇게 자란 것이라고 한다.

秦王島

距城西南二十五里. 山脈由東轉西, 挿入海中, 橫壓水面, 遠望形如臥蠶, 海陽鎭之水口山也, 上有觀音廟. 舊志稱, 秦始皇求仙駐蹕於此. 撫寧縣志謂, 秦皇宜作秦王. 唐太宗征高麗, 駐軍於此, 從其藩邸之稱也. 島上荊條伏生, 相傳秦王下拜故伏.

《무령현지》와 《임유현지》에 따르면, 이 지역은 원래 이름 모를 작은 섬이었으며, 청나라 건륭 연간에 와서야 비로소 육지와 하나로 연결되었다. 또, 19세기 후반인 동치(同治) 연간만 해도 그 일대는 범선이 정박해 양곡이나 소금을 부리는 한두 채의 곳간만 있고 주민도 살지 않는 황량한 땅이었다. 이 일대가 비로소 발전하고 이름이 알려지기 시작한 것은 광서 24년(1898)에 통상을 위한 항구로 개항되면서부터라고 한다. 말하자면 현재 육지도시인 진황도는 원래 100여 년 전인 청대 말기만 해도 발해 연해에 떠 있던 작은 섬이었던 셈이다.

그 이름의 유래 역시 마찬가지이다. 이 섬의 원래 이름에 등장하는 '진황' 또는 '진왕'은 우리가 통상적으로 떠올리는 진 시황 영정이 아니라 당 태종(唐太宗) 이세민(李世民: 598~649)이었다. 그가 고구려 정벌에 나섰을 때 이곳에 잠시 군사를 주둔시킨 일이 인연이 되어서 황제로 즉위하기 직전의 징호를 따서 이곳을 '신왕도'로 부르기 시작했다는 것이다. 실제로 《구당서(舊唐書)》〈태종본기(太宗本紀)〉나 《자치통감(資治通鑑)》 등의 기사를 보면 이와 관련된 기록을 어렵지 않게 찾아볼 수가 있다.

(정관) 19년(645) 초여름인 4월 계묘일, 유주성 남쪽에서 출정식을 거행하였다. 5월 정축일, 어가가 요동으로 건너갔다. 가을인 7월, 이적의 군사가 (고구려의) 안시성을 공략했으나 9월이 다 되도록 함락시키지 못하자 결국 군사를 되돌렸다. 겨울인 10월 병진일에 임유관으로 들어오매 황태자가 정주로부터 달려와 (황제를) 영접하고 알현하였다. 무오일에 한무대에 체류하면서 돌을 깎아 공덕을 새겼다.

광서 4년판 《임유현지》
〈고적〉 '진왕도'조 기사

十九年夏四月癸卯, 誓師於幽州城南. 五月丁丑, 車駕渡遼. 秋七月, 李勣軍攻安市城, 至九月不克, 乃班師. 冬十月丙辰, 入臨渝關, 皇太子自定州迎謁. 戊午, 次漢武臺, 刻石以紀功德.

여기까지만 보면 과연 진황도라는 지명이 누구에게서 유래했는지 헷갈릴 수도 있을 것이다. 왜냐하면 두 쪽 다 그럴 듯한 문헌 기록과 단서들을 가지고 있기 때문이다. 더욱이 진 시황이라는 주장의 경우, 관련 기록이 이미 명대부터 확인되고 있고 30년 전에는 현지에서 관련 유적과 유물까지 출토되었으니 더 이상 의심의 여지가 없는 것처럼 보인다.

그러나 또 다른 시각에서 생각해 보면, 진 시황의 경우는 당 태종의 경우와는 달리 그동안 해당 지명과 관련된 상세한 유래 전설이 전혀 전승되지 않았다. 사실 유물이나 유적이라는 것도 경우에 따라서는 얼마든지 오판이나 조작이 가능한 것이 실정이다. 따라서 그 유적, 유물들을 무조건 진 시황과 결부시키기에는 다소 무리가 있는 것이다.

게다가, 이 문제에 관해서는 무엇보다도 〈진시황본기〉를 통하여 진 시황의 사적을 가장 먼저 가장 상세하게 전한 사마천 자신이 이미 진 시황의 동방 순행은 갈석산까지였다고 분명하게 못을 박고 있다. 따라서 이 문제에 한해서는 더 이상 어떠한 이의도 있을 수가 없다.

즉, 〈진시황본기〉의 기록처럼, 진 시황은 세 번째 순행 길에는 진황도는커녕 거기서 서쪽으로 1시간 거리에 위치해 있는 갈석산까지만 북상했다고 보는 것이 옳다. 그렇다면, 이 유적이나 진황도와의 관계와 관련하여 과거에는 있지도 않았던 진 시황 관련 내용이 새로 추가된 셈이다. 현재 '진황도'라는 지명을 아는 중국인들의 상당수가 그 이름의 유래로 진 시황만 떠올리고 있는 것이 현실이다. 그럼에도 불구하고, 중국 학자들은 유감스럽게도 이 같은 민간에서의 혼란을 정리하는 데에 별다른 노력을 하지 않고 있는 것 같다.

국내 사학자들 중에는 이 같은 내막도 제대로 모르면서 중국 학계에서 무슨 역사 고증이나 고고 발굴이라도 했다 하면 그 발표 주체가 믿을 만한 학술기관인지, 또 그 고증 또는 발굴이 '투명하게' 이루어진 것인지에 관한 최소한의 검증조차 생략한 채 무턱대고 그 주장을 곧이곧대로 믿고 "요령성 수중현의 유적이 진 시황이나 한 무제가 방문한 갈석일 가능성이 높다"거나 "갈석산이 요서에 있다"[26]라는 식으로, 대단히 무책임하고 대단히 위험한 주장을 함부로 해 대는 사람이 한둘이 아니다.

국내 학자들이 중국 국내에서조차 제대로 인정해 주지 않는 지방 연구기관이나 향토 사학자들의 의문투성이 고증이나 발굴을 제대로 검증조차 하지 않은 채 이처럼 그저 부화뇌동하기에만 급급한 모습을 보노라면 인문학자의 한 사람으로서 민망해서 차마 얼굴을 들지 못할 지경이다.

3. 제왕들의 순행과 갈석산

1) 갈석산과 진 시황, 한 무제

동쪽 변방의 산인 갈석산이 유명해진 것은 역대 황제들의 순행 덕분이었다. 사마천은 《사기》에서 진 시황의 순행에 대하여 다음과 같이 소개하고 있다.

---

26) 송호정, 《한국고대사 속의 고조선사》, 제340쪽, 푸른역사, 2003.

재위 32년(BC215), 시황제가 갈석산으로 갔다가 연나라 출신의 노생을 보내 선문과 고서를 찾아 헤매는가 하면, 갈석문에 공적을 새기고 연나라 성곽을 허물었으며 둑을 트게 하였다. … 2세 원년(BC209), … 2세가 동쪽의 군현들로 행차했는데 이사가 그를 수행하여 갈석까지 간 후 동해를 따라 남쪽으로 회계까지 이르렀다.[27]

三十二年, 始皇之碣石, 使燕人盧生求羨門, 高誓. 刻碣石門, 壞城郭, 決通隄防. … 二世元年, … 二世東行郡縣, 李斯從到碣石, 幷海南至會稽.

그 후 3년이 지나 갈석산으로 행차하여 바다로 들어간 방사들을 둘러보고 상군을 거쳐 귀환하였다. … 2세 원년, 동쪽으로 갈석산을 순행하고 동해를 따라 남하하여 태산을 거쳐 회계까지 이르렀다.[28]

後三年, 游碣石, 考入海方士, 從上郡歸. … 二世元年, 東巡碣石, 幷海南, 歷泰山, 至會稽.

이에 따르면 진 시황은 자신이 건설한 제국을 순행하는 과정에서 갈석산에 올랐고, 그 아들 호해는 이사를 갈석산까지 보내 부황의 업적을 돌에 새기게 하였다. 갈석산 순례는 진나라 통치자들만의 전유물은 아니었다. 한나라가 건국된 후로 한 무제 유철(劉徹: BC156~BC87) 역시 진 시황의 전례를 좇아 한 제국의 동쪽 영토를 순행하는 길에 갈석산을 둘러보고 있다.

천자께서는 태산에서 봉선 의식을 마치자, … 곧 다시 동쪽으로 해상까지 나가 바라보시고, 봉래산을 볼 수 있기를 간절히 바라셨다. … 주상께서 이에 마침내 떠나 동해를 따라 올라가 북쪽으로 갈석산에 이르자, 요서군

---

27) 사마천,《사기》〈진시황본기〉.
28)《사기》〈봉선서(封禪書)〉.

에서부터 순행을 시작하여 북변을 거쳐 구원까지 갔다가, 5월에 감천으로 귀환하였다.[29]

天子旣已封禪泰山, … 乃復東至海上望, 冀遇蓬萊焉. … 上乃遂去, 幷海上, 北至碣石, 巡自遼西, 歷北邊, 至九原. 五月, 返至甘泉.

무제는 막 즉위하자, … 동쪽으로 순행을 나서 해상에서 바라보았다. … 북쪽으로 갈석산까지 이르렀다.[30]

武帝初卽位, … 東巡海上望焉. … 北至碣石.

이러한 순행의 기록들을 통하여 태산에서 봉선 의식을 마친 한 무제가 진 시황의 전례를 따라 배로 산동반도 앞바다로 나가 동해 해안선을 따라 북상하여 갈석산까지 간 후 상륙하여 요서군 ⇒ 북변 ⇒ 구원까지 시찰한 후 5월에 감천으로 귀환한 일을 확인할 수 있다. 진 시황과 한 무제가 순행길에 들르곤 했던 갈석산의 위치에 대한 정보는 위의《사기》〈효무본기(孝武本紀)〉에 거의 다 나와 있다.

이처럼 갈석산이 역내 세왕들이 강역을 시찰하거나 원정하는 길에 빈드시 거쳐 가는 순행의 명소로 자리 잡은 이유는 당시 그 산이 중원 제국 영토의 끝이자 한족(漢族)과 동이(東夷) 사이의 군사적, 문화적 경계로 상징화 되어 있었기 때문이다. 그렇다 보니 황제의 순행이나 중원 강역을 소개할 때에는 어김없이 갈석산이 언급될 수밖에 없었던 것이다.

갈석산에 관한 정보가 다양한 경로를 통하여 빈번하게 소개되기 시작한 것은 한대부터였다. 한대에는《사기》,《염철론(鹽鐵論)》,《회남자(淮南子)》,《이아(爾雅)》,《전국책(戰國策)》,《설문해자(說文解字)》,《오월춘추(吳越春

---

29)《사기》〈효무본기(孝武本紀)〉.
30)《사기》〈봉선서〉.

秋》,《한서》,《수경주》 등, 많은 역사서와 문헌들이 다양한 방식으로 갈석산에 대한 정보들을 제공하고 있다.

이 한대의 문헌들에서 갈석산은 많은 경우 동해(발해) 해변에 우뚝 서서 등대 역할을 하는 일종의 랜드마크로 소개되고 있다.

2) 조조의 오환 정벌과 갈석산

한 무제 이후로 300여 년이 지난 후한 건안(建安) 12년(207), 당시 정계의 실력자였던 조조(曹操: 155~220)는 발해지역의 군벌이던 원소(袁紹)를 격파한 후 그 두 아들이 요동의 오환(烏桓)으로 도망하자 오환 토벌을 선언한다. 그의 오환 정벌 과정은 진수(陳壽: 233~297)의 《삼국지》〈무제기(武帝紀)〉에 잘 소개되어 있다.

> 여름인 5월, 무종에 이르렀고, 가을인 7월, 큰 홍수가 나서 해안을 따라 난 길로 다닐 수 없게 되었다. 그래서 전주가 길잡이가 되기를 자청하니 조공이 그 제안을 따라 군사를 이끌고 노룡새로 나가 동쪽의 유성으로 향하였다.
> 夏五月, 至無終. 秋七月, 大水, 傍海道不通. 田疇請爲嚮導, 公從之. 引軍出盧龍塞, 東指柳城.

원소와 관도(官渡)에서 결전을 벌인 조조는 건안 9년(204), 기주(冀州), 청주(靑州), 유주(幽州), 병주(幷州)를 점령한 데 이어, 원소의 아들 원담(袁譚)을 참수했으나 나머지 두 아들 원상(袁尙), 원희(袁熙)는 용케 요서의 유성(柳城)으로 도주하여 당시 그곳을 점유하고 있던 오환에게 투신하였다.

그러자 조조는 건안 12년(207), 오환 정벌을 선언하고 직접 20만 대군을 이끌고 허창(許昌)을 출발하였다. 그러나 5월, 무종(無終) 즉 지금의 천진시 계현(薊縣) 인근에 이르렀을 때 큰 비가 쏟아져 오환으로 통하는 길이던 '해안을 따라 난 길[傍海道]'이 온통 진흙탕으로 변하는 바람에 꼼짝 없이 발이 묶이고 말았다.

그나마 다행스럽게 현지의 지리에 밝은 전주(田疇)가 길잡이를 선 덕분에 조조의 대군은 북쪽의 노룡새(盧龍塞), 즉 지금의 하북성 희봉구(喜峰口) 방면으로 나가 백단(白檀), 즉 지금의 관성현(寬城縣) 약왕묘(藥王廟) 옛 성과 평강(平剛), 즉 지금의 요령성 능원시(凌源市)를 우회하여 당시 오환의 수도이던 동쪽의 유성(지금의 조양시?)으로 진군한 후 백랑산(白狼山), 즉 지금의 객좌(喀左) 대양산(大陽山)에서 오환을 대파했다고 전해진다.

오환을 정벌한 조조는 9월 허창으로 귀환하는 길에 그 길목에 있던 갈석산에 올라 발해 바다를 굽어보면서 〈관창해(觀滄海)〉 시를 지어 다음과 같이 자신의 감회를 표현하였다.

동쪽의 갈석산에 올라	東臨碣石,
푸르른 바다를 굽어보니	以觀滄海.
물이 어찌 저리도 잔잔할고?	水何澹澹,
산 같은 섬은 우뚝 서 있구나	山島竦峙.
나무들은 빽빽하게 자라 있고	樹木叢生,
온갖 풀들 무성하게 우거져 있구나	百草豐茂.
가을바람은 쌀쌀한데	秋風蕭瑟,
큰 파도가 솟구쳐 이는구나	洪波湧起.
해와 달의 운행이	日月之行,
마치 그 속에서 나오는 듯하고	若出其中.

별들의 찬란함이	星漢燦爛,
마치 그 안에서 나오는 듯하구나	若出其裏.
다행스럽게도 이곳에 와서	幸甚至哉,
노래로 이 내 뜻을 표현하노라!	歌以咏志.

3) 북위 황제 문성제의 갈석산 순행

그로부터 다시 수백 년이 지난 북위시대에는 문성제(文成帝) 탁발준(拓跋濬: 440~465)이 태안(太安) 4년(458) 갈석산 인근을 순행했다는 기록이 보인다.

> (태안) 4년 봄 정월 … 을묘일, 광령의 온천궁에 행차하고, 이어서 동쪽으로 평주까지 순행하였다. 경오일에는 요서의 황산궁에 이르러 며칠 동안 유람하고 잔치를 벌였다. … 2월 병자일에는 갈석산에 올라가 창해를 굽어보았으며, … 갈석산을 '낙유산'으로 개명하였다. … 무인일에는 남쪽의 신도로 행차하여 광천에서 사냥을 즐겼다.[31]
> 四年春正月, … 乙卯, 行幸廣寧溫泉宮, 遂東巡平州. 庚午, 至于遼西黃山宮, 游宴數日, … 二月丙子, 登碣石山, 觀滄海, … 改碣石山爲樂游山, … 戊寅, 南幸信都, 畋游于廣川.

이를 통하여 문성제가 태안 4년 정월, 광령 온천궁에서 출발하여 동쪽의 평주까지 순행하고 요서지역을 유람했으며, 2월에는 갈석산에 올라가 창해를 굽어보고 남쪽의 신도, 즉 지금의 하북성 형수현(衡水縣)까지 둘러

---

31) 《위서(魏書)》〈고종기(高宗紀)〉.

보았음을 알 수 있다. 현재 그 위치의 고증에 논란이 좀 있기는 하지만, 광령, 평주, 요서, 신도는 모두 중국 동북부의 지명들이다. 게다가 요서를 둘러본 후 바로 다음의 목적지가 갈석산이고 그 다음 행선지가 하북 서남쪽의 신도인 것을 보면 문성제의 순행은 주로 하북성을 중심으로 이루어진 셈이다.

이 밖에도 북제(北齊)의 문선제(文宣帝) 고양(高洋: 526~559)이 천보(天保) 4년(553) 겨울인 10월에 갈석산에 올라가 발해 바다를 굽어보았으며, 그 후에도 수 양제 양광(楊廣: 569~618), 당 태종 이세민(李世民: 598~649) 역시 고구려 정벌 길에 이곳을 거쳐 간 바 있다. 이렇듯 갈석산은 진 시황의 동방 순행 이래로 역대 왕조의 통치자들이 순행 길에 반드시 거쳐 가는 명소로 확고하게 자리 잡게 된다.

그렇다면 앞서의 《회남자》, 《한서》 등의 기록에 근거할 때, 고대사에 등장하는 '갈석'은 발해의 동쪽 연안에 자리 잡고 있었으며, 암초 따위의 지형 지물이 아니라 상당한 고도를 가진 산이었음을 알 수 있는 셈이다. 그리고 역대 제왕들의 순행의 동빙한계선이던 이 갈석산을 기준으로 하여 그보다 동쪽에 있는 지역은 당연히 한나라 황제의 통치력이 미치지 않는 고조선 또는 나중의 한사군(낙랑, 현토) 땅으로 보아야 옳은 셈이다.

빠이뚜 백과에 따르면, 갈석산은 대략 6세기 중엽 이후로 수심이 얕은 그 앞의 근해에 황하가 운반해 온 토사가 쌓여 지금과 같은 육지가 형성되면서 자연히 바다로부터 멀어지게 되었고, 그 후로는 더 이상 갈석산에서 바다를 감상할 수 없게 되었다고 한다.

4. 낙랑군 수성현의 문제

1) '만리장성의 기점' 수성현

중국 사서들 중에서 '수성(遂成)'이라는 지명을 최초로 언급한 것은 《한서》〈지리지〉이다. 반고는 〈지리지〉에서 한 무제 때 고조선 땅에 설치된 낙랑군의 연혁과 그 속현들을 소개하고 있다.

【낙랑군】
민호는 6만 2,812호이며 인구는 40만 6,748명이다. 속현은 25개로, 조선, 엄감, 패수, 함자, 점제, 수성, 증지, 대방, 사망, 해명, 열구, 장잠, 둔유, 소명, 누방, 제해, 혼미, 탄열, 동당, 불이, 잠태, 화려, 사두매, 전막, 부조이다.

【樂浪郡】
戶六萬二千八百一十二, 口四十萬六千七百四十八. 縣二十五: 朝鮮, 䛁邯, 浿水, 含資, 黏蟬, 遂成, 增地, 帶方, 駟望, 海冥, 列口, 長岑, 屯有, 昭明, 鏤方, 提奚, 渾彌, 吞列, 東䑛, 不而, 蠶台, 華麗, 邪頭昧, 前莫, 夫租.

위에서 보다시피, 반고는 '수성'을 낙랑군의 25개 속현들 중 하나로 그 이름만 간략하게 언급되고 있을 뿐 그 이상의 추가적인 정보는 전혀 찾아볼 수 없다. 말하자면, 적어도 한대까지만 해도 《사기》와 《한서》를 통틀어 낙랑군 수성현에 대하여 '만리장성의 기점' 식으로 특별한 의미를 부여한 책은 아예 존재하지 않았던 것이다.

낙랑군의 수성현에 의미가 부여되기 시작한 것은 그보다 한참 후인 당대부터이다. 8세기 초 당나라 역사가 사마정(司馬貞)은 자신이 저술한 《사기색은(史記索隱)》에서,《태강지지(太康地志)》를 인용하는 형식으로, 수성현에 관하여 이렇게 주석을 붙였다.

> 《태강지지》에서는 '낙랑 수성현에는 갈석산이 있으며, (만리)장성의 기점'
> 이라고 말하였다.
> 太康地志云, '樂浪遂城縣有碣石山, 長城所起'.

《태강지지》는 제목에 사용된 연호를 통하여 알 수 있듯이, 서진(西晉)을 세운 무제(武帝) 사마염(司馬炎: 236~290)이 재위하고 있던 태강 연간(280~289)에 편찬된 지리지이다. 지금은 원본이 실전되고 그 내용의 일부만 몇몇 사서에 인용되어 있을 뿐이다. 과거 학자들은 갈석산이 만리장성의 종점이라는 점에는 공감했으나, 그 구체적인 위치에 대해서는 확실하게 명시한 적이 없었다. 그런데 《태강지지》의 저자가 《사기》〈하본기(夏本紀)〉에 인용된 '갈석'을 언급하면서 위와 같이 갈석산이 있는 곳이 낙랑군이며, 바로 만리장성의 종점이라고 밝힌 것이다.

《태강지지》의 지자가 무엇을 근서로 하여 만리장성의 동쪽 종점을 낙랑군 수성현에 있는 갈석산이라고 본 것인지에 대해서는 알 길이 없다. 왜냐하면 《사기》,《한서》,《삼국지》,《위서》 등에는 한결같이 낙랑군 수성현에 갈석산이 있다는 기록이 전혀 보이지 않으며, 요동지방의 지방 연혁지들에도 관련 기록은 전혀 확인되지 않고 있기 때문이다. 따라서 리지린 같은 학자는 《태강지지》의 기록과 그것을 인용한 두우의 소개에 중대한 착오가 있다고 보았다.[32]

이 문제와 관련하여 한 가지 확실한 것은 8~9세기의 당나라 때까지만

---

32) 리지린,《고조선 연구》, 제67쪽.

해도 갈석산이 위치한 이 수성현이 한반도에 위치해 있다는 식의 주장을 한 사람은 아무도 없었다는 사실이다. 만일 이것이 사실이라면 우리가 가지고 있는 '갈석산=만리장성 동단=요동=낙랑군(수성현)' 식의 인식은 《태강지지》를 통하여 각인된 것인 셈이다. 왜냐하면 《태강지지》를 인용하는 형식을 취하기는 했지만, 사마정의 《사기색은(史記索隱)》과 두우의 《통전》에서부터 비로소 수성현이 만리장성의 기점으로 언급되기 시작했으며, 그 이전에는 그런 기록이 전혀 존재하지 않았기 때문이다.

2) '고구려 옛 땅'에 갈석산이 있다

만리장성과 갈석산의 위치를 처음으로 '고구려'와 결부시킨 사람은 당나라의 학자 두우(杜佑: 735~812)였다. 그는 고구려를 소개하면서 《태강지지》의 기록을 그대로 인용하였다.

> 갈석산은 한대 낙랑군 수성현에 있었는데 장성이 이 산에서 시작되었다고 한다. 이제 따져보건대 장성이 동쪽으로 요수를 가로질러 고구려까지 들어간 것으로 보이는데, 그 터가 아직도 남아 있다.[33]
> 碣石山在漢樂浪郡遂成縣, 長城起於此山. 今驗長城東截遼水而入高麗, 遺址猶存.

두우는 《태강지지》의 '갈석산=요동=낙랑 수성현'의 주장을 기정사실화하면서 여기에 ① 만리장성이 동쪽으로 요수를 가로질러, ② 고구려 강역까지 뻗어 있으며, ③ 8~9세기까지도 그 유적이 남아 있다는 자신의 해석

---

33) 두우, 《통전》〈변방2·동이하(邊防二·東夷下)〉 '고구려' 조.

을 덧붙였다.

그가 이 주석에 '험(驗)'을 동사로 사용한 것을 보면 현지답사를 통하여 만리장성이 요수를 가로질러 고구려 강역까지 뻗어 있으며 그 유적이 남아 있었음을 직접 확인했을 가능성도 있다. 다만, 한 가지 의문스러운 점은 만리장성의 동쪽 끝이 고구려 강역까지 뻗어 있음을 소개하는 과정에서 어째서 만리장성이 가로지른 강을 '요수'라고 명시했을까 하는 것이다.

요수의 위치에 대해서는 정인보 등은 지금의 하북지방 난하(灤河)로, 리지린 등은 지금의 요령지방의 요하(遼河)로 각각 비정하는 등 서로 의견이 엇갈리고 있다. 이 중 어느 쪽이든 간에 확실한 것은 이 강이 흐르는 장소는 한반도가 아니라 중국의 모 지역이라는 것이다. 그런데 두우는 만리장성이 이 강을 가로질러 고구려 강역까지 뻗어 있었다고 말한 것이다.

두우의 검증에 문제가 없다면, 요수는 거리상으로 고구려 강역과 그다지 멀리 떨어져 있지 않거나, 우리가 지금까지 알고 있었던 곳과는 다른 지점에 존재했을 가능성이 높다.

두우는 《동전》의 일부 내목에서 '또 다른' 갈석산이 존재할 가능성에 대해서도 언급하였다.

> 생각해 보건대, 《상서》의 "夾右碣石入于河" 부분에서 '우갈석'은 황하가 바다로 진입하는 곳으로 지금의 북평군 남쪽 20여 리 지점에 있으며 고구려 강역에 있는 것은 '좌갈석'이다.[34]
>
> 按, 尙書云, 夾右碣石入于河, 右碣石卽河赴海處, 在今北平郡南二十餘里, 卽高麗中爲左碣石.

---

34) 두우, 《통전》 〈변방2〉.

한나라 때의 비여현으로 갈석산이 있다. 비석처럼 우뚝하게 바다 옆에 서 있기 때문에 그렇게 이름을 붙였다. 진나라 때 《태강지지》에서는 "진나라에서 쌓은 장성의 기점이 갈석에서 시작되는데 지금 고구려 옛 땅에 있는 것은 이 갈석산이 아니다"라 하였다.[35]

漢肥如縣, 有碣石山, 碣然而立, 在海傍, 故名之. 晉太康地志曰, 秦築長城所起自碣石, 在今高麗舊界, 非此碣石也.

두우는 《상서》의 "협우갈석입우하(夾右碣石入于河)" 일곱 글자를 해석하는 과정에서 '우갈석(右碣石)'을 고유명사로 판단하고 이를 당시 노룡현(한대의 비여현)에 있는 지금의 갈석산으로 비정하였다.

이 과정에서 그는 이 '우갈석'과 짝을 이루는 제2의 갈석산인 '좌갈석'의 존재를 상정하면서 이 산이 멸망하기 이전의 옛 고구려 강역에 위치해 있다고 추정하였다. 즉, 《태강지지》에서 진나라 장성의 기점으로 소개된 갈석산은 노룡현에 있는 '우갈석'이 아니라 고구려 영토 안에 있는 '좌갈석'이라고 주장한 것이다.

문제는 여기서부터이다. 두우의 고증을 본 이 고증을 곧이곧대로 믿은 후대의 학자들 중 많은 사람들이 국내외를 막론하고 두우가 제기한 '좌갈석'의 존재를 기정사실로 받아들여 진 시황의 만리장성이 한반도 북부까지 뻗어 있었다거나,[36] 갈석산이라는 이름이 요령성을 거쳐 한반도까지

---

35) 두우, 《통전》 〈주군8(州郡八)〉.
36) 대표적인 학자로는 중국의 장벽파(張碧波)가 있다. 그는 《태강지지》와 송대에 편찬된 《태평환우기(太平寰宇記)》의 기사를 인용하여 산해관 인근의 갈석산과 함께 한반도에 또 다른 갈석산이 존재한다는 입장을 고수하고 있다. 그러나 대부분의 중국 학자들이 지지하고 있는 이 '한반도갈석산설'은 애초부터 두우의 오독에서 비롯된 억측일 뿐 진실이 아니다.

이동해 갔다거나,37) '대갈석'과 '소갈석'으로 구분하는 식의 기상천외한 주장을 제기하였다. 그러나 그 같은 주장들은 후대 학자들이 두우의 주장, 즉 '고구려 옛 땅[高麗舊界]'의 의미를 오독한 상태에서 자의적인 해석을 시도하면서 연쇄적으로 빚어진 해프닝들일 뿐이다.

만리장성의 동쪽 종점을 구체적으로 명시하기 시작한 것은 《진서(晉書)》,《통전》 등의 역사서가 간행된 8~9세기 당대부터였다. 즉, 사마천 당시로부터 1,000여 년 후인 이 무렵부터 중국의 역사가들이 장성의 동쪽 종점으로 낙랑군 수성현을 구체적으로 언급하기 시작한 셈이다.38) 그러나 여기서 우리가 명심해야 할 것은 《진서》의 편찬자나 두우 등, 이 시기의 그 누구도 이 낙랑군의 수성현이 '고구려 옛 땅'에 있다고 했을 뿐이지 '한반도'에 있다고 주장하거나, 또 그렇게 억지로 결부시키려 애쓴 일이 없다는 사실이다!

3) 두우가 언급한 '고구려 옛 땅'의 의미

현재 국내외 학자들 중 상당수가 두우가 제창한 '좌갈석'을 마치 실제로 존재하는 산인 것처럼 굳게 믿고 있다. 문제는 이같이 믿고 있는 학자들 대부분이 두우가 갈석산의 위치를 소개하면서 언급한 '고구려 옛 땅[高麗舊界]'의 의미를 오독하고 있다는 것이다.

애초에 두우가 말한 '고구려 옛 땅'이란 나-당 연합군에게 멸망하기 전 고구려가 통치하던 강역을 가리킨다. 여기서 문제는 이 '고구려 옛 땅'이

---

37) 오현수(2012), 제275쪽에서 재인용.
38) 이 상황에서 고구려 태조왕이 축조했다는 '요서 10성'의 실존 여부와 그 타이밍이 궁금하지 않을 수 없다. 과연 존재했던 것일까? 《통전》 저자의 시기는?

고구려 영토의 어느 지점인가 하는 것이다.

지금 한반도에 살고 있는 우리는 '고구려' 하면 으레 그 동쪽 영토만 떠올리곤 한다. 그러나 한반도 남부와 발해 바다가 자리 잡고 있는 남쪽을 논외로 치더라도 고구려에는 서쪽과 북쪽으로도 강역이 펼쳐져 있었다. 그렇다면 여기서의 '고구려 옛 땅'은 서쪽 영토를 가리킬 개연성도 있는 것이다.《통전》기사의 전후 맥락을 따져 보더라도 서쪽 영토를 가리킬 가능성이 훨씬 높다. 즉, 고구려 옛 영토의 서쪽 끝이 갈석산이 있는 지점 가까이까지 들어와 있었을 수도 있다는 말이다. '고구려 옛 땅'이 한반도 쪽을 가리키는 말이 아니라는 사실은 두우의《통전》〈주군8〉'고기주 상(古冀州上)'조에서의 언급을 통해서도 어느 정도 예측할 수 있다.

> 현토, 낙랑 등의 군은 모두 지금의 요수 동쪽이니, 〈우공〉에서의 '청주'의 영역에 위치해 있었을 것이다.
> 玄菟, 樂浪等郡, 並今遼水之東, 宜在禹貢青州之域.

만일 이 같은 주장이 어느 정도 신빙성이 있는 것이라면 갈석산이 낙랑군 수성현에 있었다는 주장도 충분히 입증이 가능해지는 셈이다. 왜냐하면 고대 중국의 역사서나 지리서, 지방 연혁지들 중에는 하북성 동북부 일대, 즉 창려(昌黎), 노룡(盧龍), 무령(撫寧) 일대가 조선(朝鮮), 고죽(孤竹), 고구려(高句麗)의 영토였다는 기록을 수시로 찾아볼 수 있기 때문이다.

이와 관련해서는 지금으로부터 100년 전에 중국에서 간행된 하북성 각지의 연혁지에조차 관련 기록이 남아 있는 것을 확인할 수 있다. 그럼에도 불구하고, 고조선, 낙랑, 고구려는 한반도에서 흥망했던 정치집단이라는 고정관념에 길들여진 국내외의 사학자들은 이 같은 또 다른 가능성은 간과한 채 고구려의 동쪽 영토에만 이목을 집중시키는 실수를 범하고 만 것이다.

그러다 보니 두우가 아무 편견 없이 언급한 '고구려 옛 땅'을 그 동쪽인 한반도 북부에서만 찾으려고 애쓰고, '낙랑군의 수성현'의 갈석산을 황해도 수안군에서만 찾으려고 애쓰고, 만리장성의 동쪽 끝을 한반도 북부에서만 찾으려고 애쓰고, 급기야 '낙랑군'이 한반도 북부에 있었다고 맹신하기에 이른 것이다.

그러나 문헌 기록들을 살펴볼 때, 고구려는 강역이 한반도와 중국 대륙에 걸쳐 펼쳐져 있었던 북방의 제국이었으며, 낙랑군이나 갈석산, 만리장성은 문헌적으로 한반도가 아닌 중국 쪽에만 기록이 남아 있을 뿐이다. 그렇다면 가능성은 단 하나뿐이다. 학자들이 두우의 주석을 오독한 것이다.

학자들이 두우가 말한 '고구려 옛 땅'을 자의적으로 '한반도(북부)'로 확대 해석한 것이다. 즉, 고조선, 고구려 옛 땅, 낙랑군 수성현, 갈석산, 만리장성의 동쪽 끝을 한반도에서 찾으려 애쓰는 것은 헛수고라는 소리이다. 그럼에도 불구하고 국내외의 많은 학자들은 자신들의 오류를 깨닫지 못한 채 여전히 사신이 오독한 내용을 역사석 진실인양 맹신하면서 갈석산과 만리장성이 한반도에 있다는 근거 없는 낭설을 '전도'하기에 바쁘다.

중국 학계에서는 이 같은 국내 학자들의 잘못된 연구 결과를 근거로 진나라 만리장성의 동쪽 끝이 한반도 북부까지 뻗어 있었으며, 한반도는 중부지역까지가 전국시대의 연나라로부터 진나라, 한나라로 이어지는 수백 년 동안 중국의 직접적인 지배하에 놓여 있었다고 주장하면서 이를 자신들의 역사 교과서에 반영하여 버젓이 학생들에게 가르치고 있다.

심지어 어떤 학자는 《태강지지》의 "재고려구계, 비차갈석야(在今高麗舊界, 非此碣石也)" 부분을 "지금의 고려 옛 강역에 있으며 이 갈석산은 아니다" 식으로 해석하면서, 진 시황이 자신의 업적을 새긴 갈석산의 소재지가 하북성 창려현이 아니라 한반도 북부의 수안이라고 주장하고 있다.

그러나 뒤에서 자세하게 이야기하게 되겠지만, 그것은 두우 등의 주관적인 억측과 상상의 산물일 뿐이며, 그 주장을 지형학, 고고학, 역사학적으로 뒷받침해 줄 수 있는 증거는 그 어디에도 존재하지 않는다.

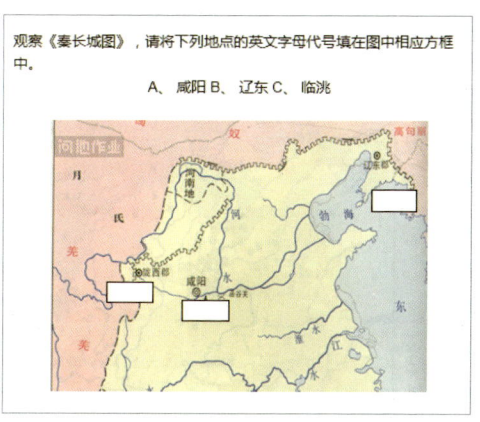

중국 모 사이트에서 출제된 역사 시험 문제. 진나라 장성의 동쪽 종점이 한반도 너머 평양 아래까지 그려져 있다.

4) 도엽암길의 '만리장성재수안설'

한눈에 보기에도 좀 생뚱맞아 보이는 이 '갈석산재수안설'을 처음 내놓은 것은 일본인 식민사학자 도엽암길(稻葉岩吉: 1876~1940)이었다.

도엽암길의 고대사에 대한 안목과 주장을 이해하려면 먼저 그의 인생 역정부터 살펴볼 필요가 있다. 1876년 일본 신사(新潟)에서 태어난 그는 24세 되던 1900년 일본 동경의 고등상업학교(高等商業學校) 부속 외국어학교 중국어부를 졸업한 후 중국 북경에서 한동안 유학 생활을 하였다.

1904년 러일전쟁이 발발하자 중국어 실력을 내세워 일본 육군의 통역병으로 복무한 후 대판상선(大阪商船)이라는 회사에 근무하였다. 그러다가 33세 되던 1909년 당시 일제의 중국 침략을 위한 전진기지 역할을 하던 남만주철도(南滿洲鐵道) 주식회사에 입사하여 만철조사부(滿鐵調査部)에서 본격적으로 만주지역의 정치, 경제, 지리, 역사를 조사, 연구하는 업무에

실증사학에 따라 갈석산이 수안에 있다고 고증한 도엽암길

종사하였다. 1915년부터는 육군대학교의 교관 신분으로 중국 정세에 관한 강의를 맡기도 하였다.

이처럼 주로 중국 관련 업무에 종사하던 그가 한반도에 눈길을 돌린 것은 44세 되던 1922년부터였다. 이 해에 조선총독부 부설 조선사편찬위원회의 위원 겸 간사로 임명된 그는 1925년부터 수사관(修史官)으로서 역사서《조선사(朝鮮史)》를 편수하는 데에 깊숙이 간여하였다.

그 후 54세 되던 1932년 일본 경도제국대학(京都帝國大學)에서 조선사 연구로 박사 학위를 취득한 그는 1938년 활동 무대를 다시 중국으로 옮겨 만주국(滿洲國)의 건국대학(建國大學) 교수로 부임한 후 죽을 때까지 재직하였다. 그가 남긴 저술로는 1914년 일본 조도전대학(早稻田大學) 출판부를 통하여 펴낸《청조전사(淸朝全史)》와 1922년의 《지나사회사연구(支那社會史研究)》, 1925년의《조선문화사연구(朝鮮文化史硏究)》, 1940년의《만주국사통론(滿洲國史通論)》등이 있다.

도엽암길의 인생 역정과 활동에 대한 소개는 얼핏 쓸데없는 객담 같아 보이기도 한다. 그러나 그 같은 전력이 그의 고대사 연구에 어떠한 영향을 주었는지 이해하는 데에 대단히 중요한 정보들을 제공해 준다고 본다.

그의 청년기는 일단 접어 두더라도 유학생활을 마친 후부터 죽을 때까지 관계한 육군, 남만주철도, 육군대학교, 조선총독부 등의 국가기관들은 그가 어떠한 집단에 의하여 어떠한 분야에서 어떠한 방식으로 특화되고 활용되었는지 잘 보여 준다.

그런 의미에서 그의 '만리장성재수안설'은 대단히 흥미로운 주장이 아닐 수 없다. 그는 일본에서 발행되는《사학잡지(史學雜志)》에 "진나라 장성 동쪽 끝 및 왕험성에 관한 고찰"이라는 제목의 논문을 발표하고 진나라 만리장성의 동쪽 끝 및 왕험성의 위치에 대한 자신의 견해를 피력하였다. 그는 이 논문에서 한나라의 낙랑군 수성현에 갈석산이 있고, 거기에 만리장성이 지어졌는데, 그 소재지가 바로 한반도의 황해도 수안군이라고 주장하였다. 이때까지만 해도 서로 별개의 연구 대상으로 존재하던 만리장성(갈석산)과 수안군을 그가 처음으로 하나로 연결시킨 것이다.

그로 하여금 이 같은 기상천외한 주장을 제기하도록 이끈 근거는 아마도 '낙랑'과 '고구려'였을 것이다. 그는 《삼국사기》에 수시로 등장하는 이 두 단어에 착안하여 낙랑과 고구려가 한반도에 존재했었다는 선입견을 가지고 《태강지지》나 《진서》〈지리지〉, 《통전》의 수성현의 위치를 찾아내려 했을 것이다.

또, 두우의 '고구려 옛 땅'을 무조건 고구려의 동쪽 영토로 오독하다 보니, 결국 그가 비정하는 고조선, 고구려 시대의 지명들도 자연히 모두 한반도에 편중될 수밖에 없었다. 그러다 보니 결국 중국의 역대 학자들조차 함부로 고증하지 못한 갈석산과 수성현의 위치를 대담하게 한반도의 수안군으로 비정하기에 이른 것이다.

남들도 감히 엄두를 내지 못한 위치 고증을 이 정도로 당당하게 주장할 정도라면 그의 손에는 결정적인 단서가 쥐어져 있었어야 정상이다. 왜냐하면 그는 19세기 이래로 사학계에 유행하고 있던 '실증사학'의 선봉장이었기 때문이다. 당시는 실증주의를 신봉한다면 역사 문헌에 대한 엄정하고 치밀한 고증이 역사학자들이 필수적으로 갖추고 있어야 할 학문적 소양이자 능력으로 간주되던 시대였다. 그럼에도 불구하고 그가 증거랍시고 들이민 것은 초라함을 넘어 궁색하기 짝이 없는 것이었다.

… 진나라 장성 동쪽 끝도 이를 통하여 얼마든지 유추해낼 수가 있다. 수성이 곧 지금의 수안이라는 것은《고려사》〈지리지〉에서 "수안은 본래 고구려의 장새현으로 '고소어'라고도 한다"라고 한 데서도 보인다. 서남쪽으로 자비령이 있고 동북쪽으로는 요동산이 있는데, 그 중간에 자비령의 험한, 그리고 경성(서울)과 의주 사이에서 가장 험준한 고갯길로 일컬어졌던 것이다. … 대동강과 한강은 수안 부근의 산맥에서 남북을 나누게 된다. 자비령은 곧 절령인데, 고려 원종 때 몽고와의 국경선이 되었다.《여지승람》〈황해도·서흥도호부〉'산천'조에는 이렇게 적고 있다. "자비령, 서흥도호부 서쪽으로 60리 지점에 있으며 '절령'이라고 하기도 하는데 평양에서 도성으로 통하는 옛 길이다. 세조 때에 호환이 많은 데다가 중국 사신들이 모두 극성 방면의 길로 다니면서 그 길이 결국 사용되지 않게 되었다고 하니, 이로써 그 길이 얼마나 다니기 힘들었는지 알 수 있는 셈이다. 직접 다녀 본 사람의 말에 따르면, 경사가 가장 급한 곳은 높이가 약 480척이며, 경사진 1/3쯤 되는 곳은 수목이 울창하고 절벽은 깎아지른 듯하다고 한다. 비탈길은 암석층이 중첩되고 중앙부가 갈려서 악연 같은 모양을 하고 있는데 구불구불해서 보행조차 하기 힘들다고 한다.

진나라 장성의 동쪽 끝은 지금의 조선 황해도 수안 땅에서 시작되고, 대동강 상류로 나온 후 청천강을 가로질러 서북쪽으로 흘러, 압록강 및 동가강 상류를 돌아 개원의 동북 방면으로 나간다는 것은《한서》〈지리지〉에 의거하더라도 의심의 여지가 없다. … 그동안 이처럼 명백한 역사적 사실을 애매모호함 속에 감추어 두었다는 것은 정말 이상한 일이 아닐 수 없다. 이제 그 원인을 곰곰이 생각해 보건대, 평양이 곧 왕험성이라는 주장이 근본적인 의혹을 빚어낸 것으로서 그 주장은《괄지지》에서 비롯된 것이다.39) ...

... 秦の長城の東端も, これにて想像することを得べし. 遂城卽ち今の遂安のことは, 高麗史地理志に, 遂安本高句麗獐塞縣, 一云古所於と見ゆ. 西南に慈悲嶺あり, 東北に遼東山あり, 就中, 慈悲嶺の險たる, 京城義州間の最難阪路なりと稱せられ, 大同江流域と漢水の河盂とは, 遂安附近の山脈にて南北を分たる こととなる. 慈悲嶺は卽ち岊嶺にて, 高麗元宗の時, 蒙古との國界に係る. 輿地勝覽.黃海道.瑞興都護府.山川の條にこれを記して曰く, 慈悲嶺, 在府西六十里, 一名岊嶺, 自平壤通京都舊路也. 世祖朝以多虎害, 且中朝使臣, 皆由棘城路以行, 其路遂廢と, また以て行路の難を知るべし. 親歷者の說によれば, 最急の處, 高さ約そ八十間, 傾斜三分之一許, 樹木鬱蒼, 斷崖削るが如し. 阪路は, 石層重疊, 中央磨して藥研の狀をなし, 迂餘曲折, 步行すら尙は且つ難しとすといへり.

秦長城の東端は, 今の朝鮮黃海道遂安の境に起り, 大同江の上源に出で, 淸川江を截り, 西北走して, 鴨綠江及佟家江の上源を繞り, 以て開原東北の地に出でたること漢志により疑はれず. 因にいふ樂浪郡.浿水の條に, 浿水の塞外より來れるをいはず, 遼東郡番汗の條, 沛水は, 塞外より出づとあり, 而して玄菟郡高句麗は, 長城の位置たる槪見すべし. 從來斯く明白なる史實をば, 曖昧模糊の裡に葬り去りたること, 寧ろ異むべし. 今その原因を覃思するに, 平壤卽王險城說は, 根本の疑惑を釀生したるものにて, 說は括地志に刱る. ...

이 논문이 《사학잡지》에 게재된 시점은 1910년 2월이다. 이때는 이씨

---

39) 도엽암길, 〈진장성동단급왕험성고(秦長城東端及王險城考)〉, 《사학잡지》, 제173-174쪽, 제21편 제2호, 1910.

조선이 일본에 합병되기 여섯 달 전이자 1년 전 만철조사부에 갓 입사한 그가 일본 제국주의 정책에 충성하기 위하여 한창 만주지역을 뛰어다니면서 현지답사와 측량작업에 바쁘던 시점이다. 여기서 그가 주장한 것은 진나라 장성의 동쪽 끝은 황해도 수안군에서 시작되며, 수안군 ⇒ 대동강 상류 ⇒ 청천강 ⇒ 압록강 및 동가강(佟佳江) 상류 ⇒ 개원(開原) 동북쪽의 경로를 거쳐 요동지역으로 연결된다는 것이었다.

말하자면, 그는 애초에 〈진장성동단급왕험성고〉를 쓸 때부터 '낙랑=고구려=갈석산=한반도'라는 답안을 정해 놓고 연구를 진행한 셈이다. 물론, 여기에는 한민족의 모든 역사적 사건들은 한반도에만 국한되어 전개되었고, 한민족의 역사는 애초부터 식민지 상태에서 시작되었다는 그의 제국주의적 편견도 단단히 한몫을 했을 것이다.

그 같은 편견은 그로 하여금 정작 고구려와 낙랑이 한반도가 아닌 중국에 존재하고 있을 가능성을 원천적으로 배제하게 만들었을 것이다. 실제로 그는 논증과정에서 두우의 '고구려 옛 땅'을 인용하면서도 정작 자신의 입장에 반하는 두우의 주장, 즉 현토, 낙랑 등의 군이 요수 동쪽으로 〈우공〉에서의 '청주'의 영역에 해당한다는 《통전》〈주군8〉의 기사는 아예 언급조차 하지 않았다.

도엽암길의 논문을 읽어 보면 국내 사학계에서 랑케 실증주의 사학의 상징처럼 받들어

도엽암길이 장성이 있다고 주장한 수안군의 위치

지고 있는 그의 논증 방식이 상당히 독특하다는 느낌을 가지게 된다.[40] 이 논문의 최고의 장점은 마치 실제로 현장에 가 있는 것처럼 생생하고 상세한 현장 묘사가 아닐까 싶다. 이 '기행문'에서 떠올리게 되는 그의 이미지는 객관적이고 엄정한 실증주의 사학자의 모습이라기보다는 현지의 지형이나 구전 설화를 정성스럽고 치밀하게 탐문조사하는 전형적인 측량기사나 산업스파이의 모습이다.

그러나 중국의 《사기》,《한서》로부터 조선의 《고려사(高麗史)》,《신증동국여지승람(新增東國輿地勝覽)》에 이르기까지 다양한 전적의 기록들을 줄줄이 늘어놓고 있지만, 정작 자신이 내놓은 결론 – 만리장성의 동쪽 끝이 수안군에서 시작되고 낙랑군 수성현이 곧 황해도 수안군이라는 주장을 뒷받침할 수 있는 결정적인 단서는 어디에서도 찾아볼 수가 없다. 그가 단서랍시고 내놓는 유일한 근거들은 논문 군데군데 끼워 넣은 현장 묘사 정도뿐이다.

이 논문에서 역사적 진실에 대한 진지한 학술적 접근과 성찰은 간 곳이 없고, 문헌 고증 역시 상당히 피상적이고 형식적으로 이루어져 있다. 아무리 좋게 평가하더라도 그저 석사과정 대학원생이 쓴 에세이나 약간 고급스러운 기행문 정도의 수준밖에 되지 않는 글인 것이다. 이런 글을 무슨 실증주의적 접근법이라도 되는 것처럼 미화한다는 것은 왠지 실증사학의 원조격인 랑케에 대한 모독이 아닐까 싶은 생각이 다 들 정도이다.

어떻게 해서 이런 수준 낮은 글이 한중 양국 고대사에 대한 실증주의적 연구에서 기념비적인 대작이라도 되는 것처럼 미화되고, 강단 사학계에서 100여 년이 넘도록 떠받들어지고 있는 것인지 도저히 이해가 되지 않는다.

---

40) 자세한 내용은 도엽암길의 논문을 참조하기 바란다.

앞서 정리해 놓은 약력을 통하여 대충 짐작할 수 있겠지만, 도엽암길은 사실 학문과는 전혀 무관한 인물이었다. 즉, 역사학을 목적으로 여기지 않고 한낱 밥벌이를 위한 수단으로 여긴 인물이라는 말이다. 그래서 어떤 의미에서 그는 학자라기보다는 차라리 공무원이라고 하는 편이 훨씬 더 잘 어울리는 사람이었다. 그는 단순히 대학 시절 배운 중국어와 당시 때마침 대외적으로 식민지 개척, 운영에 골몰하던 일본의 팽창주의 정책 덕분에 주요 보직에 임용되고, 그 대가로 그때마다 일본 정부가 필요로 하거나 선호하는 연구물들을 제공함으로써 입신 출세한 제국주의의 최첨병일 뿐이었다.

사실 만철조사부에 근무하던 그가 하루아침에 조선총독부 부설 조선사편수위원회에서《조선사》편수에 간여하게 된 것조차도 학자로서의 그의 학식이나 실력 때문이라기보다는 당시 식민통치와 관련하여 긴밀하게 공조, 협력하고 있던 남만주철도와 조선총독부의 특수한 밀월 관계 덕분이었다.

또, 경도대학에게는 좀 미안한 이야기가 될지 모르지만, 그가 그 대학에서 박사 학위를 받은 것 역시 대단한 학문적 성과를 이루었기 때문이라기보다는 그동안 일제의 식민정책에 적극적으로 협조한 데 대한 일본 정부 차원의 보상이었다고 보는 것이 옳지 않을까 싶다.

그가 말년에 다른 곳도 아닌 일제가 만주국에 유명무실하게 세워 놓았던 건국대학의 교수로 부임한 것도 1937년 노구교(蘆溝橋) 사변 전후로 날로 격화되어 가던 일본의 중국 침략정책에 활용하기 위한 사전의 포석이었다고 한다면 지나친 말일까? 굳이 관련 논문이나 저술을 찾아볼 것도 없이 도엽암길의 인생 역정만 일별해 보기만 해도 그가 인문학자로서의 학식이나 안목, 또는 랑케 식의 실증주의 역사학과는 전혀 무관하다는 사실을 확인할 수가 있다고 본다.

한국 고대사 분야에서는 말할 것도 없고, 중국 고대사 분야에서도 대단히 중대한 쟁점이 되고 있는 만리장성의 동쪽 끝과 낙랑군의 운명이 100여 년 전 인문학 연구에 대한 제대로 된 교육조차 받은 일이 없는 제3국 출신의 한 30세 초반의 풋내기 공무원의 습작 수준의 어설픈 논문 한 편에 의해서 결정 지어졌다는 사실, 그리고 그것이 무슨 대단한 학설이라도 되는 것처럼 한-중-일 세 나라에서 대를 이어 떠받들어지고 있다는 사실… 우리는 과연 이러한 사실들을 두고 웃어야 할까 울어야 할까?

5) 이병도의 '갈석산재수안설'

국내에서 만리장성의 동쪽 끝이 한반도에서 시작된다는 주장을 가장 먼저 제기한 인물은 이병도(李丙燾)였다.

그가 만리장성의 동쪽 끝 또는 갈석산에 관하여 쓴 최초의 논문은 일제 시대에 이미 발표되었을 것이다. 그러나 1976년《한국고대사연구》에 수록된〈낙랑군고(樂浪郡考)〉에서 그는 다음과 같이 기술하였다.

(6) 수성현 …… 자세하지 아니하나, 지금 황해도 북단에 있는 수안에 비정하고 싶다. 수안에는《승람(勝覽)》'산천(山川)'조에 '요동산(遼東山)'이란 산명(山名)이 보이고, '관방(關防)'조에 후대(後代) 소축(所築)의 성이지만, 방원진(防垣鎭)의 동서 행성(行城)의 석성(石城)고산자(古山子)의《대동지지(大東地志)》에는 이를 '패강(浿江) 장성의 유지(遺址)'라고 하였다.이 있고, 또《진지(晉志)》의 이 '수성현'조에는 — 맹랑한 설이지만 — "진축장성지소기(秦築長城之所起)"라는 기재(記載)도 있다. 이 진장성설

국내에서 처음으로 수안에서 장성이 시작된다고 주장한 이병도

은 터무니 없는 말이지만, 아마 당시에도 '요동산'이란 명칭과 어떠한 장성지(長城址)가 있어서 그러한 부회(附會)가 생긴 것이 아닌가 생각된다. 그릇된 기사(記事)에도 어떠한 꼬투리가 있는 까닭이다.41)

이병도의 입장을 정리해서 말하자면 이렇다. 그는 ①《신증동국여지승람》〈황해도·수안군〉'산천(山川)'조에 '요동산'이라는 이름의 산이 소개되어 있다는 점, ② 같은 책〈황해도·수안군〉'관방'조에서 방원진에 동서 행성의 석성이 있다고 적고 있는 점, 그리고 ③《진서》〈지리지〉'수성현'조에 "진나라 때 축조된 장성이 시작되는 곳(秦築長城之所起)"이라는 기록이 존재한다는 점을 들어 황해도 북단에 위치한 수안군을 낙랑군의 수성현 지역으로 비정한 것이다.

물론, 이 논문을 읽는 독자들에 따라서는 이병도가 ① 방원진의 석성이 후대에 지은 성이며, ② 김정호가 지은《대동지지》에서도 이를 "패강 장성의 남은 터"라고 고증한 점, ③ 이병도가《진서》의 편찬자가〈지리지〉'수성현'조에 "진나라 때 축조된 장성이 시작되는 곳"이라고 소개한 것을 "맹랑한 설"이고 "터무니없는 말"이라고 일축한 점에 미혹되어 이병도가 이 세 가지 단서를 모두 부정한 것으로 이해할지도 모르겠다.

그러나 그것은 머리가 좋은 이병도가 남들의 비난을 피하기 위하여 만들어 놓은 교묘한 탈출구일 뿐이다. 그는 자신이 "맹랑한 설"이고 "터무니없는 말"이라고 일축한 이 세 가지 단서를 내팽개치기는커녕 어느 사이에

---

41) 이병도,〈낙랑군고〉,《한국고대사연구》, 제148쪽, 박영사, 1976.

도로 집어 들고는 아무리 기록이 잘못 되었다고 하더라도 잘만 살펴보면 "어떠한 꼬투리(단서)"가 있기 마련이라는 알듯 모를 듯한 말을 하면서 순식간에 황해도 수안군을 낙랑군의 수성현으로 선언해 버린다.

그러면서 "자세하지는 아니하나, … 수안에 비정하고 싶다"라고 슬그머니 한마디 덧붙여 놓았다. 수안군을 수성현으로 논증한 이 대목을 보면 이병도가 얼마나 탁월한 언어유희의 대가인지 잘 알 수 있다.

이런 것 저런 것을 다 제쳐 두고 단도직입으로 말한다면, 이병도가 지금의 황해도 수안군이 낙랑군의 수성현임을 입증하는 데에 사용한 증거는 단 하나 '요동산(遼東山)'뿐이다.

수안에 '요동'산이 있다.
요동은 만리장성의 기점이다.
따라서 수안은 수성현이다.

이병도는 바로 이 말을 하고 싶어서 자신이 스스로 "맹랑한 설"이니 "터무니없는 말"이니 하면서 쥐었다 놓았다 하면서 만지작거리고 있던, 그러나 실증주의적으로 따져볼 때 전혀 결정적인 단서는커녕 증거로서의 가치조차 없는 위의 세 가지 단서를 계속 들먹거리면서 언어유희를 벌였던 것이다.

그러나 그가 저 삼단논법에 따라 "수안군이 곧 수성현이다"라는 정답을 이끌어 내는 데에 결정적인 단서로 제시한 '요동산'조차도 전혀 증거로서의 가치가 없기는 마찬가지이다. 《신증동국여지승람》〈황해도 · 수안군〉 '산천'조에서 '요동산'에 관한 설명을 찾아보면 "수안군 동북쪽 4리 되는 지점에 수안군의 진산"이라는 소개가 전부이다. 몇 글자 되지도 않는 이 설명에서 어떻게 만리장성이 시작되는 바로 그 '요동'을 떠올릴 수가 있는지 도저히 납득이 되지 않는다.

《사기》〈진시황본기〉의 "서기임조, 동지요동, 축장성만여리(西起臨洮, 東至遼東, 築長城萬餘里)" 대목에 언급된 그 '요동'과 수안군 내에 있는 진산으로서의 이 '요동(산)'이 서로 관계를 가질 수 있는 유일한 근거는 그 이름이 같다는 점 하나뿐이다. 그저 우연의 일치일 뿐인 이 '요동'이라는 이름이 어떻게 수안군이 낙랑군의 수성현이라는 결정적인 증거가 될 수 있다는 말인가?

중국 절강성에는 지금도 '수안'과 완전히 똑같은 한자를 이름으로 쓰는 현이 존재한다. 만일 이름자가 같으니까 이 '요동(산)'과 저 '요동'은 동일한 곳이라는 식이라면 수안의 경우도 이름이 완전히 똑같으니까 이 '수안'이 저 '수안(현)'과 같은 곳이라고 우길 수 있다는 말인가? 이런 식의 증명은 논증이 아니라 코흘리개 아이들의 억지와 다를 것이 없다. 이런 궤변이 실증적인 문헌고증과 무슨 상관이 있단 말인가?

물론, 이병도가 황해도 수안군이 낙랑군의 수성현임을 논증하는 과정에서 정식으로 거론하지는 않았지만, 그가 '수안=수성'의 증거로 내세운 것들은 1910년 도엽암길이 자신의 논문에서 증거랍시고 언급한 것들과 본질적으로 다를 바가 없다고 해도 과언이 아닐 것이다. 수안의 '수'가 수성의 '수'와 글자가 같다고 해서 수안군이 바로 낙랑군의 수성현이라고 우기는 쪽이나, 수안군의 진산인 요동산의 '요동'이 만리장성의 기점인 '요동'과 글자가 같다고 해서 만리장성의 기점이 수안군이라고 우기는 쪽이나 어이가 없기는 서로 피장파장이다.

명색이 실증주의 사학의 선봉장임에도 불구하고 이병도가 자신의 그 같은 주장을 뒷받침해 주는 결정적인 증거로 내세운 단서도 궁색하기는 도엽암길의 경우와 크게 다를 바가 없는 것이다.

　이런 민망스러운 언어유희를 두고 '실증주의 사학'이니 '문헌 고증'이니 하는 거창한 수식어를 갖다 붙인다는 것은 정말 랑케의 얼굴에 먹칠을 하는 짓과 다를 바가 없다고 본다. 정말 심각한 문제는 도엽암길이나 이병도의 유치찬란한 언어유희가 그들만의 언어유희로 끝나지 않고, 장장 100여 년이라는 긴 세월 동안 한-중 양국의 고대사 연구에 엄청난 혼란을 야기하는 것은 말할 것도 없고, 지금까지도 두 나라에서 자국의 역사를 배우는 어린 학생들에게 부당한 선입견과 악영향을 심어 놓고 있다는 사실이다!

5. 수성현이 수안군일 수 없는 이유들

　갈석산과 관련된 기사들을 종합해 볼 때 수안군은 만리장성의 기점이 될 수가 없다. 이제부터는 중국 문헌들과의 비교를 통하여 몇 가지 측면에서 낙랑군의 수성현이 황해도의 수안군일 수 없는지 그 이유를 살펴보도록 하겠다.

1) '수안'이라는 이름의 유래

　앞서 보았듯이, 이병도는 수안군의 '수'와 낙랑군 수성현의 '수'가 동일한 글자를 공유하고 있으며, 수안군 내에 '요동산'이라는 산이 있다는 점을 들어서 수안군이 곧 수성현이라는 결론을 내렸다. 그러나《신증동국여지승람》에서 해당 대목을 찾아보면 이병도의 주장은 사실이 아님을 알 수가 있다.

【건치연혁】

원래 고구려의 장새현으로 '고소어'라고도 하였다, 신라 때 서암군의 영현이었으며, 고려 초기에 지금의 이름으로 바뀌었다. 현종 때에는 곡주에 속해 있었으며 나중에 현령을 두었다. 충선왕 때 원나라 조정의 총애를 받던 환관 이대순의 요청에 따라 '수주'로 승격되었다가 군의 주민 이연송이 나라를 위하여 애쓴 공로가 있다 하여 군으로 승격되었다는 말도 있다. 본조에 들어와서 '수안군'으로 개칭되었다.

【建置沿革】

本高勾麗獐塞縣一云古所於, 新羅時爲栖巖郡領縣, 高麗初改今名. 顯宗屬谷州, 後置縣令. 忠宣王以元朝嬖宦李大順之請, 陞爲遂州一云以郡人李連松有勞於國, 陞爲郡. 本朝改爲遂安郡.

말하자면, 지금의 황해도 수안군은 고구려 때에는 '장새현' 또는 '고소어'로 불렸으며, 신라의 통일 이후로 '서암군'으로 불리다가 고려 초기에 이르러서야 처음으로 지금의 '수안'이라는 이름을 가지게 되었다는 것이다. 그리고 고려 후기, 즉 13~14세기 무렵에 고려 출신으로 원나라 황제 쿠빌라이(忽必烈: 1215~1294)의 총애를 받던 환관 이대순의 주청으로 '수주'로 승격되었다가 조선시대에 도로 원래의 이름 '수안군'으로 돌아갔다는 것이다.

이 지역이 처음으로 '수안'으로 불리기 시작한 '고려 초기'가 정확하게 언제쯤인가에 대하여 조선시대 후기의 실학자 김정호(金正浩: ?~1864)는 《대동지지(大東地志)》에서 "고려 태조 23년(943)에 '수안'으로 고쳤다"라고 전하고 있다. 그의 고증이 정확한 것이라면, 황해도의 수안군이 지금의 이름을 가지게 된 것은 10세기 중엽인 셈이다. 즉, '수안'이라는 지명의 내력은 아무리 위로 거슬러 올라가더라도 겨우 1,000여 년밖에 되지 않는다는 말이 된다. 그렇다면 이보다 200여 년 전인 8세기의 두우가 언급한 낙랑군의 수성현은 한반도의 수안과는 도저히 하나로 엮으려야 엮을 수가 없는 셈이다.

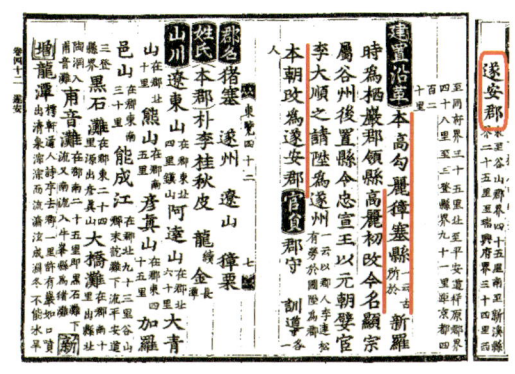

《신증동국여지승람》의 '수안군'조

반면에 중국에서 '수성현'이 처음으로 보이는 것은 《진서》〈지리지〉부터이다. 《진서》는 당나라 정관(貞觀) 22년(648)에 완성되었고, 두우의 《통전》은 정원(貞元) 17년(801)에 간행되었다. 그렇다면 '낙랑군 수성현'과 '황해도 수안군' 사이에는 최소한 200~300여 년의 시차가 존재하는 셈이다.

그렇다면, 수안과 수성 사이에는 이름에 같은 글자 '수'가 들어간다는 것 이외에는 아무런 상관이 없는 셈이며, 따라서 '낙랑군 수성현'이라는 중국의 지명을 그로부터 최소한 200년 후에 비로소 출현하는 '수안'과 결부시키고 또 동일시하려 하는 것은 사건의 선후관계를 완전히 무시한 어불성설일 수밖에 없는 것이다.

'수안'이 '수성'에서 유래했다고 주장한 도엽암길과 이병도는 과연 《신증동국여지승람》을 참고하는 과정에서 이 사실을 전혀 몰랐을까? 이 사실을 전혀 몰랐다면 두 사람은 훌륭한 학자였다고 할 수 없다. 만일 두 사람이 이 사실을 알고도 모른 척했다면 양심적인 학자라고 할 수도 없는 셈이다. 그런 의미에서 본다면, 언필칭 실증주의를 표방했던 도엽암길이나 이병도가 '수성현=수안군'의 관계를 입증한답시고 수안을 결정적인 단서로 삼은 것 자체가 난센스와 다를 바가 없다고 본다.

백번 양보해서 《신증동국여지승람》의 이 단서들이 처음부터 존재하지 않는다고 치자. 그렇더라도 도엽암길과 이병도가 '수성'의 '수'를 200년의 시차가 나는 '수안'의 '수'와 억지로 결부시키려 한 것은 실증주의 사학을 금과옥조로 여겼다는 두 사람에게는 대단히 불명예스럽고 민망한 상황이 아닐 수 없다.

만일 그 역사적 배경이나 입지조건, 서지정보들은 도외시한 채 그저 A와 B 두 지명에 같은 글자가 사용되었다고 해서 A와 B를 동일한 지점이라고 주장한다면 그것은 요행을 바라는 것이지 실증주의 사학이라고는 할 수 없다. 그렇게 따지자면 한나라 때 우북평군의 속현이던 '여성(驪城)'에 낙랑군 '수성'과 동일한 '성'이 들어가 있다는 이유로 '여성'과 '수성'을 동일한 지역이라고 판정해도 무방하다는 말인가?

어떤 면에서는 하북성 여성현을 낙랑군의 수성현으로 비정하는 것이 오히려 역사적 진실에 훨씬 더 가까워 보인다. 왜냐하면 갈석산의 위치와 관련된 여러 가지 퍼즐 조각들은 한결같이 그 위치로 하북지방을 가리키고 있기 때문이다. 게다가 '갈석(산)'이라는 고유명사는 전통적으로 중국에만 존재해 왔고, 역시 중국 사학자들만 언급해 왔으며, 두 지역의 지리적 특성을 비교해 보더라도 오히려 하북이 훨씬 그 가능성이 높다. 인문지리적 위치, 지명, 연혁, 문화, 환경 등이 모두 그 고증 내용들과 분명하게 일치하는 것이다. 다른 퍼즐 조각들은 모두 그 위치로 하북지방을 가리키고 있는데, 유독 한 조각만 머나먼 한반도의 수안군을 가리키고 있다면 어느 쪽을 선택하는 것이 보다 객관적이고 합리적이겠는가?

지명의 한 글자가 같다는 것, 그리고 수안군 내에 '요동'이라는 이름을 가진 산이 있다는 우연의 일치를 근거로 기계적으로 급조된 이병도의 '갈석재수안설'은 누가 보더라도 대단히 주관적이고 비과학적인 억측에 지나지 않는다. 그럼에도 불구하고 이처럼 허점이 많은 도엽암길과 이병도의 고증이 국내 학계에서 지금까지도 마치 정설이라도 되는 것처럼 떠받들어지고 있다는 것은 그 자체가 실증주의 사학에 대한 역설이자 조롱이라고 밖에 할 수 없다.

2) 두우의 '우갈석' 오독

두우는 《상서》〈우공〉의 '右碣石' 세 글자를 고유명사, 즉 '우갈석'으로 이해하여 이와 짝을 이루는 '좌갈석'의 존재를 상정하였다. 그러나 그것은 명백한 오독이었다. 왜냐하면 '右碣石'은 여기서 고유명사('우갈석')가 아니라 '관형어+명사' 구조의 복합명사('오른편의 갈석산')으로 해석해야 옳기 때문이다.

만일 이 세 글자를 고유명사로 해석하면 필연적으로 또 하나의 갈석산 – '좌갈석'이라는 존재를 만들어 내야 한다. 그러나 '右碣石'은 기록자 또는 구술자가 갈석산이 다소 오른편으로 치우쳐 있다는 것을 알리기 위하여 기록자 또는 구술자가 '오른편의 갈석'이라는 의미로 사용한 표현일 뿐이다.

따라서 이와 짝을 이루는 '좌갈석'은 애초부터 존재할 이유가 없다. 그렇다면 전후 문맥을 따져 볼 때 이 문장은 당연히 "오른편의 갈석산을 끼고 황하로 진입하다" 식으로 해석될 수밖에 없는 것이다. 백번 양보해서 좌갈석, 우갈석의 존재를 그대로 인정한다고 하더라도 문제는 여전히 남는다. 일부 학자가 그동안 주장해 온 것과는 달리 조선과 낙랑의 소재지로 일컬어져 온 평양은 물론이고 그 인근 지역도 기본적으로 평야지대와 낮은 구릉지대만 존재할 뿐 갈석산처럼 '랜드마크'가 될 정도로 크고 장엄한 산은 존재하지 않기 때문이다.

두우보다 100여 년 전의 학자인 안사고(顏師古: 581~645)는 《상서》〈우공〉의 "협우갈석, 입어하(夾右碣石, 入於河)"에 대하여 "우가 이 산의 오른편을 끼고 황하로 진입하여 거슬러 올라간 것을 말하는 것이다(言禹夾行此山之右而入于河, 逆上也)"라고 해석한 바 있다. 또, 송대의 대학자 소식(蘇軾: 1037~1101) 역시 《서전(書傳)》에서 이 문제와 관련하여 다음과 같은 해석을 하였다.

> 황하는 갈석산 남쪽과 발해의 북쪽으로부터 바다로 진입한다. 여기서 '협'은 낀다는 뜻이다. 바다로부터 황하로 진입하여 강의 흐름을 거슬러 서쪽으로 가면서 오른쪽으로 갈석산을 돌아보는 것이 그것을 낀 것과 같다는 말이다.
> 河自碣石山南, 渤海之北入海. 夾, 挾也. 自海入河, 逆流而西, 右顧碣石如在挾掖也.

이처럼 두우보다 이전의 안사고나 그보다 이후의 소식 역시 '협우갈석(夾右碣石)'을 '우갈석을 끼고'가 아니라 '오른편의 갈석을 끼고' 또는 '갈석을 오른편으로 끼고' 식으로 정확하게 이해한 것이다.

게다가 두우 이후로 역대의 어느 문헌도 《상서》의 '우갈석'과 대응되는 '좌갈석'의 존재를 언급한 경우는 없었다. 백번 양보해서 역사적으로 좌갈석과 우갈석 두 개의 갈석산이 존재했다는 주장을 그대로 진실로 받아들인다 하더라도 그 '제2의 갈석'을 수안군으로 비정하는 것은 옳지 않다.

물론, 수안군은 고도가 높은 산지이므로 해발이 높은 산이 존재할 가능성은 충분히 있다고 본다. 문제는 수안의 입지조건이 그동안의 중국 문헌들의 언급과는 배치된다는 사실이다. 중국의 여러 문헌들은 갈석산이 바닷가에 자리 잡고 있다고 소개하고 있다. 안사고가 같은 부분에 "갈석은 바닷가에 있는 산의 이름이다(碣石, 海邊山名也)"라고 주석을 붙인 일은 그 대표적인 예라고 할 수 있다. 그보다 700여 년 전인 전한대의 학자인 공안국(孔安國: BC156~BC74) 역시 《상서공씨전(尙書孔氏傳)》에서 이 앞의 '갈석산'에 대하여

"갈석은 바닷가에 있는 산이다(碣石, 海畔之山也)"

라고 주석을 붙이고 있다. 이러한 주석은 기원전 2세기의 한나라로부터 기원후 7세기의 당나라 때까지 공안국이나 안사고 개인뿐만 아니라 중국인들이 대부분이 갈석산에 대하여 이 같은 지리적 인식을 공유하고 있었다는 것을 간접적으로 시사해 주는 셈이다.

특히, 공안국은 사마천과 거의 동시대를 살았던 인물이므로 그가 주석에서 언급한 갈석산과 사마천이 《사기》에서 언급한 갈석산이 별개의 것일 가능성은 상당히 낮다. 즉, 진 시황, 한 무제, 조조 등 역대 제왕들이 찾았던 그 갈석산은, 2,000년 동안의 바다 수위의 변동을 감안하더라도, 그 위치가 내륙이 아니라 해변이거나 바다가 굽어보이는 곳이어야 정상인 것이다. 만일 이러한 조건을 충족시키지 못하면 그 산은 별개의 엉뚱한 산이며, 그 고증은 엉터리 고증이라는 뜻인 셈이다.

그런데 황해도 수안군은 해변은커녕 내륙 깊숙한 곳에 위치해 있다. 따라서 해상 항해 도중에 배를 정박하거나 그 정상에서 아무리 시야를 넓게 가져도 그 위치에서 육안이 아니라 망원경을 가지고도 바다를 굽어보기는 불가능한 것이다.

사실 황해도의 수안군은 일단 《상서》〈우공〉의 묘사처럼 "오른편의 갈

석산을 끼고 황하 유역으로 진입하는" 지점에 위치해 있지 않을 뿐더러, 중원의 영역 너머 만리 이역인 한반도의 구릉지대에 자리 잡고 있고, 특정한 강(대동강)의 발원지도 아니며, 무엇보다도 만리장성의 기점도 아니어서 역사적 진실에서도 멀리 떨어져 있다.

더욱이, 만일 이 수안군의 요동산이 공안국, 안사고 등이 말한 바닷가의 갈석산이라고 한다면 그보다 해발이 낮은 평양, 개성, 남한의 서울 같은 도시는 지금 모두 바닷속에 잠겨 있어야 되는 셈이어서 더더욱 앞뒤가 맞지 않다. 그렇다면 이 일대에서 아무리 한대의 유물들이 쏟아져 나온다고 해도 이를 낙랑군 속현인 수성현의 소재지라고 단정할 수는 없는 셈이다.

3) 순행 동선상의 모순

갈석산의 소재지가 수안군이 아니라는 사실은 진 시황 이래 역대 통치자들의 순행 경로들을 복기하면서 따져 보더라도 얼마든지 확인할 수가 있다.

앞서 소개한 것처럼, 《사기》〈진시황본기〉에 따르면, 2세 황제 호해는 재위 원년에 동방 순행에 나섰는데 이때 갈석에서 바다를 끼고 남하하여 태산을 둘러보고 회계까지 갔다고 적고 있다. 그리고 부황의 치적을 기리기 위하여 바위에 글을 새기게 하기 위하여 이사가 그를 수행하여 갈석까지 간 후 동해를 따라 남쪽으로 회계까지 이르렀다고 적고 있다. 즉, '갈석 ⇒ 남하 ⇒ 태산 ⇒ 회계'의 순서로 순행을 하고 있는 것이다.

만일 여기서 말하는 갈석이 황해도의 수안군이라면 바다를 따라 남쪽으로 내려갈 경우 만나게 되는 것은 지금의 충청도나 전라도의 모 지점이어야지 산동성의 태산이나 절강성의 회계일 수 없다.

한 무제의 동방 순행 경로를 복기해 보아도 결과는 마찬가지이다. 한 무제는 태산에서 봉선의식을 마친 후 산동반도로 가서 배를 타고 앞바다까지 나갔다가 그 길로 갈석산까지 북상한 후 육지에 상륙하여 육로로 요서 ⇒ 북변 ⇒ 구원을 둘러본 후 감천으로 귀환하고 있다.

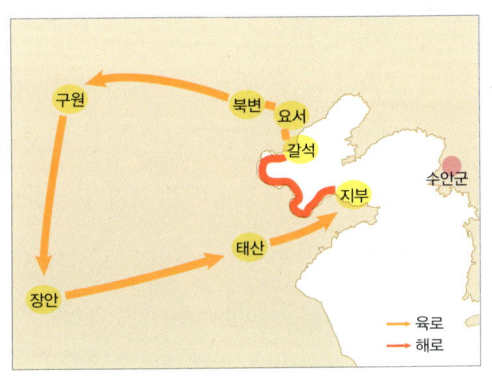

한 무제의 순행 경로도

즉, '태산 ⇒ 산동반도 ⇒ 해로로 북상 ⇒ 갈석산 ⇒ 육로로 요서 ⇒ 북변 ⇒ 구원 ⇒ 감천'의 순서로 순행을 다닌 셈이다.

그런데 만일 갈석산이 황해도 수안군에 있다면 이 순행 경로에는 엄청난 구멍이 생긴다. 한 무제가 바다를 끼고 북상하여 갈석에 이르렀다는 기록과도 전혀 부합되지 않게 되는 것이다. 설마 한 무제가 전라도, 경상도로부터 위로 북상한 것은 아니지 않겠는가?

산동반도에서 북상하여 갈석산까지 가는 여정과, 역시 갈석산에서 상륙해 요서군으로 가는 여정은 여행거리가 상당히 길다. 따라서 그 사이에 크고 작은 도시들이 몇 개는 더 언급되었어야 정상이다. 게다가 갈석산이 수안군에 있었다면 육지에 상륙한 한 무제가 처음 도착하게 되는 곳은 요서가 아니라 요동이어야 옳은 것이다.

그런데 산동지방에서 바로 북상하자마자 갈석산에 도착하고, 갈석산에서 배를 내리자마자 곧장 요서에 닿고 있다. 진 시황, 한 무제 등의 순행 경로를 복기해 보더라도 갈석산의 위치는 황해도 수안군이 아니라 중국, 특히 그 입지조건상 지금의 산해관 서쪽 지역에 위치해 있었다고 볼 수밖에 없는 것이다.

더욱이 한 무제의 순행은 원봉 원년(BC110)에 이루어졌으니 시기적으로 조선과의 전쟁이 발발하기 1년 전이다. 즉, 이때는 조선이 건재하고 있었던 것이다. 그렇다면 우거가 조선을 통치하고 있을 때, 한 무제가 남의 나라를 마음대로 휘젓고 다녔다는 말이 되기 때문에 이 역시 앞뒤 아귀가 맞지 않는 것이다.

진 시황이나 한 무제의 경우뿐만이 아니다. 이러한 순행 동선에서의 모순은 그 이후의 통치자들의 순행 경로들을 추가로 비교해 보더라도 그대로 드러난다. 삼국시대인 건안 12년(207) 조조가 북쪽의 오환을 정벌할 때와, 위나라 장수 사마의(司馬懿: 179~251)가 238년 공손연(公孫淵)을 토벌할 때, 그리고 북위의 문성제, 북제의 문선제, 수 양제, 당 태종 등의 순행 경로들까지 일일이 대조하면서 복기해 보아도 결과는 마찬가지인 것이다.

만일 이들이 순행 길에 거쳐 간 갈석산의 위치를 지금의 창려현 인근으로 비정하면 아귀가 그럴싸하게 맞아 떨어진다.[42] 그러나 그 위치를 황해도 수안군으로 비정하면 전혀 아귀가 맞지 않게 되며, 순행 경로 역시 엉망으로 헝클어져 버리고 만다.

---

[42] 갈석산의 위치와 관련하여 필자가 한 가지 분명히 해 두고자 하는 것이 있다면 그것은 고대사에 등장하는 갈석산이 지금의 창려현에 소재한 그 산과 동일한 산이라는 주장을 100% 정답이라고 생각하지는 않는 것이다. 개인적으로는 오히려 그보다 북쪽의 연산산맥에 자리잡고 있는 여러 산들 중 하나라고 본다. 이는 역대 사서 문헌들의 기록들을 참조할 때 그 지역이 갈석산의 소재지로 가장 잘 어울린다는 판단을 내렸기 때문이다. 다만, 현재로서는 이 같은 가정을 뒷받침할 만한 문헌적 근거들을 확보하지 못한 상태이기 때문에 당분간은 기존의 창려현 갈석산 설을 추종할 수밖에 없을 것 같다.

4) 갈석산과 조선, 낙랑

갈석산과 조선, 낙랑의 위치가 기존 역사서의 기록과 아귀가 맞지 않다. 〈진시황본기〉나 〈효무제본기〉에서 '북지갈석(北至碣石)'은 갈석산이 진-한 제국 강역의 북방한계선이라는 의미로 이해하는 것이 옳다고 본다. 이 점은 한대에 편찬된 사서나 문헌들을 통해서 쉽게 확인할 수 있다.

> 동방의 끝은 갈석산에서 시작해서 조선을 지나 대인국을 통과하면, …
> 東方之極, 自碣石山, 過朝鮮, 貫大人之國,[43] …

> … 효무황제에 이르러 서쪽으로 여러 나라를 연결하여 안서에 이르렀고 동쪽으로는 갈석을 지나 낙랑에 이르렀다.
> … 及孝武皇帝, 西連諸國, 至於安西, 東過碣石, 至於樂浪.[44]

> 효무황제 원수 6년에 이르러, … 서쪽으로 여러 나라를 연결하여 안식에 이르렀고 동쪽으로는 갈석을 지나 현토, 낙랑을 군으로 삼았다.
> 至孝武皇帝元狩六年, … 西連諸國, 至于安息, 東過碣石, 以玄菟, 樂浪爲郡.[45]

이상의 인용문들을 자세히 분석해 보면, "동과갈석, 지어낙랑(東過碣石, 至於樂浪)", "동과갈석, 이현토낙랑위군(東過碣石, 以玄菟樂浪爲郡)" 등의 문장을 통하여 갈석산과 조선 또는 낙랑(현토)가 서로 다른 지역에 위치해 있었으며, 평양지역이 낙랑군이 아니라는 것을 감지할 수가 있다. 만일 갈

---

43) 유안,《회남자》〈시칙훈〉.
44) 반고,《한서》〈효원황제기(孝元皇帝紀)〉.
45) 반고,《한서》〈엄주오구주부서엄종왕고전(嚴朱吾丘主父徐嚴終王賈傳)〉.

석산과 조선 또는 낙랑이 똑같이 평양지역에 존재했다면 이 같은 "동과갈석, 지어낙랑"의 상황은 성립할 수가 없기 때문이다.

이 같은 표현은 어디까지나 이 중 어느 하나가 다른 공간에 존재한다는 전제하에서나 사용이 가능한 것이다. 만일 갈석-낙랑(현토), 갈석-조선이 서로 같은 공간에 공존하고 있었다면 "동과갈석, 지어낙랑"이나 "동과갈석, 이현토낙랑위군" 식으로 기록하지 않고 당연히 "동과낙랑갈석(東過樂浪碣石)" 즉 "동쪽으로 낙랑의 갈석을 지나" 식으로 기록했을 것이다.

그런데도 위의 기사들에서 갈석과 조선, 또는 갈석과 낙랑(현토)을 분명하게 구분해서 언급한 것을 보면 양자는 그 위치에 있어 행정적으로 명령계통이 서로 다른 정치집단, 즉 이민족이나 외국이 자리 잡고 있었다고 보아야 옳은 것이다.

더욱이 "자갈석, 지어조선(自碣石, 至於朝鮮)", "동과갈석, 지어낙랑(東過碣石, 至於樂浪)"이라면 갈석산을 기준으로 했을 때, 조선 또는 낙랑(현토)는 그 갈석산보다 동쪽에 위치해 있었다는 말이 된다.《회남자》에서 갈석산의 위치를 소개하면서 사용한 "동방지극(東方之極)"이라는 표현은 '아시아 대륙의 동쪽 끝(far east)'이라는 말이 아니라 한 제국 영토의 동쪽 끝이라는 의미로 사용되었다고 이해해야 옳다.

그렇게 본다면 갈석산의 소재지는 수안군으로 보는 것보다는 중국 하북성 동북부의 모 지점으로 보는 것이 훨씬 합리적인 추론이 되는 것이다.

실제로 수안군은 조선의 수도 또는 낙랑군으로 추정되어 온 평양의 서쪽이 아니라 남쪽에 자리 잡고 있기 때문에《사기》,《회남자》,《한서》에서 소개한 갈석산의 위치와는 전혀 맞지 않다.

첫머리에 열거한 갈석산의 후보군에서 갈석산을 기준으로 할 때 그 동쪽이 조선 또는 나중의 낙랑(현토)가 위치해 있다면 이 조건을 충족시켜 줄 수 있는 것은 하북의 창려(昌黎), 보정(保定), 임유(臨楡) 정도이며, 산동의 무체(無棣)나 하북의 낙정(樂亭), 요령의 수중(綏中) 같은 곳은 이 조건에 부합된다고 하기 어렵다.

황해도의 수안군 역시 마찬가지이다. 수안군 동쪽은 육지

중국 문헌들은 한결같이 갈석산 동쪽에 낙랑과 현토가 있다고 했다.

이므로 표면적으로는 입지 조건이 위의 기사들과 유사한 셈이다. 그러나 이 경우 정작 조선의 수도로 운위되는 평양은 수안의 서북쪽에 위치해 있기 때문에 위의 《사기》,《회남자》,《한서》에서 소개하고 있는 내용과 전혀 부합되지 않는다.

주지하다시피 낙랑은 무제가 조선을 정벌한 후 그 자리에 설치한 군이다. 따라서 낙랑과 조선은 둘 다 같은 자리에 자리 잡고 있는 것으로 보아야 옳은 것이다. 이 같은 추론을 뒷받침해 주는 간접적인 단서들은 다른 데에서도 얼마든지 찾아볼 수 있다.

《수서(隋書)》에서는 상곡군 수성현이 지금의 하북성 역주(易州)에 있다고 말했고, 《태강지지》에서는 낙랑군 수성현이, 갈석산이 있고 장성이 시작되는 곳에 있다고 말했고, 두우의 《통전》에서는 상곡군 수성현이 장성이 시작되는 곳에 있다고 말하였다. 따라서 《수서》에서 말한 역주에 있다는 상곡군 수성과 《통전》에서 말한 장성이 시작되는 곳에 있다는 낙랑군 수성이, 역주 수성, 상곡군 수성, 낙랑군 수성으로 시대에 따라 소속만 변경되었을 뿐 사실은 동일한 지역이라는 사실을 알 수가 있는 셈이다.

5) 조선, 낙랑과의 위치 문제

진 시황이 만리장성을 축조한 것은 북방의 강적인 흉노의 침입으로부터 제국을 지키겠다는 의도 때문이었다. 이 같은 그간의 통설이 사실이라면 만리장성이 황해도 수안군에서 끝날 경우 앞뒤가 맞지 않게 된다.

진 시황이 만리장성을 축조할 무렵 고조선은 하나의 독립된 주권을 가진 나라였다. 즉, 한나라의 연국에서 망명해 온 위만에게 나라를 빼앗기기 이전이었던 것이다. 따라서 백보 양보해서 만일 학자들이 지금까지 주장해 온 대로 그 수도가 평양이었다면, 조선은 평안도를 중심으로 수천 리의 강역을 가지고 있었고 그 통치력은 평안도 전역에 걸쳐 작용하고 있었던 셈이다.

그렇다면 진 시황은 당시 독립국가로 건재하던 조선의 땅을 넘어가서 그보다 남쪽인 황해도 수안군까지 장성을 축조했다는 소리인데 이는 현실적으로 있을 수 없는 일이다. 당시 조선의 왕이 아무리 변변치 않다고 하더라도, 이웃 나라 황제가 자기 집 앞마당을 가로질러 보란 듯이 장성을 축조하는데 남의 일인 양 이를 묵인하고 수수방관 했을 리가 없다.

설사 침범할 수 있었다고 하더라도 그 정도면 특기해야 할 정도로 중대한 사건이므로 당연히 《사기》 등의 역사서에 당연히 관련 기록이 남았어야 정상이다. 그런데 관련 기록은 중국 역사서에서 단 한 줄도 보이지 않는 것이다. 앞서 《회남자》, 《한서》 등의 "자갈석산, 과조선", "동과갈석, 지어낙랑", "동과갈석, 이현토낙랑위군" 등에서 볼 수 있듯이, 갈석산은 조선 땅에 위치해 있는 것이 아니라 조선 땅에 진입하기 직전, 즉 조선 강역 외부 또는 접경지대에 위치해 있는 것으로 소개되고 있다.

게다가 갈석과 조선의 위치 설명에서 항상 사용되는 방향사가 '동(東)'

인 것에서 볼 수 있는 것처럼, 조선은 갈석산보다 동쪽에 위치해 있는 것으로 소개된다. 그런데 갈석산의 위치를 조선 강역 남부인 수안군으로 비정한다면 방위가 틀리는 것은 말할 필요도 없을 뿐만 아니라, 그 위치 역시 조선 강역을 지나야 나오는 곳이 되는 셈이어서 여러 모로 아귀가 맞지 않게 된다.

또 하나, 갈석산이 황해도 수안군에 위치해 있다면 태행산과 항산에 이어 갈석산에 이르러 바다로 진입한다고 소개한 《상서》〈우공〉,《산해경》의 기록과는 완전히 배치되는 셈이어서 이 역시 재고가 필요하다.

6) 갈석산이 순행 명소가 된 이유

앞서 소개한 대로, 조조가 오환을 정벌할 때 갈석산에 올라가서 지었다는 〈관창해(觀滄海)〉는 우리에게 상당히 중요한 단서를 제공해 준다. 우선 ① 갈석산이 조조의 정벌로를 기준으로 동쪽에 위치해 있었고, ② 창해(발해) 역시 갈석산을 기준으로 그 동쪽에 자리 잡고 있었으며, ③ 여기에 언급된 지명들이 한결같이 중국 하북과 요서 일대의 것들이라는 사실이다.

또 하나 가장 중요한 단서의 하나는 중국의 역대 제왕들이 갈석산을 찾은 이유가 바다를 조망하는 것이었다는 점이다. 그런데 중국과 한국을 통틀어 이 같은 입지 조건을 가지고 있는 지역은 하북과 요서 일대밖에 없다.

갈석산의 위치와 관련하여 또 하나 참고해야 할 문헌이 바로 청대의 지리학자 고조우(顧祖禹: 1631~1692)가 편찬한 《독사방여기요(讀史方輿紀要)》이다. 고조우는 이 책에서 노룡, 창려 두 곳을 소개하는 대목에서 이렇게 소개하고 있다.

갈석과 유관은 둘 다 관내의 험지인데, 조조가 노룡을 나가 오환을 평정하였다.

… 碣石渝關, 皆爲內險. 曹操出盧龍, 平烏桓.[46] …

고문에서 한자 '내(內)'는 여러 가지 사전적인 의미를 내포한다. 그러나 적어도 위의 "내험(內險)"과 같은 경우 '내'는 맥락상 '해내' 또는 '관내(關內)', 즉 '중국의 영토 안'이라는 의미로 해석된다.

바꿔서 말하자면, '내험'은 그 표현 자체가 지니는 지리적 범위의 제한성 때문에 이미 갈석산과 임유관, 그리고 조조의 20만 대군이 오환의 땅으로 출정할 때 거쳐 간 노룡새(盧龍塞)의 소재지를 중원지역 이내로 한정하고 있는 셈이다.

고조우는 여기서 갈석과 유관을 "내험"이라고 했으니 그 위치는 자연히 원칙적으로 산해관보다 서쪽에 존재할 수밖에 없으며, 갈석산이 자리 잡고 있는 지점 역시 넓게 보면 중원, 좁게 보면 임유관 안쪽인 하북성 동북쪽 특정 지역의 한 곳이 될 수밖에 없는 것이다.

조조가 오환을 정벌한 후 갈석산을 둘러보고 허창(許昌)으로 귀환하는 경로를 지도로 살펴보면 대략 다음과 같다.

그런데 이 같은 입지조건을 무시하고 여기서의 갈석산을 황해도 수안군으로 비정한다면 오환 정벌 및 허창 귀환의 전 과정에서의 조조의 동선이 완전히 엉망진창으로 헝클어져 버리게 되는 것이다.

---

46) 고조우,《독사방여기요》〈직예2 · 영평부(直隸二 · 永平府)〉'노룡(盧龍)'조.

조조의 오환 정벌 경로도

7) 갈석산은 평주에 있었다

  진 시황이 만리장성을 축조한 가장 큰 이유는 중원으로 남침하는 흉노를 효과적으로 막기 위해서였다. 그런데 그 동쪽 종점이 지금의 수안군에서부터 시작된다고 주장한다면 해명하지 못하는 문제들이 야기된다.

  예를 들어, 중국의 역대 역사서 및 문헌들은 갈석산이 해변에 위치해 있었다고 적고 있다. 그러나 수안군은 평양의 동남쪽이자 황해도 내륙에 자리 잡고 있다. 따라서 그 입지조건이 중국 역사서들이 그동안 형용해 온 기록들과는 완전히 배치될 뿐 아니라, 갈석산에 이르러 황하로 진입한다고 적고 있는《상서》〈우공〉,《산해경》의 기록과도 전혀 부합되지 않는다.

  또 하나 우리가 주목해야 할 것은 북송시대에 간행된 지리서인《태평환우기(太平寰宇記)》의 경우이다. 후한시대에 하북성 동북부는 원래 유주(幽州)의 관할 하에 있었다. 그러다가 한 헌제(漢獻帝) 때 현지의 군벌 공손도

(公孫度: 150~204)가 나라가 어지러워진 틈을 타서 요동지역에서 자립하여 스스로를 '평주목(平州牧)'을 일컬으면서 비로소 '평주'로 불리기 시작했다고 한다. 조씨의 위나라 때 및 서진시대 함녕(咸寧) 2년(276)에는 요동, 창려, 현토, 대방, 낙랑의 다섯 군을 쪼개어 평주로 삼았으며, 그 치소는 양평(襄平)에 두었다고 한다. 그런데 이 책의 〈하북도(河北道)〉 '평주'조를 읽어보면 거기에는 갈석산이 소개되어 있는 것이다.

갈석

진 시황이 처음에 연나라 출신 노생으로 하여금 신선을 찾게 하고 갈석에 공적을 새겼으며 한 무제는 거기에 올라가 바다를 바라보았다. 그때 산에는 돌기둥처럼 큰 돌이 있었는데 '천교주'라고 불렀으며, 늘 바라보면 큰 바다의 속에 있었는데 그 모양이 사람이 만든 것 같았지만 인력으로 이룰 수 있는 것이 아니었다.

碣石

始皇始燕人盧生求羨門, 刻碣石, 漢武登之望海. 當山有大石如石柱, 號曰天橋柱, 往往望而立於巨海之內, 狀如人造, 然非人力所能成也.

이 대목에는 갈석산과 함께 은나라 기자가 주나라의 책봉을 받았다는 조선성(朝鮮城)은 물론, 몽염과 부소가 쌓았다는 진나라 장성, 백이(伯夷)와 숙제(叔齊)의 나라인 고죽국(孤竹國) 등의 중요한 유적들이 함께 소개되어 있다. 평주는 《상서》〈우공〉에서는 "기주의 강역(冀州之域)", 주나라 때에는 유주(幽州) 땅이었던 곳으로, 진나라 때에는 우북평과 요서 두 군에 해당하는 땅이었다. 이곳이 '평주'로 불리게 된 것은 후한대 군벌 공손도가 스스로를 '평주목'으로 일컬으면서 그렇게 불리기 시작했다고 한다. 또, 당대에는 평주가 임유, 비여 두 현을 관할했다고 한다.

그렇다면 '평주'는 우리가 지금까지 위에서 살펴보았던 지역, 즉 지금의 북경 동쪽 천진(天津), 당산(唐山) 인근에서 노룡, 창려에 이르는 지역을 가리키는 셈이다. 실제로 그 대목을 보면 평주에서 서쪽으로 계주(薊州), 즉 지금의 북경지역까지가 300리 정도라고 소개하고 있는데, 이를 미터법으로 환산한 150km 정도여서 대략 북경에서 당산(167km) 인근까지에 해당한다.

장벽파(張碧波) 등 중국 학자들은 이에 대하여 한반도에 있던 낙랑군이 이때 하북성으로 교치(僑置)된 것이라고 주장한다. 또 국내 학자들 일부 역시 중국 학자들의 주장을 여과 없이 그대로 받아들여 《태평환우기》〈하북도〉'평주'조에서 원래 한반도 서북한에 설치되었던 낙랑군이 고구려에 밀려 하북성 평주까지 이동한 것이라는 주장을 하고 있다.

그러나 거기에는 낙랑군이 교치되었다는 문헌 기록이 어디에도 보이지 않는다. 서북한에서 하북성까지는 수천 리나 떨어져 있는 먼 곳이다. 이 같은 주장을 하려면 최소한 어째서 서북한의 낙랑군이 요동이나 요서도 아닌 수천 리 밖의 하북지방에 교치되었는지부터 명쾌하게 해명하는 것이 순서이다.

이 같은 국내외 학자들의 주장은 그럴 듯한 근거도 없이 논리적 비약을 통하여 억지로 끼워 맞춘 것일 뿐 전혀 설득력이 없어 보인다. 또한, 낙랑군 하면 무조건 한반도 북부에 있었다는 고정관념과 선입견이 만들어 낸 착각일 뿐이다.

낙랑군이 하북지방 또는 요서지방에 설치되었고, 고조선, 갈석산이 그곳에 존재했을 가능성을 감안할 수 있어야 하는데, 그 가능성을 인정하려 하지 않기 때문에 빚어진 현상이라고밖에 할 수 없다. 심지어 국내의 어떤 학자들은 이 같은 논리적 괴리를 합리화하기 위하여 말도 되지 않는 주장과

제2, 제3의 갈석산을 만들어 내는 황당한 일을 버젓이 벌이기까지 한다.

지금까지 살펴본 내용에 근거할 때, 대부분의 문헌적, 지리적 단서들이 가리키고 있는 갈석산의 위치는 한반도의 수안군이 아니라 중국 하북성 동북부 즉 천진, 당산, 노룡 등지에 해당하는 평주지역이라는 것을 확인할 수 있다. 실상이 이러함에도 불구하고 역사적 진실과는 무관한 이런 엉터리 논리가 사그라지기는커녕 지금까지도 국내 학자들에게서 신봉되는 해프닝이 벌어지고 있는 이유는 어디에 있는 걸까? 그것은 바로 국내 고대사학계 내의 일부 함량 미달의 학자들이 자신의 밥그릇을 지키기 위하여 이 엉터리 논리에 편승하고 계속 거기에 자양분을 공급해 주고 있기 때문이다.

8) '게석산'은 갈석산이다

사학계 일각에서는 낙랑군 수성현을 한대에 우북평군(右北平郡)에 속했던 여성현(驪成縣)으로 비정하는 경우도 있다. 일제시대의 민족사학자 신채호(申采浩)나 정인보(鄭寅普)가 그 대표적인 학자라고 할 수 있다. 이와 관련하여 반고는 《한서》〈지리지〉 '우북평 여성현'조에서 다음과 같이 소개하고 있다.

【여성】
대게석산이 이 현의 서남쪽에 자리 잡고 있다. 왕망 때에는 '게석'이라고 불렀다.

【驪成】
大揭石山在縣西南, 莽曰揭石.

반고가 소개하고 있는 '여성현'은 지금의 하북성 진황도 무령현(撫寧縣) 성 서쪽에 해당한다. 1117년 전후 북송대의 지리학자 구양문(歐陽忞) 역시 자신이 편찬한 지리서《여지광기(輿地廣記)》에서 "갈석은 지금의 석성현 즉 옛날의 여성에 있다(碣石, 今石城縣故驪城也)"라고 비정하였다.

창려현 북쪽과 무령현 서남쪽은 동일 지점 즉 갈석산(빨간 삼각형)이다.

《한서》〈지리지〉는, 시차가 좀 있기는 하지만, 중국에서 편찬된 지리서들 중에서 연대가 가장 앞서 있고, 아무래도 같은 한대에 편찬된 것이기 때문에 그 내용들은 역사적 진실에 가까우며 충분히 믿을 만하다고 본다. 즉,《한서》와《여지광지》등의 지리서의 기록을 근거로 갈석산이 여성현 서남쪽에 있다고 볼 수도 있는 셈이다. 국내 학자 정인보의 '갈석산재여성설'도 이같은 주장들로부터 영향을 받은 것으로 보인다.[47]

국내 사학계 일각에서는《한서》〈지리지〉에서 여성현 서남쪽에 위치한 산의 이름을 '게석(揭石)'으로 소개하고 있는 것을 근거로 이 산이 갈석산과는 별개의 산이라고 주장하는 학자들도 있다. 그러나 반고가 언급한 '게석'은 '갈석'을 다른 방식으로 적은 사례였을 가능성이 높다. 즉, 고대 중국에서 유행하던 '통가(通假)'의 문자 사용 관례에 따라 의식적으로 그렇게 적었거나, 필사자가 필사과정에서 어떤 개인적인 사정(선입견이나 무지, 취

---

[47] 정인보,《조선사연구》(상), 문성재 역, 제395쪽, 우리역사연구재단, 2012.

향)으로 말미암아 무의식적으로 그렇게 적었을 가능성이 있는 것이다.

물론 왕망 때에 이름이 변경된 것을 고려할 때 의도적인 비하를 위하여 다른 글자 '게'로 적었을 가능성도 배제할 수 없다. 어쨌든 간에《한서》〈지리지〉의 '게석'이 본질적으로 '갈석'과 일치한다는 점에서는 이견이 있을 수 없다. 만일 우리가 중국 지도를 펼쳐서 살펴 보면, 지금의 창려현의 북쪽이 무령현, 즉 고대의 여성현의 서남쪽과 정확하게 겹치는 동일한 지점임을 발견할 수 있다.

어떤 학자는 '대게석산(大揭石山)'의 '대'에 착안하여 이것이 만리장성의 기점이 되는 갈석산과는 별개의 제2의 갈석산이라고 주장하기도 한다. 그러나 애초에 반고가 이것을 '대게석'과 '소게석'으로 구분하지 않은 것을 보면, 여기서의 '대'는 '큰(big)'이라기보다는 '위대한(great)'이라는 의미로, 갈석산에 대한 편찬 주체 반고의 주관적인 감정이 반영된 것일 뿐, 그 대상은 동일하다고 보아야 옳다. 즉, '대게석산'이든 '게석산'이든 실제로는 동일한 산을 가리키는 것이다. 우리가 알고 있는 만리장성의 기점이 되는 갈석산이 소재한 하북성 창려현과 '대게석산'이 있다는 여성현, 즉 지금의 하북성 무령현은 서로 불리는 이름(행정구역)만 다를 뿐이지 본질적으로 동일한 장소(같은 산)이다. 중국 지도를 펼쳐 보면 창려현 위쪽에 무령현이 자리 잡고 있기 때문이다. 따라서 하나는 창려현에 있고 다른 하나는 무령현에 있으니 양자가 서로 다른 산이고, 그래서 갈석산은 두 개라고 주장한다는 것은 자신의 분석이나 연구가 엉터리라는 것을 자인하는 것과 같다.

9) 갈석산의 입지조건들

만일 어느 산이든 고대사에 언급되는 갈석산이 되려면 최소한 다음의 몇 가지 입지적 조건을 갖추고 있어야 한다.

① 정상에서 동쪽을 조망했을 때 동해(발해)가 보이는가?
② 진나라 장성이 끝나는 지점인가?
③ 진 시황, 한 무제, 당 태종이 거쳐 간 경유지인가?
④ 조선 또는 낙랑이 그 동쪽에 위치해 있는가?
⑤ 산이 바다와 가까운 근해지역에 위치해 있는가?
⑥ 배를 내렸을 때 상륙지가 (요동군이 아닌) 요서군인가?
⑦《상서》〈우공〉의 소개처럼 발해에서 황하로 진입할 때 갈석산이 오른쪽에 있는가?

이 중에서 국내이든 중국이든 최소한 대여섯 가지 조건을 충족시켜 주는 지역이 있다면 그곳이야말로 고대사 속의 갈석산으로 확정해도 무방하다고 본다.

Ⅵ. 한사군과 낙랑

1. 역사 문헌 속의 낙랑

현재 국내외 학계에서는 한나라의 낙랑군(樂浪郡)이 한반도 북부에 위치해 있었다고 보는 견해가 일종의 정설로 자리 잡고 있다. 그러나 이번에 관련 역사서, 지리서들에 대한 문헌 분석과 지리적 고증을 하는 과정에서 이 같은 기존의 정설이 과연 과학적이고 합리적인 주장인지에 대하여 깊은 의문을 품게 되었다. 문헌적으로 따져 볼 때, 낙랑군이 지금의 평양지역에 존재했다고 명시한 기록은 어디에도 존재하지 않을 뿐만 아니라, 지리학적 견지에서 보더라도 한반도가 이른바 '한사군'의 소재지였을 가능성은 그다지 높지 않다고 보기 때문이다.

1) 낙랑은 과연 한반도에 있었을까

지금까지 중-고등학교에서 한국 고대사를 배운 사람들은 다들 이른바 '한사군(漢四郡)'이 한반도에 설치되었고, 그 가운데에서 가장 오랫동안 존재한 낙랑군은 평안도 평양지역을 중심으로 위치해 있었다고 알고 있을 것이다.

그것은 지금까지 많은 사람들에게 역사적 사실로 알려져 있었다. 그러나 그럼에도 불구하고 그것이 역사적 진실이라고 하기는 어렵다. 왜냐하면 한나라의 낙랑군을 한반도의 평양지역으로 확정한 것은 그 역사가 고작해야 100여 년밖에 되지 않기 때문이다. 설사, 일부 실학자들을 중심으로 한사군이 한반도에 존재했을 개연성에 대한 논의와 초보적인 문헌 고증이 이루어지기 시작했던 조선 후기까지 거슬러 올라간다고 하더라도 300년을 넘지 않는다.

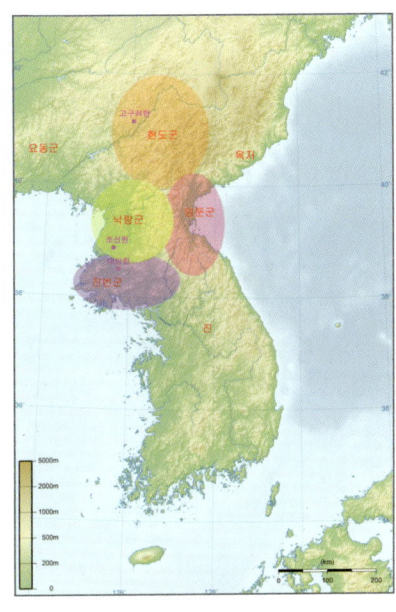

정설에 입각해 그려진 《아틀라스 한국사》의 '한사군' 학계 지도

그 이전에는 거의 1,700년 가까운 긴 기간 동안 한국인이든 중국인이든 간에 낙랑군은 낙랑군이고 평양은 평양이며, 한사군은 한사군이고 한반도는 한반도라고 생각하였다. 즉, 양쪽 모두 낙랑군과 평양, 한사군과 한반도는 역사적으로 전혀 상관없는 별개의 두 권역이라고 생각하는 경향이 강했던 것이다.

그런데 20세기 초기 '일제 강점기'라는 특수한 시대에 일제와 조선총독부(朝鮮總督府)라는 정치집단의 비호하에 '식민사관(植民史觀)'의 숭배자들이 한반도에 대한 일제의 식민통치의 정당성을 입증하겠다는 불순한 동기에서 기존의 '낙랑군=평양', '한사군=한반도'라는 가설을 마치 실제로 그랬던 것처럼 분위기를 몰아갔다. 그러면서 그 같은 왜곡된 역사 인식이 일제 강점기의 우리 민족에게 각인되고, 그 상태로 100여 년의 세월이 흐르다 보니 누구나 그것을 역사적 진실인 것처럼 인식하게 된 것이다.

2) 낙랑은 낙랑, 평양은 평양

낙랑은 낙랑이고, 평양은 평양일 뿐이다.

우리가 '낙랑군'이라는 말을 들을 때 가장 먼저 떠올리는 역사적 사건이 있다면 그것은 아마 '낙랑공주와 호동왕자'의 이야기일 것이다. 우리 고대사를 논의하는 과정에서 이 역사적 사건을 낙랑공주와 호동왕자만큼이나 떼려야 뗄 수 없는 긴밀한 관계로 만들어 놓는 두 개의 키워드는 '고구려'와 '낙랑'이다.

우리나라 사람들은 많은 경우 '낙랑'이라는 단어에서 '고구려'를 떠올리고, '고구려'를 통하여 '낙랑'을 연상하곤 한다. 이 같은 선입견 때문에 우리는 고구려가 한반도에 있었으니 낙랑군도 당연히 한반도에 있었을 거라고 믿게 되는 것이다. 어쩌면 학자들 중에도 이 같은 선입견을 가진 사람이 더러 있을 것이다. 그러나 고구려와 낙랑은 성립 시기도 달랐을 뿐더러 각자가 존재했던 위치 역시 크게 달랐다.

고구려는 장수왕(長壽王: 394~491) 무렵에 이르러 그 중심이 한반도로 이동하게 되지만, 사실 그 이전에는 그 중심이 지금의 중국 요령지방에 있었다고 해도 과언이 아니다. 즉, 고구려의 중심이 요령지방에서 한반도로 이동한 것, 이것이 역사적 진실인 것이다. 그리고 우리 역사에서 자주 거론되는 낙랑은 바로 이 초기의 고구려와 밀접한 관계가 있다고 할 수 있다.

그런데 고대사 학자들을 포함한 많은 사람들은 고구려의 후기 상황, 즉 그 강역의 동쪽 끝이 한반도에 있었다는 점에만 집착한 나머지 정작 그 강역의 서쪽 끝이 중국에 있었다는 역사적 진실은 너무도 쉽게 간과하는 경향이 있다. 역사를 연구하자면 모든 사건과 상황을 그 시대로 돌아가서 고찰하고 분석해야 21세기 현재의 시점에서 보려고 한다면 그것은 올바른 역사 연구라고 할 수 없다. 역사를 그런 식으로 연구하면 연구가 제대로 이루어질 수 없으며, 설사 엉겁결에 성과를 낸다고 하더라도 훌륭한 연구라고 할 수가 없다.

초기 고구려를 연구한다면서 후기의 강역만 쳐다보고 있는 것은 일종의 인지 부조화이다.

그런데 우리나라에는 고조선을 연구한다는 학자들조차 일제 강점기의 편향된 시각과 선입견으로 고조선의 역사를 재단하려 들고, 초기 고구려를 연구한다는 학자들조차 5세기 이후 한반도에 고착된 고구려의 모습을 통해서만 고구려와 낙랑의 관계를 설명하려 드는 경향이 강하다.

이 책에서는 이 같은 기존의 역사 인식에 대한 '발상의 전환'을 환기시키고자 한다. 고구려의 동쪽 강역이 한반도에 있었다고 해서 낙랑군도 한반도에 있는 것이 당연하다고 속단해서는 안 되며, 고구려의 서쪽 강역이 중국에 있었으니 낙랑군 역시 한반도가 아닌 중국에 존재했을 개연성에 대해서도 진지하게 생각해 보자는 말이다.

'낙랑'은 과연 어디에 존재했던 것일까? 현재 낙랑의 정확한 위치에 대해서는 직접 언급한 문헌이 보이지 않는다. 그러나 우리는 한 무제 시기를 전후하여 간행된 몇몇 문헌들을 통하여 간접적으로 그 대체적인 거리와 위치를 추정할 수 있다고 본다.

3) 《한서》에 언급된 낙랑의 위치

우리는 보통 중국의 역사서들 중에서 '낙랑(樂浪)'에 대하여 처음으로 언급한 것이 전한대 역사가 사마천(司馬遷: BC145~BC90)이 편찬한 《사기(史記)》였다고 생각하는 경우가 많다. 그런데 죽간(竹簡), 백서(帛書) 등의 출토문서들을 논외로 친다면, 중국의 정사들 중에서 '낙랑'이라는 지역명이 최초로 등장하는 것은 사마천이 죽은 후 100년 넘는 세월이 흐른 후한대의 《한서(漢書)》에서부터라고 할 수 있다. 후한대 역사가 반고(班固: 32~92)는 《한서》의 여러 대목에서 낙랑을 언급하고 있다.

① 여름, 조선이 임금 우거의 목을 베고 투항하여 그 땅을 낙랑, 임둔, 현토, 진번군으로 삼았다. (〈무제기〉)

夏, 朝鮮斬其王右渠降, 以其地爲樂浪, 臨屯, 玄菟, 眞番郡.

② 현토, 낙랑은 무제 때 설치한 것으로 모두 조선, 예맥, 고구려 오랑캐의 땅이었다. (〈지리지〉)

玄菟樂浪, 武帝時置, 皆朝鮮, 穢貉, 句麗蠻夷.

③ 그 후 한나라 병력이 조선을 쳐서 멸망시키고 낙랑, 현토 두 군으로 삼았다. (〈천문지〉)

其後, 漢兵擊拔朝鮮, 以爲樂浪, 玄菟郡.

④ 그래서 드디어 조선을 평정하여 진번, 임둔, 낙랑, 현토 네 군으로 삼았다. (〈조선전〉)

故遂定朝鮮爲眞番, 臨屯, 樂浪, 玄菟四郡.

⑤ 효무황제는 … 동쪽으로는 조선을 정벌함으로써, 현토, 낙랑을 일으킴으로써 흉노의 왼팔을 잘라 버렸다. (〈위현전〉)

孝武皇帝 … 東伐朝鮮, 起玄菟, 樂浪, 以斷匈奴之左臂.

⑥ 연나라 땅은 (천문학적으로) 미성과 기성의 영역에 해당한다. … 동쪽으로는 어양, 우북평, 요서, 요동이 있고, 서쪽으로는 상곡, 대군, 안문이 있으며, 남쪽으로는 탁군의 역주, 용성, 범양, 북신성, 고안, 탁현, 양향, 신창을 얻고, 발해의 안차에 이르는 영역이 모두 연나라의 강역이다. 낙랑, 현토 역시 여기에 속해야 한다. (〈천문지〉)

燕地, 尾, 箕分野也. … 東有漁陽, 右北平, 遼西, 遼東, 西有上谷, 代郡, 雁門, 南得涿郡之易, 容城, 范陽, 北新城, 故安, 涿縣, 良鄉, 新昌, 及勃海之安次, 皆燕分也. 樂浪, 玄菟, 亦宜屬焉.

⑦ 효무황제에 이르러서는 … 서쪽으로는 여러 나라와 연결되어 안식에 이르고, 동쪽으로는 갈석을 지나 현토, 낙랑을 군으로 삼았다. (〈가연지전(賈捐之傳)〉)

至孝武皇帝 … 西連諸國至于安息, 東過碣石以玄菟, 樂浪爲郡.

이번에는 《한서》의 〈왕망전(王莽傳)〉을 살펴보도록 하자.

⑧ 왕망이 책문을 써서 명령하기를 "온누리에서 사방의 끝까지 이르지 않는 곳이 없게 하라" 하니 그중에 동쪽으로 나가는 이는 현토, 낙랑, 고구려, 부여까지 이르렀다.

莽策命曰: "普天之下, 迄於四表, 靡所不至", 其東出者, 至玄菟, 樂浪, 高句驪, 夫餘.

《한서》에서 낙랑의 위치는 다분히 추상적이고 모호하게 제시된다. 《한서》의 이 기사들 중에서 ①~④까지는 단순히 한 무제가 조선을 멸망시키고 낙랑 등 '한사군'을 설치한 사실만을 간단하게 전달하는 정도에서 그치고 있다. 반면에, ⑤~⑧의 경우에는 내용에서 사실의 전달에 치중하면서도 "동쪽으로", "동쪽으로 나가", "동쪽으로 갈석을 지나" 등의 표현을 통하여 낙랑의 위치를 대체로나마 추정할 수 있는 여지를 남기고 있다. 이 기사들에서 "동쪽으로 나가"나 "동쪽으로 갈석을 지나"는 낙랑의 소재지가 당시 한나라 강역 너머에 존재하고 있었음을 암시해 주고 있다. 특히, 〈가연지전〉의 기사는 낙랑 등 이른바 '한사군'이 갈석산보다 더 동쪽에 위치해 있었다는 것을 간접적으로 시사해 주고 있다.

평양지역이 낙랑군이 아니라는 사실은 〈가연지전〉의 "동과갈석, 이현토, 낙랑위군"을 통해서도 어느 정도 눈치를 챌 수 있다. 왜냐하면 이 열전에 근거한다면 낙랑과 현토는 갈석산과의 거리가 얼마나 되는지는 둘째 치고, 일단 갈석산을 지나야 만날 수 있는 지역이기 때문이다.

즉, 낙랑, 현토가 갈석산보다 최소한 더 동쪽(동남? 동북?)에 위치해 있었다는 이야기인 것이다. 반면에, 한반도에서 갈석산이 있다는 수안군은 평양보다 더 동남쪽에 위치해 있다. 즉, 이 열전에서 설명되는 위치가 정반대인 것이다. 그렇다면 가능성은 두 가지뿐이다. 수안군의 갈석산이 고대사 속에 등장하는 그 갈석산이 아니거나, 평양이 낙랑군의 자리가 아니거나 말이다.

〈왕망전〉의 기사는 전한의 황태자 유영(劉嬰)을 폐하고 왕조를 찬탈한 권신 왕망(BC45~AD23)이 신(新)나라를 세우고 스스로 황제를 일컬은 해인 시건국(始建國) 원년(9)에 있었던 일을 소개하고 있다. 당시 왕망은 천하의 제후들에게 신나라의 수립을 선포하고 새로운 법제를 따를 것을 요구했는데, 이때 동쪽으로는 현토, 낙랑, 고구려, 부여에 사자를 파견한 것으로 보인다.

단정할 수는 없지만, 우리는 여기서 반고가 열거한 나라들의 순서에도 주목할 필요가 있다고 본다. 한나라의 수도 장안(또는 낙양)에서 가까운 곳부터 차례로 현토-낙랑-고구려-부여의 순서대로 열거했을 가능성도 충분히 있기 때문이다. 실제로 부여는 고구려보다 북쪽에 있었다고 전해지고 있다.

여기서 사람들의 이목을 끄는 부분은 〈왕망전〉의 "동쪽으로 나가" 부분이다. "나간다"라는 것이 곧 한나라 강역을 벗어난다는 의미라는 것은 두말할 필요도 없다. 다만, 나갔다면 어떤 관문을 통과했을 것인데, 그렇다면 그 관문은 어느 것이었을까? 많은 사람들이 이 경우 관문으로 산해관을 꼽을 것이다. 그러나 그렇게 보기에는 산해관의 위치가 좀 어중간하다. 여기서 한나라 사자들이 현토-낙랑-고구려-부여 방면으로 진행하기 위하여 거쳐 간 관문은 노룡새(盧龍塞)였을 가능성이 높다고 본다.

노룡새는 지금의 하북성 동북부에 위치한 천서현(遷西縣)과 그 북쪽의 관성현(寬城縣)의 접경지대, 즉 연산산맥의 동쪽 구간의 요충지에 세워진 관문으로, 지금은 '희봉구(喜峯口)'로 불린다. 연산산맥에 속한 서무산(徐無山) 산록의 가장 동쪽에서 왼쪽의 매산(梅山), 오른쪽의 운산(雲山) 사이에 위치한 이 요새는 동쪽으로 철문관(鐵門關), 동가구(董家口), 청산구(靑山口), 서쪽으로는 반가구(潘

연산산맥 동단의 요충지 노룡새의 모습

家口), 용정관(龍井關), 나문곡(羅文峪) 등의 장성 요새들과 연결되어 있어서 수천 년 동안 동북방을 제어하는 데 대단히 중요한 요충지로 간주되었다. 그래서 북방민족이 일단 이곳을 장악하면 당산(唐山), 준화(遵化), 계현(薊縣)을 거쳐 바로 북경과 천진(天津) 일대까지 위협할 수 있었다.

그런데 〈가연지전〉에서 본 것처럼, 이 노룡새 동쪽에 갈석산이 자리 잡고 있는 것이다. 노룡새는 조조의 오환 정벌과정이나 역대 중원왕조가 동북방으로, 또는 북방민족이 중원으로 진입하는 과정에서도 보듯이, 중원과 북방 양쪽 모두가 반드시 거쳐 가야 하는 교통상의 요지이기도 하였다. 《당서(唐書)》〈지리지〉에서도 회융현(懷戎縣)에 관하여 설명하면서 "동쪽으로 노룡, 갈석까지 이어진다(東連盧龍碣石)"라고 적고 있다. 이런 것을 보면 노룡새와 갈석산이 지리적으로는 물론이고 군사적으로도 동일한 방면의 도로, 즉 '노룡도(盧龍道)'에 속해 있었음을 알 수 있다. 따라서 여기서도 왕망의 사자들이 나가는 관문이 노룡새일 가능성은 충분히 있는 셈이다.

2. 낙랑의 지리적 검증

중앙집권이 이루어진 고대 국가에서 도로는 수도를 중심으로 영토의 전역을 향하여 사방으로 뻗어나가는 큰 틀 속에서 구축되고 유지되기 마련이었다. 왜냐하면 도로 자체가 곧 통치자의 절대권력의 상징이었기 때문이다. 그렇다 보니 고대의 도로 건설자들이 최우선적으로 고려하는 사항은 물자의 수송 등과 같은 경제적 목적보다는 통치자의 권위를 과시하거나 군대의 이동, 관리의 출행, 사절의 파견 등과 같은 정치적, 군사적 목적을 얼마나 효과적으로 충족시켜 줄 수 있느냐 하는 것이었다.

즉, 수도와의 접근성, 연계성만 기본적으로 충족되면 나머지 목적들은 어느 정도 무시되거나 희생되어도 무방하였다. 물론, 그 과정에서 영토 내에 구축된 도로 인프라를 통하여 지역의 물류가 영토 전역으로 수송, 유통되어 경제활동이 활성화되고 국가경제가 발전하게 되더라도 그것은 어디까지나 부수적인 이익으로 치부되기 마련이었다. 이 같은 양상은 앞서 살펴본 진 시황의 '치도(馳道)'와 '직도(直道)'는 말할 것도 없고, 로마제국, 몽골제국, 근세의 유럽 각국 등에서도 그 사례들을 어렵지 않게 찾아볼 수 있다. 따라서 고대 사회에서의 도시나 도로 인프라의 관계를 추적할 때에는 그 경제성(신속성)만 염두에 둘 것이 아니라 그 정치성(보안성 등)에 대한 고려 역시 상당히 중요하다.

1) '한사군'에 대한 학자들의 지리 고증

전한의 학자 신찬(臣瓚)은 한 무제 당시에 지어진 《무릉서(茂陵書)》를 거론하면서 '한사군'으로 일컬어지는 임둔군과 진번군의 거리를 다음과 같이 소개한 바 있다.

신찬의 말에 따르면 《무릉서》에서는 "임둔군의 치소인 동이현은 장안으로부터 6,138리 거리로, 15개 현을 거느리고 있으며, 진번군의 치소인 삽현은 장안으로부터 7,640리 거리로, 15개 현을 거느리고 있다"라고 전하고 있다고 한다.
臣瓚曰 : 《茂陵書》臨屯郡治東暆縣, 去長安六千一百三十八里, 十五縣 ; 眞番郡治霅縣, 去長安七千六百四十里, 十五縣.

북한 학자인 리지린은 고조선의 강역에 관하여 기술할 때 명대 정통(正

統) 8년(1443)에 간행된《요동지(遼東志)》를 근거로 들어 다음과 같이 주장한 바 있다.

> 《요동지》에 따르면, 북경에서 산해관까지가 670리, 산해관에서 심양까지가 810리, 합하여 1,470리가 된다. 심양에서 압록강까지가 대략 600리 정도 될 것이다. 따라서 압록강에서 북경까지가 대체로 2,000여 리 될 것이다. 이 거리는 정다산(丁茶山)도《아방강역고(我邦疆域考)》에서 대체로 동일하게 인정하였다. 따라서《전국책》자료에 의하면, 고조선 영역은 오늘의 우리나라 영역으로 될 수 없으며 대체로 오늘의 요동과 요서에 걸치는 지역이었음을 알 수 있다.[48]

그가 예로 든《요동지》의 리수(里數) 데이터에 근거하면, 압록강에서 북경까지는 2,000리 정도밖에 되지 않는다. 이에 대해서는 조선 후기 실학자 박지원(朴趾源: 1737~1805)도《연행록(燕行錄)》에서 비슷한 설명을 하고 있는데, 그가 제공하는 리수 데이터를 소개하면 다음과 같다.

압록강에서 북경까지	약 2,300리
북경에서 열하까지	약 700리
북경에서 한양까지	약 3,500리

(그렇다면 한양에서 압록강까지는 약 500리)

만일 우리가《요동지》,《아방강역고》,《연행록》등의 문헌에 소개된 거리 정보들을 그대로 적용하여《무릉서》에 제시된 리수 데이터에 따라 지도에서 임둔군과 진번군의 위치를 찾아보면 얼추 지금의 한반도 북부, 중

---

48) 리지린,《고조선연구》, 제17쪽.

부에 해당한다는 결과가 나온다. 따라서 한사군이 한반도에 존재했었다는 주장을 하는 국내외 학자들은 한사군이 한반도에 존재했다는 기존의 주장을 뒷받침하는 유력한 증거로 《무릉서》의 리수 데이터를 즐겨 인용한다. 그러나 이 같은 리수 데이터는 거리 정보로서 그다지 유용하다거나 신뢰도가 높다고 할 수 없다. 기원전 1세기의 상황을 고증하는 데에 명-청대와 조선시대의 리수 데이터를 근거 자료로 사용한 것이기 때문이다.

명-청대와 조선시대 지리서의 리수 데이터들은 그 당시에만 유용할 뿐 그 시기를 넘어서는 순간 아무런 의미가 없게 된다. 그 이전이든 이후이든 간에 도로 인프라나 거리 측정 방식, 도량형 제도 등에서 필연적으로 크고 작은 편차들이 발생할 수밖에 없기 때문이다. 따라서 당대의 데이터는 당대나 그 비슷한 시기의 상황을 살피는 데에 사용하는 것이 옳은 것이다. 그렇게 본다면 한대의 리수 데이터나 거리 정보를 분석할 때에는 아무래도 가급적 《사기》, 《한서》, 《후한서》의 내용을 근거로 삼는 것이 가장 안전한 셈이다.

2) 《후한서》의 리수 데이터

범엽이 편찬한 《후한서》의 〈군국지(郡國志)〉는 한대의 도로 인프라 및 각 도시별 리수(里數)와 관련된 유용한 정보들을 상당히 많이 소개하고 있다. 만일 〈군국지〉에 제시된 도시별 리수가 공신력 있는 것이라면, 우리는 이 정보들을 근거로 한사군의 위치를 대체적이나마 찾아낼 수 있다고 본다. 여기서는 그중에서도 당시 한나라의 동북부에 위치해 있던 주요한 군국들의 사례만 살펴보도록 하겠다.

| 요서군 | 진나라 때 설치. 낙양 동북쪽 3,300리 |
| 遼西郡 | 秦置. 雒陽東北三千三百里 |

| 요동군 | 진나라 때 설치. 낙양 동북쪽 3,600리 |
| 遼東郡 | 秦置. 雒陽東北三千六百里 |

| 현토군 | 무제 때 설치. 낙양 동북쪽 4,000리 |
| 玄菟郡 | 武帝置. 雒陽東北四千里 |

| 낙랑군 | 무제 때 설치. 낙양 동북쪽 5,000리 |
| 樂浪郡 | 武帝置. 雒陽東北五千里 |

| 요동속국 | 낙양 동북쪽 3,260리 |
| 遼東屬國 | 雒陽東北三千二百六十里 |

반고 당시에 공인된 이 리수 데이터들에 근거할 때, 이 한나라 동북방의 군국들은 낙양에서 동북쪽으로 적어도 3,000~4,000리나 떨어져 있었던 셈이다. 즉, 〈군국지〉에 근거할 때, 낙랑군이 낙양으로부터 동북쪽으로 5,000리 지점, 현토군이 4,000리 지점에 위치해 있었다는 것이다.

전한대 학자 왕부(王符: 85~163)도 《잠부론(潛夫論)》에서 "돈황으로부터 낙랑까지가 10,000리"라고 소개한 바 있으니, 돈황에서 장안까지가 4,050리, 낙양에서 낙랑까지가 5,000리, 여기에 다시 장안에서 낙양까지의 거리 950리를 합산해 보면, 리수에 있어서는 전한대와 후한대가 별로 차이가 없다는 것을 확인할 수 있다.

〈군국지〉에 빠져 있는 진번과 임둔, 두 군의 리수는 《무릉서》에서 확인할 수 있다.

신찬의 말에 따르면 《무릉서》에서는 "임둔군의 치소인 동이현은 장안으로부터 6,138리 거리로, 15개 현을 거느리고 있으며, 진번군의 치소인 삽현은 장안으로부터 7,640리 거리로, 15개 현을 거느리고 있다"라고 전하고 있다고 한다.

臣瓚曰, 茂陵書臨屯郡治東暆縣, 去長安六千一百三十八里, 十五縣. 眞番郡治霅縣, 去長安七千六百四十里, 十五縣.

진위 논란이 있기는 하지만, 《무릉서》는 전한대에 작성된 것으로 전해지고 있다. 따라서 리수 계산의 기점이 되는 곳은 당연히 장안, 즉 지금의 섬서성 서안이다. 만일 앞서 활용한 《후한서》〈군국지〉의 낙랑과 현토, 두 군의 리수에 낙양과 장안 사이의 거리를 합산하면 전한대에 설치된 '한사군'의 대체적인 거리를 찾아낼 수 있다.

임둔군 – 장안에서		6,138리	《무릉서》
진번군 – 장안에서		7,640리	《무릉서》
현토군 – 장안에서	+950	4,950리	〈군국지〉
낙랑군 – 장안에서	+950	5,950리	〈군국지〉

(950리는 장안과 낙양의 거리)

생각하기에 따라서는 이 거리가 엄청나게 멀게 느껴질 수도 있겠다. 그러나 실제로는 반드시 그렇다고 할 수도 없다. 단적인 사례를 〈군국지〉에 소개된 몇몇 도시에 대한 리수 데이터들을 중심으로 살펴보도록 하자.

위의 지도를 주의 깊게 살펴보면, 후한대 한 제국의 수도인 낙양(洛陽)을 축으로 할 때, 그 서쪽 950리 지점에는 전한대 수도인 장안(長安), 즉 지금의 서안(西安)이 자리 잡고 있고, 그 동쪽 975리 지점에는 동평군(東平

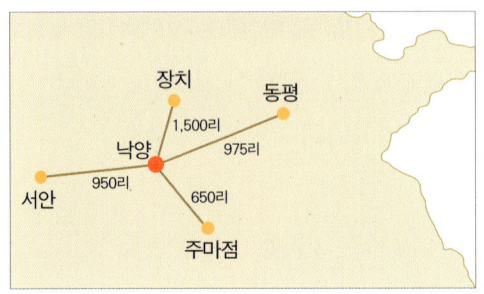

후한의 수도 낙양 인근의 주요 도시들

郡)의 치소 동평이, 그 북쪽 1,500리 지점에는 상당군(上黨郡)의 치소 장치(長治)가, 그 동남쪽 650리 지점에는 여남군(汝南郡)의 치소 주마점(駐馬店)이, 서남쪽 1,990리 지점에는 한중군(漢中郡)의 치소 안강(安康)이 각각 자리 잡고 있다.

그런데 서안과 주마점의 경우, 얼핏 낙양에서 비슷한 거리를 떨어져 있는 것처럼 보이지만, 실제로는 각각 950리, 650리 떨어져 있어서 양자 사이에 300리나 되는 편차가 존재한다. 동평의 경우도 마찬가지이다. 이곳은 서안과 몇 십 리 차이밖에 나지 않지만, 지도상으로는 제법 먼 곳에 위치해 있는 것처럼 보인다. 이와는 반대로, 장치의 경우 그 거리가 장안의 2/3 수준으로 낙양에서 얼마 떨어져 있지 않은 것처럼 보이지만, 〈군국지〉에는 1,500리나 떨어져 있는 것으로 소개되어 있다.

우리가 육안으로 지도를 통해 가늠하는 거리와 실제의 거리에 어째서 이처럼 큰 편차가 발생하는 것일까? 낙양에서 950리 떨어진 동평보다 거리상으로 2/3 정도밖에 되지 않아 보이는 장치가 실제로는 그보다 갑절 수준의 1,500리나 벌어지게 만드는 결정적인 변수는 무엇일까?

3) 거리 정보의 시대별 편차

국내외 학자들 중 어떤 사람은 《무릉서》에 소개되어 있는 한나라의 수도 장안을 기점으로 한 임둔과 진번, 두 군의 리수(里數), 그리고 《후한서》

〈군국지〉에 소개된 요서, 요동, 요동속국, 현토, 낙랑의 리수를 토대로 낙랑군의 위치를 한반도 북부로 비정하기도 한다. 또 어떤 사람은 '한사군'이나 만리장성 동쪽 끝의 위치를 추적하는 과정에서 명대나 조선 후기의 문헌에 소개된 리수 정보에 지나치게 의존하는 경향이 있다.

실제로《무릉서》나 명대 이후 문헌의 리수에 근거하여 따져보면 기존의 정설에서 주장하는 것처럼 임둔군과 진번군의 위치가 얼추 지금의 한반도 북부, 중부에 해당한다는 추정치가 나온다. 따라서 국내외 학자들 중 일부는《무릉서》를 한사군이 한반도에 존재했었다는 사실을 입증하는 데에 유력한 증거로 제시하기도 한다.

그러나 과연《무릉서》나 명대 이후의 문헌들에 언급된 리수가 정확한 정보일까? 그리고 그것이 과연 '한사군'이 한반도에 존재했다는 것을 입증하는 절대적인 근거가 될 수 있을까? 그 점에 대해서는 상당히 회의적이다. 그 이유는 리지린이 인용한《요동지》나 박지원의《연행록》같은 자료는 각각 16세기, 18세기의 도로 상황에 근거하여 산출된 정보들이기 때문이다.

명대나 조선 후기는 한 무제 당시로부터 적어도 1,600년의 시차가 존재하는 시점이다. 고조선이 멸망하고 그 자리에 '한사군'이 설치된 것은 이보다 최소한 1,700여 년 전의 일이다. 만리장성이 축조된 진 시황 당시로부터는 거기서 다시 200~300여 년의 시차가 생긴다.

그 사이에는 시차만 어마어마하게 벌어져 있는 것이 아니라 과학, 기술적 격차로부터 리수 측량 방식, 도로 인프라에 이르기까지, 역사서에 기록되지 않은 다양한 변수들이 존재한다. 그런 상황에서 명대나 조선 후기의 정보를 100% 그대로 신뢰할 수 있을까?《요동지》나《연행록》의 거리 계산법과 그 과정에서 산출된 리수가 그보다 1,700년 전인 전한대의 실제 리수와 100% 일치한다고 단언할 수 있을까? 정말 그렇게 생각한다면 그것은 대단히 순진한 사람이다.

위에 언급된《무릉서》는 진위 논란이 있는 문헌이다. 이 문헌은 전한대 문학가로 시기적으로는 사마천보다 이르지만 역시 한 무제 때에 활동했던 사마상여(司馬相如: BC179~BC118?)가 저술한 것으로 전해진다. 그러나 역사적으로 사마상여가 죽은 해가 한 무제가 조한 전쟁을 일으키는 원봉 2년보다 10여 년 앞선 기원전 118년 전후인데, 그런 그가 지었다는《무릉서》에 10여년 이후에 발생할 사건, 즉 진번군과 임둔군의 리수가 소개되어 있다는 사실이 상당히 불가사의한 일이 아닐 수 없다.

게다가 사마상여와《무릉서》이후에 편찬된《사기》나《한서》등은 물론 당-송-명 등 그로부터 거의 2,000여 년 동안 후세의 역사서나 문헌에는 전혀《무릉서》에 대한 언급이나 소개가 없다가 청대에 지리학자 고조우(顧祖禹: 1631~1692)가 편찬한《독사방여기요(讀史方輿紀要)》에 이르러서야 비로소 그 내용의 일부가 인용되고 있는 것을 보면 후대의 위서일 가능성도 배제할 수 없는 것이 실정이다.

그러나 이 같은 시기적 모순에도 불구하고 그동안 고대사를 연구하는 국내외 학자들은 한사군이나 만리장성의 동쪽 끝이 어느 지점인지 추정할 때마다 어김없이 이《무릉서》에 제시되어 있는 리수를 상당히 객관적이고 정확한 데이터로 간주하고 중요한 근거로 활용해 왔다. 그럼에도 불구하고 이《무릉서》의 데이터들이 한사군이나 만리장성의 동쪽 끝을 탐색해 내는 과정에서 그저 참고용일 뿐 절대적인 기준이나 결정적인 증거는 되지 못한다. 많은 학자들이 공통적으로 범한 문제 중에서 가장 결정적이고 치명적인 것은《무릉서》에 제시된 리수 데이터들이 안고 있는 거리 정보로서의 허점이나 한계성에 대해서는 전혀 주의를 하지 않는다는 것이다.

즉, 필자가 앞서 제IV장 〈진 시황과 만리장성〉 부분에서 언급한 대로, 그 리수들은 오늘날처럼 평지에 닦여진 고속도로를 기준으로 잰 직선(평지)거리가 아니라 산, 고개, 골짜기, 하천 등의 지형에 따라 돌아감으로써 그만큼 총 길이가 늘어나는 우회(산지)거리가 반영된 데이터들이라는 사실이다!

명-청대는 당-송-원대까지 축적된 상대적으로 발전된 과학기술과 정비된 도로 인프라, 기타 측량술, 축성술, 조선술, 항해술 등의 발전, 게다가 대형 선박을 통한 해상교통과 육로여행을 병행하는 일까지 가능해졌다. 그러다 보니 지역 간의 거리와 이동하는 데에 드는 소요시간이 상당 수준까지 단축되었을 것이다. 1,700년이라는 시간적 격차는 이처럼 수많은 일을 가능하게 만들었다. 그렇다면 명-청대의 리수 데이터와 그보다 1,700여 년 전인 진-한대의 리수 데이터는 동일 선상에서 비교할 수 없는 것이다. 고조선과 한사군의 지리 고증을 할 경우 가급적 이 같은 각종 변수들에 대한 충분한 예상과 대비를 해 둘 필요가 있다. 그래야만 관련 정보들에 대한 비교, 적용, 분석을 통하여 최종적으로 우리가 원하는 답안에 도달할 수 있기 때문이다.

100여 년 전에 근대적 건축공법의 도입과 함께 등장한 터널과 교량은 산과 강을 우회하거나 고개와 골짜기를 오르내리는 수고를 덜어 줄 뿐 아니라 그 물리적 거리까지 단축시켜 주었다.

4) 산지 – 위치 추정의 주요한 변수

한-중 고대사의 지리 고증 또는 위치 비정을 하는 과정에서 우리가 가장 먼저 살펴보아야 할 것은 자신이 연구 대상으로 삼는 지역이나 지점의 지형이다. 이미 제Ⅳ장 〈진 시황과 만리장성〉 부분에서도 언급한 것처럼, 위치를 추정하는 과정에서 지도상의 거리와 실제 거리 사이에 편차가 크게 벌어지게 만드는 주요한 변수가 지형적 특성이기 때문이다.

즉, 도시와 도시 사이에 끼어 있는 것이 평지이냐 산지이냐가 정확한 거리를 산출하고 정확한 위치를 추정하는 데에 결정적인 변수로 작용하는 것이다. 서안(西安)과 거리가 비슷해 보이는 주마점(駐馬店)은 지도상으로 볼 때 높은 산지가 없는 평지에 위치해 있는 것을 볼 수 있다.

반면에, 서안은 그 일대가 높고 험한 화산(華山)의 산세 속에 자리 잡고 있다. 지도상으로 서안보다 그다지 멀어 보이지도 않는 안강(安康)이 서안과 1,000리나 차이가 나는 것은 안강이 서안보다 더 깊은 산 속에 위치해 있기 때문이다. 장치(長治)와 동평(東平)의 경우도 마찬가지이다. 지도상으로 볼 때 장치는 950리 떨어진 동평의 1/2 정도밖에 떨어져 있지 않은 것 같다.

그러나 역시 분지 형태의 산지 속에 위치해 있다 보니 실제로는 2배나 멀어 보이는 동평보다 오히려 600여 리 더 먼 것이다. 특정 구간 내에 산지가 있느냐 평지가 있느냐 하는 지형적 특성이 우회(산지)거리와 직선(평지)거리 사이의 편차를 만들어 내기 때문에 특정한 장소의 거리를 산출하거나 그 정확한 위치를 찾아내는 과정에서 대단히 중요한 변수로 작용하는 셈이다. 그런 점은 낙양에서 수천 리 떨어진 장소들에 대입해 보아도 그대로 확인할 수 있다.

지도상으로 볼 때, 서북쪽의 주천(酒泉)과 서남쪽의 보산(保山), 남쪽의 합포(合浦), 계평(桂平), 오주(梧州), 광주(廣州) 등은 모두 리수에 있어 별 차이가 없는 것처럼 보인다. 그러나 실제로는 이들 도시의 거리 사이에는 상당한 편차가 존재한다. 낙양에서 보았을 때 주천은 고도가 상당히 높기는 하지만, 천산산맥(天山山脈)을 끼고 평지가 수천 리나 이어지는 곳이다. 따라서 총연장은 제법 긴 편이지만, 낙양으로부터의 거리는 4,700리로 그다지 멀다고 할 수 없다.

반면에, 나머지 지역은 모두 고도가 상당히 높을 뿐만 아니라, 그 사이에 서안이나 장치, 국내적으로는 평안, 함경, 강원, 경북 등의 산지조차 비교도 되지 않을 정도로 겹겹의 산들이 수도 없이 펼쳐져 있는 고산지대가 집중적으로 분포해 있다. 그렇다 보니 직선(평지)거리와 우회(산지)거리 사이의 편차는 상상도 할 수 없을 정도로 커져서 그 실제 거리가 지도상으로

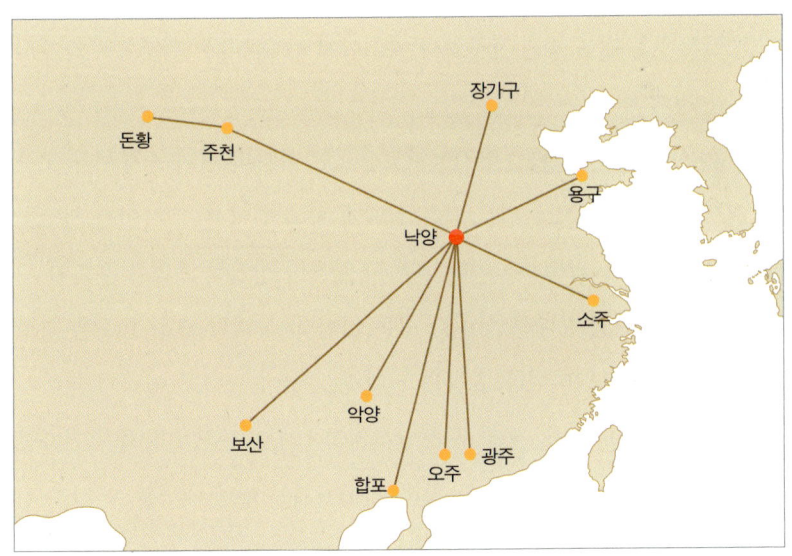

낙양에서 6,000여 리 떨어진 도시들

비슷한 거리인 것처럼 보이는 주천보다도 수천 리까지 벌어질 수밖에 없는 것이다. 말하자면, 낙양-주천 구간의 지형은 서울에서 천안, 공주를 거쳐 순천, 여수로 가는 서남부의 비교적 평탄한 평야지대와 상당히 유사한 반면, 낙양에서 보산, 합포, 오주, 광주 구간의 지형들은 서울에서 여주, 충주, 문경을 지나 안동, 군위, 경주를 거쳐 부산으로 가는 동남부의 높고 험한 산악지대를 떠올리면 될 것 같다.

《후한서》〈군국지〉에 제시된 리수를 구체적으로 살펴보면, 영창군(永昌郡)의 치소인 보산은 낙양으로부터 7,260리, 합포군의 치소인 합포는 9,191리, 창오군(蒼梧郡)의 치소인 창오는 6,410리, 남해군(南海郡)의 치소인 광주는 7,100리, 교지군(交趾郡)의 치소인 오주는 자그마치 1만 1,000리나 떨어져 있다. 여기서 대단히 흥미로운 비교 대상은 광주와 오주의 경우일 것이다. 이 두 도시는 지도상으로는 서로 이웃해 있어서 얼핏 서로 몇백 리 정도밖에 떨어져 있지 않은 것처럼 보인다. 그러나 실제로는 낙양을 기준으로 했을 때 오주는 광주보다 자그마치 4,000리나 먼 것으로 소개되고 있는 것이다.

이 같은 엄청난 편차는 어쩌면 지도상으로 가까워 보이는 광주와 오주가 실제로는 지형적으로 서로 다른 산지에 속해 있어서 그 사이에 서로를 직접 연결해 주는 직통 도로가 존재하지 않거나 상당한 거리를 우회할 수밖에 없게 되어 있기 때문일 수도 있는 것이다. 국내의 경우 요즘은 과학기술이 발전하여 터널이나 교량을 건축하는 것이 그다지 어렵지 않아서 산지가 적은 편인 충청, 전라 등 서남부지역에서도 곳곳마다 최신 건축공법으로 터널을 뚫어 고속도로를 직선(평지)거리는 씽씽 내달릴 수 있을 정도가 되었다.

그러나 고대에는 과학, 기술상의 한계로 인하여 터널 공법이나 대형 교량 건축이 100% 원천적으로 불가능하였다. 따라서 필자가 앞서 합천의 사례를 언급했듯이, 고대는 고사하고 지금으로부터 100년만 거슬러 올라가도 산이나 강이 눈앞에서 길을 막고 있으면 아무리 코앞의 마을이라도 수십, 수백 리를 돌아서 갈 수밖에 없었다. 게다가 높은 산봉우리가 한두 개도 아니고 10개, 100개나 줄줄이 늘어서 있다고 생각해 보라. 하물며 도로 인프라가 그보다 훨씬 열악했을 2,000여 년 전이라면 더더욱 상상조차 할 수 없는 일이었을 것이다. 그렇기 때문에 육안으로 보이는 거리가 전부가 아니라는 것이다.

〈군국지〉가 제공하는 주요 도시별 리수 정보에 근거할 때, 중원으로부터 가장 멀리 떨어진 곳은 당시의 일남군(日南郡)의 치소로 지금의 베트남의 중부 도시인 동하(東河)이다. 〈군국지〉에서는 이곳이 낙양에서 1만 3,400리 떨어져 있는 것으로 소개하고 있다. 지도상으로는 리수에 있어 돈황과 큰 차이가 나지 않아 보이는데도 동하가 돈황보다 거의 1만 리나 더 거리가 먼 것으로 조사된 데는 역시 보주나 오주, 광주의 경우와 동일한 변수, 즉 그 지형적 특성이 반영된 결과라고 볼 수밖에 없다.

따라서 이런 경우에는 지도상으로는 비슷한 거리에 있는 것처럼 보여도, 산지(우회)거리는 직선(평지)거리보다 최소한 2배, 많게는 3~4배까지

평지 길과 산지 길은 리수나 접근성에서 차이가 날 수밖에 없다.

늘어날 수밖에 없는 것이다.

5) 역대 도량형의 변천

낙랑 등 '한사군'의 실제의 거리와 위치를 찾아내는 과정에서 우리가 주의해야 할 것은 고대 중국의 도량형(度量衡)에 대한 정확한 이해이다. 고대사를 연구한다는 학자들 중에는 특정 대상의 거리나 면적을 추산하는 과정에서 지금의 미터법에 근거하여 얻어진 수치를 그대로 적용하는 사람이 적지 않다. 어떤 문헌에서 '100척(百尺)'이라는 수치가 언급되었다고 치자. 그러면 학자들 중에는 여기서의 '척'을 지금 통용하고 있는 30cm로 따져서 '3,000cm(30m)'라는 값을 들이미는 사람이 어김없이 나타날 것이다.

그러나 역사 지식이 조금이라도 있는 사람이라면 현재 우리나라가 사용하는 '1자'와 진-한대 중국의 '1척'이 똑같은 길이였다거나, 그 값이 2,000여 년 동안 전혀 변하지 않았다고 믿는 실수는 절대로 하지 않을 것이다. 우리가 고전소설을 읽을 때 어떤 문헌에서 '팔척 장사(八尺壯士)'라는 말이 나왔다고 치자. 아무리 최홍만이나 야오밍처럼 키가 200cm를 넘는 사람이 더러 있다고 하더라도 이것을 '30×8=240'으로 계산해서 그 인물의 키가 240cm였다고 할 수는 없는 것이다.

진-한대의 도량형은 그 단위만큼이나 길이에 있어서도 지금과는 상당한 편차가 있었다. 청대의 고증학자 고염무(顧炎武: 1613~1682)는 고대 도량형의 변천에 대하여 이렇게 말한 바 있다.

(하-상-주의) 세 시대 이래로 중국의 도량형 제도는 수나라 문제 때에 와서 변화를 맞았다. … 오늘날의 것들 중에 옛날의 그것보다 커진 규모로

친다면, 수량의 경우가 가장 심하고 무게의 경우가 다음이며 길이의 경우가 그 다음이다.[49)]

三代以來權量之制, 自隋文帝一變. … 今代之大於古者量爲最, 權次之, 度又次之.

고염무는 중국에서 도량형 제도가 수립된 이래로 첫 번째 변화가 수 문제(隋文帝: 541~604) 때 발생했다고 보았다. 그러나 인류의 역사를 돌이켜 볼 때 특정한 제도의 본질이 변경되거나 그 명맥이 단절되는 데에는 이민족과의 교류나 전쟁, 재난 등이 결정적인 요소로 작용하는 경우가 많았다.

이런 점을 감안한다면 사실은 전쟁이 빈번했던 춘추전국시대는 물론이고, 도량형의 통일이 이루어지는 진-한 교체기, 북방민족이 중원을 지배한 남북조시대에도 도량형 제도에 있어서의 크고 작은 변동은 이미 알게 모르게 진행되고 있었다고 해도 무방할 것이다.

도량형 단위나 측정방식에 있어서의 변동의 폭은, 고염무의 연구처럼, 수량(량) 부문에서 가장 컸고 무게(형) 부문이 그 다음이었으며, 길이(도) 부문은 가장 변동이 적었던 것으로 보인다. 물론, 그의 이 말은 길이나 거리의 단위나 측정 방식에서 '상대적으로' 변동이 적었다는 뜻일 뿐, 그 두 부문에서도 크든 작든 변동이 발생한 것은 엄연한 사실이었다. 중국에서 거리를 재는 데에 기본 단위가 되는 '리(里)'를 그 예로 들어 보자. '이'는 일반적으로 자[尺]나 걸음[步]을 척도로 삼아 측정되었다.

중국의 역대 리수(里數) 측정 방식에 대한 신뢰도가 높은 데이터는 고고학자이자 문자학자인 진몽가(陳夢家: 1911~1966)에 의하여 제시되었다. 그는 중국과학원의 고고연구소(考古研究所)가 1956년부터 서안, 낙양 등지의

---

49) 고염무,《일지록(日知錄)》〈권량(權量)〉.

고성을 측량, 발굴한 결과 얻어진 데이터와 한대에 사용된 자의 길이가 23.2cm였던 점에 착안하여 전한대의 '1리'가 지금의 미터법으로는 대략 417.53m 정도 된다는 결론에 도달하였다. 그는 이와 동시에 수-당-송-요-원 등 역대 왕조의 도성과 자의 길이에 대한 분석 결과를 근거로 전한 대로부터 현재까지의 '1리' 값의 변동 양상을 다음과 같이 소개하였다.

전한	417.53m	
신	415.80m	
후한말	433.56m	
북주	442.41m	
당	442.50m	소리
	531.00m	대리
원	378.84m	
청	572.40m	강희연간
	576.00m	건륭연간
현재	500.00m	

진몽가는 이와 함께 수나라 때의 '1리' 값은 북주의 제도를 계승했고, 송나라 때의 '1리' 값은 당나라의 대리(大里)보다 약간 컸을 것이며, 명나라 때의 '1리' 값은 청나라 초기(강희)의 것과 일치하는 반면 청나라 중기(건륭)의 것보다는 약간 작을 것이라고 보았다.[50]

그렇다면 우리가 한대의 특정한 구간에 대한 거리나 길이를 정확하게 파악하려면 반드시 위의 리수(里數) 데이터를 참조할 필요가 있다. 즉, 한

---

[50] 이상 진몽가, 〈무제와 리제(畝制與里制)〉, 《고고(考古)》, 1966년 제1기, 제42쪽.

대에 제작된 물건의 길이를 잴 때에는 당시 사용하던 자의 길이가 23.2cm 정도였다는 점을 명심하고, 한대에 측정된 특정한 구간의 실제 거리를 잴 때에는 당시 사용하던 리(里)의 값이 417.53m 정도였다는 점을 기억해야 한다. 지리 고증이나 위치 비정을 하는 과정에서 큰 실수는 하지 않을 것이다.

지금까지 본 것처럼,《무릉서》,《후한서》가 제공하는 한나라 주요 지역의 리수 데이터와 중국의 지형적 특성 등 리수의 변동에 중대한 영향을 주는 변수들의 존재를 고려해서 분석할 때, 한사군이 위치했던 지점이 한반도의 북부 즉 평안도 일대였을 가능성은 상당히 희박하다. 그리고 그 위치는 여러 가지 정황을 고려할 때 이 지도에서 보는 것처럼, 대체로 중국의 요서와 요동 사이의 모 지점이었을 가능성이 높아지는 것이다.

6) 다시 '한사군'의 위치에 관하여

중국의 북경지역은, 중국 중부 이남에 펼쳐져 있는 거대한 고산지대와는 비교할 수 없겠지만, 역시 산봉우리와 산맥들이 겹겹이 늘어선 연산산맥이 병풍처럼 둘러쳐져 있다. 그리고 그 동쪽으로 1,000리를 지나 출현하는 요동반도 역시 초입부터 요령성과 길림성을 지나 중국과 한반도의 접경지

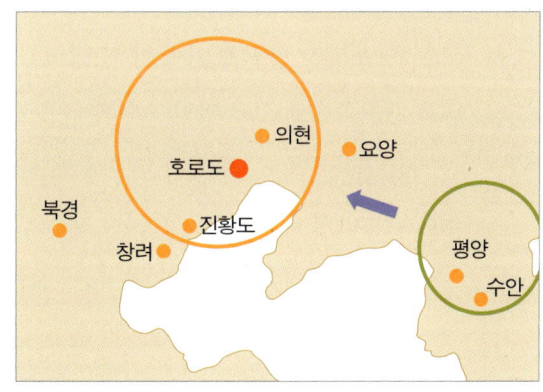

한사군이 존재한 것으로 추정되는 곳은 요령지방. 호로도는 '임둔태수장' 봉니가 발견된 태집둔 소황지촌이 소재한 곳.

대까지 만주의 소홍안령(小興安嶺) 산맥과 연해주의 시호테알린 산맥 등 여러 개의 거대한 산맥들이 동서로 뻗어 내려오면서 형성된 거대한 산악지대가 버티고 있다.

한반도로 진입한 후에도 마찬가지이다. 한반도는 아예 전 국토의 70% 이상이 산지이고 북한 지역은 더 말할 나위도 없을 정도이다. 한반도 북부는 마천령(摩天嶺), 함경(咸鏡), 낭림(狼林), 강남(江南), 적유령(狄踰嶺), 묘향산(妙香山) 등, 수많은 산봉우리와 산맥들이 서로 얽히고설켜 있다. 이 세 구간의 산악지대만 치더라도 지도상으로 보는 것과는 달리 실제 거리에서 몇 천 리는 족히 됨직한 편차가 발생할 수 있는 셈이다.

지도를 펼쳐 놓고 앞서 소개한 중국 각지의 지점들과 비교해 보더라도, 낙양으로부터 4,000~5,000리라면 결코 먼 거리가 아니라는 점을 눈치 챌 수 있을 것이다. 《후한서》〈군국지〉의 리수 정보들을 근거로 낙양에서 2,500~4,000리 사이의 도시들을 그림으로 나타내면 낙양에서 서쪽으로 2,220리인 임조, 북쪽으로 2,500리인 하간(河間), 남쪽으로 2,800리인 장사(長沙), 서쪽으로 3,700리인 악양(岳陽), 동북쪽으로 3,200리인 장가구(張家口), 동쪽으로 3,800리인 소주(蘇州), 남쪽으로 3,300리인 전주(全州), 동쪽으로 3,128리인 용구(龍口) 등이 이 범위 내에 분포하고 있다. 이들과의 거리를 동북쪽으로 3,260리인 요동속국, 3,300리인 요서군, 3,600리인 요동군, 4,000리인 현토군과 각각 비교해 보면 이들 각 군국이 대체로 어느 지점에 위치하게 되는지 그 근사치를 찾아낼 수가 있다.

특히, 장가구나 하간의 거리는 요서, 요동, 요동속국, '한사군'의 위치를 찾아내는 데에 보다 유용한 척도가 된다. 하간 방면은 산지가 별로 없지만 낙양에서 2,500리 떨어져 있다. 또, 장가구는 낙양에서 3,200리 떨어진 곳이지만, 도중에 태행산과 항산을 거치기 때문에 리수가 상대적으로 많이

산지와 하천의 존재는 위치 비정에서 중요한 변수로 작용한다.

늘어난 것으로 보인다. 즉, 만일 장가구나 하간에서 연산산맥의 산지를 넘어 요서로 진입할 경우 거기서 리수가 최소한 1,000~2,000리 정도는 추가될 것이라는 말이다.

그렇다면 요서의 어느 한 지점이라고 하더라도 낙양에서 적어도 4,000~5,000리 떨어진 지점으로 보아도 무방하다고 본다. 만일 거기서 더 동쪽으로 진행해서 요동반도로 진입한다고 치자. 그렇게 되면 압록강까지 접근하기도 전에 2,000~3,000리의 리수가 추가될 수밖에 없다. 즉, 한반도에 진입하기도 전에 이미 총연장에 있어 6,000~7,000리를 초과하게 되는 셈이다.

앞서 낙양에서 남쪽으로 3,700리 떨어진 악양이나, 남쪽으로 6,500리 떨어진 계평, 7,100리 떨어진 광주, 9,191리 떨어진 합포, 11,000리 떨어진 오주 등의 경우, 그 지도상의 거리를 자세히 따져 보기 바란다. 그 과정에서 우리는 낙양에서 동북쪽으로 3,260리 떨어진 요동속국이나, 3,300리 떨어진 요서군, 그리고 그 동쪽 끝의 정확한 위치를 놓고 논란이 많은

3,600리의 요동군은 그 리수와 현지의 지형 등을 종합적으로 검토해 볼 때, 그 위치가 대체로 요령성 중부에 위치한 금주(錦州) 이서지역까지에 머물렀을 것이며, 여간해서는 요동반도까지 진입할 수 없었을 것임을 짐작할 수 있다.

그렇다면 기존의 정설처럼 요동군 또는 만리장성의 동쪽 끝이 지금의 한반도 황해도 수안군까지 진입한다는 것은 현실적으로 불가능할 수밖에 없는 것이다.

백 보 양보해서 기존의 국내외 학계 정설대로 낙랑군이 지금의 평양지역에 위치해 있었다고 치자. 그럴 경우 낙양으로부터 낙랑까지 가려면 '연산산맥 ⇒ 요동반도 ⇒ 한반도 북부' 등 최소한 세 군데의 거대한 산악지대들을 차례로 통과해야 했을 것이다. 어디 그뿐인가? 그 사이에 건너야 할 하천도 크고 작은 것이 대여섯 개가 넘는다. 그것들을 다 우회해서 다닌다면 낙양으로부터 동북쪽으로 5,000리 떨어진 지점은 지금의 평양지역일 수가 없다는 말이 된다.

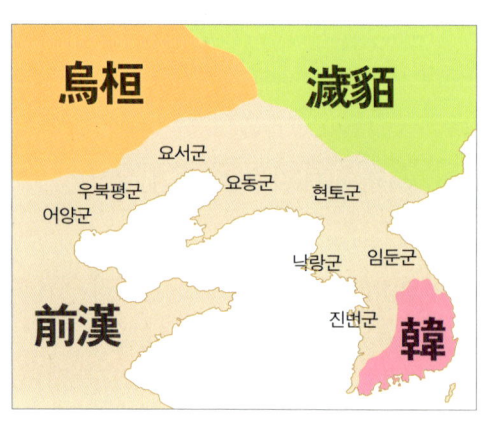

일본인이 직선(평지)거리를 근거로 삼아 그린 한사군의 위치 - 잘못된 지리 고증은 또 다른 의미에서의 역사왜곡이다.

어쩌면 평양은커녕 요동반도조차 넘지 못했을지도 모른다. 어차피 리수라는 것이 육상 거리를 재서 얻어지는 데이터라는 점을 감안할 때, 낙양에서 평양까지의 구간을 육상으로 연결해 보면 그 총연장은 낙양에서 가장 멀리 떨어진 남쪽 1만 3,400리 지점의 일남군 치소 동아까지의 총연장보다는 짧을지

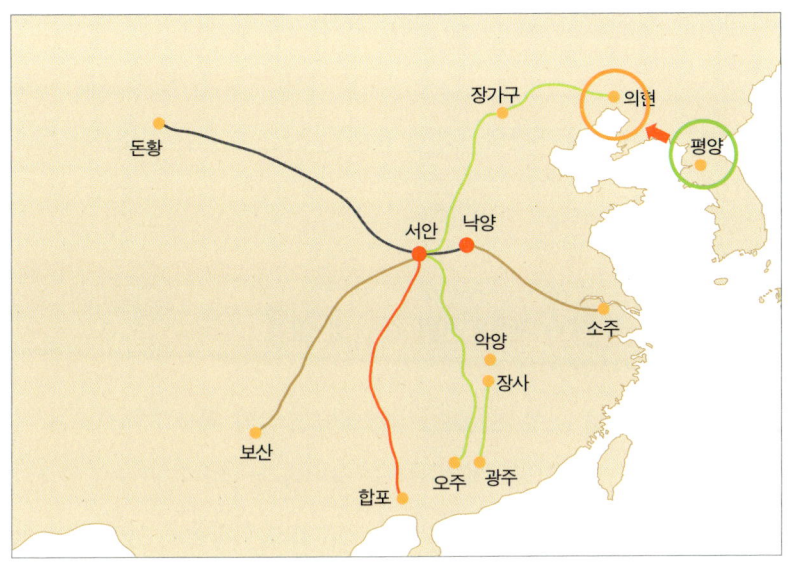

실제의 한사군은 한반도에 존재하기 어렵다.

몰라도 그보다 위쪽에 자리 잡은 합포, 광주, 오주보다는 충분히 먼 거리이기 때문이다. 그렇다면 터널이나 교량이 없었던 당시의 실정을 감안하면서 따져 보더라도 그 리수는 적어도 1만 리는 초과했을 것이라고 본다.

따라서 낙랑, 현토 두 군의 위치는 낙양으로부터 아무리 멀리 잡더라도 요동반도를 넘어서기가 어렵다고 볼 수밖에 없는 것이다.

3. 한대 죽간 속의 낙랑

1930~1931년, 스웨덴에서 파견된 서북과학조사단은 지금의 내몽고 자치구 액제납기(額濟納旗) 동남부에서 1만 여 개의 전한대 죽간을 출토해 내었다. 한대 이래로 중국 서북 변방의 주요한 군사 요충지 역할을 했던

이 지역은 고대에는 '거연(居延)'이라는 이름으로 불렸다. 따라서 여기서 출토된 죽간들은 현지의 옛 이름과 시대를 따서 '거연 한간(居延漢簡)'으로 불려진다. 그런데 이 전한대 죽간들 속에는 '낙랑'이 언급된 죽간이 하나 포함되어 있다.

1) 제33.8번 죽간의 내용

이 제33.8번 죽간에는 중국의 역사 기록으로는 처음으로 '해적'이라는 용어가 등장한다. 따라서 중국의 교통사나 해양사를 연구하는 학자들은 이 죽간에 상당히 중요한 의의를 부여하고 있다. 이 죽간의 내용을 보기 쉽게 재구성하면 다음과 같이 정리할 수 있다.

제33.8번 죽간에 적힌 내용

a. … ▨書七月乙酉下 ⌐51)

b. 一事丞相所奏臨淮海賊 ⌐

---

51) 우리가 글을 쓸 때 사용하는 쉼표, 마침표, 느낌표, 물음표, 따옴표 같은 문장부호들이나 띄어쓰기 같은 작문 기법은 100여 년 전에 서구-일본을 통하여 수입된 것이다. 그 이전에는 이 같은 부호들은 아예 존재하지 않았다. 게다가 과거에는 종이가 상당히 귀하고 비싼 용품이었기 때문에 의미 전달에 큰 문제가 발생하지 않는 한 가급적 글자의 간격이나 여백을 최소화하여 빽빽하게 붙여 쓰는 것이 상식처럼 여겨졌다. 따라서 문서를 읽는 도중에 잠시 한눈을 팔거나 주의가 흐트러지기라도 하면 방금 전에 읽던 줄조차 제대로 찾을 수 없을 뿐 아니라, 무엇이 주어이고 무엇이 목적어인지, 어디까지가 본문이고 어디부터가 인용문인지 헷갈리는 경우가 많았다. 그렇다 보니 보다 원활하고 효율적으로 문서를 읽을 수 있도록 도와주는 보조체제가 필요할 수밖에 없었다. 1973년 중국 호남성 장사시(長沙市)의 마왕퇴(馬王堆)라는 곳에서는 한대에 비단에 작성된 필사본들이 대량으로 출토된 일이 있다. 그때 출토된 필사본들을 자세히 살펴보면 빽빽이 채워진 한자들 중간 중간에 동그라미(•)나 막대(-, =) 같은 부호들이 사용된 것을 확인할 수 있다. 우리나라의 삼국시대 문헌들에서 확인되는 '각필(角筆)'이라는 것도 그런 용도로 작성된 것이었다.

c. 樂浪遼東☐得渠率一人購錢卅萬. 詔書八月己亥下 ㄴ

   d. 一事大 …

　이 죽간에서는 서로 다른 두 개의 불완전한 문장이 앞뒤로 이어지고 있어서 이 대목에서 언급하고 있는 것이 어떤 사건인지 완벽하게 파악할 수는 없다. 그러나 여기에 "승상소주임회해적(丞相所奏臨淮海賊)"이라는 문구가 등장하는 것을 통하여 한나라의 승상이 임회군 지역에 준동하는 해적에 관한 사안을 황제에게 상소한 일을 언급하고 있다는 것을 어느 정도 짐작할 수 있다. 전후 맥락을 고려해서 (a)는 맥락상 바로 위의 문장 즉 제33.7번 죽간의 내용과 연결된 것으로 보이며, (d) 또한 그 다음 문장 즉 제39번 죽간의 내용과 연결된 것으로 보인다.

　여기서 문제는 (b)와 (d)가 단일한 문장이냐 그렇지 않으면 각각 다른 사건을 언급하는 별개의 두 문장이냐 하는 것이다. (a)-(c)의 관계에 주목할 때 (d) 부분 끝에는 또 하나의 'ㄴ' 부호가 사용되었을 것이 분명하다. 어쨌든 이 네 개의 문장들 중에서 그 내용을 온전하게 파악할 수 있는 것은 (b)와 (c) 두 부분뿐이다. 여기서 (b) 부분은 한나라의 승상이 임회군에서 발생한 해적 사건을 황제에게 보고한 일을 적고 있다.

　(c)에서는 낙랑과 요동 두 군이 공조하여 인근 지역의 '거솔(渠率)'을 회유하는 대가로 40만 전을 지불한 일을 적고 있다. 여기서 거솔은 '거수(渠帥)'의 다른 표현으로 북방민족의 추장 또는 지도자를 말한다. 그 뒤의 "조서팔월기해하(詔書八月己亥下)"는 두 군의 공조에 대한 황제의 명령이나 추인을 나타내는 관용적인 표현으로 이해할 수 있다. 그렇게 전후의 맥락을 따져 보면서 이 대목을 읽는다면 대충 다음과 같이 번역할 수 있다.

　… 7월 을유일에 조(?)서가 하달되었다. 한 가지는 승상이 주청한 임회

지역 해적에 관한 사안으로, 낙랑-요동이 거솔 한 사람을 ~ 얻었다고 하는데 그를 회유하는 데에 든 돈이 40만 금이었다. 조서가 8월 기해일에 하달되었다. 한 가지는 …

2) 왕자금의 '낙랑' 해석

중국의 왕자금(王子今) 같은 학자는 (b)와 (c)를 서로 연결된 하나의 단일한 문장으로 이해하고 "임회해적 ㄴ 낙랑요동"을 하나의 맥락으로 연결시켜 이 부분을 다음과 같이 해석하였다.

거연 한간 제33.8번의 내용 "임회해적 ㄴ 낙랑요동"은 임회 해적의 활동 영역이 놀랍게도 낙랑, 요동에까지 이를 정도로 광범했으며, 요동반도와 한반도의 사회생활에까지 타격을 주었음을 시사해 주는 셈이다. 현재의 해리(海里)로 따질 때 강소성의 연운항(連雲港)에서 요령성의 대련(大連)까지가 339해리(628km), 대련에서 한반도 평양 인근의 해구인 남포(南浦)까지는 180해리(330km)이다.52)

왕자금은 이 같은 인식에 따라 이 죽간의 "칠월을유(七月乙酉)"와 "팔월기해(八月己亥)"의 경우 선제(宣帝) 신작(神爵) 2년(BC60) 또는 성제(成帝) 영시(永始) 4년(BC13)에서 관련 단서를 확인할 수 있다고 보았다. 즉, 두 줄을 단일한 문장으로 파악한 중국의 왕자금은 이 죽간의 내용에 대하여 한나라 황제가 임회군 지역에 준동하는 해적 소탕을 위하여 낙랑과 요동 두 군과의 공조 협력을 명령한 것으로 해석하였다.

---

52) 왕자금, 〈거연 한간 "임회해적"고(巨延漢簡"臨淮海賊"考)〉, 《고고(考古)》, 제86쪽, 2011. 제1기.

그 과정에서 그가 이 두 줄이 임회군 지역 해적들의 활동 범위가 "낙랑 요동"까지 미쳐 "요동반도와 한반도의 사회생활에까지 타격을 주었다"고 말한 것을 보면 그는 임회의 해적들이 요동반도를 넘어 한반도 북부까지 출몰했다고 확신하고 있는 셈이다.

임회군은 한나라 무제 원수(元狩) 6년(BC117) 광릉군(廣陵郡)과 패군(沛郡)의 일부를 통합하여 설치한 군으로 그 관할구역이 회수를 가로지르는 것에 착안하여 "임회"로 명명되었는데, 지금의 중국 강소성(江蘇省) 사홍현(泗洪縣) 남쪽에 해당하는 지역이다.

이 지역은 지금은 육지이지만 한대까지만 해도 해수면이 높아서 그 근처까지 바닷물이 들어오는 해변지역이었다. 만일 이 대목에 대한 왕자금의 이해가 정확한 것이라면, 그 전후 맥락을 따져 볼 때 해적의 본거지가 임회군이며, 낙랑과 요동 두 군은 그 해적들의 활동무대였던 것으로 해석할 수 있는 셈이다.

그렇다면 이 대목은 당시 임회군 일대에 준동하던 해적 사건을 언급하면서 '낙랑'과 '요동' 두 군이 당시 사건의 발생지인 임회군과 공조해서 해적들을 소탕할 것을 요청하는 내용으로 해석될 수 있다. 그러나 왕자금의 이 같은 해석에 대해서는 몇 가지 문제를 제기할 수밖에 없을 것 같다.

먼저, 문장 구성 자체만 놓고 보면, (b)와 (c)는 앞뒤로 연결된 단일한 하나의 문장이라고 보기가 어렵다. 왜냐하면 앞서 말한 것처럼, 이 죽간에서 'ㄴ' 부호는 (a)-(c)의 맨끝 글자 "하(下), 적(賊), 하(下)" 다음에서 현대 문장부호의 마침표나 세미콜론처럼 사용되었기 때문이다. 따라서 한나라 승상이 임회군 해적의 안건을 황제에게 보고한 것과 낙랑, 요동 두 군이 40만 전을 들여 동이의 수장인 거술(渠率)을 회유한 것은 각기 다른 별개의 두 사건일 수밖에 없는 것이다.

왕자금은 (c)에 언급된 40만 전의 성격에 관하여 낙랑, 요동 두 군이 임회군의 해적 괴수를 체포하는 데에 내 건 일종의 현상금으로 보았다. 그러나 이 역시 (b)와 (c) 사이에 'ㄴ' 부호가 사용되었기 때문에 하나의 사건으로 결부시키기에는 무리가 따른다.

둘째, 지금의 강소지방에서 발생한 해적 사건의 해결을 놓고 낙랑과 요동을 거론한 일이 상식적으로 해명되지 않는다. 앞서 소개했듯이, 임회군은 산동지방 남부 즉 지금의 강소성 북쪽에 위치했던 지역이었다.

반면에, 국내외 사학계가 주장하는 정설에 근거할 때, 요동군은 지금의 요령성 동부인 요동반도와 한반도 서북부를 낙랑군은 지금의 한반도 평양을 중심으로 평안도 일대를 관할하고 있었다. 즉, 한나라 본토의 임회군과 한반도의 요동, 낙랑 두 군 사이에는 최소한 519해리(959km), 즉 2,000리에 가까운 물리적, 지리적 거리가 존재하고 있었던 셈이다.

이 정도로 넓은 면적이라면 근대적인 해군을 갖춘 21세기의 웬만한 국가들조차 통제하기가 어려운 법이다. 그런데 왕자금 등의 학자는 제대로 된 배나 행정체계조차 갖추지 못한 일개 해적 패거리가 그 넓은 영역을 보란 듯이 활동무대로 삼았다고 주장하고 있는 것이다. 한대에는 활발한 해상활동이 전개되었는데 일개 해적이 제국의 주요 해역을 활동무대로 삼아 누비고 다녔다고 한다면, 그것은 당시의 한나라 수군이 아무런 존재감이 없는 허수아비들이었다는 말과도 다를 바가 없는 소리이다.

셋째, 해적 소탕에 대한 행정 관청 간의 공조 협력을 호소했다고 하면서도 유독 요동, 낙랑만 언급한 일 역시 납득이 되지 않는 상황이다. 담기양 등의 학자들이 중국 고대사학계의 정설에 입각하여 그린 전한대 강역도를 펼쳐 보면 바다를 접하지 않은 현토 등의 군은 제외시키더라도, 낙랑군이 있었다는 평안도 평양으로부터 임회군이 있었다는 강소성 연운항까지의 구간 내에는 바다를 끼고 있는 군국이 한둘이 아니었다는 사실을 확인할 수 있다. 즉, 죽간에서 거론된 임회, 낙랑, 요동의 세 군을 제외하고도, 요서군, 우북평군, 발해군, 동래군, 낭야군 등의 군들이 그 사이에 존재한 것이다.

이 군들은 모두가 남부 또는 동부의 한 면 전체가 동해를 접하고 있어서 요동, 낙랑, 임회 세 군에 못지않게 해상교통에 있어 치안이 상당히 중요하게 여겨지는 지역들이었을 것이다. 따라서 매사를 간단명료하게 표현하는 것이 공문의 문체라는 점을 감안한다면 죽간이 한 개 더 들더라도 나머지 군국들까지 모두 상세하게 언급했어야 정상이다. 해적을 소탕하자면서 기점(임회군)과 종점(낙랑, 요동)의 행정 관청만 작전에 투입되고 그 중간의 여러 관청들은 수수방관 한다면 어떻게 해적들을 일망타진 할 수 있다는 말인가?

따라서 문장이 좀 장황해지더라도, 바다를 접하고 해상교통을 활용하는 관청들은 모두 일일이 언급했어야 정상이며, 정 여건이 되지 않으면 하다못해 줄임말로 "낙랑, 요동 등"의 '등(等)' 한 글자라도 더 추가했어야 정상인 것이다. 그런데 다른 군은 다 배제시키고 유독 낙랑, 요동만 특별히 언급한 것은 도저히 이해가 되지 않는 일이다.

만일 왕자금의 해석대로 (b)와 (c)가 하나의 단일한 문장이라면, 그래서 해적 소탕에 대하여 임회와 낙랑, 요동의 공조 협력을 요청한 내용이 확실하다면 우리가 저 죽간의 내용을 통해 얻을 수 있는 해답은 세 군이 거리상으로 그다지 멀리 떨어져 있지 않았을 것이라는 가능성 하나뿐이다. 만일 그런 가능성이 존재한다면 낙랑, 요동이 위치했을 장소는 한반도가 아니라 요령성의 어느 한 지점이었을 것이다.

Ⅶ. 조작의 징후들

1. 이른바 '낙랑' 고분들의 문제

한 무제가 설치한 낙랑군 등 '한사군'이 한반도에 존재했다는 주장을 펴는 국내외 사학자들이 자신들의 주장을 고수하고 고조선과 '한사군'이 중국에 있었다고 주장하는 학자들의 논리를 반박할 때 늘 가장 유력하고 효과적인 근거로 활용하는 것이 평양의 이른바 '낙랑' 유적, 유물의 존재이다. 현재 모 대학 고대사 관련 홈페이지에는 낙랑군에 대한 젊은 역사학자들의 시각을 엿볼 수 있는 글이 게시되어 있는데, 그 일부를 보면 다음과 같다.

… 1916년 대동군 대동강면에 있던 한식 고분들에서 각종 부장품들이 다량 출토되는 등의 성과가 있었다. 이러한 고고자료들을 근거로 1920년대 중반에는 낙랑군의 중심지가 평양 일대라는 것이 중국의 고증학자들을 비롯한 대부분의 학자들 사이에서 이미 확고한 통설로 자리 잡은 상태였다. … 일제시대에 발굴한 낙랑지역 고분의 수가 70여 기에 불과한 반면, 해방 이후 북한에서 발굴한 낙랑 고분의 수는 1990년대 중반까지 무려 2,600여 기에 달한다. 현재 우리가 아는 낙랑군 관련 유적의 대다수는 일

제시기가 아닌 해방 이후에 발굴되었다고 해도 과언이 아니며, 학계에서 가장 주목하는 낙랑 관련 유적 및 유물들 역시 주로 이 시기에 새롭게 발견되었다는 사실을 간과해선 안 된다.[53]

국내 강단 학자들이 육성해 낸 이 젊은 역사학자들의 '낙랑군재평양설'에 대한 믿음은 거의 신앙에 가깝다는 생각이 들 정도이다. 그들의 논리는 만일 고조선이 한반도 북부에 존재하고 낙랑군이 평양에 존재하지 않았다면 어째서 그 지역에 그 엄청난 유적, 유물들이 발견될 수 있느냐는 것이다. 얼핏 보고 있노라면 그런 주장도 일리가 있어 보인다. 그러나 그 고분들의 실체에 대하여 제대로 알고 나면 평양지역에 왜 그처럼 많은 '고분'들이 존재하는지 이해할 수 있다.

1) 중국계 고분으로 둔갑한 애 무덤들

현재까지 평양지역에서 발굴된 중국계 고분은 기존 사학계의 주장처럼 3,000여 기에 달한다고 한다. 그러나 이 주장은 절반만 진실이다. 북한 학자들이 3,000여 기의 무덤을 발굴한 것은 진실이지만 이 3,000여 기 속에는 작은 아이 무덤들도 상당수 포함되어 있기 때문이다. 만일 그것이 사실이라면 이 3,000기의 무덤들 중 상당수가 수백 년에 걸쳐, 여러 층위로 포개지면서 형성된 공동묘지였다고 해도 과언이 아닌 셈이다.

그런데 어째서 국내 학계에서는 이 같은 사실들에 관하여 분명하게 말하지 않고 그저 3,000기 모두 대형 고분인 것처럼 호도해 온 것일까? 더욱이

---

53) 〈오늘날의 낙랑군 연구〉, 〈젊은 역사학자가 본 오늘의 한국 고대사〉, 경희대학교 한국고대사-고고학 연구소 홈페이지.

그것들이 모두 중국계 또는 낙랑계 무덤이라는 것 역시 진실이 아니다. 강단의 일부 학자도 인정하고 있는 것처럼, 평양에서 발굴된 중국계 고분들의 다수에서 비파형 동검 등 고조선계의 유물들이 발굴되었기 때문이다.

현장에서 발굴한 사람들은 무덤이라고 하는데 한참 시간이 지나 뉴스 보도를 통하여 겨우 소식만 전해들은 사람들이 대형 고분군이라고 우기는 꼴인 것이다. 그렇다면 국내 학자들이 이런 고분들까지 일률적으로 중국계 또는 '낙랑계' 고분이라고 단정하는 것은 그들의 '기시감(de javu)'이 만들어 낸 착시(錯視)의 결과물이라고 본다. 이덕일은 북한 학자 안병찬의 발굴 보고를 다음과 같이 전하고 있다.

> 북한에서는 귀틀 무덤은 서기전 1세기 말부터 서기 1세기까지 약 100년간 존재했고, 벽돌 무덤은 2세기 초에서 3세기 중엽까지 사용되었으며, 독무덤은 나무곽 무덤 시기부터 벽돌 무덤 시기까지 사용된 것으로 주로 어린이들의 무덤이라고 보고 있다.[54]

말하자면 북한 학계가 발굴한 3,000여 기의 무덤들 중에는 중국계로 보이는 대형 고분급 벽돌 무덤(전축분)도 다수 포함되어 있으나, 귀틀 무덤, 독 무덤(옹관묘), 나무곽 무덤(목곽묘), 심지어 관조차 쓰지 않은 아이 무덤 등 묘장 양식에 있어 명백히 고조선계로 보이는 것들도 상당수 포함되어 있는 셈이다.

특히 아이의 것이 대부분인 독 무덤의 경우, 평양지역을 제외하면 그 발굴지가 경남의 동래(東萊), 양산(梁山), 김해(金海)와 전남의 나주(羅州) 등

---

[54] 안병찬, 〈평양일대 락랑유적의 발굴정형에 대하여〉, 《조선고고연구》, 제4호(누계 97호), 제8쪽, 사회과학원 고고학연구소, 1995. 이덕일, 《한국사, 그들이 숨긴 진실》, 제147쪽에서 재인용.

주로 한반도 남부에 집중되어 있다. 이 중에서 전남의 것은 삼국시대에 조성된 것으로 보이지만 경남의 것들은 그 연대가 선사시대까지 올라가고 있다. 삼국시대라면 문화적으로 중국의 영향을 받기 시작하는 시기이지만, 선사시대라면 중국과는 확연히 구별되는 독자적인 문화를 가지고 있었다는 것이 학계의 정설이다.

그렇게 본다면 평양지역에서 발굴된 독 무덤들을 낙랑계 또는 중국계 무덤으로 단정하는 것은 상당히 무모하고 경솔한 행위일 가능성이 높은 것이다. 그래서 박성용 같은 학자는 이 시기 지배층의 무덤 유적에서 한대 문화의 흔적이 도드라지게 포착되지 않는 것은 '낙랑군재평양설'의 "치명적인 결함"이라고 논평한 것이다.55) 백번 양보해서 벽돌 무덤이야 중국계 무덤이라고 치자. 그러나 귀틀 무덤, 독 무덤, 나무곽 무덤들까지 무턱대고 '낙랑계 고분'이라고 억지를 부릴 수 있는 것인가? 코딱지만한 애 무덤까

통상적인 형태의 귀틀 무덤, 독 무덤, 나무곽 무덤, 벽돌 무덤

지 대형 고분이라고 우길 수 있는 것인가?

설사 이 '고분'들이 모두 중국계 고분이 확실하다고 하더라도 통설은 통설일 뿐이지 정설이 될 수는 없다. 기존의 국내외 학자들은 이 3,000여 기의 중국계 고분을 화제로 삼을 때 거의 어김없이 낙랑군과 결부시키는 경향이 있다. 그러나 그 많은 고분들이 모두 낙랑군이 남긴 유적들이라는 주장을 뒷받침해 줄 만한 객관적인 증거는 이렇듯 거의 존재하지 않는 경우가 대부분이다. 그 고분들에 일일이 '낙랑'이라는 이름표가 붙어 있기라도 하단 말인가? 전혀 그렇지 않을 것이다.

학자들의 상당수가 자신이 과거에 들었던 남들의 통설에 근거해서 "평양은 고대의 낙랑군이었다. 평양에서 중국계 고분들이 무수하게 발견되었다. 그러므로 평양에서 발견된 중국계 고분들은 모두 낙랑군이 남긴 것들이다"라는 선입견을 가지고 고조선을 연구하고 낙랑군을 연구하려고 든다.

그러나 그 같은 선입견은 그저 일종의 왜곡되어 주입된 '기시감'일 뿐이다. 지금까지 발견된 평양지역의 고분들이 계통적으로 중국계인지 고조선계인지조차 확인되지 않았으며, 중국계로 판정한 고분에서 고조선계 비파형 동검이 발굴된 경우도 많다고 한다. 2,000년 전 주변 민족들에 대하여 문화적으로 우월감을 가졌던 중국인 통치자들이 자신들의 무덤에 피지배민족의 유물들을 부장한다는 것이 상식적으로 가능하다고 생각하는 것인지 의문이다.

더욱이 일제 식민사학자들이 낙랑군 치소이자 왕험성으로 비정한 낙랑토성은 규모가 작은 것은 물론이고, 왕험성이 지세가 험한 곳에 자리 잡고 있었다고 전하고 있는 〈조선열전〉 등의 기록과는 달리, 평탄하게 트인 들

---

55) 박성용, 〈한나라 군사작전으로 본 위만조선 왕검성의 위치 고찰〉, 제73쪽.

판에 위치한 데다 방어시설조차 제대로 갖추어지지 않은 것이었다.[56] 이처럼 군데군데에서 논리의 허점들이 드러나고 있는 판국에 아무런 확증도 없이 무턱대고 그것들을 모두 낙랑계 고분이라고 우기는 것은 실증의 ㅅ도 모르는 사람들의 헛소리라고 할 수밖에 없는 것이다.

2) 천차만별의 고분 양식

만일 평양이 정말 고대의 낙랑군이 확실하다면 그 고분들은 400여 년 동안 동일한 양식으로 조성되어야 앞뒤가 맞게 된다. 왜냐하면 기존의 정설대로라면 동일한 왕조(한), 동일한 주민(한족), 고정된 장소(낙랑군) 이 세 가지 조건 속에서 400여 년을 지속했고, 중원에서 두 번이나 왕조가 교체될 동안 낙랑은 고구려가 동북방의 패자로 부상하기 전까지는 정치적 외풍이나 타격조차 전혀 받지 않는 '무풍지대'였기 때문이다. 따라서 고분의 양식이나 부장품 등의 디테일한 부분에서 미세한 변동은 나타날 수 있을지도 모르나 그 양식이나 구성, 배치 등에 있어서의 결정적인 '지각변동'은 나타나기 어려운 것이다.

이른바 '낙랑 고분'들은 모두가 동일한 양식인가? 그 부장품들도 대부분 동일한 양식과 패턴을 공유하고 있는가? 만일 그렇다고 한다면 그 고분들은 낙랑군이 남긴 유적들일 가능성이 높다. 그러나 만일 그렇다고 할 수가 없다면 그것들은 중국계 유적들이라고 할 수는 있을지 몰라도 낙랑군의 유적이라고 단정하기는 어렵다. 이 고분들을 두고 '낙랑계'라고 주장하려면 어째서 동일한 문화에 속한 권역에서 이처럼 다양한 묘장제도의 유적

---

56) 박성용, 같은 글, 제73쪽.

들이 혼란스럽게 뒤섞여 있을 수 있는지, 그리고 수장급 고분들에서 고조선계 유물들이 발견된 것은 어찌된 영문인지에 대한 납득할 만한 해명부터 먼저 내놓는 것이 올바른 순서라고 본다.

우리는 해방 이후로 지금까지 평양지역에서 이루어진 발굴의 실제의 상황이 국내 사학자들이 지금까지 주장해 온 것과는 너무도 편차가 크다는 사실을 앞서의 안병찬의 보고를 통하여 알 수 있었다. 물론, 북한 학계의 발굴 보고가 때로는 실적 과시를 위하여 때로는 체제 선전을 위하여 어느 정도 과장과 왜곡을 담고 있을 가능성도 없지는 않다. 그러나 그런 가능성을 염두에 둔다고 하더라도 그들의 보고 내용 전부를 거짓말로 치부할 수는 없다고 본다.

당장 우리 학계 스스로가 북한 학계의 발굴 보고 내용은 불신하면서도 정작 그들이 일제 강점기보다 무려 26배나 많은 3,000여 기의 무덤을 발굴해낸 일과 정백동에서 출토되었다는 이른바 '낙랑군 호구부'의 존재는 역사적 진실로 믿어 의심치 않고 있지 않은가? 우리 학계 스스로가 3,000여 기의 무덤과 '낙랑군 호구부'의 존재를 앞장서서 선전하고 있는 것을 보면 그들 역시 내심으로는 북한 학계의 발굴 결과를 어느 정도 진실로 받아들이고 있는 셈이다.

3) 부장품이 고분의 성격을 규정할 수 있는가

그런데 문제는 이것이 아니다. 이보다 더 우리가 주목해야 할 부분은 북한에서 발굴된 이 3,000여 기의 무덤들이 그 규모면에서 다양한 부장품이 쏟아져 나온 대형 고분으로부터 관조차 없는 작은 아이 무덤까지 천차만별이고, 그 양식면에서도 귀틀, 벽돌, 독, 나무곽 등의 다양한 그러나 서로 이질적인 유형이 차례대로 나타나고 있다는 사실이다. 이 모든 크고 작고 각양각색인 무덤들을 다 합친 숫자가 3,000여 기인 것이다.

그런데 우리 학계에서는 제대로 된 문헌적, 고고적 근거조차 확보, 검증하지 않은 상태에서 이것들을 모두 '중국계 고분' 심지어 아주 단정적으로 '낙랑 고분'이라고 주장하면서 구태가 의연한 '낙랑재평양설'만 되뇌고 있다. 일반적으로 우리가 평양지역에서 출토된 무덤을 낙랑계 고분이라고 '믿는' 것은 단순히 그 고분의 존재 때문이 아니라 어디까지나 거기에 '부장된 유물들'의 존재 때문이다.

예를 들어, 어느 고분에서는 "낙랑태수장" 봉니가 발견되었고, 어느 무덤에서는 "낙랑군 호구부"가 발견되었고 하는 식이다. 그런데 만일 '낙랑'이라는 이름표를 단 그 몇몇 유물들이 그 자리에 없었다면 결과는 어떠했을까? 과연 그 상황에서도 그 (중국계) 고분들을 낙랑의 유적이라고 단정할 수 있는 학자가 단 한 사람이라도 있을 수 있을까?

만일 그런 상황에서 그런 대담한 주장을 하는 사람이 있다면 그 사람은 학자라고 하기 어렵다고 본다. 3,000기가 넘는 그 고분들에 대한 문헌적 증거도 없고, 그 고분들 자체에도 '낙랑'의 흔적조차 없는데도 그것들을 모두 다 낙랑의 유적이라고 단정하기 때문이다. 이런 소리를 고대사에 무지한 일반인이 내뱉는다면 고대사를 잘 몰라서 그런 소리를 한다고 이해라도 해 줄 수 있다. 그러나 명색이 고대사의 전문가, 권위자, '정통 학자'를 자처하는 자들이 이런 허튼 소리를 아무 거리낌도 없이 내뱉는다면 그런 사람을 학자로 존경하고 싶은 마음이 생기겠는가?

통설이 정설이 되는 길은 간단하다. 문헌적 기록과 고고학적 발굴을 맞추어 보았을 때 정확하게 부합하면 그 주장은 누구도 깰 수 없는 정설로 대접받을 것이다. 그러나 이 둘이 서로 아귀가 맞지 않거나 기록과 발굴의 어느 한쪽만 존재하거나 둘 다 존재하지 않을 경우에는 아무 의미도 없다. 통설은 그저 통설일 뿐인 것이다.

이 같은 이유들로 인해서 평양지역에서 아무리 중국계 고분들이 많이 발견되었다고 하더라도 그것들을 무작정 낙랑의 유적으로 단정하는 것은 학자로서 대단히 경솔하고 대단히 위험한 행위일 수밖에 없는 것이다. 국내외의 많은 학자들에게 있어 이 정도의 도리는 '일반상식'일 것이다. 그런 똘똘한 학자들이 유독 '고조선'과 '낙랑군' 이야기만 나오면 한순간에 눈앞이 컴컴해지고 이성이 마비되는 것은 어찌된 영문일까?

4) 움직일 수 있는 모든 것은 조작이 가능하다

여기서 문제가 되는 것은 고분들이 아니라 거기서 '낙랑'이라는 이름표를 단 채 발견된 몇몇 유물들의 존재이다. 기존 학계가 평양에서 발굴된 고분들을 '낙랑 고분'이라고 위험한 판정을 내리게 만든 결정적인 단서는 그 고분에서 발견된 '낙랑'이라는 글자가 들어가 있는 몇 가지 유물들이다. 그러나 과연 그 유물들은 2,000년 전에 이미 그 자리에 부장되어 있었을까?

물론, 정말로 그 당시에 부장되었을 가능성도 있다. 그러나 반대로 그 이후에 부장되었을 가능성도 없다고 할 수는 없는 것이다. 이쯤에서 우리가 명심해야 할 것은 유물은 대부분 운반이 가능한 물건들이라는 사실이다. 만일 '낙랑'이라는 명찰을 단 유물들이 처음부터 그 자리에 부장되어 있었을 가능성만큼이나 나중에 누군가에 의하여 거기로 '공간이동'되었을 가능성도 있다면 어떻게 해야 하겠는가?

그런 의미에서 과거에 일본에서 일어난 등촌신일(藤村新一)의 유물 조작 사건은 우리에게 의미가 심장한 교훈을 준다.

등촌신일은 독학으로 일본 고대사 연구에 종사하던 중 1981년 일본 궁기(宮崎) 현에서 4만년 전의 유물을 발견하였다. 당시까지 일본에서 발견된 유물의 연대는 그 상한이 3만 년이었으므로 그보다 1만 년이나 빠른 유물이 발견되었다는 소식에 일본 열도는 온통 흥분의 도가니에 빠졌다. 그 후 그는 1990년대 말까지 새로운 유물들을 찾아 다녔는데 그가 가는 곳마다 어김없이 이전보다 연대가 높은 유물들이 출토되는 바람에 일본 구석기시대의 상한이 순식간에 무려 70만 년 전까지 올라갔다.

등촌신일의 구석기 유물 조작 "파고, 놓고, 다진다"

하루아침에 일본의 영웅, '신의 손'이 된 그의 업적은 역사 교과서에까지 소개되었으며 매스컴들은 그가 일본의 고대사 연구에 중대한 획을 그었다고 연일 대서특필해 댔다. 그러나 그의 잇따른 세기적 대발굴에 의심을 품고 2000년 8월 발굴 현장 근처에 동영상 카메라를 설치한 마이니치(每日) 신문은 얼마 후 등촌신일 자신이 직접 만들어 낸 구석기 유물을 몰래 묻는 장면을 촬영하는 데에 성공하였다. 그 후 그가 발굴한 기존의 유물들에 대한 정밀조사가 이루어졌고 그 결과 그동안의 세기적인 발굴들이 모두 가짜로 판명되면서 일본 사학계, 고고학계의 권위와 공신력은 순식간에 땅에 떨어지고 말았다.

등촌신일의 구석기 유물 조작사건은 두 가지 측면에서 우리에게 시사하는 바가 크다. 첫째, 아마추어 고고학자의 유물 조작에도 이렇다 할 반론조차 펴지 못하고 쉽게 속아 넘어갈 정도로 당시의 일본 고고학계와 사학계의 학술적 역량이나 검증 시스템이 상당히 허술하다는 점이다. 그리고 이보다 더 중요한 것은 고대사나 고고학을 좀 아는 사람이 마음만 먹으면 얼마든지 유물을 조작하고 역사를 날조해 낼 수 있다는 사실이다.

등촌신일의 유물 조작은 개인의 조작일 뿐이었다. 그래서 얼마 지나지 않아 곧 꼬리를 밟히고 만 것이다. 그러나 만일 이 같은 조작이 두 사람 이상의 집단 또는 특정한 정치세력의 권력과 비호를 등에 업고 보다 조직적으로 보다 전방위적으로, 그것도 수십 년 동안 전역에 걸쳐 지속적으로 벌어진다고 생각해 보라.

연대를 끌어올리는 일은 둘째 치고, 없었던 나라는 얼마든지 새로 만들어 내고, 있었던 역사조차 손쉽게 지워 버릴 수도 있을 것이다. 일제시대에 몇몇 일본인들에 의하여 주도되었던 일련의 세기적인 한반도 유물 발굴들, 그리고 그들이 가는 곳에는 어김없이 이루어진 새로운 역사 조명들, 이 모든 사건들이 그저 우연의 일치일 뿐이었을까? 한두 번은 우연일 수도 있지만 세 번 네 번 같은 상황이 벌어지면 그것은 정상이라고 하기 어렵다.

그래서 1920년대에 일본인들이 주도하는, 그러나 상식적으로 도저히 납득되지 않는 등촌신일 식의 '대발견' 소식들을 연일 접했던 민족주의 사학자 정인보(鄭寅普: 1893~1950?)는 이렇게 심심한 우려를 표명했던 것이다.

말세의 교활한 자들은 여기에서 또 무엇인가를 더 보태 놓는다. 그래서 감추고 고치고 옮기고 바꾸는 짓을 벌일 때 역사책 등의 서책에 그런 짓을 저지르고 무작정 아무렇게나 지껄이고 보는 것은 아니다. 그들은 일단 사람들을 알쏭달쏭하게 만든다. 그러고 나서는 사방팔방으로 나가서 그 증거가 될 만한 것들을 찾아 언덕이나 고랑 사이를 돌아다니면서 그 속에 위조물이나 조작거리를 슬쩍 끼워 놓은 다음 자기 궤변을 합리화 하려고 든다. 심할 때에는 일부러 그런 것들을 묻어 놓고 남들이 발굴하게 하기도 하고 일부러 그런 것들을 버려 놓고 남들이 발견하게 하기도 한다. 또, 어떨 때에는 일부러 그것에 묻은 흙을 털고 담은 다음 그 글귀를 판독하는 척 하다가 뛸 듯이 기뻐하면서 "정말 이 땅에서 이런 물건이 나왔네?" 하고 떠들어 댄다. 그렇게 하면 그 광경을 보는 사람은 청동기나 비석 따위가 줄줄이 쏟아지는 것을 지켜보다 보면 아무리 '안다 하는' 사람이라고 해도 전혀 의심을 하지 않게 되는 것이다. … 불순한 목적으로 그런 짓을 벌이다 보니 오로지 자신의 그런 목적을 이루기에만 바쁠 뿐 옳고 그르고는 아예 따지지도 않는 것이다. 그런데 지금 출토된 유물들을 가지고 평양, 봉산, 신천이 다 한(사)군들이었다는 것을 증명하려 드는 행동은 그야말로 본말을 어지럽히고 주객을 뒤집어 놓는 짓이라고 하지 않을 수 없다.[57)]

정인보의 이 질타는 마치 발굴 현장에서 유물 조작을 하고 있는 식민사학자들 뒤에서 그 모습을 지켜보면서 쓰기라도 한 것처럼 생생하게 와 닿는다.

5) 평양지역에서만 쏟아지는 '낙랑계' 유물들[58)]

이쯤에서 우리가 한 가지 명심해야 할 점이 있다. 지금까지 위에서 살펴본 것처럼, 학계에서 낙랑군의 것이라고 주장하는 유적, 유물들은 거의 모

---

57) 정인보, 《조선사연구》(하), 문성재 역주, 제802-803쪽.
58) 이른바 '낙랑계 유물'들 중에서 효문묘 동종(孝文廟銅鍾)에 대한 문제 제기 및 유물 분석은 몇 년 전 SBS 방송이 기획, 방영한 3.1절 특집 역사 다큐멘터리 〈역사전쟁, 금지된 장난 – 일제 낙랑군 유물 조작〉에서 이미 충분하게 이루어졌다고 보아 여기서는 언급을 생략하기로 한다. 관련 동영상을 참조하기 바란다. (https://www.youtube.com/watch?v=1L1QYO1g27Y)

두가 평양지역에서 쏟아져 나왔다는 사실이다. 만일 평안도 지역이 2,000여 년 전의 낙랑군 자리이고 그 이후로 400여 년을 존속했다면, 또 한반도 북부가 고조선 및 나머지 현토군, 임둔군, 진번군이 존재했던 곳이 확실하다면 어째서 유독 평양 한 지역에서만 이른바 '낙랑 유적, 유물'이 집중적으로 쏟아져 나왔냐는 것이다.

고조선과 '한사군'이 역사적으로 한반도에 존재했었다면 그 유적과 유물들이 최소한 '한사군'이 설치되었었다는 평안도, 황해도, 함경도 전역에서 장소와 시기를 불문하고 언제 어디서든지 수도 없이 출토되었어야 한다. 그런데 다른 지역에서는 기별도 없이 유독 평양 한 곳에만 '한사군' 유물, 유적이 편중되어 있는 것이다. 더욱이 그것들이 무슨 수돗물도 아닐진대 어찌된 영문이기에 굵직굵직한 세기적 발굴은 죄다 1920~1930년대라는 수상한 시기에 관야정(關野貞), 금서룡(今西龍) 등의 일본인들 눈과 손을 통해서만 이루어진 것일까?

북한에서는 해방 이후 일제 강점기보다 수십 배나 많은 3,000여 기의 고분을 발굴했다고 선전하고 있지만, 정작 사람들의 관심을 끄는 유물이 출토되거나 유적이 발견된 경우는 가뭄에 콩 나듯이 아주 적은 것이 실정이다. 이것이 도대체 어떻게 된 영문일까? 조선총독부에서는 당시 일본인들에 의한 이 일련의 '대발견'들을 두고 우연의 일치라고 둘러대었다.

> 모든 어떠한 발견에는 우연한 기회가 많아서, 예기하지 않은 사고로 말미암아 예기하지 않은 발견이 뒤따르는 경우가 있다. 우리의 점제현 치소 터 발견도, 점제비 발견도, 대방태수묘, 대방군 치소 터의 발견도, 낙랑군 치소 터의 발견도, 모두가 우연한 수확이었다.[59]

---

59) 조선총독부, 《고적조사특별보고(古蹟調査特別報告)》(제4책), 조선총독부, 1927.

すべて何者かの發見には偶然の機會が多い, 豫期せざる事故の爲め豫期せざる發見が伴ふことがある. 余等の秥蟬縣治址の發見も, 秥蟬碑の發見も, 帶方太守墓,帶方郡治址の發見も, 樂浪郡治址の發見も, 皆偶然の收穫であつた.

그 유적들의 진위 여부는 논외로 치더라도, 과연 이 일련의 발견들이 조선총독부의 주장처럼 단지 우연의 연속이기만 했던 것일까?

2. 이른바 '점제현 신사비'의 수수께끼

1913년 9월 30일, 조선총독부의 촉탁으로 있던 일본인 학자 금서룡(今西龍: 1875~1932)은 '한대 낙랑군 유적 조사사업'의 일환으로 평안남도 용강군(龍岡郡)에 소재한 어을동(於乙洞) 고분 발굴에 나섰다. 그러나 이렇다 할 유물 하나도 찾지 못한 그는 현지 면장의 제보로 이튿날 해운면 운평동 평야지대에서 화강암 재질의 석각을 하나 발견하였다.

당시 조선총독부의 동료였던 등전용책(藤田龍策)의 술회에 따르면, 금서룡은 현장에서 떠 온 탁본을 동행한 동료들과 분석하던 중 '점제(秥蟬)' 두 글자를 발견하자 용강 각석이 한나라 낙랑군 점제현과 관련이 있음을 직감했고, 이를 근거로 어을동 일대가 낙랑군의 관할지이며《한서(漢書)》〈지리지(地理志)〉의 '열수(列水)'가 대동강이라는 사실을 깨달았다고 한다.[60)]

이른바 '점제현 신사비'의 최초 발견자 금서룡

이 놀라운 '깨달음'을 유일한 근거로 삼아 관야정 등 일본인 식민사학자들은 얼마 후 이 '신사비'에 대한 제대로 된 조사나 검증조차 없이 "평양이 한나라의 판도로 편입되어 낙랑군이 되었다는 주장이 더욱 굳어졌다는 데에 더 이상 논쟁을 할 필요가 없게 되었다"[61)]라고 일방적으로 선언하고, 용강에서 발견한 이 돌을 '점제현 신사비'로 명명하였다.

말하자면 단지 이 석각을 유일한 증거물로 삼아 그것이 발견된 지역을 낙랑군의 속현들 중 하나인 점제현으로 기정사실화하였다. 그리고 이 일방적인 선언을 신호로 기다렸다는 듯이 진전좌우길(津田左右吉: 1873~1961)은 《한서》〈지리지〉의 '열수(列水)'를 대동강으로 비정했으며, 이병도(李丙燾: 1896~1989) 역시 이 주장을 적극 추종하면서 그 후로 국내 사학계에서는 '열수대동강설'이 아무도 흔들 수 없는 확고부동한 정설로 굳어져 버렸다. 그러나 용강 각석은 여러 가지 측면에서 의혹투성이의 유물(?)이다.

1) 한대에는 비석이 존재하지 않았다

중국에서 '비(碑)'라는 기념물은 이미 서주시대부터 여러 문헌에 등장한다. 그러나 초기의 비는 후세의 것들과는 체제가 사뭇 달랐다. 왜냐하면 춘추전국시대까지만 해도 비는 궁궐에서 해의 그림자를 재는 돌이나 가축을 묶어 두는 돌, 또는 묘지에서 관을 내릴 때 사용하는 비석처럼 큰 나무를 가리키는 말이었기 때문이다.[62)] 그러던 것이 한대 이후에 와서 오늘날과

---

60) 등전용책, 《조선고고학연구(朝鮮考古學研究)》, 1948. 이덕일, 《한국사-그들이 숨긴 진실》, 제44쪽에서 재인용.
61) 정인보, 같은 책(하권), 문성재 역주, 제775쪽.

같은 형태와 체제를 갖추게 된 것이다. 중국 근대의 학자인 마형(馬衡: 1881~1955)의 고증에 따르면, 비석에 글자를 새겨 넣기 시작한 것은 한대 이후부터였다고 한다. 또, 《범장재 금석총고(凡將齋金石叢稿)》〈중국금석학 개요(中國金石學槪要)〉에서는 다음과 같이 적고 있다.

비(석)에 글을 새기는 것은 과연 언제 시작되었을까 하면, 후한대 초기부터 시작되어 환제, 영제 무렵 성행했으니, 송대 이래로 저록된 것들을 보면 알 수 있다. 한대 비석의 체제는 비수에는 '천'이 있는 경우가 많았으며, '천' 말고도 더러 '양'이 있는 경우는 바로 묘비에 도르레를 달았던 옛 제도를 따른 것이다. 초기에는 대개 묘소의 관을 내리는 비로써 이용하면서 거기에 피장자의 덕행을 적고 사적을 기록하다가 나중에는 이렇게 인습하던 것이 풍습이 되면서 비가 드디어 글을 새기기 위하여 마련되곤 하였다. 그래서 최초의 비에는 '촌'도 '양'도 있었으며, 제액을 '천' 위와 '양' 사이에 새기되 왼쪽으로 치우치든 오른쪽으로 치우치든 그 상황에 맞추어 이루어졌으며 꼭 모두 한가운데에 와야 할 필요는 없었다. 비문은 '액' 아래에 새겼고 비의 오른쪽에 치우쳤지만 반드시 면 전체를 채워야 하는 것은 아니었다. 위진대 이후로는 '천', '양'이 점차 사라지고 '액'은 반드시 그 중간에 위치하고 글은 반드시 가득 채워야 한 것이 그 분명한 증거이다.

碑, 用以刻辭, 果始自何時? 曰, 始於東漢之初, 而盛於桓, 靈之際, 觀宋以來之所著錄者可知矣. 漢碑之制, 首多有穿, 穿之外或有暈者, 乃墓碑施鹿盧之遺制. 其初蓋因墓所棺之碑而利用之, 以述德紀事於其上, 其後相習成風, 碑遂爲刻辭而設. 故最初之碑, 有穿有暈. 題額刻於穿上暈間, 偏左偏右, 各因其勢, 不必皆在正中. 碑文則刻於額下, 偏於碑右, 不皆布滿.

---

62) http://www.shiyizhang.com/shiyiwenhua/6.shtml

魏, 晉以後, 穿鑿漸廢, 額必居中, 文必布滿, 皆其明證也.

실제로《사기》〈진시황본기〉에 소개되고 있는 기사를 보더라도, 진 시황은 태산(泰山), 양보(梁父), 낭야(瑯琊), 회계(會稽) 등 관동 각지의 명산들을 차례로 순행할 때마다 자신의 공적을 바위에 새겼지만, 언제나 '각석(刻石)'이라고 표현하고 있으며, 단 한 번도 이를 '비(碑)'라고 부른 적이 없었다. 왕조가 바뀌어 전한대에 와서도 한 무제가 진 시황을 흉내 내어 가는 곳마다 자신의 공적을 바위에 새겼지만, 역시 그것을 '비'로 부른 적은 없었다. 이처럼, 비석에 글자를 새겨 넣기 시작한 것은 후한대 이후부터였던 셈이다.63) 만일 마형 등 중국 학자들의 고증이 잘못된 것이 아니라면, 금서룡이 용강군에서 발견했다는 이른바 '점제현 신사비'는 그 정체와 출처가 사람들의 의혹을 살 수밖에 없는 것이다.

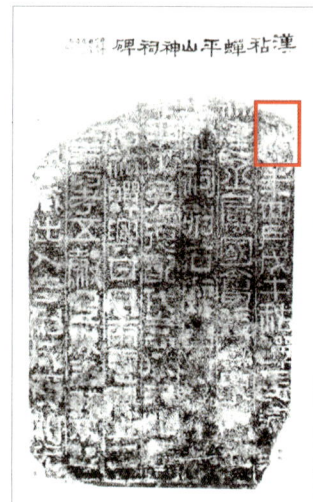

비석에 글자를 새기기 시작한 것은 후한대부터이다. 그렇다면 이 돌은 위조품이거나 암벽에 새겨졌던 석각이거나 둘 중의 하나인 셈이다.

---

63) 이 점에 대해서는 조선총독부가 발행한《낙랑군시대의 유물(樂浪郡時代の遺物)》(제242쪽)에서도 스스로 인정하고 있다. 자세한 내용은 같은 책의 〈제4장 점제평산군비(第四章 秥蟬平山君碑)〉부분을 참조하기 바란다. 당시 이 '점제현 신사비'를 비석으로 간주한 조선총독부는 전한대까지는 글자를 새긴 비석이 중국에 존재하지 않았다는 사실을 염두에 두고 후한-위-서진 세 시대의 어느 한 시점을 그 제작연대로 추정하려 하였다. 그러나 만일 문제의 이 돌이 애초부터 비석이 아니라 암벽에 새겨진 석각이었다면 이 같은 기존의 해석은 원천적으로 잘못된 것이므로 처음부터 새로 연구가 이루어져야 한다. 물론, 이 돌이 비석이 아니라 석각이고, 그 제작연대의 상한이 올라간다고 하더라도 한 가지 분명한 사실은 이 돌이 원래 있었던 자리는 금서룡과 관야정이 지적한 평안도 용강은 아니라는 것이다.

더욱이 '용강 각석' 명문에 등장하는 '각석'이라는 표현은 앞서 진 시황, 한 무제의 사적에서 보았듯이, 자연적인 바위나 절벽에 글자를 새기는 것을 두고 하는 말이었다. 그런데 그런 표현이 엉뚱하게도 일본인들이 '신사비'라고 주장하는 비석에 등장하고 있는 것이다. 비석에 글자를 새기는 것은 후한대부터이고 '각석'은 바위나 절벽에 글자를 새길 때 사용하는 말이라면 일본인들이 주장하는 '점제현 신사비'와는 제작연대와 제작방식에 있어서 전혀 일치되지 않는 셈이다.

2) '점제현 신사비'는 공간이동 된 것인가

　이른바 '점제현 신사비'를 둘러싼 또 다른 수수께끼는 그 수상한 외형에 있다. 만일 글자를 새긴 비석이 이미 전한(前漢) 초기부터 존재했다고 치자. 그렇다면 전체적으로 비석답게 균형 있고 아름답게 만들어졌어야 한다. 그런데 '점제현 신사비'가 과연 그러한가? 위에 제시한 조선 아이 옆에 놓인 '점제현 신사비'의 명문은 일단 차치하고라도 그 형태를 자세히 살펴보면 웬지 이상하다는 느낌을 갖게 된다. 얼핏 보기에도 돌 앞면에 글자들이 너무 빽빽하게 새겨져 있고 사방으로 여백을 전혀 두지 않았다. 게다가 돌의 옆면과 뒷면은 신성하고 존엄한 산신을 추앙하는 내용과는 전혀 걸맞지 않게 마무리가 너무도 부실하고 무성의해 보인다.

　실제로 당시 식민사학자들이 세기적인 대발

수상하기 짝이 없는 이른바 '점제현 신사비'의 앞면-옆면-뒷면의 상태

견 운운 하면서 국내외적으로 떠들썩한 바람몰이를 벌이자 이 석각을 면밀히 분석한 정인보는 그 해괴한 외형에 대하여 문제를 제기한 바 있다.

> 내가 그 각석을 보기에는 높이가 낮고 크기가 작아서 그 길이가 너비보다 약간 긴 것 같다. 앞면에는 행을 나타내는 줄이 있고 테두리를 둘렀는데 그 테두리 밖은 다듬지도 않았고 두께도 얇은 편이다. 그리고 뒷면은 기복이 고르지 않은 것이 바로 암벽에 새겼던 것이지 받침을 대고 세워 놓았던 것이 아니다. 글은 일곱 행인데 그 첫 행과 6~7행은 위쪽 모서리가 모두 비스듬하게 떨어져 나갔으며, 그 나머지 부분들은 결을 따라 깨지고 모가 닳아 버린 부분이 많았다.[64]

금석학(金石學)에 조예가 깊은 정인보의 감식안을 빌리자면 이른바 '점제현 신사비'의 문제점은 다음의 몇 가지로 정리할 수 있다.

① 통상적인 비석보다 높이가 낮고 크기가 작으며 두께가 얇다.
② 앞면에 행을 표시한 줄이 있고 테두리 바깥은 전혀 다듬지 않았다.
③ 뒷면이 울퉁불퉁한 것을 보면 암벽에 새긴 것을 통째로 잘라 낸 것으로 보인다.
④ 위쪽 모서리 글자들이 이상하게도 비스듬히 떨어져 나가 있다.
⑤ 다른 부분도 결이 깨지고 모가 닳아 있다.

원래 전통적인 의미의 비석은 대상자에 대한 존경과 칭송의 내용을 주로 담는다. 따라서 가공과정에서도 온 정성을 다하여 석재의 앞-뒤-옆 네

---

64) 정인보, 위의 책, 제775-776쪽.

면을 반듯하고 깔끔하게 다듬어서 마무리하는 것이 보통이다. 그 대상자가 천신-산신-지신 등의 신명일 경우에는 더더욱 각별히 경건하고 정성스러운 마음가짐으로 가공에 임했을 것이다. 그런데 '점제현 신사비'는 전혀 그렇지 않은 것이다!

글자를 새긴 앞면은 그런 대로 제법 반반하게 다듬어져 있다. 그러나 그 테두리나 옆면-뒷면은 방금 암벽에서 아무렇게나 잘라오기라도 한 것처럼 전혀 다듬어지지 않은 상태이다. 결이 깨지고 모가 닳아 버린 것은 제작 단계에서부터 이미 그렇게 가공되었을 개연성도 없지 않다. 그러나 그 각문의 칭송 대상이 현지인들의 숭배의 대상인 산신이라는 점을 감안한다면 그보다는 오히려 진 시황의 태산 각석(泰山刻石)이나 낭야대 각석(瑯琊臺刻石)의 경우처럼, 제3의 장소에 새겨져 있던 것을 아무렇게나 잘라 내는 과정에서 생긴 흔적일 가능성이 훨씬 높다.

어쩌면 그 과정에서 민감하거나 불리한 글자는 의도적으로 쪼아 없앴을 수도 있다. 이런 돌은 채석장에서 되는 대로 아무렇게나 초벌 가공만 해 놓은 상품 가치가 전혀 없는 모조품이지 산신의 은덕을 추앙하고 복록을 기원하는 숭배의 결정체로는 전혀 어울리지 않는다. 그럼에도 불구하고 당시 관야정 등 일본인 학자들은 그들이 당시 표방했던 '실증주의 사학'이나 '문헌 고증'은 완전히 무시한 채 황당한 판정을 내렸다.

> … 글자체에 이른바 한대 예서의 얼이 깃들어 있는 것이 고아하고 혼박함이 도저히 (연대를) 위-진까지는 내릴 수 없을 듯하다. 이 비가 세워진 곳이 바로 점제현의 옛 땅이라는 것은 자명해졌고, 그 부근인 어을동 고성의 경우는 그 내부에서 한대 와당의 파편이 다수 나온 것을 근거로 이 고성이 점제현 치소의 터라는 것이 비로소 확실하게 판정된 셈이며, 거기다

고래로 역사상의 의문이었던 열수의 위치가 비로소 해결되었으니, 조선 고대사의 연구에 있어 한 시대의 획을 긋게 된 셈이다.65)

… 字體所謂漢隷の神を得たる者, 高雅渾樸, 到底魏晉までは下らぬであらう. 此碑の立てる處, 卽ち秥蟬の故地たること明白にして, 其附近なる於乙洞古城は, 其內部より漢瓦の殘缺を多く出すを以て, 此古城が秥蟬縣治の遺址たること始めて確定し, 加之ず古來歷史上の疑問たりし列水の位置始めて解決され, 朝鮮古代史の研究上一時期を劃すること なつたのである.

관야정 등은 이른바 '점제현 신사비'의 고아하고 투박한 서체를 들어 ① 그것을 위-진대 전후의 것으로 판정하는 데에서 그치지 않고, ②그 돌을 근거로 들어 그것이 최초 발견된 지점을 점제현의 관할지로 선포하는 것은 물론, 그 부근의 어을동 고성조차 ③인근에서 한대(?) 와당 파편이 일부 발견되었다는 점을 들어 그 고성을 점제현 치소의 터로 단정하고, 거기다가 ④그 인근을 흐르는 하천 역시 이상의 근거들을 들어 고대의 열수로 비정하는 일사천리의 고증을 통하여 실증 사학의 진수(?)를 보여 주었다.

그러나 지금까지 위에서 이야기했던 것처럼, 이른바 '점제현 신사비'의 유물로서의 정체성부터가 의심스러운 상황에서 그것을 결정적인 단서로 하는 어을동 고성의 성격이나 열수에 대한 위치 고증은 더 이상 의미가 없는 일이다. 즉, 그 돌이 원래 비석이 아니라 암벽에 새겨졌던 석각이고, 그것이 원래 있었던 곳이 금서룡이 최초로 발견한 용강이 아니라 제3의 장소라면 관야정 등이 일사천리로 입증한 '대발견'들은 저절로 모두가 가짜

---

65) 조선총독부, 〈제4장 점제평산군비(第四章秥蟬平山君碑)〉,《낙랑시대의 유적(樂浪郡時代の遺蹟)》, 제245쪽, 1927.

이거나 조작의 결과로 전락할 수밖에 없는 것이다.

3) 용강 인근에는 웅장한 산이 없다

이른바 '점제현 신사비'가 제3의 장소에서 인위적으로 운반된 것이라는 점은 그것이 발견된 장소를 통해서도 금세 간파할 수 있다. 만일 관야정, 나진옥 등 국내외 학자들이 판독한 대로 이 돌이 점제현의 안녕과 행복을 지켜 주는 진산(鎭山)의 은덕을 기리는 신사비라고 치자. 그렇다면 중국의 여느 산신비들이 다 그러하듯이, 이 '신사비'는 당연히 숭배와 제사의 대상이 되는 진산의 산자락 어디인가에 자리 잡고 있어야 정상이다. 실제로 '5악(五嶽)', '5진(五鎭)', '4독(四瀆)' 등의 사례에서도 볼 수 있듯이, 고대 중국인들은 중원에 자리 잡고 있는 명산대천(名山大川)을 숭배의 대상으로 받들며 나라와 백성의 안녕을 기원하는 제사를 올리는 일이 많았다.[66)]

정인보가 용강 각석의 진위를 판별하는 과정에서 '숭고비(嵩高碑)'와 '화산비(華山碑)'를 예로 든 것은 바로 이 같은 이유 때문이었다.

산군을 칭송하면서 '덕배대숭'이라고 한 것이 몹시 수상쩍다. 여기서 '대'는 태산으로, 5악 중에서도 가장 존귀한 산이다. 그래서 숭고비에서는 "대

---

66) 고대 중국인들은 산을 만물을 만들어 내는 생명의 원동력을 지닌 영험하고 신성한 존재로 여겼다. 따라서 역대 왕조의 통치자들은 지역별로 높고 웅장한 산을 숭배의 대상으로 삼아 왕조과 사직의 안녕을 기원하곤 하였다. 《예기(禮記)》〈왕제(王制)〉에 따르면 상고시대에 이미 통치자가 동, 서, 남, 북, 중의 다섯 방위를 대표하는 '5악(五嶽)'의 산신에게 제사를 지냈다고 하니 산천에 대한 숭배는 그 역사가 오랜 셈이다. 그 다섯 산은 곧 '동악'인 해발 1,545m의 태산(泰山), '서악'인 2,160m의 화산(華山), '북악'인 2,016m의 항산(恒山), '남악'인 1,300m의 형산(衡山), '중악'인 1,491m의 숭산(嵩山)이다. 나중에는 다시 방위별로 '5진(五鎭)'이 추가되었는데, '동진'인 1,032의 기산(沂山), '서진'인 2,096m의 오산(吳山), '남진'인 611m의 회계산(會稽山), '북진'인 866m의 의무려산(醫巫閭山)과 새로 포함된 '중진'인 2,540m의 곽산(霍山)이 그것이다.

산의 기운이 가장 순수하다"라고 했고, 화산비에서는 "예우가 대산 만큼 극진하다"라고 했던 것이며, 그 나머지 산들 중에는 예우의 등급이 여기에 미치지 못하는 것들에 대하여 함부로 대산을 거론하면서 미화한 선례는 없었다. 만일 이 각석의 글을 근거로 평양과 용강 사이의 모처에서 제사를 지낸 것으로 여긴다면 중국인들이 자신을 높이면서 외국인을 멸시하는 습성으로 미루어 볼 때 명산도 아닌 곳에 이처럼 '덕배대숭'이라는 표현까지 써 가면서까지 미화를 했을 리가 없는 것이다.[67]

정인보의 생각으로는 산신을 모시는 신사가 있고 그 산신에게 기원하는 석각이 세워질 정도라면, 그 자리가 아니라 최소한 그 근방에라도 당연히 숭산(1,491.7m), 태산(1,545m)이나 화산(2,160m)처럼 만인에게 경외감을 불러일으킬 정도로 해발이 높으면서도 산세 역시 웅장한 명산이 자리 잡고 있어야 정상이라는 것이다. 그런데 용강에 있는 오석산(烏石山)은 명산도 아닌 데다, 해발이 566m밖에 되지 않으며, 산세도 '덕배대숭(德配岱嵩)'이라는 찬사가 무색해질 정도여서 숭배의 대상이 되기에는 역부족인 것이다.

정인보는 이 석각 네 번째 줄의 두 번째 글자가 '무(無)'와 근사한 점을 근거로 '덕배대숭'의 칭송에 걸맞은 산으로 중국 유주(幽州)의 진산(鎭山)으로 요령성 북진시(北鎭市)에 자리 잡고 있는 의무려산(醫無閭山)을 꼽았다.

설사 낮은 오석산이 현지 주민들에게 신성한 존재로 숭배되었다고 치자. 그렇다고 하더라도 당시에는 지금처럼 인공적으로 가공한 비석에 글자를 새기지 않고 자연 속의 바위나 암벽에 바로 글자를 새기는 '각석' 행위가 보편적이었으므로, 이 '신사비' 역시 오석산의 첩첩 산중에서 발견되었어야 정상이다. 그런데 이것이 정작 발견된 곳은 산에서도 한참 떨어져

---

[67] 정인보, 같은 책(하권), 문성재 역주, 제779쪽.

사방이 확 트인 평야지대인 용강군 온천리 인근이었던 것이다.

이는 곧 산속의 암벽에 새겨져 신앙의 증거물로 숭상되던 이 석각을 누군가가 함부로 그 자리에서 잘라 내어 평야지대에 아무렇게나 내동댕이쳐 놓았다는 소리인 셈이다. 그 지역의 안녕과 행복을 보장해 주는 진산을 칭송하는 내용을 담은 석각을 함부로 잘라 내고, 거기다 그곳에서 멀리 떨어진 평야지대에 멋대로 방치해 놓았다는 것은 그것이 현지인의 소행이 아니라는 뜻이다. 또, 그 돌을 잘라 내는 데에 엄청난 시간과 인력, 물력이 소모되는 수고를 무릅썼다는 것은 모종의 불순한 의도를 가지고서 치밀한 계획 아래 일을 벌였다는 뜻이라고 본다.

정인보는 당시 식민사학자들이 각석의 발견과 동시에 용강을 한나라 당시의 낙랑군의 점제현으로 단정한 데 대해서도 중국의 전통적인 전장제도(典章制度), 비각 명문 작성 관행 관련 유사 사례 등을 근거로 들면서, 용강 각석이 점제현과 연결될 수 있는 유일한 단서는 '있던 자리가 어디냐'가 아니라 '세운 주체가 누구냐' 하는 것뿐이므로, 그것이 발견된 자리가 곧 점제현이라는 증거는 어디에도 없다고 반박하였다. 그는 이러한 점들을 근거로 이 각석이 처음부터 용강에 세워져 있었던 것이 아니라 제3의 장소에서 누군가에 의하여 용강 평야까지 옮겨졌다는 결론을 내렸다.

실제로 우리가 직접 구글 등 인터넷의 위성사진을 이용해 살펴보면, 남동부에서 북서부로 갈수록 고도가 높아지는 용강지역에는 지형적으로 평야와 구릉지대가 자리 잡고 있다. 그 일대에는 해발 566m의 오석산도 있지만 읍을 중심으로 남동부에 남포시(南浦市)에서 가장 넓은 용강평야가 펼쳐져 있고 고도가 높은 서부 역시 300~400m 수준의 낮은 산과 구릉들만 듬성듬성 분포하고 있을 뿐이다.

이 산들은 백두산(白頭山, 2,750m), 금강산(金剛山, 1,638m), 설악산(雪嶽

경외감을 불러일으키는 백두산과 포근함을 느끼게 만드는 하동 평사리의 산

山, 1,708m), 지리산(智異山, 1,915m), 가야산(伽倻山, 1,433m) 등과 같이, 눈을 치켜떠도 그 꼭대기를 볼 수 없을 정도로 힘차고 장엄한 산세를 과시하며 사람들로 하여금 저도 모르게 위압감과 경외심을 갖게 만드는 1,000m 이상의 남성적인 산들과는 완연히 다르다. 어떤 의미에서는 구례, 하동 등 지리산 외곽지역에서 볼 수 있는 나지막하고 완만하게 이어지면서 사람들로 하여금 포근함과 모성애를 느끼게 만드는 300~500m 정도의 여성적인 산들과 차라리 훨씬 흡사해 보인다. 그 정도로 낮고 완만한 산세라면 현지인들이 사당을 세우고 제사를 지낼 정도로 두려움과 신앙심을 우러나게 만드는 신앙의 대상으로서는 왠지 턱없이 부족하다는 말이다.

또 하나, 용강 각석이 발견된 곳이 산속이 아니라 사방이 확 트인 평야지대였다는 것도 납득이 되지 않는 부분이다. 산신에게 경배하고 복을 비는 각석은 그런 허허벌판에 방치되어 있고, 거기다 2,000년이라는 긴 세월 동안 삼국-고려-조선을 다 거치는 동안에도 누구의 눈에도 발견되지 않았다? 그랬던 것이 난데없이 우연히 그 옆을 지나가던 웬 신출내기 일본인에게, 발견되었다고 한다면 그런 소리를 곧이 들을 사람은 아무도 없을 것이다.[68]

---

[68] 이른바, '점제현 신사비'의 존재를 용감의 면장으로부터 전해들었다는 금서룡의 주장과

4) 점제현은 서무산 근처에 있었다?

점제현이 한반도가 아니라 중국에 존재했을 가능성은 용강 각석의 글귀에서도 엿볼 수가 있다. 관야정 등 일본인 식민사학자들이 용강 일대를 낙랑군 속현들 중 하나인 점제현의 치소로 일방적으로 선포하는 증거물로 '이용된' 이 의문투성이의 바위에는 과연 어떤 내용이 담겨 있을까? 관야정은 나중에 금서룡이 발견한 이 '점제현 신사비'의 비문을 다음과 같이 석독(釋讀)하였다.

□(元?)[和][三]年四月戊午, 秥蟬長[浡][興]

□建丞屬國會[議][無][衆]□

□□神祠刻石. 辭曰.

□平山君, 德配代嵩, 威如□□

□佑秥蟬, 興甘風雨, 惠閏土田,

□(百?)□(姓?)壽考, 五穀豐成, 盜賊不起,

관야정은 첫 번째 행 앞 두 글자를 '(元?)和'로 석독하고 이 석각이 만들어진 시점을 한나라 장제(章帝) 원화(元和) 2년(BC85)으로 보았다. 그러나 여기서 우리가 주목해야 할 부분이 있다면 그것은 각문의 첫 번째 행 앞의 네 글자가 아닐까 싶다. 이 네 글자는 당시 점제현에서 숭배의 대상으로 받들어지던 산신에 대한 존칭이기 때문에, 점제현의 정확한 위치를 비정

관련하여, 이덕일은 "그 비가 2,000년 동안 서 있었고, 그 아래에 황금이 묻혀 있다는 사실을 면장까지 알고 있는데 그대로 남아 있었다는 것 자체가 말이 되지 않는다. 면장이 그 비의 존재에 대해 알고 있었다면 용강군에 부임한 조선의 수많은 군수들이 이에 관한 글을 남기지 않았을 리 없다"(제48쪽)면서 그 같은 주장을 '창작'이라고 비판했는데, 논리적으로 상당히 타당성이 있는 추론이라고 본다.

하는 데에 중요한 단서가 된다. 이 석각을 최초로 발견한 금서룡과 관야정은 이 두 글자를 '□평산군(□平山君)'으로 석독하였다. 그가 이 석문을 발표하자 중국의 갑골문자 연구의 권위자로 신해혁명(辛亥革命) 당시 가족과 함께 일본으로 망명해 있던 나진옥(羅振玉: 1866~1940)은 용강 각석의 탁본을 입수한 후 다음과 같이 석독하였다.

元和二年四月戊午, 秥蟬長渟興拆建

丞屬國會陵, 爲衆修秥蟬神祠刻石. 辭曰:

惟平山君, 德配代嵩, 威如雷電,

福佑秥蟬, 興甘風雨, 惠閏土田,

百姓壽考, 五穀豐成, 盜賊不起,

妖邪蟄藏, 出入吉利, 咸受神光.

나진옥은 앞서의 산신의 존칭을 '유평산군(惟平山君)'으로 석독하였다. 그렇다면 점제현 진산(鎭山)의 산신에 대한 존칭은 '□평산군(□平山君)' 또는 '유평산군(惟平山君)'으로 정리할 수 있는 셈이다. 그러나 현재 중국에서는 '평산(平山)'이라는 이름을 가진 산을 찾아볼 수가 없다. 역사적으로 '평산' 또는 '□평산'이라는 이름의 산은 《산해경》〈북산경(北山經)〉에 보인다.

다시 동남쪽으로 320리 간 곳이 평산이다. 평수는 그 산 위에서 나와서
그 아래에서 저류하며, 이곳에는 아름다운 옥이 많이 나온다.
又東南三百二十里, 曰平山. 平水, 出于其上, 潛于其下, 是多美玉.

여기에 소개된 '평산'은 지금의 산서성 임분시(臨汾市) 서쪽에 위치한 고야산(姑射山)을 가리키는 것으로 알려져 있다. 이 산은 해발이 1,890m 정

도이므로 용강의 경우와 비교할 때 이 정도면 산신을 숭배했을 가능성이 어느 정도 있다고 본다. 그러나 그 위치가 태행산맥의 서쪽 산서성 방면으로 거리상으로 상당히 멀기 때문에 이곳을 한대의 낙랑군 점제현의 후보지로 보기에는 무리가 있다.

'평산'의 범위를 일반 지명으로까지 확대하면 '평산현(平山縣)'이라는 곳이 있다. 그러나 이 경우 역시 그 위치가 하북성 서남쪽으로 한대에는 조국(趙國)에 속했기 때문에 행정관할상으로 낙랑군과는 전혀 무관하다. 그렇다면 관야정, 금서룡, 나진옥의 석독은 잘못된 것일 가능성이 높은 것이다.

국내에서 용강 각석의 각문을 석독한 것은 정인보였다. 그의 석독은 나진옥의 그것과 대체로 일치한다. 다만 산신의 존칭에 대해서는 이견을 보였다. 즉, 정인보는 첫 번째 행의 두 번째 글자가 외형상 '무(無)' 또는 그 옛 글자인 '무(无)'와 근사한 점을 들어 이를 '□무산군(□无山君)'으로 석독하고, 이 산이 한나라 때 유주(幽州)의 진산으로 요령성 북진시(北鎭市)에 자리 잡고 있는 지금의 의무려산(醫無閭山)으로 비정한 것이다. 그러면서 그는 다음과 같이 금석학자로서의 자신의 견해를 피력하였다.

지금의 광령(廣寧, 요령성 북진시 일대) 땅에는 의무려산(醫巫閭山)이 있는데, 그 땅은 한대에 요동군에 편입되면서 '의무려'로 불렸으며,《주관(周官)》〈십이주(十二州)〉 '유주(幽州)'조에서 그 산을 '진산(鎭山)'으로 삼고 '의무려'라고 불렀다고 적고 있다. 이 산의 산군 정도라면 그에 대한 예우가 예로부터 대단했을 테니 한나라 사람들이 '덕배대숭'이라는 식으로 칭송하는 것도 당연한 일이었으리라. 그렇게 본다면 '무'자 위의 글자가 비록 모호하기는 하지만 여기서의 '무'자가 바로 의무려의 '무'임을 알 수 있는 셈이다. 아마도 의무려산에는 예전에 신을 모시는 사당, 즉 신사가 있었을 것이다. 그래서 점제의 현장, 현위, 현승이 요서에서 군사를 이끌고 합류한 후 그곳을 지나다가 그에게 제사를 지내고 그 일이 계기가 되어 돌에 글을 새기고 그것을 암벽에 박아 넣게 된 것이리라. 그런데 그 돌이 작으면서도 글은 아직 닳아 없어지지 않은지라 옛 사적을 조작할 속셈을 품은 자가 그것을 구해 와서 그것을 여우처럼 묻고 다시 여우처럼 파내서 사람들 앞에서 흰소리를 쳐 댄 것일 뿐이지 한나라 사람들이 일컫는 '덕배대숭'이라는 말을 그들이 실제로 한 적이 있었는지는 알 수 없다.[69)]

정인보의 고증대로 첫 번째 행의 두 번째 글자가 외형적으로 볼 때 '무'자일 가능성이 높은 점, 중국에서 두 번째 글자에 '평'자가 들어가는 산이 존재하지 않는 점, 지금의 요령성 북진시 인근에 '무'자가 들어간 의무려산이 위치해 있다는 점, 그리고 앞서 정인보가 이미 문제를 제기한 것처럼, 용강 각석이 형태적으로나 정황상으로나 비석이라기보다는 산속 암벽에 새긴 각석일 가능성이 더 높은 점 등을 근거로 할 때 이 이른바 '점제현 신사비'는 용강에서 제작된 것일 가능성이 희박해 보인다.

금석학적 견지에서 볼 때, 용강 각석의 두 번째 글자는 정인보가 석독한 '무'가 거의 확실해 보인다. 문제는 그런 경우 이 석각의 산 이름이 '□무산(□无山)'이 되기 때문에, 그가 석독한 '의무려산'보다 글자수가 한 글자 적으며, '무'의 위치 역시 일치하지 않는다는 것이다. 게다가 역사적으로도 의무려산이 한두 글자의 이름을 가진 적은 있지만 그런 경우에는 '무'가 사용되지 않았다. 따라서 이 경우 '□무산(□无山)'은 의무려산이라고 보기 어려운 셈이다.

---

69) 정인보, 같은 책(하권), 문성재 역주, 제??쪽, 우리역사연구재단, 2013.

필자가 보기에는, 만일 두 글자에 대한 정인보의 석독 결과를 수용하여 두 번째 글자를 '평(平)'이 아닌 '무(无)'로 볼 경우, 여기에 가장 적합한 산의 이름은 '서무산(徐无山)'이다. '서무'는 일단 이름의 글자수가 서로 일치할 뿐만 아니라, '무'의 위치도 정확하게 부합된다. 게다가, 첫 글자의 경우에도 용강각석의 모서리가 깨지고 정면이 마모되기는 했지만 기본적으로 나진옥이 석독한 '유(惟)'와 비슷한 구조를 가지고 있어서 역시 외형이 비슷한 '서(徐)'로 보아도 무난해 보인다.

《대명일통지》의 서무산에 대한 소개

그리고 무엇보다도 역사적, 지리적으로도 이 산은 낙랑군의 점제현과 관련이 있을 개연성이 상당히 높은 편이다. 예를 들어,《대명일통지》〈경성(京城)〉'산천(山川)'조를 보면 다음과 같이 소개하고 있다.

서무산

옥전현 동북쪽 20리 지점에 자리 잡고 있다. 후한대에 전주가 이곳에 피난해 지냈다.《개산도》에서는 "산에서 재가 되지 않는 나무와 불이 생기는 돌이 난다"고 소개하고 있다.

徐无山

在玉田縣東北二十里. 後漢田疇避難於此. 開山圖云, 山出不灰之木, 生火之石.

서무산에 관한 언급은 이보다 훨씬 전에 편찬된《삼국지》의 〈위서·전주전(魏書·田疇傳)〉에서 찾아볼 수 있다.

태조(조조)께서 전주로 하여금 그 무리를 길잡이 삼게 하며 서무산을 오르고 노룡새를 나가 평강을 거치고 백랑퇴에 오르니 유성에서 200여 리를 벗어났다.

太祖令疇將其衆爲鄕導, 上徐無山, 出盧龍, 歷平岡, 登白狼堆, 去柳城二百餘里.

이를 통하여 조조가 전주의 무리를 길잡이로 세워 오환을 정벌하러 갈 때 노룡새를 나가기 직전에 서무산을 거쳐 갔음을 알 수 있다. 진수(陳壽)의 소개대로라면, 서무산은 조조의 군사가 통과한 노룡새보다 약간 서쪽에 위치해 있었던 셈이다. 또, 《한서》〈지리지〉 '우북평군(右北平郡)'조를 보면 우북평군의 총 16개의 속현 중에 '서무현(徐無縣)'이 소개되고 있는데, 그 위치와도 대체로 일치하고 있다.

그렇다면 지금까지 따져본 것처럼 '점제현 신사비'의 글자수, '무'의 위치, 그리고 낙랑군과의 역사적, 지리적 상관성 등을 두루 고려할 때, 이 석각에 등장하는 산의 이름으로 가장 적합한 것은 '서무산(徐无山)'밖에 없다.

그리고 만일 이 이른바 '점제현 신사비'가 위조품이 아닌 진품이라고 가정할 때, 이 석각은 중국 하북성 옥전현 인근의 서무산에서 누군가에 의하여 뜯겨진 채로 수천 리나 떨어진 조선 서북부의 용강 들판까지 비밀리에 밀반출되었다는 결론이 나오는 셈이다!

서무산은 북경 동쪽 옥전현의 동북쪽에 있는 산

5) 북한 학계의 과학적 분석 소견

1995년 북한 학계에서는 용강 각석의 화학성분을 과학적으로 분석한 논문을 발표하였다. 그 논문에 따르면 원래 육중한 비석을 세울 때에는 가공 수준이 높아야 함에도 불구하고 용강 각석은 마감 처리가 엉성한 것은 물론이고 기초부에서는 시멘트를 사용한 흔적까지 확인되었다. 게다가 각석이 함유하고 있는 화학성분은 근처 온천 지방의 마영 화강석, 오석산 화강석, 용강 화강석 등 용강군 일대의 화강석과는 큰 차이를 보인다는 것이다. 또, 방사성 동위원소를 측정한 결과에 따르면, 그 생성연대에 있어서도 용강군 주위의 화강석은 1억 100만~1억 700만 년 전 정도인 데 반하여 용강 각석은 1억2,900만 년으로 서로 간에 거의 2,000~3,000만 년의 시차가 존재한다고 한다.

북한 학계에서는 이 일련의 실험을 통하여 이미 문제의 각석이 "(중국) 료하지방의 화강석과 비슷한 것으로서 료하지방을 비롯한 다른 지방에 매장된 화강석으로 만들어서 여기에 옮긴 것"이라는 결론을 내린 상태이다.[70]

이 같은 과학적인 성분분석이 거의 불가능했던 1920년대에 이미 소위

---

70) 〈물성 분석을 통하여 본 점제비와 봉니의 진면목〉,《조선고고연구》, 1995. 이상 이덕일, 같은 책, 제48-49쪽에서 재인용. 해당 논문에 따르면 이른바 '점제현 신사비'는 마영, 오석산, 룡강 화강석과 비교할 때 은이 2~4배, 납이 3배, 아연, 텅스텐, 니켈, 인 등은 각각 2배나 많이 함유되어 있는 반면 바륨은 1/6 이하 수준이었다. 이는 곧 이 각석이 용강군 일대에서 나온 화강석으로 만든 것이 아니라는 움직일 수 없는 증거들인 셈이다. 그러나 국내 주류 학계에서는 이 같은 북한 학계의 연구 결과를 불신하고 있다. 또 다른 북한 학자인 리순진 역시《평양일대 락랑무덤에 대한 연구》에서 지금도 널리 애용될 정도로 용강에 질 좋은 화강암이 많은데 타지의 석재를 이용해 제작한 석각이 용강에서 발견되었다는 것은 곧 "다른 지방에서 만든 것을 온천지방에 옮겨 놓았기 때문"(제231쪽)이라고 보았다.

'점제현 신사비'가 위조되거나 타지에서 운반되었을 가능성을 제기한 정인보의 혜안은 정말 놀랍다고 하지 않을 수 없다. 반면에 금서룡, 관야정 등의 일본인들은 이처럼 온통 의혹투성이인 돌에 대하여 학자라면 당연히 있었어야 할 의심이나 분석조차 하나도 없이 무엇이 급했기에 그렇게 허겁지겁 '점제현 신사비'라는 거창한 이름을 붙이고 이 일을 국내외적으로 선전하고 다녔는지 그 속셈이 궁금하지 않을 수 없다.

3. 낙랑 봉니의 수수께끼

봉니(封泥)는 '니봉(泥封)'이라고도 하는데 고대에 관청에서 공문이나 물자를 보낼 때 봉투나 물건에 진흙덩이를 붙인 후 그 위에 도장을 찍어 밀봉함으로써 보안을 유지하는 데에 사용되었다. 중국에서 봉니는 청나라 도광(道光) 2년(1822) 중국 사천성(四川省) 모 지역에서 한 농부에 의하여 최초로 발견된 이래 도처에서 대량으로 출토/발굴되었으며, 1920~1930년대에 집대성과 연구가 이루어지기 시작하였다.

1) '낙랑' 봉니는 위조된 것인가

국내의 경우에는 1918년 일본인 식민사학자들에 의하여 평양 대동강 남쪽 토성에서 처음으로 봉니가 출토, 수습되었다. 제작 시점이 한대에 편중되어 있는 이 봉니들은 1937년까지 대략 200여 점 정도 수집된 것으로 알려져 있다.[74]

식민사학자들은 이 봉니들의 존재 자체가 평양지역이 한대에는 낙랑군의 관할지역이었다는 사실을 입증해 주는 결정적인 증거라고 주장하였다. 봉니는 발신인이 수신인에게 공문이나 물자를 보낼 때 찍는 것인데 낙랑군 속현의 이름이 찍힌 봉니들이 쏟아져 나온 것은 평양이 낙랑군의 치소였기 때문이라는 것이다.[71]

정인보는 이미 1930년대에 이 봉니들이 식민사학자들에 의하여 위조되었을 가능성을 처음으로 제기하였다.

> 위조품은 어디든지 티가 나기 마련이다. 낙랑의 속현이 총 25개 현인데 그중에서 7개 현만 제외하고는 18개 현의 이름이 들어간 봉니들이 모두 빠짐없이 발견되었다. 이 점도 대단히 의심스러운 일이지만 다른 군 그것도 한나라나 오랑캐들의 봉니는 하나도 없이 유독 낙랑군과 그 속현의 것만 나왔다는 것부터가 이미 조작의 혐의가 농후한 것이다. 《한서》와 《후한서》의 〈지리지〉나 〈군국지〉를 펼쳐 놓고 일일이 대조해 가면서 새긴 것이 아니라면 어떻게 봉니들이 이처럼 온전한 상태로 발견될 수 있겠는가? 그것들은 위조된 것이기 때문에 평양 이외의 지역에서는 하나도 발견되지 않은 것이다. 당시 위조자들은 낙랑 이외 지역의 봉니까지 위조해야 사람들을 훨씬 효과적으로 속일 수 있다는 점에까지는 생각이 미치지 못한 것 같다.[72]

정인보는 치밀한 분석을 통하여 문제의 봉니들의 진위와 관련하여 ①중국 전역을 통틀어 특정 군의 속현들의 봉니가 한 곳에서 이처럼 집중적으

---

71) 정인보, 같은 책(상권), 문성재 역주, 제487쪽.
72) 정인보, 같은 책(하권), 문성재 역주, 제488쪽. 이 문제에 대해서는 윤내현의 《조선사연구》(제389-390쪽) 역시 위당과 비슷하게 의문을 제기하고 있다.

로 쏟아져 나온 일은 그 전례가 없었다는 점, ②작은 충격도 이기지 못하는 진흙 재질의 봉니들이 2,000년 동안 대부분 아주 양호한 상태로 발견된 점, ③일부 지역의 경우 '대윤(大尹)' 등 봉니 속의 직함이 한대 당시의 실제 직함과 시기적으로 부합되지 않는 점, ④각자 다른 시기에 제작된 봉니들이 한결같이 동일한 서체를 취하고 있는 점,73) ⑤관인이나 봉니가 후세에 모리를 목적으로 수시로 위조되었다는 점 등을 들어 그것들이 위조되었을 가능성이 높다고 보았다. 이와 함께 ⑥'낙랑태수(樂浪太守)', '낙랑대윤(樂浪大尹)'의 봉니로부터 말단 관리인 수승(守丞), 장리(長吏)의 봉니까지 발견된 점, ⑦왕망(王莽) 시기에는 낙랑이 '낙선(樂鮮)'으로 개칭되었는데 '낙랑대윤' 명문의 봉니가 섞여 있는 점 등에 대해서도 의문을 제기하였다.

정인보가 봉니에 관한 소식을 접하면서 의아스럽게 생각한 것은 이것뿐

---

73) 위당이 왕망의 신(新)나라 때 '태수'를 '대윤'으로 고쳤을 뿐만 아니라 '낙랑'이라는 지명도 '낙선'으로 고쳤으므로 평양에서 발견된 낙랑군 태수의 봉니는 당연히 '낙선대윤장(樂鮮大尹章)'이어야 맞지 '낙랑대윤장'은 있을 수 없다고 반박한 것을 말한다. 이 문제와 관련하여 봉니위조설에 반대하는 학계 일각에서는 왕망이 관직명과 지명을 동시에 바꾼 것이 아니라 신나라 건국 원년(9) 관직명을 먼저 바꾸고 5년이 지난 천봉(天鳳) 원년(14)에서야 전국의 지명을 바꾸었다는 《후한서》〈왕망전〉의 기사를 근거로 이 5년 동안 낙랑이라는 이름이 그대로 존속되었으므로 '낙랑대윤장' 명문의 봉니는 얼마든지 존재할 수 있으며, 따라서 평양 출토 봉니는 위조품이 아니라고 주장한다. 그러나 그것은 그들만의 주관적인 억측일 뿐으로 그 같은 주장을 뒷받침해 줄 만한 객관적인 문헌적, 고고학적 증거는 어디서도 찾을 수가 없다. 더욱이 한 곳에서 '낙랑태수장', '낙랑대윤장', 등 관직명을 서로 달리하는 낙랑군 태수의 봉니가 여러 점 한꺼번에 쏟아져 나온 판국에 유독 5년 후에 새로 만들어진 가장 최근 버전의 '낙선대윤장' 명문의 봉니만 단 하나도 들어 있지 않았다면 이거야말로 앞뒤가 맞지 않는 일이다. 낙랑지역의 모든 신, 구 봉니가 총집합된 판국에 유독 '낙선대윤장'만 빠져 있다는 것은 그 사실 자체만으로도 조직적인 위조의 증거가 될 수 있다고 본다. '낙랑대윤장' 봉니의 위조 가능성에 대해서는 북한 학자 리순진 역시 그것은 왕망 시기의 유물이 아니라 위조된 것(같은 책, 제226쪽)이라는 결론을 내리고 있다.

평양에서 발견된 것으로 전해지는 봉니들
① 낙랑대윤장(樂浪大尹章), ② 소명승인(昭明丞印), ③ 불이좌위(不而左尉), ④ 전막승인(前莫丞印), ⑤ 제해승인(提奚丞印), ⑥ 수성우위(遂成右尉), ⑦ 염감좌위(訷邯左尉)

만이 아니었다. 만일 식민사학자들의 주장대로 평양이 낙랑군의 치소가 확실하다면 그 속현의 봉니들만 일색으로 쏟아져 나올 것이 아니라 한나라 본국의 중앙 조정 및 각 지방 관청들에서 찍어 보내는 봉니들이나 주변 이민족들로부터 보내진 봉니들, 하다못해 접경한 군현의 것이라도 더러 섞여 있었어야 정상이라는 것이다. 그런데 정작 평양에서 다른 군-국(郡國)의 것들은 하나도 없이 유독 낙랑지역의 봉니들만 쏟아져 나온 것은 발신인이 수신인에게 물자를 보낼 때 찍어 보내는 봉니의 속성을 감안할 때 상식적으로 도저히 납득이 되지 않는 일이었다.[74]

---

[74] 리순진 역시 평양 토성에서 낙랑 이외 지역의 봉니가 전혀 출토되지 않은 것과 관련하여 "… 락랑 토성에서 나왔다고 하는 봉니 가운데는 락랑군 산하의 현들의 것만 있을 뿐이고 중앙의 것은 물론 린접 군과 군도위의 것은 단 한 개도 없다. 더구나 한나라 중앙에서 내려 보낸 것으로 볼 수 있는 봉니가 단 한 개도 없다는 사실은 락랑 토성에 거처한 집단이 한나라의 통치를 받지 않았던 그 어떤 독자적인 세력이었다는 것을 말해 주는 것"(같은 책, 제225쪽)이라고 해석하였다.

정인보는 이상의 분석 결과에 근거하여 평양에서 발견된 봉니들이 위조품인 것이 거의 확실하지만, 그것이 아니라 모두 진품이라고 하더라도 누군가가 의도적으로 모처에서 낙랑지역의 것들만 끌어 모아 평양에 갖다 놓았을 것이라면서 일제에 의하여 조직적인 조작이 이루어졌을 가능성을 제기하였다.[75)]

그는 그 단적인 사례로 당시 평안도 영변(寧邊)에서 발견된 한나라 임회태수(臨淮太守)의 관인을 들었다.

"최근 평안도 영변에서 임회태수의 관인이 발견되었다. 출토품만 보고 지역을 추정해도 아무 책임이 없다고 해서 이런 경우 영변을 한대의 임회군 땅이었다고 강변할 수 있을까? … 출토된 것이 봉니이든 와당이든 간에 그것이 진품이더라도 쌍방의 문헌들을 참조해 보고 그것이 원래 있던 자리가 한반도가 아니라면 일단 최종 판단은 유보하는 것이 옳다. 봉니나 와당 자체가 문제의 소지가 많은 것은 고려하지도 않고 무턱대고 그것을 진품이나 진실로 믿는 것은 학자가 아니라 일반인들이라고 해도 불합리하다고 비판 받아 마땅할 것이다."[76)]

정인보는 외국의 물건이 국내에 존재한다고 해서 그것을 그 나라의 것, 그것이 발견된 곳을 그 나라의 영토라고 단정할 수는 없다면서 이에 대한 학자들의 신중한 판단을 촉구하였다. 그의 이 같은 문제 제기는 해방 후 리지린, 윤내현 등 남북한의 후배 학자들에게도 상당한 영향을 주었다. 그의 주장이 전혀 허튼 소리가 아니었다는 것은 그로부터 60년 후에 입증되었다. 1990년대에 중국 요령성 금주(錦州) 서부의 태집둔(邰集屯)에서 '임

---

75) 정인보, 같은 책(하권), 문성재 역주, 제495쪽
76) 정인보, 같은 책(상권), 문성재 역주, 제512쪽.

둔태수장(臨屯太守章)' 명문이 새겨진 관인과 '승(丞)'이 들어간 봉니가 출토된 것이다.

2) '낙랑' 봉니 200점의 의문

학계 일각에서는 1994년 중국 섬서성(陝西省) 서안(西安) 북쪽 상가항촌(相家巷村)에서 진(秦)나라 때의 봉니가 600점 이상 발견된 일, 2001년을 전후하여 섬서성 함양(咸陽)에 소재한 전한 황제 경제(景帝: BC187~BC141)와 그 황후가 합장된 양릉(陽陵) 일대에서 900여 개가 수습된 일 등, 근래의 고고학적 발견에 근거하여 평양지역에서 낙랑의 봉니가 수백 개나 발견된 것을 정상이라고 생각하는 경향이 있는 것 같다.

그러나 상가항촌이나 양릉의 사례는 평양의 경우와는 사뭇 상황이 다르다. 상가항촌이나 양릉의 경우는 둘 다 발견 장소가 진나라 도성 함양의 중앙정부의 관청이 소재해 있었거나 황제의 능침이 조성된 곳이라는 특수성을 염두에 두어야 한다. 즉, 애초부터 그 규모면에서 통상적인 군의 경우와는 비교가 되지 않을 정도로 크고 웅장하기 마련이며, 따라서 그런 곳에서 봉니가 수백 개나 쏟아진다 해도 이상할 것이 없는 것이다. 그러나 평양의 경우는 일개 변방의 군이었던 낙랑군의 소재지로 추정되는 곳이다. 그런 곳에서 수백 개가 쏟아졌다면 그것을 정상이라고 보기는 어려운 것이다.

또, 상가항촌과 양릉에서 발견된 봉니들은 진-한 두 제국의 전역과 다양한 직군들을 총망라하고 있다. 즉, 함양 또는 장안 현지의 속현들뿐 아니라 전국 각지의 다수 관원들의 봉니들까지 모두 집결되어 있는 것이다. 반면에 평양에서는 정인보의 언급처럼 오로지 낙랑 속현의 것들로만 일색으로 채워져 있지 타지의 것은 하나도 수습되지 않았다. 거연 한간에 따르면 낙랑군은 요동군(遼東郡), 임회군(臨淮郡) 등 인근 군-국(郡國)들과 업무 차원에서 긴밀하게 교류, 협력한 것으로 확인되고 있다.

그것이 사실이라면 평양에서도 낙랑 속현의 것들 이외에도 타군에서 발송한 봉니들까지 동시에 발견되었어야 정상인 것이다. 그러나 실제로는 타지역의 것은 하나도 발견되지 않은 것이다. 정인보가 《조선사연구》에서 "옛 군의 속현의 봉니만"이라는 표현을 한 것도 바로 이 같은 문제의식의 발로라고 할 수 있다. 따라서 학계 일각에서 상가항촌이나 양릉에서 수백 개가 넘는 봉니가 발견되었다고 해서 그것을 일반화시켜 모든 경우에까지 단순적용하고 중앙관청, 황릉과 변방의 군의 발굴사례를 동일시하거나 낙랑군에서 봉니가 수백 개나 쏟아진 것을 당연시하는 것은 학자들의 고증에 문제가 있다고 할 수밖에 없다. 한나라는 세습제로 독자적인 행정체제를 갖추고 있던 20개가 넘는 동성제후국들은 논외로 치더라도, 중앙정부의 직접 통제를 받는 군은 80개가 넘었던 것으로 전해지고 있다. 만일 머나먼 변방의 작은 군에서 발견된 봉니가 200점이나 된다면 대제국의 정치의 중심지인 수도와 경기지역에서는 당연히 봉니가 수백 점이 아니라 수천, 수만 점이 발견되어야 정상이다. 제국의 직할령인 80여 개의 군에서 중앙정부로 수시로 공문을 발송했을 테니 단순 셈법으로 80×100 정도로 계산하더라도 이미 8,000개를 넘어서기 때문이다. 그런데 수도 지역에서 발견된 것이 1,000여 점밖에 되지 않는다면 일개 변방의 군에서 200점이나 발견된 것이야말로 수상한 일이 될 수밖에 없는 것이다.

4. 이른바 '낙랑군 호구부' 진위 문제

1) 정백동 고분의 발굴과 잡다한 유물들

1993년 평양시 낙랑구역 정백동에서는 의문의 목판 3개가 출토되었다. 이 3개의 목판이 출토된 후 국내 사학계에서는 무엇이 그리도 급했던지 실물의 확인이나 이에 대한 엄밀한 검증조차 제대로 이루어지지 않은 상태에서 지레 이를 낙랑군이 작성한 호구부로 단정하였다. 그것으로도 부족했던지 "기원전 45년 낙랑군 소속 25개현의 주민분포 및 이를 통한 지역별 특성을 이해하는 한편, 군현 설치 전후의 역사지리적 변화상을 이해하는 데도 긴요한 자료"[77]라는 둥, 그 호구부가 출토된 무덤의 주인은 "낙랑군부에서 호구부 작성 등 행정업무를 담당하던 속리"이며 그 부장품들

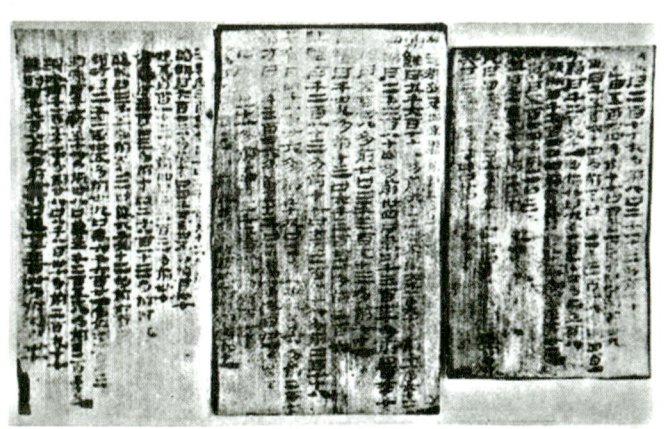

평양시 정백동에서 출토된 의문의 목판들

---

77) 윤용구, 《평양출토〈낙랑군초원4년현별호구부〉연구》, 제264쪽.

을 통하여 "유족의 지위와 경제력 또한 상당하였을 것"이라는 둥, 문제의 출토물에 대한 신중한 접근이나 진위 분석에는 관심이 없이 별별 미사여구를 다 동원해서 의미를 부여하기에만 급급하였다.

물론, 학자들의 이 같은 결론은 이 무덤에서 이른바 '낙랑군 호구부'와 '필기구로 추정되는'(?) 환두도자(環頭刀子), '관복에 사용될' 띠걸이 등의 부장품들이 함께 쏟아진 사실에 근거해서 내려진 것일 것이다. 그런데 신기한 점은 같은 무덤에서 이상의 유물들은 물론, 환두도자, 철제 장검(長劍), 철제 창 등의 무기류나 수레에 설치되는 거마구의 일종인 차 축두(車軸頭)와 일산(日傘)과 함께 구슬, 띠걸이, 비녀, 은반지, 나무빗, 화장용 솔 등의 장신구들, 심지어 철부(鐵斧), 철겸(鐵鎌), 철착(鐵鑿) 등의 농기구들까지 함께 쏟아져 나왔다는 사실이다. 사학자들이 무덤의 주인을 낙랑군부의 속리라고 단정했지만 문제는 그렇게 간단한 것이 아니다.

이 무덤에서 함께 출토된 각종 무기류와 거마구들은 당시 아무리 지위가 낮더라도 귀족이 아니면 누릴 수 없는 위세품들이다. 실제로 한대의 기록들에 근거하면 무덤에 수레를 부장하는 것은 '열후(列侯)'들에게만 주어지는 특권이었다. 반면에 철제 장검과 창, 환두소도 같은 유물들은 전형적인 무관의 소지품들이다. 그런데 관청에서 문서 업무만 보았을 일개 서리의 무덤에서 이런 유물이 쏟아져 나올 수 있는 것일까? 철부, 철겸, 철착 같은 농기구들은 또 무엇인가? 고위 관리의 위세품과 무관의 소지품이라는 조합도 이질적인데 거기에 농민이나 사용하는 농기구들까지?

고관에게나 어울리는 위세품들로부터 무관의 무기, 문관의 목독, 그리고 농민의 농기구들에 이르기까지 서로 성격이 판이한 유물들이 골고루 같은 무덤에서 동시에 쏟아져 나왔다는 것은 상식적으로는 도저히 해명이 되지 않는 해괴한 무덤이라고 할 수밖에 없다. 관련 학자라면 누구든지 이 같은 사실에 대하여 당연히 의심을 품어야 정상이다. 설사 무덤 자체에 큰 문제가 없더라도 출토된 유물이 이렇게 잡다하게 부장된 일에 대해서는 당연히 충분한 해명이 있었어야 한다.

그런데도 국내 고대사학자들은 서로 성격이 다른 이 유물들은 다 제쳐 두고 단지 이른바 '낙랑군 호구부'가 발견된 일 하나만으로 무덤의 주인이 '낙랑군의 속리'라고 단정해 버린 것이다. 행정직 말단 관리의 것이라고 보기에는 전혀 성격이 판이한 유물들은 그보다 훨씬 많은데도 그것들은 죄다 무시한 채 '낙랑군 호구부'를 근거로 삼아 무덤의 주인을 '낙랑군부의 속리'로 단정하는 것이 실증사학인가?

백 보를 양보해서 그 무덤의 주인이 정말 낙랑군의 속리였다고 치더라도 이상하기는 마찬가지이다. '호구부'라면 그 지역에서 대단히 중요한 정보인 민호의 증감 상황을 담고 있는 장부이다. 따라서 관리의 입장에서는 그 지역을 관할하고 민호들을 대상으로 세금, 병력을 부과하는 데에 대단히 중요한 근거 자료라고 할 수 있다. 따라서 대외비의 고급 정보들을 담은 국가기록의 특성상 그 같은 장부는 현지 관청이나 상부 기관이 소장하면서 기록자나 행정 실무자가 아닌 이상 일체 접근이 불가능하도록 관리되어야 정상이다.

국가기록의 속성상 절대로 개인의 무덤에서 나올 수 없고 나와서도 안 되는 유물인 것이다. 아무리 신분이 행정 담당 속리라고 하더라도 공문서를 공적인 공간도 아닌 사적인 공간인 자신의 무덤에 부장한다는 것이 상식적으로 말이 되는가? 그것은 개인의 재산이기에 앞서 공공의 기록이고 재산인 것이다. 선진-양한시대의 출토문헌들을 통틀어 이처럼 개인의 무덤에서 공문서가 발견된 사례는 없는 것으로 알고 있다. 이처럼, 국가의 공적인 재산이 개인의 무덤에서 발견된 사례는 이른바 '낙랑군 호구부'를 제외하면 효문묘 동종의 경우가 거의 유일하다고 할 수 있다.

이 두 경우는 그 발견과정이나 발견장소의 부조화성에 있어서 대단히 유사한 것이다. 과연 이것을 우연의 일치라고 할 수 있을까? 정말 후대의 누군가가 모종의 의도를 가지고 '호구부' 등과 같이 '낙랑'이라는 이름표를 단 유물들을 갖다 놓았을 가능성이 없다고 장담할 수 있는가? 그런데도 국내의 일부 고대사학자들은 자신들이 고고학 전공자도 아니면서도 그저 364호분에서 함께 출토된 필기구 몇 개만을 근거로 이 무덤의 주인이 "낙랑군부에서 호구부 작성 등 행정 업무를 담당하던 속리"[78]였다고 단정하고 그것을 기정사실화하려고 애쓰고 있다. 고고학적인 유물에 대한 국내 학계의 검증이 얼마나 부실하고 문제가 많은지에 대해서는 '장무이 묘'의 성격을 재검토한 정인성의 비판을 통해서도 충분히 짐작할 수 있다.[79]

국내 실증주의 사학의 태두로 숭배되는 이병도는 과거에 역사학을 전공한 사학자가 고고학계를 기웃거리고 고고학적 발굴에 토를 다는 행위를 역사학자답지 못한 행태라고 비난한 바 있다. 그런데 남들이 고대사에 대하여 한 마디라도 하기만 하면 비전공자라고 무시하기 일쑤인 사학자들이 정작 자신들은 고고학 학위도 없으면서 어떻게 유물 몇 개로 그렇게 대담하게 무덤의 성격을 멋대로 단정하려 드는지 도무지 납득이 되지 않는다.

물론, 고대사 학자들이 평양에서 출토된 그 3개의 목판에 온갖 의미를 다 부여하고 나선 일이 이해가 되지 않는 것은 아니다.

국내에서 최초로 한반도 북부 일대에서 수상한 중국계 유물, 유적들이 발굴(?)된 것은 일제 강점기 초기였다. 그 이후로 거의 100여 년 동안 이렇

---

78) 윤용구, 같은 글, 제268쪽.
79) 정인성, 〈대방태수 장무이묘의 재검토〉, 《한국상고사학보》 제69호, 제51쪽, 2010.

다 할 중국계 유물이나 유적이 발견되었다는 소식은 거의 들리지 않았다. 관야정 당시에는 땅을 파기만 하면 그렇게 많이 쏟아졌던 봉니 역시 그 이후로는 아무리 샅샅이 뒤져도 하나도 추가로 확인된 것이 없다고 한다. 정말 신기하지 않은가? 반면에 재야에서는 그동안 일본인 식민사학자들이 발견해 낸 유물들에 대하여 지속적으로 조작, 위조 가능성 또는 혐의를 쟁점화 해 왔다.

더욱이 1990년대 이후로 중국에서 굵직굵직한 고고학적 발굴들이 이어지면서 고조선과 한사군이 중국에 존재했을 개연성이 오히려 더 높아졌다. 이런 판국에 '한사군재한반도설'을 뒷받침해 줄 만큼 유력한 증거물이 평양에서 출토되어 주었으니 얼마나 기쁘고 고마웠겠는가? 그렇다 보니 평양 정백동에서 '낙랑군 호구부'가 출토되었다는 정보가 입수되자 실증사학 연구의 ABC라고 할 유물 진위 검증조차 아예 제쳐 놓고 그저 이를 기정사실로 단정하고 미화하기에만 바빴던 것이 아닐까 싶다. 그러나 문제는 그 '낙랑군 호구부'가 언어 사용의 측면에서 볼 때 상당히 문제가 많다는 것이다.

2) '낙랑군 호구부'의 언어적 모순

언어적인 측면에서 볼 때 이른바 '낙랑군 호구부'는 후대 어쩌면 20세기에 위조된 가짜일 개연성이 높다. 그렇게 볼 수밖에 없는 가장 큰 이유는 이른바 '낙랑군 호구부' 첫 번째 목독의 맨 첫 행에서 찾을 수 있다. 국내 사학자들의 분석에 의하면, 그 '호구부' 첫 번째 목독 첫 번째 행 맨 위에는 "낙랑군초원사년현별호구다소☐☐(樂浪郡初元四年縣別戶口多少☐☐)"의 15자가 표제로 붙어 있다고 한다. 이 15자를 해석하자면 대체로 "낙랑군의 초원 4년도 현별 호구 변화 장부" 정도의 의미가 될 것이다. 그런데 바로 이 겨우 15자에 불과한 표제에 이 목독이 위조품이라고 의심하게 만드는 중요한 단서가 숨어 있다.

그것은 바로 이 15자의 중간에 있는 '별'이라는 글자의 사용방식이다. 여기서 '별(別)'은 뒤의 '호(戶)'와 연결되어 '별호(別戶)'로 사용된 것이 아니라 앞의 '현(縣)'과 연결되어 '현별(縣別)' 식으로 사용된 경우이다.

오늘날 우리는 일상 생활에서 "연령별, 지역별, 도별, 군별, 동별, 학군별, 세대별, 유형별, …" 식으로 명사 뒤에 '別'이 오는 한자어 표현들을 자주 접하고 사용하고 있다. 이 경우 '별-'은 명사 뒤에 사용되어 '~를 단위로 한'이나 '~마다' 식의 의미를 나타낸다. 그러나 우리나라에서의 한자 사용 습관에 비추어 볼 때 이 사용법은 그 역사를 아무리 높게 잡아도 150~200년이 채 되지 않는다. 왜냐하면, 그 이전 즉 19세기 이전의 중-한 양국의 문헌 기록에는 이런 용법을 찾아볼 수가 없기 때문이다. 실제로 중국이나 국내에서 목판인쇄된 다수의 고서, 공문서들을 조사해 본 결과 그 어디에도 '-별' 식으로 사용된 사례는 보이지 않았다.

물론, 여기에는 다 그럴 만한 이유가 있다. '별'은 근대 일본에서 중국과 우리나라로 수출된 일본식 표현법이기 때문이다. 언어학적으로 볼 때 일본어나 한국어에서는 '~를 단위로' 또는 '~마다' 식의 의미를 나타내고자 할 때 '~를 단위로'에 해당하는 문장성분이 명사 뒤에 붙어서 '~별(別)' 식으로 표현하는 것이 보통이다. 반면에, 정통 고문을 사용했던 중국과 우리나라에서는 '~를 단위로 구분하는' 식의 의미를 전달하려 할 경우 이와는 다른 사용방식을 선호해 왔다. 즉, 전형적인 한문 문법에 충실하게 '각각의'나 '전체', 또는 '부속된, 예하의'라는 의미를 가진 수식어 성분을 '각(各)-, 제(諸)-, 속(屬)-' 식으로 각각 명사 앞에 사용해 온 것이다. 그 증거는 중국에서 출토된 선진-양한시기 공문서들을 조사해 보아도 쉽게 찾아볼 수 있다.

3) 윤만 한(漢) 간독의 경우

'낙랑군 호구부'가 출토된 해인 1993년에는 중국 강소성 연운항시(連雲港)의 윤만(尹灣)이라는 곳의 고분에서도 한대의 죽간, 목독들이 대량으로 쏟아져 나왔다.

이 윤만 한묘의 간독들 중에는 전한대에 동해군(東海郡)에서 작성한 공문서들이 다수 포함되어 있는데, 대표적인 것들을 예로 들어 보면 다음과 같다.

① 東海郡下轄長吏名籍
② [東海郡]屬縣鄕吏員定簿
③ 東海郡下轄長吏不在署, 未到官者名籍
④ 東海郡吏員考績簿
⑤ 長吏遷除簿
⑥ 吏員考績簿
⑦ 武庫永始四年兵車器集簿
⑧ 元壽六月受庫錢財物出入簿

이 공문서들은 동해군 관할하에 있는 속현들의 관원-무기-고과-재고물품 등을 기재해 놓은 장부들이다. 만일 표제에서 동해군의 '속

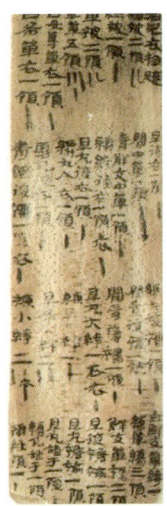

연운항시에서 출토된 윤만 한묘 간독 부분도

현'임을 명시해야 할 경우에는 위의 ①~③에서 볼 수 있는 것처럼, '하할(下轄)'이나 '속현(屬縣)' 식으로 표현하고 있을 뿐이다. '속현'의 경우는 앞서 언급한 것처럼 전형적인 한문식 표현이며, '하할'은 '하부 관할 관청'이라는 의미이므로, 역시 어순이나 성격상 '속현'과 완벽하게 일치한다고 할 수 있다. 만일 이 이외에도 다른 표현을 썼다면 '제현(諸縣)'이나 '각현(各縣)' 식으로 기재했을 것이다. 그러나 이 방대한 윤만 한묘 간독 속의 그 방대한 공문서들 속에서도 '동해군 현별(東海郡縣別)-' 식의 표제가 붙은 경우는 단 하나도 존재하지 않았다.

4) 국내 역사서, 문헌들의 경우

우리나라의 문헌들에서도 상황은 마찬가지이다. 다른 자료들은 일단 접어 두고, 온라인 검색이 가능한 《조선왕조실록(朝鮮王朝實錄)》에서 '별'을 검색해 보면 '별'이 조선 왕조 500년 동안 어떠한 방식으로 사용되었는지 쉽게 파악할 수 있다. 여기에서도 '별'은 첫 번째 왕인 태조 때부터 마지막 왕인 순종 때에 이르기까지 이루 헤아릴 수도 없을 정도로 많이 사용되고 있다. 그러나 중국의 경우와 큰 차이가 없이 모두가 '별-' 식으로 명사 앞에 전치되어 그 명사를 수식하는 역할을 하는 식으로 사용되고 있을 뿐이며, '-별' 식으로 사용된 사례는 단 한 건도 찾아볼 수 없다.

이는 '-별' 식의 표현 자체가 기껏해야 근대에 일본에서 수입된 일본식 한자어라는 점을 떠올려 보면 어쩌면 당연한 결과일 것이다. 설사 지금이라고 하더라도 '현별(縣別)' 식의 표현은 근대 일본의 표현이기 때문에 도표 내에서만 사용할 뿐 정식 제목에는 사용하는 예를 찾아보기 어렵다. 지금도 어떤 통계자료에서는 "각 현별 상황" 식으로 표현하는 사례들을 종

종 발견할 수 있는데, 이 경우는 일본에서 사용하는 "各縣別の狀況"을 한글로 공간이동만 해서 그대로 차용한 경우라고 해도 과언이 아니다. 이런 어휘 사용방식은 서로 문법체계를 달리하는 한-장어(漢藏語) 계열의 중국어('각현')와 알타이어 계열의 일본어-한국어('현별')가 언어적으로 교류-융합되는 과정에서 새로 만들어진 일종의 피진 어(Pidgin Languages)라고 할 수 있다.

언어학적으로 '제3의 언어, 혼교어, 주변어' 등으로 불리는 피진 어는 서로의 언어를 모르는 사람들의 집단 속에서 의사소통을 위한 수단으로 사용되고 발전되는 언어이다. 그러나 엄밀하게 따지자면 이러한 특이한 표현방식은 한문 문법에도 맞지 않고 일본어 문법에도 맞지 않는 언어적 와전에 해당한다. 이런 구조는 그 발상지인 일본과 근대에 그로부터 언어적 영향을 받은 우리나라에서만 볼 수 있는 특이한 표현방식이라고 할 수 있다.

실상이 이러함에도 불구하고, 지금 우리가 그런 표현을 일상적으로 많이 사용하고 있다고 해서 2,000년 전 중국이나 우리나라에서도 그런 표현을 사용하고 있었다고 믿는 것은 대단히 위험한 생각이다. 만일 2,000년 전의 한나라나 낙랑군에서 "낙랑군 각 현의 호구"라는 의미를 한자로 표현하려고 했다면 당연히 "낙랑군 각현 호구(樂浪郡各縣戶口)", "낙랑군 제현 호구(樂浪郡諸縣戶口)", "낙랑군 속현 호구(樂浪郡屬縣戶口)" 식으로 적었어야 정상이며, 그렇지 않고 엉뚱하게 "낙랑군 현별 호구(樂浪郡縣別戶口)" 식으로 적혀 있다면 그것이 우리에게 말해 주는 결론은 단 한 가지뿐이다. 그 유물이 근대 이후에 한-중-일 세 나라 중 어느 한 곳에서 일본식 한자어에 익숙한 누군가에 의하여 조작되었을 가능성이 높다는 것이다.

5) '낙랑군 호구부'에 대한 문자학적 소견

'낙랑군 호구부'의 일부 글자 역시 수상하기는 마찬가지이다. 현재 발굴된 유물의 실물을 직접 확인할 수가 없고 국내에 공개된 목독의 사진을 통하여 보이는 글자들 역시 그다지 상태가 좋은 편이 아니어서 하나하나 짚고 넘어갈 수는 없다. 이 목판들은 그 성격이 호구 장부이다 보니 내용의 대부분이 통계 데이터여서 '수'자가 많고 그조차도 여러 번 중복 사용되어 있다. 더욱이 진위 여부를 판별하는 데에 유용한 단서가 되는 각 속현의 이름들은 '조선', '수성' 등 극히 일부를 제외하고는 거의 판독이 불가능한 상태이다.

이 목판들은 공간이 밀폐된 채로 한 장소에서 2,000여 년 동안 보존되었는데 어째서 그 많은 글자들 중에서 유독 속현의 이름들만 흐릿하게 변하고 먹이 떨어져 나갔는지 상식적으로 납득이 되지 않는다. 국내 학자들이 이처럼 상태가 좋지 못한 목판에서 무슨 재주로 그렇게 많은 사실들을 알아냈는지 그 대단한 능력이 놀라울 따름이다. 여기서는 판독이 가능한 글자들 중에서 의문스러운 글자만 몇 자 선별하여 짚어 보기로 하겠다.

(1) '호(戶)'자의 수수께끼

'낙랑군 호구부'를 보면 낙랑군의 속현들 이름 다음에 공통적으로 그 지역의 민호를 뜻하는 '호(戶)'자가 등장한다.

확대한 목독 상의 '호'자들. 대여섯 개의 '호(戶)'가 거의 똑같은 형태로 필사되어 있다.

그런데 이 '호'자들을 확대해서 자세히 살펴보면 한 가지 공통점을 발견할 수 있다. 즉, 동그라미를 친 부분이 마치 도장을 찍기라도 한 것처럼, 기록자가 내림획을 '일(日)'자처럼 완전히 붙여서 필사해 놓았다는 사실이다. … 이 같은 공통점은 곧 이 목판의 글자들이 기록자가 아닌 제3의 누군가에 의하여 '모사(模寫)'되었을지도 모른다는 가능성을 암시한다. 필사자가 남이 건네준 내용을 그대로 보고 베끼는 과정에서 그 부분의 획이 '일(日)'처럼 완전히 닫혀 있어야 되는 것으로 잘못 인식해서 이 많은 '호'자를 한 치도 틀림이 없게 똑같이 그려 놓았을 가능성이 큰 것이다. 즉, 위조되었을 가능성을 염두에 둘 필요가 있다는 말이다. 만일 이것이 후세에 제3의 인물에 의하여 베껴진 것이라고 칠 때, 베끼는 사람이 좀 센스(?)가 있었다면 목판의 '호'자를 조금씩 다르게 그렸을 것이다. 그런데 이처럼 붕어빵을 찍듯이 천편일률적으로 똑같은 형태로 그려 놓은 것을 보면 이것을 필사한 사람은 상당히 융통성이 없는 사람이 아니었나 싶다.

　(음갑)　　　(역)　　　(금)

한대 필사본들에서의 '호'자

(2) 속현 '수성'의 이름자 '수'의 경우

　그 다음으로 우리가 살펴보아야 할 글자는 목판2에서 속현의 이름자로 사용된 '수(遂)'자이다.

　위의 두 글자는 이른바 '낙랑군 호구부'에 적혀 있는 '수성(遂成)'이다. 이 두 글자 중에서 '성(成)'의 경우는 그 형태나 구조가 전형적인 예서체에

'호구부'의 '수성' 부분

'가깝다'고 볼 수 있겠다. 문제는 '수(遂)'자의 경우이다. 여기서의 '수'자는 그 형태나 구조의 측면에서 볼 때, 전형적인 예서체와는 다소 거리가 있다. 현재 공개된 '호구부'의 작은 글자를 크게 확대하다 보니 글자 형태가 다소 왜곡되기는 했지만, 한눈에 보기에도 글자 형태나 구조가 예서체라기보다 오히려 해서에 가깝다는 느낌을 가지게 된다. 1973년 마왕퇴에서 출토된 백서 필사본은 전한대의 것으로 검증되었는데 여기에 적힌 '수'는 이와는 느낌이 상당히 다르다.

마왕퇴 백서본의 '수'들

이상의 '수'자들을 보면 모두가 그 부수인 책받침 즉 '辶' 부분이 해서에서 보는 것처럼 몸글자 아래에 오지 않고 모두 몸글자 왼쪽에 붙어 있는 것을 확인할 수 있다. 물론 부수가 몸글자 아래에 그어진 '수'자가 백서본에 전혀 존재하지 않는 것은 아니다.

마왕퇴 백서본에서 부수가 아래에 있는 '수'와 '호구부'의 '수'

위에서 왼쪽에 있는 글자가 마왕퇴 백서본의 '수'자 중에서 유일하게 부수가 몸글자 아래에 있는 글자이다. 그런데 이 글자 역시 부수가 몸글자 왼쪽에 붙은 대부분의 '수'자와 마찬가지로, 부수 '辶'가 몸글자 아래에 '⌐'형으로 붙지 않고 몸글자에 바짝 밀착된 채 적혀 있다. 한대의 공문서에서 이처럼 책받침이 몸글자에 바짝 밀착된 채 왼쪽이나 아래에 붙게 적는 것은 비단 '수'자에만 한정된 것이 아니라 긴은 책받침 '辶'을 부수로 사용하는 다른 한자들에서도 보편적으로 확인할 수 있는 공통점이다.

이번에는 '낙랑군 호구부'와 비슷한 시점에 작성된 거연 한간의 경우를 살펴보도록 하자.

거연 한간에 보이는 '수'자들

앞서 잠시 소개되었다시피, 거연 한간은 대체로 기원후 1세기 무렵에 작성되었다. '호구부'와 시간적으로 큰 차이가 나지 않는 셈이다. 거연 한간의 '수'자들은 위에서도 확인할 수 있듯이, 책받침 부분이 강조되어 있다. 외형적으로 볼 때에도 이미 부수인 책받침이 몸글자 왼쪽에 붙어 있던 초기의 '수'자들과 대조적으로 모두 몸글자 아래에 내려와 있다. 즉, 부수가 아래로 내려가면서 몸글자는 중앙부에 자리잡도록 적는 것이 이 시기의 '수'자였던 셈이다. 위의 첫 번째 글자 역시 마지막 획에서 먹물이 번져 형태가 다소 왜곡되기는 했지만, 그 점만 무시하면 전체적으로 몸글자가 중앙부에 자리 잡고 그 아래에서 책받침이 받쳐 주는 구조를 공통적으로 보여 주고 있는 것을 확인할 수 있다.

이쯤에서 다시 이른바 '낙랑군 호구부'의 '수'자에 주목해 보기 바란다.

Ⅶ. 조작의 징후들 337

전한대 초기의 마왕퇴 백서본은 말할 것도 없고 비슷한 시기에 작성된 거연 한간 공문서들에 보이는 '수'자들과도 제법 편차가 존재한다는 것을 알수 있다. 양자 사이의 가장 큰 차이점은 몸글자 '豕'에 있다. 초기 예서의 마왕퇴 백서본이나 중기 예서의 거연 한간의 경우, 심지어 후기 예서의 〈조전비(曹全碑)〉에서조차 몸글자는 '수'라는 글자의 핵심부이다. 따라서 모든 시기의 글자들이 공통적으로 '豕' 부분을 중앙부에 배치하고 이를 표현하는 데에 상당한 공을 들이고 있다. 그런데 정작 '호구부'의 '수'자에서는 중앙부에 몸글자가 존재하지 않는 것이다.

마왕퇴 백서, 호구부, 거연 한간의 '수'자 비교

이것을 세월이 1,500여 년이나 흐르다 보니 목간 위의 먹이 부서져 떨어지는 바람에 몸글자가 없어진 것이라고 평계를 댈 수도 있을 것이다. 그러나 그럴 가능성을 충분히 고려한다고 하더라도 획수와 형태가 복잡한 '豕'의 절반 이상이 통째로 없어진 사실을 해명할 수는 없다고 본다. 설사 남아 있는 나머지 부분만 확대해서 대조해 보아도 다른 '수'자들과의 형태적 편차는 작은 것이 아니다. 그런 점들을 감안하면서 이른바 '호구부'의 '수'자를 보면 이 같은 한대 예서의 변천의 과정에서 완전히 동떨어져 따로 겉돌고 있다는 느낌을 가지게 된다. 국내 사학자들은 그 흐릿한 목판에서 어떻게 딱 맞는 글자를 찾아냈는지 그 비범한 시력이 경이로울 따름이지만, 어쨌든 그들의 주장에 의하면 이 '낙랑군 호구부'가 전한대 초원(初元) 4년 즉 기원전 45년에 작성된 것이라고 한다. 그들의 연대 고증이 역사적 진실에 부합된다면, 초원 4년에 작성되었다는 이 '호구부'는 적어도 그 서체만 놓고 보더라도 위조품일 가능성이 높다. 왜냐하면 초원 4년은 원제(元帝)가 처음 사용한 연호로 전한대 중후반인 기원전 48~44년 사이에 사용되었기 때문이다. 그렇다면 상식적으로 생각할 때 '호구부'의 글자들은 당연히 외형적으로 해서의 느낌보다 소전의 느낌이 오히려 강하게 나야 한다. 그런데도 뜻밖에도 예서의 변천과정과는 달리, 오히려 그보다 200여 년 후의 〈조전비〉와 비슷한 형태의 글자들이 적혀 있는 것이다!

(3) '통가'의 사례가 전무하다

또 하나, 평양 정백동에서 출토된 이 세 개의 목판에 적혀 있는 수백 자의 글자들에서 당시 널리 사용되던 통가자(通假字)가 단 하나도 발견되지 않았다. 획수가 많다거나 구조가 복잡한 글자의 경우 당시의 장부 기록자가 자신의 취향에 따라 적절하게 발음이 비슷한 다른 한자를 수십 자는 아니어도 최소한 서너 자는 섞어 썼을 법도 한데 이 목판에는 전혀 그런 글자가 눈에 띄지 않는 것이다.

거연 한간의 경우만 하더라도, '폐(幣)'를 '폐(敝)'로, '상(裳)'을 '상(常)'으로, '향(饗)'을 '향(鄕)'으로 같은 발음을 가졌지만, 획수가 적은 글자로 적거나, 거꾸로 '호(呼)'를 '호(嘑)'로, '가(加)'를 '가(駕)'로, '명(名)'을 '명(命)'으로, '아(亞)'를 '악(惡)'으로 오히려 적은 글자를 오히려 많은 글자로 적거나, 그것도 아니면 '임(飪)'을 '염(念)'으로, '보(普)'를 '박(薄)'으로, '우(又)'를 '유(有)'로, '독(獨)'을 '속(屬)'으로 발음도 획수도 전혀 다른 엉뚱한 글자로 적는 사례들을 빈번하게 확인할 수 있다. 이 같은 한자 사용 관례는 "한자는 뜻글자 즉 상형문자"이며 따라서 뜻이 다른데 엉뚱한 글자를 쓸 수는 없다고 믿고 있는 우리 같은 후세 사람들의 입장에서는 납득하기 어려운 현상이다.

그러나 진-한대까지만 해도 필사상의 편의를 위하여 이처럼 다양한 방식으로 한자를 빌려 쓰는 이른바 '통가(通假)'가 보편적으로 이루어졌으며, 개인 저술은 물론이고 심지어 《사기》,《한서》 등의 정사에서도 도처에서 '통가'의 흔적들을 찾아볼 수 있을 정도이다. 한자의 '통가'는 목판인쇄술이 사용되기 시작하는 오대-송대를 거치면서 비로소 기록문화에서 그 자취를 감추게 된다. 말하자면 '통가'는 필사가 유일한 기록방식이었던 진-한대 등 고대사회에서 보편적으로 유행한 기록 관행이었던 셈이다. 그런데 같은 한대에 작성되었다는 '낙랑군 호구부'에서는 우리에게 '이미 널리 알려져 있는' '점(秥)'의 경우를 제외하면, 방금 소개한 것과 같은 다양한 '통가'의 흔적들을 거의 찾아볼 수가 없는 것이다. 심지어 '이(䵑)', '잠(蠶)', '려(麗)' 등과 같이 자획이 많고 구조가 복잡한 글자들조차 원래의 글자 그대로 적혀 있다. … 이처럼 이 '호구부'에서 당시 사회적으로 널리 운용되던 '통가'의 사례를 전혀 찾아볼 수가 없는 것은 이 목판이 위조되거나 조작되었을 가능성을 시사해 준다.

지금까지 위에서 살펴본 것처럼, 적어도 목판에 적힌 한자의 형태와 사용법만 놓고 보았을 때, 이른바 '낙랑군 호구부'는 위조품일 가능성이 상당히 높다. 무엇보다도 ①전통적인 한자 사용법에 어울리지 않는 '별'자가 가장 큰 근거이다. 그리고 ②도장을 찍은 것처럼 천편일률로 적은 '호'자가 그 근거이며, ③형태적으로 당시의 글자들과 편차가 있는 '수'자가 그 근거이다. 독자들은 이 '호구부'는 탄소연대측정을 통해서도 한대의 것임이 증명되었다고 주장할지도 모르겠다.

물론, 얼핏 생각하기에는 고문서 위조가 현실적으로 완전히 불가능한 것처럼 보인다. 그러나 수완이 좋은 사람이라면 2,000년 전의 목재와 2,000년 전의 먹만 구하면 저 정도의 '호구부'는 얼마든지 만들어 낼 수 있다. 국내 학자들은 흐릿하기 짝이 없는 이 정체불명의 목판들에서 용케 '초원 4년'이라는 연대를 '추정'해 내고 이를 근거로 이 목판들이 낙랑군의 호구부라고 주장했지만, 그 같은 고증은 아이러니하게도 오히려 이 목판들이 낙랑군 당시 작성된 호구부가 아니라 후대의 어느 한 시점에 누군가에 의하여 위조된 목판일 뿐임을 입증하는 데에 대단히 중요한 증거로 작용하고 있다. 이래서 남들이 고대사가 흥미진진하다고 하는 것이 아닌가 싶다.

5. 한국 고대사 조작의 주역들

일제 강점기에 이루어진 수많은 한국 고대사 관련 발굴, 발견들은 대부분이 지금까지도 유물 조작이나 역사 왜곡의 의혹에 휩싸여 있다. 당시의 발굴들을 둘러싸고 어째서 수많은 의혹들이 제기된 것일까? 그 같은 의혹 제기들은 과연 타당한 것일까?

그동안 우리는 일제 식민사학자들의 고대사 왜곡 또는 유물 조작이 한반도에서만, 그리고 조선총독부의 단독범행으로 이루어진 것으로 여기고 있었다. 물론, 그것은 엄연한 사실이다. 그럼에도 불구하고 그것은 사실의 일부일 뿐이다. 손바닥 하나로는 소리를 낼 수 없다는 말이 있다. 그동안 재야에서는 일제에 의한 역사 왜곡과 유물 조작 의혹이 끊임없이 제기되어 왔다. 과연 그 수많은 왜곡과 조작이 조선총독부의 단독범행이었을까? 필자가 그동안 조사하고 연구한 결과, 조선총독부 곁에는 아주 든든한 왜곡과 조작의 공범이 있었다.

그것은 바로 만철조사부의 관변 학자들이었다. 조선총독부는 만철과 단순히 조선-만주 구간의 철도 운영에 있어서만 협력관계를 유지한 것은 아니었다. 앞서 다른 대목에서도 보았듯이, 그들은 고대사 왜곡과 유물 조작에 있어서도 일제가 패망하고 한반도가 해방될 때까지 긴밀한 공조관계를 유지해 왔다. 일본의 백조고길(白鳥庫吉)과 조거용장(鳥居龍藏), 조선의 관야정(關野貞), 만주의 도엽암길(桃葉岩吉) 등의 일본인들은 서로가 일본, 조선, 만주를 오가면서 긴밀하게 연락하고 협력하였다. 중국에나 있을 법한 이른바 '점제현 신사비'나 '관구검 기공비(毌丘儉紀功碑)', 북경 골동품가에나 있어야 할 '낙랑' 유물들과 효문묘 동종(孝文廟銅鍾), 그리고 만리장성의 동쪽 종점의 위치 비정 문제에 이르기까지, 고대사를 둘러싼 이 다양한 유물들에 대한 조작의 의혹들 한 복판에 조선총독부와 만철조사부가 있는 것이다.

그리고 그 왜곡과 조작들은 단순히 우리 고대사에만 영향을 끼치는 데에서 그치지 않고, 중국의 고대사와 역사적 진실에의 접근에까지 상당한 영향을 끼쳤다는 것이 필자의 판단이다. 여기에 소개된 인물들의 면면과 행적들만 보더라도 조선총독부와 만철조사부의 특별한 관계를 어느 정도 짐작할 수 있으리라 생각한다.

1) '만선사관(滿鮮史觀)'을 창도한 백조고길

'동경학파(東京學派)'의 창시자인 백조고길(白鳥庫吉: 1865~1942)은 서구 열강이 중국, 몽골, 중앙아시아 등 동양사 연구에 열중하자 이에 자극받아 당시 거의 미개척 분야로 치부되던 조선과 만주에 대한 연구를 통하여 두각을 나타내고자 하였다.

그는 자신의 개인적인 야망을 이루기 위하여 1887년 동경제국대학에 사학과를 개설하고, 1889년 당시 독일 실증주의 사학의 거두이던 랑케(Leopold von Ranke)의 제자 리스(Ludwig Riss: 1861~1928)를 주임으로 초빙하여 사학회를 조직한 후 다른 일본인 학자들과 함께 수시로 조선 역사 관련 저서와 논문들을 발표하였다.

우리가 알고 있는 일제 식민사학자들 다수는 일제의 조선 식민통치를 정당화하기 위하여 한민족은 그 역사가 상고시대부터 이미 중국의 식민지로 출발했기 때문에 일본의 식민통치를 받는 것이 당연하다는 논리를 개발하고 한민족의 역사를 멋대로 재단하고 조작하려 하였다. 따라서 이들은 어떤 의미에서 보자면 앞서 살펴본 도엽암길의 경우처럼, 순수한 학자들이라기보다는 철저하게 일제의 식민통치를 위하여 봉사하는 공무원으로서의 성격이 더 강하였다.

백조고길은 1906년 당시 일본이 조차지(租借地)로 점유하고 있던 중국 대련(大連)으로 건너가 남만주철도 주식회사(南滿洲鐵道株式會社, 이하 '만철')의 초대 총재인 후등신평(後藤新平: 1857~1929)을 만난 후 만주와 조선의 역사, 지리에 대한 연구가 절실하다는 점을 강조하면서 관련 연구조직을 지원해 줄 것을 요청하였다. 이에 공감한 후등신평은 1908년 1월 만철 내에 일련의 조사연구기관을 설치하는데, '만주역사지리 조사부'(滿洲歷史地理調查部, 이하 '만철조사부')는 그중의 하나였다. 이때 조사부의 초대 주임을 맡은 백조고길은 곧 전내긍(箭內亘: 1875~1926), 송정등(松井等), 도엽암길 등을 불러 들여 만주와 조선의 역사, 지리에 대한 조사, 연구에 착수하였으며, 나중에는 인력이

'만선사관'을 주도한 백조고길

부족해지자 진전좌우길(津田左右吉), 지내굉(池內宏: 1878~1952) 등을 영입하였다. 그는 이 과정에서 중국과 조선을 여러 차례 여행하면서 은밀히 현지의 지형을 조사하는 한편, 만철의 지원 아래 조선, 만주, 중국의 역사 연구에 필요한 일급 문헌자료들을 대량으로 사들였다.

단적으로 그는 1908년 조선에 대한 두 번째 여행과정 당시 한 서점에서 한국사 관련 문헌자료 5,000여 책을 확인하고 만철이 지원한 5,000~6,000원을 전부 털어 그 책을 모두 사들였을 정도였다. 당시 같은 서점에서 구입한 《고려사(高麗史)》가 20원이었다고 하니 그가 당시 조선의 문헌자료들을 사들이는 데에 얼마나 많은 돈을 쏟아 부었는지 알 수 있는 셈이다.[80] 이렇게 출범한 조사부는 겉으로는 '순수한 학술기구'를 표방했지만, 당시 일제 식민통치의 전초기지 역할을 하던 만철의 재정적 지원을 받는 데다 그 조사, 연구가 본질적으로 미래에 있을 일제의 중국 침략, 조선 합병, 만주 경영을 위한 정지작업의 일환으로 진행되었다는 점에서 필연적으로 어용성을 떨쳐 버리기 어려웠다.

당장 백조고길 자신부터가 충실한 황국주의자의 한 사람으로서, 언제나 동양의 역사에 대한 연구가 일제의 아시아 '진출'을 위하여 봉사해야 한다고 믿고 있었다.[81]

세계 학계로 하여금 일본 학자들이 동양 학술상의 연구에 얼마나 많은 노력을 하고 있고, 어떠한 성과들을 거두었는지 알게 함으로써 무력으로 세계를 놀라게 한 일본이 학술에 있어서도 절대로 유럽에 손색이 없다는 것

---

80) 조미(趙薇),〈"만선역사지리조사부"와 백조고길 동양사학의 연구("滿鮮歷史地理調査部"與白鳥庫吉東洋史學硏究)〉,《역사교학(歷史敎學)》, 제61쪽, 2011. 제6기.
81) 조미, 같은 논문, 제59쪽.

을 온 세상에 보여 주겠다.[82]

만주와 조선의 역사, 지리에 대한 연구를 통하여 서구 학자들이 미처 섭렵하지 못한 학술의 음지를 새롭게 조명하겠다는 그의 취지는 나무랄 데가 없다고 치자. 그러나 당시 러일전쟁에서 승리한 일에 한껏 고무된 탓인지는 알 수 없으나, 일본주의, 황국주의적 시각에 얽매여 은연중에 일제의 식민정책과 무단정치를 정당화하고 있는 백조고길의 이 발언에서 순수 학문을 지향하는 겸허하고 순수한 인문학자로서의 면모는 그 어디서도 찾아볼 수가 없다. 이런 점을 보면 그는 학자라기보다는 정치적 야심가라고 하는 것이 더 잘 어울릴지도 모르겠다. 그는 그로부터 5년 후인 1913년 전내긍, 송정등, 도엽암길 등과 함께 그동안의 조사, 연구의 결과물인《만주역사지리(滿洲歷史地理)》를 저술하게 되는데, 그 목차와 집필자를 살펴보면 다음과 같다.

제1권 고대사

    제1편 한대의 조선 (백조고길, 전내긍)

    제2편 한대의 만주 (도엽암길)

    제3편 삼국시대의 만주 (전내긍)

    제4편 진대의 만주 (전내긍)

    제5편 남북조시대의 만주 (전내긍)

    제6편 수당 고구려 원정기의 만주 (송정등)

    제7편 발해국의 강역 (송정등)

---

82) 백조고길,〈백조고길 전집》(제9권), 제325쪽, 암파서점, 1971.

제2권 근대사

　제1편 요대의 만주 강역

　제2편 허원종 행정록으로 본 요금대의 만주 교통노선

　제3편 금대의 만주 강역 (송정등)

　제4편 동진국의 강역

　제5편 원대의 만주 강역

　제6편 원명대의 만주 교통노선 (전내궁)

　제7편 명대 요동의 변방 장성

　제8편 건주여진의 원주지 및 이주지

　제9편 청대 초기의 강역 (도엽암길)

백조고길은 이 두 권의 《만주역사지리》의 간행을 통하여 한 무제가 이른바 '한사군'을 설치하는 과정과 '한사군'의 영역 및 그 주민 상황, 그 명칭의 내력, 한 소제(漢昭帝: BC94~BC74) 이후의 한반도에서의 정치상황 추이 등에 대하여 상세하게 기술하였다. 물론, 이 과정에서 집필진의 식민사관과 한민족에 대한 편견이 작용하여 한국 고대사와 관련하여 그릇된 내용을 담은 것은 필연적인 결과일 수밖에 없었다. 그 뒤를 이어 진전좌우길과 지내굉이 함께 저술한 《조선역사지리(朝鮮歷史地理)》(2권) 역시 그런 점에서는 크게 다를 바가 없었다. 그는 《조선역사지리》를 출판한 후 다음과 같이 출판 소감을 밝힌 바 있다.

주제가 제대로 갖추어지지 못했고 고증도 내실이 부족하니 최초의 시도라는 데에서 만족할 수밖에 없을 것 같다.[83]

---

[83] 사학시(謝學詩), 《격세 유감 – 만철조사부 평가(隔世遺思 – 評滿鐵調查部)》, 제152쪽, 인민출판사, 2003. 조미, 같은 논문, 제60쪽에서 재인용.

그의 이 발언에는 일본인 특유의 겸양이라고 치부할 수도 있겠지만, 남의 나라 학자들이 부실한 고증과 엉성한 논리, 거기에 제국주의적 편견까지 더해져서 우리 고대사를 얼마나 멋대로 재단하고 왜곡했을지 충분히 짐작하고도 남음이 있다. 백조고길은 일본의 우수성을 유럽인들에게 과시하기 위하여 조선과 만주, 그리고 그 역사를 희생양으로 삼은 셈이다.

백조고길은 1914년 만철의 재정적 지원이 대폭 축소되자 그 특유의 로비능력을 발휘하여 연구 공간을 동경제국대 문학부로 옮기고 매년 만철로부터 소정의 기금을 지원받는 대가로《만철지리역사연구보고서(滿鐵地理歷史研究報告書)》를 출판하는 것을 조건으로 조사부의 후속연구를 계속하였다. 바로 이 무렵 과거 만철조사부에서 백조고길의 수족으로 만주, 조선에 대한 조사, 연구에 종사했던 일본인들도 활동무대를 일본으로 옮기게 된다. 그중에서 전내긍과 지내굉은 동경제국대학의 문과 교수로, 송정등은 국학원(國學院)대학의 교수로 임용되었으며, 도엽암길은 조선총독부에 부설된 조선사료편찬과의 주임으로 승진하여 식민사관 개발에 몰두하였다.

왕년에 만주에서 백조고길과 호흡을 맞추었던 이 일제 식민사관의 선봉대가 그 후로 백조고길의 후광으로 일본 유수의 대학들로 자리를 옮겨 인맥을 구축하고 그 후로도 지속적으로 한-중 고대사 연구에 알게 모르게 영향을 끼쳤다는 사실은 잘 알려진 비밀이다.

2) 대동강변을 낙랑군 치소로 비정한 조거용장

독학으로 인류학을 배운 조거용장(鳥居龍藏: 1870~1953)은《인류학잡지(人類學雜誌)》의 구독자였던 인연으로 동경제국대학 인류학교실에 들어가 관련 학자들과 교류하였다. 그 후 25세 때인 1895년 조수의 신분으로 요동반도 현지조사에 참여하는 것을 시작으로, 대만, 중국 서남부, 시베리아, 동아시아 각지에 대한 조사를 진행하였다. 그 후 그는 수십 년 동안 조선은 물론이고 중국 동북부, 서남부, 대만, 내몽골 등지를 직접 답사하고 현지의 역사, 체질, 언어, 종교, 풍속 등에 대한 상세한 조사보고서와 전문서들을 내었다.

조거용장은 '한 낙랑시대 고적학술조사대'를 조직하여 남만주지역에 대한 현지조사를 통하여 그 결과물인 《남만주조사보고서(南滿洲調查報告書)》를 간행하였다. 그 후에도 그는 일제의 식민정책에 보조를 맞추어 일본이 점령한 요동반도, 대만 등지를 조사하고 1910년 한일합방 후에는 조선에도 현지조사차 파견되었다. 이 밖에도 일제의 대륙 출병에 발맞추어 시베리아, 만주에 대한 현지조사를 벌이기도 하였다.

그는 "일본인과 조선인은 같은 민족이므로 합병, 통일해야 옳다"라는 이른바 '일-선 동조론(日鮮同祖論)'을 주창한 인물이었다. 그의 이 같은 학술 성과들이 한민족의 주체적 발전을 부정하고 한국사의 타율성을 강조하면서 일제의 식민지배를 정당화하는 한편, 향후 중국 침략을 준비하는 데에 그 목적이 있었다는 것은 두말할 필요도 없다. 그런 의미에서 본다면 그는 정통 사학자는 아니지만 고고학, 인류학, 민족학적 측면에서 조선에 대한 일제의 식민지배를 정당화하는 데에 상당한 역할을 한 셈이다.

그는 조선총독부의 의뢰로 1911년부터 조선의 석기, 고분 등을 조사하는 한편 체질인류학, 민속학, 고고학 등 다방면에 걸친 조사에 참여하였다.

대동강 일대가 낙랑군 치소라는 주장을 최초로 제기한 조거용장

이 무렵 평양 등 한반도 북부가 낙랑군이라는 주장을 처음으로 펼친 것도 바로 그였다. 그는 평양 대동강 유역의 고분들의 성격과 관련하여 당시 조선에서의 유물 발굴을 주도하면서 이를 고구려 고분으로 본 동경제대 건축학과 교수 관야정과는 달리, 이를 전한대 낙랑군 치소의 것으로 해석하였다. 그 과정에서 관야정과 의견 충돌을 빚기는 했지만, 그 후 일본에서는 한인이 조선으로 이주하여 낙랑군을 건설했다는 그의 주장이 조선과 중국의 역사 연구를 통틀어 그의 최고의 업적으로 받아들여졌으며, 일제 식민사학자들은 그 주장에 편승하여 조선에서의 일본의 식민지배를 정당화하는 논리를 개발하였다.

3) '신의 손' 관야정

일제 강점기에 관야정이 주도하거나 간여한 주요한 발굴, 발견들은 대체로 다음과 같다.

1910년, 평양지역 고분에 대한 발굴작업을 통하여 제9호 고분에서 소위 '효문묘' 동종을 포함하여 한나라 양식의 동경, 칼, 창, 도기 등의 유물들이 다수 수습하였다.

1911년 10월 15일, 황해도 사리원역 부근에서 '어양 장'이라는 명문이 들어간 벽돌 파편을 다수 발견한 데 이어 인근 고분에서 '대방태수 장무이전'을 발견하고 이를 근거로 황해도 지역을 한대의 대방군으로 단정하였다.

1912년 4월, 다시 사리원 부근의 고분에 대한 발굴

동양건축사 연구의 거물로 미화된 관야정

VII. 조작의 징후들 **349**

이 이루어졌다.

1913년 9월 23일, 평양 대동강변 고분군의 구두진 부근에서 토성을 발굴하고 기와 파편들을 수습한 후 이 일대를 한대의 낙랑군 치소로 단정하였다.

1913년 9월 30일, 조선총독부 촉탁 금서룡이 평안도 용강에서 이른바 '점제현신사비'를 발견한 후 이 일대를 낙랑군 점제현으로 단정하였다.

1915년 3월, 조선총독부는 중추원에 '편찬과'를 두고 조선반도사 편찬의 일환으로 《조선고적도보》를 발간하고 12월 '조선총독부 박물관'을 개관하였다.

1919년 2월, 조선총독부의 명의로 《조선금석총람》을 발간하였다.

1920년, 일본인 도굴꾼 산전재치랑(山田釘治郞)이 봉니의 가치를 강조하기 시작하였다.

1921년 가을, 산전재치랑이 '낙랑태수장' 봉니를 출토한 지역에 대한 정밀 조사를 벌였다.

1922년 10월 30일, 조선총독부 박물관에서 '낙랑태수장' 봉니를 고가인 150원에 매입하였다.

1923년, 평양법원 검사장 관구반(關口半)이 평양 토성리 부근에서 촌부로부터 '조선우위' 봉니를 입수하였다.

1926년, 평양경찰서 경부보 우촌삼랑(牛村三郞)과 상공회사 기사 제강영치(諸岡榮治) 등이 보존 상태가 양호한 봉니들과 함께 파편 다수를 입수하였다.

1931년 12월, 조선총독부 박물관에서 '낙랑태수장' 봉니를 100원에 매입하였다.

1934년 2월, 조선총독부 박물관에서 '낙랑대윤장' 봉니를 100원에 매입하였다.

관야정은 조선을 주요한 활동무대로 삼아 관련 유적, 유물의 조사, 발굴을 주도했지만, 수시로 중국으로 들어가 현지 조사에 나서거나 골동품 수집에 열을 올렸다. 그가 작성한 일기에는 다음과 같은 내용들을 수시로 찾아볼 수 있다.

대정 7년 3월 20일 맑음 북경
서협씨의 소개로 중산용차 씨(지나 교통부 고문, 월후 출신)를 방문, 그의 소개로 우편국장 중림 씨를 방문, 우편국 촉탁인 문학사 흑전간일 씨의 동료부터 유리창의 골동품점을 둘러보고, 조선총독부 박물관을 위하여 한대의 발굴품을 300여 엔에 구입함.[84]

大正七年 三月 二十日 晴 北京
西脇氏ノ紹介ニヨリ中山龍次氏(支那交通部顧問, 越後出身)ヲ訪ヒ, 同氏ノ紹介ニヨリ郵便局長中林(空白)氏ヲ訪ヒ, 郵便局嘱託文學士黑田幹一ノ東道ニヨリ瑠璃廠ノ骨董店ヲ廻覽シ, 朝鮮總督府博物館ノ爲メ漢時ノ發掘品ヲ三百餘円ヲ購フ.

대정 7년 즉 1918년 봄, 과거처럼 중국 여행 길에 오른 관야정은 북경에 머무는 동안 여러 차례 유리창(琉璃廠)의 골동품점들을 돌아다니면서 고대 특히 한대의 유물들을 사들였다. 위에서 보는 것처럼, 그는 자신의 일기에 "조선총독부 박물관을 위하여" 당시 한대의 것으로 감정된 발굴품을 300여 엔이나 되는 거금을 들여 구입했다고 적고 있다. 대정 10년, 즉 1921년의 물가를 보면, 1엔으로 쌀 5kg을 살 수 있고 대학 졸업자나 갓 입

---

84) 관야정, 《관야정 일기》, 중앙공론미술(中央公論美術) 출판사, 2009.

사한 은행원의 첫 월급이 50엔 정도였다. 300엔이라면 지금의 약 150만 엔 즉 1,500만 원이나 되는 거금인 셈이다.

그런데 이 많은 돈을 한 번에 모두 털어서 북경의 골동품가인 유리창에서 한대의 것으로 감정된 발굴품들만 골라 사들여서 조선총독부로 보내준 것이다. 그에게 유물 구입을 부탁한 것이 남만주철도라면 중국 대련에 본사가 있었으니 북경의 유물을 구입하는 것이 딱히 이상할 것이 없다. 그러나 그 유물들을 매입하는 당사자가 조선총독부라면 다소 의아스러운 것이 사실이다.

당시 바야흐로 조선 역사 연구와 고고 발굴에 열중하고 있던 조선총독부가 무엇 때문에 북경에 떠도는 한대 유물들을 필요로 했던 것일까? 그것도 한두 푼도 아니고 자그마치 300엔(1,500만 원)까지 들여가면서 말이다. 지금은 골동품이나 문화재에 대한 문화적 인식들이 높아져서 골동품의 가치가 상당히 높이 평가되고 있지만 100여 년 전만 해도 제 아무리 한대의 유물이라 해도 골동품 가격이 지금처럼 비싸지는 않았을 것이다. 그러니 가격도 가격이지만 그가 당시 사들인 유물의 개수도 한두 점에 그치지는 않았을 것이다. 과연 그는 이날 조선총독부를 위하여 어떤 유물들을 사들였던 것일까?

관야정의 일기는 다음 날에도 이어진다.

대정 7년 3월 22일 맑음
오전에 죽촌 씨와 유리창에 가서 골동품을 삼. 유리창의 골동품점에는 비교적 한대의 발굴물이 많아서, 낙랑 출토류품은 대체로 모두 갖추어져 있기에, 내가 적극적으로 그것들을 수집함.
二十二日 晴

午前, 竹村氏ト瑠璃廠ニ往キ古玩ヲ購フ. 瑠璃廠ノ骨董舗ニハ比較的漢代ノ發掘物多ク, 樂浪出土類品ハ大抵皆在リ, 余極力之ヲ蒐集ス.

이틀 전에 조선총독부의 부탁을 받아 한대의 유물을 300여 엔이라는 거금을 내고 사들였던 관야정이 또 무슨 돈이 얼마나 있었기에 다시 유리창의 골동품점을 방문하고 있다. 게다가 그는 이날 들른 골동품점에 "한대의 발굴물이 많고, 낙랑 출토품들은 대체로 모두 갖추어져 있기에" 힘닿는 대로 그것들을 보는 족족 다 사들였다고 적고 있다. 그의 이날의 일기에서 우리는 두 가지 사실을 확인할 수가 있다.

첫째, 그가 다른 시대는 제쳐 두고 유독 한대의 것으로 감정된 발굴물들에만 눈독을 들이고 있었다는 점, 둘째, 그 골동품점에 낙랑 출토품(또는 그와 비슷해 보이는 발굴물)들이, 그것도 다양한 종류의 것들이 들어와 있는 것을 발견하고 손에 잡히는 족족 "적극적으로" 사들였다는 점이다. 그가 일기에 적은 "적극적으로"가 구체적으로 어느 정도의 금액인지 알 수는 없지만, 아무리 적어도 조선총독부의 부탁으로 유물을 구입한 300엔 정도는 되었을 것이다.

그런데 여기서 한 가지 이해가 되지 않는 대목이 있다. 이때는 관야정과 조선총독부가 한반도의 평양지역을 이미 한 무제 당시의 낙랑군으로 단정하고 있던 시점이었다. 그런데 어째서 머나먼 중국의 북경에 낙랑군의 유물들이 다양하게 들어와 있었던 것일까? 쉽게 생각하자면 평양에서 출토된 이른바 '낙랑' 유물들이 수천 리 떨어진 북경의 골동품가로 흘러든 것이라고 치부할 수도 있을 것이다. 그러나 100년 전의 조선은 그 수천 리 길을 건너와 유물들을 거래할 정도의 수완을 지닌 골동품 거래상들이 활약하기 이전이고 유물 거래시장도 아직 자리 잡기 전이었을 것이다.

설사 그것이 가능했다고 치더라도 그렇지 않아도 당시 일본인 사학자들의 부추김 때문에 조선 팔도에 '낙랑' 열풍이 불어서 아래로는 코흘리개 아이들로부터 위로는 조선총독부까지 모두가 눈에 불을 켜고 낙랑 유물 찾아다니기에 바쁘던 시점이다. 그런 때에 낙랑 유물이라면 국내에서도 얼마든지 거액을 보상받을 수 있는데 굳이 분실이나 도난의 위험을 무릅쓰고 머나먼 중국까지 유물을 반출했을 리는 없다. 설사 그것이 가능하더라도 조선총독부가 그런 문화재 반출행위를 수수방관하고 있었을 리가 만무하다. 이것만 보더라도 낙랑은 북경에서 멀지 않은 곳에 존재했으며 한반도 평양지역에 존재하지 않았을 것임을 짐작할 수 있는 것이다.

관야정의 일기를 보면 그는 만철조사부의 인사들과도 교류를 했다는 것을 확인할 수 있다.

대정 10년 11월

8일

오전, 조선총독부 박물관. 오후 2시부터 중추원에서 같은 강연을 함. 내방자로는 송병준, 이완용, 이경영 제씨가 있었음.

9일

조선총독부 박물관. 밤에 총독부의 초대로 백조[고길], 지내[굉] 두 사람과 조선호텔의 만찬회에 참석함.

10일 맑음

총독부 박물관에 가서 낙랑토성에서 발견된 벽돌의 탁본을 뜸.

大正十年 十一月

八日

前, 府博. 午後二時ヨリ中樞院ニテ同樣講演, 來聽者ニ宋秉畯, 李完用,李慶榮諸氏アリ.

九日

府博. 夜, 總督府ノ招待ニヨリ白鳥[庫吉], 池內二氏ト朝鮮ホテルノ晚餐
會ニ臨ム.

十日 晴

府博ニ至リ, 樂浪土城發見博拓本ヲ作ル.

대정 10년이라면 1921년으로 국내에서는 난데없는 봉니 수집 광풍이 서서히 일기 시작하던 시점이다. 자신의 일기에는 적지 않았지만, 이 해에 일본인 도굴꾼 산전재치랑(山田鋯治郞)은 평양에서 '낙랑태수장'이 찍힌 봉니를 출토(?)하였다. 그러자 관야정은 가을에 산전재치랑이 봉니를 출토했다는 지역을 정밀조사하고 있었다. 그리고 이듬해인 1922년 10월 30일, 조선총독부 박물관이 그의 '낙랑태수장(樂浪太守章)' 봉니를 150엔이라는 거금에 사들였고, 1923년에는 평양 법원 검사장이던 관구반(關口牛)이 평양 토성리 부근에서 현지 주민으로부터 '조선우위(朝鮮右尉)' 봉니를 입수하였다.

그리고 3년 후인 1926년에는 역시 평양 경찰서의 경무보이던 우촌삼랑(牛村三郞)과 상공회사 기사 제강영치(諸岡榮治) 등이 보존 상태가 양호한 봉니들과 파편 다수를 입수하고 있다. 바로 봉니 수집 광풍이 시작될 시점에 조선총독부가 마련한 만찬회에서 만철조사부 인사인 백조고길과 지내굉을 만난 것이다. 관야정과 백조고길은 이미 1913년 이른바 '점제현 신사비' 발견 당시부터 서로 연락을 주고받으며 긴밀하게 협력하는 관계에 있었다.[85] 이들이 그 날 구체적으로 어떤 이야기를 나누었는지 확인할 길은

---

85) 이에 관해서는 조선총독부, 〈제3장 점제현 치지(第三章 秥蟬縣治址)〉, 《낙랑군시대의 유적》, 제237-238쪽을 참조하기 바란다.

없지만, 당시 국내에서 한국 고대사 관련 조작과 왜곡에 앞장서고 있던 총독부-관야정과 일본과 중국에서 역시 한-중 고대사 관련 조사, 연구에 종사하던 만철 인맥인 백조고길-지내굉이 만찬장에서 고대사에 관한 논의를 하지 않았을 가능성은 낮다고 본다.

6. 태집둔 유적, 유물의 경우

그동안 국내외 사학계에서는 '한사군'의 하나인 임둔군이 함경남도 일대에 위치해 있었던 것으로 비정해 왔다. 이기백의 《한국사신론》에서 한사군의 위치와 관련하여 낙랑군을 대동강 유역에, 진번군을 자비령 이남 한강 이북에, 현토군을 압록강 중류 동가강 일대로 보는 한편 임둔군은 함경남도 일대로 비정한 것도 그 전형적인 예라고 할 수 있다. 문제는 이 같은 주장이 중국의 고대 기록에서는 전혀 그 문헌적, 역사적 근거를 찾아볼 수 없는 주관적인 억단이라는 데에 있다. 그 같은 주장들은 역사적 진실과 정확하게 부합되는 것일까? 이즈음에서 우리는 1990년대에 중국에서 이루어진 고고학적 발굴에 주목할 필요가 있을 것 같다.

그런데 1997년 중국 요령성 호로도시(葫蘆島市) 남표구(南票區)와 금서시(錦西市) 연산구(連山區) 경계지대에 위치한 태집둔(邰集屯)의 소황지촌(小荒地村)이라는 마을에서 놀라운 사건이 발생하였다. 1993년부터 길림대학(吉林大學) 고고학과와 요령성 문물고고연구소(文物考

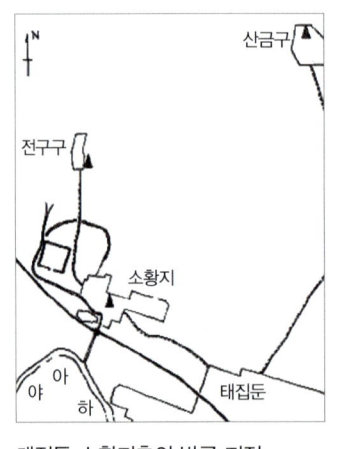

태집둔 소황지촌의 발굴 지점

古硏究所)에서 현지의 옛 성터에 대한 시굴과 함께 조사를 진행한 결과 전한대의 것들로 추정되는 "천추만세(千秋萬歲)"라는 문구가 새겨진 와당(瓦當)을 위시하여 각종 화문전(花紋磚), 공심전(空心磚), 도기(陶器) 등의 유물들이 대량으로 쏟아져 나왔는데 그 유물들 속에 임둔군 태수의 것으로 보이는 "임둔태수장(臨屯太守章)" 봉니와 "승(丞)"자만 남은 봉니가 각각 1점씩 끼어 있었던 것이다.[86]

1) 소황지촌에서 발굴된 유물들

이 소황지촌에서의 발굴이 더 의미가 심장한 것은 소황지촌의 성터를 조사하는 과정에서 두 민가의 마당에서 각각 청동제 단검이 한 자루씩 발굴되었다는 사실이다.

그중 하나는 칼날 부분이 유선형이고 목이 짧은 청동제 단검이었는데, 세 토막으로 부러진 채 발견된 것 말고는 전체가 온전하게 발굴되었다고 한다. 위에 그려진 태집둔 단검은 자루 부분이 사라지고 없지만, 칼날 부분만 보면 평양(가운데)과 부여(오른쪽)에서 출토된 고조선의 발해연안식 비파형 단검과 거의 완벽하게 일치한다. 이 단검은 그 형태가 조양시(朝陽市) 십이대영자(十二臺營子)와 객좌(喀左)의 남동구(南洞溝)에서 각각 출토된 청동제 단검과 유사하였다. 다만, 제작시점에 있어서 십이대영자의 것은 춘추시대 중기, 남동구의 것은 춘추와 전국의 과도기로 추정된 반면 태집둔의 것은 춘추시대 말기로 추정되었다.[87]

---

86) 주영강(朱永剛), 왕립신(王立新), 〈요령 금서 태집둔의 고성 유적지 3곳의 고고학적 소견 및 관련 문제들(遼寧錦西郜集屯三座古城址考古紀略及相關問題)〉, 《북방문물(北方文物)》, 제21쪽, 1997. 제2기.

태집둔에서 발굴된 청동제 단검과 평양, 부여 출토 고조선계 청동제 단검
- 발견된 지점을 각자 다르지만 형태가 거의 동일한 것을 확인할 수 있다.

춘추시대 말기라면 중원지역의 제후국인 연나라가 '사방 2,000리'의 약소국에 불과하던 시기에 해당한다. 즉, 진개가 조선 또는 동호를 공격하여 북쪽으로 강역을 넓히기 전까지는 연나라는 연산산맥 남부에 위치한 작은 제후국에 불과했던 것이다. 바꿔서 말하자면, 연나라가 전국시대에 진개 등의 활약으로 요령지방까지 강역을 넓혔다는 그간의 통설을 역사적 진실로 인정한다고 치더라도, 춘추시대 말기에 이 지역은 연나라와는 무관한 땅이었던 것이 분명하다.

그렇다면 이 지역의 주인은 연나라 동쪽에 자리 잡고 있었다고 전해지는 고조선이 될 수밖에 없는 것이다. … 태집둔에서는 이 밖에 단

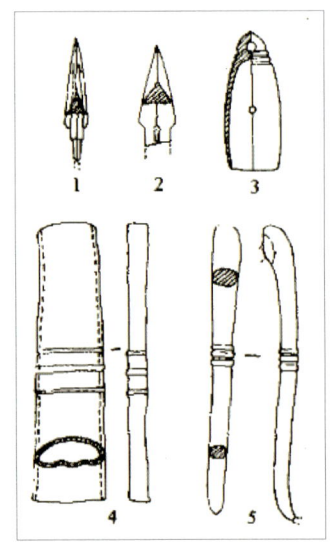

청동제 단검과 함께 발굴된 유물들

---

87) 주영강, 〈금서 태집둔 소황지에서 출토된 곡인식 청동단검과 도하 고성(錦西邰集屯小荒地出土的曲刃靑銅短劍与屠何故城)〉, 《문물춘추(文物春秋)》, 제6쪽, 2000. 제1기.

검이 발굴된 지점으로부터 북쪽으로 1.5km 지점에 위치한 전구구(田九溝)의 한 고묘에서도 청동제 단검과 함께 말 재갈, 호랑이 형태의 장식 등 30여 가지의 동제 유물이 발굴되었는데, 말 재갈은 전국시대 중원지역의 것과 유사하고, 호랑이 장식은 전형적인 북방식 청동문화의 특징을 보여 주고 있었다.[88]

황무지에서 동북쪽으로 6km 떨어진 산금구(傘金溝)에서는 우산형 청동제 극(戟)이 발굴되었는데, 역시 형태적으로 북방 초원문화의 특징을 많이 지니고 있었다.[89] 또, 결론은 조금 다르지만, 황무지에 조성된 성에 대해서도 춘추시대에서 전국시대 중기 이전에 조성된 것으로 비정하고 있다.[90] 말하자면 금서시 태집둔 일대는 부분적으로 중원지역의 문화적 영향이 나타나기는 하지만, 전형적인 북방문화의 특징들이 강하게 나타나고 있는 것이다. 그렇다면 그 지역의 주인은 연나라나 진나라라기보다는 고조선 등 북방민족의 중요한 거점들 중의 하나였다는 결론을 내릴 수 있는 셈이다.

2) 평가절하된 '임둔태수장'의 존재

태집둔 소황지촌에서 발굴된 전한대 유물들 중에서 '임둔태수장' 명문이 들어가 있는 봉니는 그 마을의 어떤 주민이 마을 동북쪽 산자락에서 정지작업을 하던 중에 우연히 습득한 것이라고 한다.

왕성생(王成生)이라는 중국 학자가 묘사한 바에 따르면, 이 봉니는 다섯

---

88) 주영강, 같은 논문, 제7쪽.
89) 주영강, 같은 논문, 제8쪽.
90) 주영강, 같은 논문, 제10쪽.

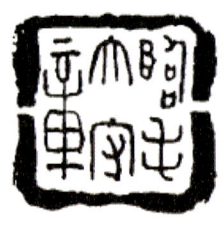

소황지촌에서 발굴된 '임둔태수장' 봉니

글자가 새겨진 인면(印面)의 네 변에 테두리가 둘러져 있고 안에는 양각(陽刻)의 전서체로 '임둔태수장(臨屯太守章)' 다섯 글자가 새겨져 있다. 중앙부가 날카로운 도구에 의하여 쓸려서 조금 파손되기는 했지만, 전반적으로 양호한 상태로, '임'자의 부수인 '신(臣)' 하단에 '구(口)'자 모양이 하나 빠져 있는데, 전반적으로 청회색을 띠면서 흙의 입자가 치밀하여 돌 만큼 단단하다. 뒷면에는 수직으로 목질 무늬가 또렷하게 나 있는데, 네 변에는 끈을 꿰는 용도의 구멍이 6개 나 있어서 그 속으로 가로 방향의 끈을 3줄 꿸 수 있을 정도이다. 봉니의 크기는 가로 2.9cm, 너비 2.8cm, 두께 0.5cm 정도이다.[91]

3) '임둔태수장' 봉니와 임둔의 위치

만일 그 전한대 유물들이 정말 요서군의 것이 확실하다면 인터넷 공간에서 대대적으로 언론플레이를 하고 관광객 유치에 적극적으로 나섰을 것

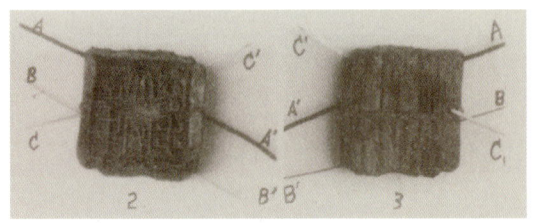

'임둔태수장' 봉니의 인면(2)과 뒷면(3)

---

[91] 왕성생(王成生), 〈한대의 차려현 및 관련 도기 명문 고찰(漢且慮縣及相關陶銘考)〉, 《요해문물학간(遼海文物學刊)》, 제80쪽, 1997. 제2기.

이다. 그러나 실제로는 중국의 대표적인 인터넷 사이트인 빠이뚜에서 발굴 지점인 '태집둔'을 키워드로 검색해 보면 수천 개의 기사가 쏟아지지만, 정작 가장 중요한 유물인 '임둔태수장'을 키워드로 검색해 보면 관련 기사는 단 두세 건에서 그치고 있다.[92]

중국의 학술 간행물들을 정기적으로 업데이트하는 중국 최대의 정보 사이트인 지망(知網)에서 이 키워드들을 검색해 보아도 '소황지촌 발굴'이나 '임둔태수장'을 주제로 다룬 논문은 단 두 편뿐이며, 그조차도 그 유물들이 '요서군 도하현'의 것들임을 부각시키거나 고고학적으로 대단히 중대한 의미를 지니는 '임둔태수장' 봉니의 고고학적 의미 자체를 애써 부정하려는 논조가 완연하다. 중국의 주요한 검색 사이트들 중의 하나인 '호동백과(互動百科)'의 '임둔(臨屯)' 소개 글의 〈쟁의(爭議)〉 부분만 소개하면 다음과 같다.

논란

1997년 요령성 호로도시 연산구 태집둔진 소황지의 고성 유적지에서 '임둔태수장' 명문의 봉니가 출토되었다. 어떤 한국 학자는 이를 근거로 임둔군의 관할지가 지금의 호로도시 일대라고 보고, 그것이 조선(북한), 한국 영토 내에 있었다는 것을 부인하고 있다. 그러나 요서지역이 한대에는 요서군의 관할지라는 것은 오래전부터 학술계에서 공식적으로 인정된 사실이다. 고고발굴 학자들은 출토 기물과 건축 유적에 근거하여 소황지의

---

[92] 현재 확인된 기사는 2014년 6월 13일자 《호로도일보(葫蘆島日報)》의 호로도지역 문화유산 홍보 기사(http://www.ehuludao.com/news/view4631.html)와 "임둔태수장' 봉인 하나가 임둔군이 한반도에 있었다는 중국 학계의 결론을 흔들어 놓을 수는 없다"라는 단호한 어조의 소개를 담은 중국의 검색 사이트 '호동백과(互動百科)'의 '임둔(臨屯)'이라는 소개 글(http://www.baike.com/wiki/%E4%B8%B4%E5%B1%AF)이 전부이다.

고성 유적지가 한대 요서군 도하현의 치소 소재지라고 판정하였다. 따라서 '임둔태수장' 봉니가 출토된 일이 임둔군은 조선반도(한반도)에 소재해 있었다는 (학술계의) 결론을 흔들어 놓을 수는 없다.

爭議

1997年在遼寧省葫蘆島市連山區邰集屯鎭小荒地古城遺址出土了臨屯太守章封泥. 有韓國學者據此認爲臨屯郡地望在今葫蘆島市一帶, 從而否認其位於朝鮮, 韓國境內. 然而遼西地區在漢代爲遼西郡轄地, 早已是學術界公認的事實. 考古發掘者根據出土器物和建築遺迹, 判定小荒地古城遺址爲漢代遼西郡徒河縣的縣治所在地, 因此'臨屯太守章'封泥的出土無法動搖臨屯郡位於朝鮮半島的結論.

이러한 내용들부터가 중국 학계가 이 사안에 대한 대응과 관련하여 이미 내부적으로 입장을 조율한 듯한 느낌을 주고 있는 것이다. 그 간접적인 증거는 중국 최대의 검색 사이트인 빠이뚜에서 이 태집둔 소황지촌의 발굴 결과를 소개한 항목의 제목을 '태집둔 성지(邰集屯城址)'라고 붙인 데에서도 짐작할 수가 있다. 관련 기사의 내용을 소개하면 다음과 같다.

태집둔 성터

태집둔 성터는 요령성 호로도시 연산구 집둔향 소황지촌 여아하 북안에 위치해 있는데, 한대에서 요나라 때까지의 고성 유적지이다. 소황지 산성, 소황지 북성, 영방 고성 등 세 성을 포함한다. 태집둔 고성은 춘추시대 말기에서 전국시대 초기까지 축조되기 시작해서 한나라와 위나라가 흥성할 무렵까지 지어졌는데 이곳이 번창한 것은 전한대였다. 성터 지면의 문화 유물은 풍부해서 대량의 한대 판와, 통화와 소량의 포문와가 들어 있다. 비교적 중요한 출토문물로는 '천추만세' 와당, 화문전, 공심전, 도기 등이 있으며, 특히 출토된 '임둔태수장' 봉니는 임둔군이 요서군과 교류했음을 보여 주는 실물 증거이다. 성터의 규모는 크고 건축재들은 특수하며 출토 유물들은 중요해서 대단히 중요한 역사적 가치를 지닌다. 고증에 따르면, 태집둔 성터는 선진시대 도하의 옛 땅이며, 한대에는 요서군의 도하현이 었다고 한다.

2013년 5월, 국무원에 의하여 제7차 전국 중점문물 보호단위로 확정, 공포되었다.

邰集屯城址

邰集屯城址位於遼寧省葫蘆島市連山區集屯鄉小荒地村女兒河北岸, 是漢代至遼代時期的古城遺址. 包括小荒地山城, 小荒地北城, 英房古城三座城. 邰集屯古城始建於春秋晚期至戰國早期, 下迄漢魏興盛之際, 興盛在西漢時期. 城址地面文化遺存豐富, 有大量的漢代板瓦, 簡瓦和少量的布紋瓦. 較重要的出土文物有"千秋萬歲"瓦當, 花紋磚, 空心磚, 陶器等, 特別是出土的"臨屯太守章"封泥是臨屯郡與遼西郡交往的實物證據. 城址規模大, 建築材料特殊, 出土文物重要, 有極其重要的歷史價值. 據考證, 邰集屯城址爲先秦屠何故地, 漢代遼西郡徒河縣.

2013年5月, 被國務院核定公布爲第七批全國重點文物保護單位.

우리가 각별히 명심해야 할 것은 중국 학계가 일치단결하여 요서군 도하현이라고 주장하고 있는 소황지촌 일대가 어쩌면 한 무제가 설치했다는 임둔군의 치소 동이현의 자리일 가능성에 대해서도 진지하게 고려할 필요가 있다는 점이다. 현지에서 '요서군' 또는 '도하현'이라는 명문이 붙은 유물이 보란 듯이 출토된 것도 아니고, 또 과거 국내외 사학계에서 이루어진 이른바 '한사군'의 위치에 대한 비정이 그다지 정상적이라거나 정확해 보이지도 않는다.

그런 마당에 이 지역은 요서군의 영역이라는 것이 지금까지 중국 사학계의 공식 입장이라고 해서 제2의 가능성을 부정한다는 것은 스스로가 역사적 진실에 한 걸음 다가서고자 하는 학자 본연의 자세를 망각한 처사이며, 역사적 진실을 알고 싶어 하는 양국 국민들에게도 대단히 불행하고 유감스러운 일이라고 하지 않을 수 없다. 전한대 유물, 그것도 중국인들이 자랑스럽게 여기는 한 무제의 대외 정벌의 산물인 '한사군'의 하나인 임둔군의 실존의 증거물이 중국에서 출토되었는데도 어째서 중국 학계에서는 이를 반가와 하기는커녕 애써 감추기에만 바쁜 것일까?

'임둔태수장' 봉니의 발견은 한-중-일 어느 나라의 정치적 외압이나 계산도 없이 이루어진 발굴이었으므로, 일본인 식민사학자들이 불순한 의도를 가지고 유물을 출토하고 자신들의 입맛에 따라 멋대로 그 성격을 결정했던 일제 강점기의 발굴과는 여러 모로 상황이 달랐다. 그렇다면 여기서 발견된 임둔태수장 봉니 자체는 위조나 조작의 가능성이 없는 100% 진품인 셈이며, 그 일대는 고조선이 멸망한 후 한나라의 임둔군이 설치된 자리로 보아도 무방하다는 결론이 나온다.

이 봉니가 진품이 확실하다면 그것이 발견된 태집둔은 곧 한나라 임둔태수의 치소이고, 금주 인근지역은 임둔군의 관할지역이었다는 말이 된다. 실제로 국내에서는 그동안 시원 5년(BC82)에 한나라 소제가 낙랑군과 임둔군을 병합하여 동부도위부(東部都尉府)를 설치했다고 한 《한서》의 기록을 근거로 낙랑군이 임둔군 서쪽에 자리 잡고 있었다는 주장이 통설로 여겨져 왔다.[93]

---

[93] 어떤 자료에서는 낙랑군과 임둔군 사이에 현토군(玄菟郡) 또는 진번군(眞番郡)을 비정한 경우가 있다. 그러나 동부도위가 낙랑군과 현토군 또는 임둔군과 진번군의 병합체가

정말 그랬다면 두 군은 거리상으로 서로 인접해 있었던 셈이므로, 그 동쪽에 있었다고 알려져 있는 낙랑군은 자연히 산해관 인근으로부터 요령성 수중현(綏中縣) 인근 사이의 모 지역으로 비정할 수 있다고 본다. 설사 이렇게 추정한 위치에 편차가 다소 발생한다 하더라도 그동안 낙랑군을 평양지역으로 비정해 온 학계의 통설은 앞으로 대대적인 수정이 불가피해진 셈이다. 그리고 만일 이 일대가 요서군의 관할지가 아니라면 그동안 이 지역에 존재했다고 여겨져 온 '요동속국'의 위치 역시 적어도 수백 리 이상 서쪽으로 이동되어야 하는 셈이다.

4) '도하(徒河)'에 대한 중국 학계의 인식

중국에서는 관련 학계의 고증을 근거로 현재 태집둔 소황지촌을 춘추시대에 존재했던 도하국(屠何國)의 옛 땅으로 규정하고, 거기에서 발굴된 전한대 유물들에 대해서는 요서군(遼西郡) 도하현(徒河縣)의 것이라는 결론을 내린 상태이다. 따라서 중국에서는 이 지역에서의 고고학적 발굴을 소개할 때 이 지역이 춘추전국시대의 '도하국'의 땅이자 한대의 '요서군'의 관할지라는 점을 강조하는 데에만 총력을 집중하고 있다. 그러나 그 같은 중국 학계 측의 입장 정리가 여러 가지 부분에서 미심쩍은 것은 말할 것도 없다. 그러한 징후는 당시 발굴에 참여했던 중국 학자 주영강의 언급을 통해서도 짐작할 수 있다.

선진시대 도하의 땅에는 한나라 초기 도하현이 설치되고 요서군에 속했

아니라 낙랑군과 임둔군의 병합체인 것을 감안하면 두 군은 역시 서로 인접해 있었다고 보는 것이 옳다.

는데, 후한대에 철폐되고 오환교위를 설치하여 관할하게 하였다. 태집둔 농약공장과 소황지촌 남쪽의 토성은 남북으로 이웃한 채 여아하 북안에 자리 잡고 있는데, 요서주랑 북쪽 끝에서 중원과 동북지방 사이의 교통상 중요한 길목을 지켰다. 성터의 규모나 형태, 진나라 조서가 새겨진 도제 추, '임둔태수장' 봉니 등, 중요한 유물들을 통하여 볼 때, 응당 전한대 요서군의 중요한 현에 속해 있었을 것이다. 이에 관해서는 이미 학자들이 문헌에 기록된 지리적 위치에 입각하여 '태집둔의 한대 성은 요서군 도하현'임을 고증해 내기도 하였다. 아울러 이 두 토성 중에서 규모가 비교적 큰 농약공장의 성은 도하현에 있던 것이고, 같은 시기의 소황지촌 남쪽의 성은 아마 도하의 위성이거나 변방을 지키는 요서군의 군사도시였을 가능성이 있다. 만일 이 같은 비정에 문제가 없다면 소황지촌 북쪽의 산성은 당연히 도하현의 전신이자 선진시대 도하의 옛 땅이었을 것이다.

先秦屠何之地至漢初設爲徒河縣, 屬遼西郡, 東漢廢之, 置烏桓校尉管轄. 邰集屯農藥廠和小荒地南兩座夯土城南北相鄰坐落於女兒河北岸, 踞遼西走廊北端, 扼守中原與東北交通要道. 從城址的規模形制及出土刻有秦詔書銘文陶量, '臨屯太守章'封泥等重要遺物看, 應屬西漢遼西郡的重要縣份. 已有學者從文獻所載地理考證"邰集屯漢城爲遼西郡徒河縣". 繼而推斷, 兩座夯土城中規模較大的鎭農藥廠城爲徒河縣所在, 同期的小荒地南城可能是徒河之衛城或遼西郡戍邊軍鎭. 若此比定無誤, 小荒地北山城應爲徒河縣前身, 先秦屠河故地.[94]

주영강과 왕립신은 태집둔 소황지촌에 대한 발굴 결과에 관한 논문의 결론부에서 현지의 고성을 요서군 도하현의 것으로 단정하면서 그 근거를

---

94) 주영강, 왕립신, 같은 논문, 제22쪽.

《동북역사지리(東北歷史地理)》에서 "태집둔의 한대 고성은 요서군 도하현의 것"이라고 한 손진기(孫進己)와 왕면후(王綿厚)의 지리 고증[95]에서 찾고 있다. 말하자면 주영강과 왕립신, 나아가 중국 학계에 이 지역이 요서군 도하현이라는 '인식'을 가지게 만든 장본인은 손진기와 왕면후인 것이다.

아는 사람은 잘 알겠지만, 손진기와 왕면후는 중국의 이른바 '동북 프로젝트(東北工程)'의 선봉장 격인 학자들이다. 그들이 그 같은 주장을 펼친 《동북역사지리》 또한 이 두 사람이 주역을 맡고 《중국역사지도집》의 제작을 주도했던 담기양이 고문을 맡아 출판한 책이다. 바로 이러한 점들부터가 태집둔 소황지촌이 요서군 도하현이라는 중국 학자들의 주장을 그다지 신뢰할 수 없게 만드는 요인들이다. 그렇다면 손진기와 왕면후의 이른바 '지리 고증'이라는 것이 과연 그렇게 공신력이 있는 것일까? 《동북역사지리》를 직접 찾아보면 두 학자는 다음과 같이 고증하고 있다. 고증 내용이 길기 때문에 요점만 간단히 소개하면 다음과 같다.

① 《한서》〈지리지〉에 "도하를 왕망 때에 '하복'이라고 했다(徒河, 莽曰河福)"는 기록이 나오므로 '도하현'은 당연히 도하를 접하고 있는 데에서 유래한 이름일 것이다.

② 《한서》〈지리지〉 '호소현(狐蘇縣)'조의 "당취수는 도하에 이르러 바다로 진입한다(唐就水至徒河入海)"라는 기록에 입각하여 진례(陳澧) 등 청대 이래의 학자들이 요서의 소릉하(小凌河)를 '당취수'로 보고 도하현이 소릉하 하류인 금주(錦州) 일대에 위치해 있다고 비정하고 있다.

③ 청대에 편찬된 《가경일통지(嘉慶一統志)》에서는 "도하현의 고성이 금

---

[95] 손진기, 왕면후, 《동북역사지리》(제1권), 제308쪽, 흑룡강인민출판사, 1989.

현(지금의 금주) 서북쪽에 있다(徒河故城在錦縣西北)"라고 적고 있다.

④《한서》'호소현'조의 기록은 두 가지 의미를 지닌다. 첫째, 당취수가 고소현 내에서 발원하여 도하현 내까지 흐른 후 바다로 진입한다는 것이고, 둘째, 고소현 내에 있는 당취수의 하류가 또 다른 강줄기인 도하와 합류한 후 바다로 진입한다는 것이다. 그렇다면 당취수가 지금의 소릉하로 비정되므로 이와 합류하는 강이라면 지금의 여아하(女兒河)밖에 없다.

⑤ 금주 남쪽의 여아하는 소릉하와 합류하므로 도하현은 이 두 강이 합류하는 지점 이후에 위치해 있었을 것이다.

⑥ 근래에 금서현에서 발견된 태집둔 한대 고성은 이러한 조건에 완벽하게 부합된다.

위에서 확인한 것처럼, 두 학자는 도하현이라는 지명의 유래와 그 위치에 관하여 이처럼 다소 장황하다 싶을 정도로 상세하게 지리 고증을 하고 있다. 그러나 여기서 근본적인 문제를 제기할 수밖에 없는 부분은 두 학자가 도하현을 도하라는 강과 결부시키고 있다는 것이다.《가경일통지》라면 청대 말기인 가경 25년(1820)에 강희(康熙) 3년(1662)에 편찬된《대청일통지》를 증보하여 다시 펴냈다 하여《가경중수일통지》로도 불리는 대형 지리서이다.

또, 진례(陳澧: 1810~1882)는 청대의 유명한 학자이지만《가경일통지》가 편찬될 무렵에 태어났다. 그렇다면 청대 이래의 학자들이 모두 '도하현'을 지금의 금주로 비정한 것은《가경일통지》의 영향을 받은 결과인 셈이다. 따라서《가경일통지》나 청대 학자들의 주장은 전한대로부터 시기적으로 1,900년이나 지나서 비로소 제기된 것이어서 고증 증거로서의 공신력이 거의 없다고 해야 옳다. 아마 1차 사료의 중요성을 종교처럼 신앙하는 국내 사학자들이라면 이 같은 청대의 주장은 일언지하에 '사기극'이라며 흥분을 했을지도 모르겠다. 더욱이 '도하현'이 지금의 금주 일대라는 주장은 《가경일통지》 이전에는 그 누구도 또 그 어떠한 역사서나 문헌들에서도 단 한마디조차 언급한 적이 없는 '근본이 없는' 주장이라는 점 역시 주목해야 할 부분이다.

결국 두 학자의 유일한 논거는 위에 제시된 《한서》〈지리지〉의 두 곳의 기사뿐인 것이다. 문제는 손진기와 왕면후가 결정적인 근거로 내세우는 《한서》〈지리지〉의 두 기사를 읽어 보면, 강과 관련된 글자와 내용을 담고 있기는 하지만, 거기에 언급된 '도하'를 반드시 '강'의 의미로 해석해야 한다는 증거는 어디에도 존재하지 않는다는 것이다. 두 학자가 결정적인 단서라고 제시한 것은 《한서》〈지리지〉에 언급된 '도하'라는 지명에 강을 뜻하는 글자인 '하(河)'가 사용되었고, '호소현'조에 "당취수가 도하에 이르러 바다로 진입한다"라는 기록뿐이다.

물론, '도하'라는 지명에 강을 뜻하는 글자 '하'가 사용된 것은 사실이며, 따라서 얼핏 보기에는 이 지역이 강과 깊은 관련이 있다고 생각할 수도 있을 것이다. 그러나 그 같은 가능성과 똑같이 또 다른 가능성들 역시 동시에 존재할 수도 있다는 점을 명심해야 한다. '도하'의 '하'가 '강'과는 관련이 없을 개연성도 있기 때문이다. 엄밀하게 말했을 때, '도하'의 '하'가 '강'의 의미로 사용되었다는 문헌적 증거는 어디에도 없다. 바꿔서 말하자면, '도하'가 그 글자의 의미가 아니라 글자의 소리를 나타내는 데에 사용되었을 개연성에 주목할 필요가 있다는 것이다.

5) 주학연이 제공한 '도하' 관련 단서들

중국의 물리학자이자 역사학자인 주학연(朱學淵: 1942~)은 자신의 연구서인 《진시황은 몽골어를 하는 여진족이었다(秦始皇是說蒙古話的女眞族)》에서 중국의 성씨들 중 하나인 동곽(東郭)이 흉노계의 도각(屠各), 선비계의 도하(徒河),[96] 나아가 인명인 도올(檮杌)이나 고대의 족명 도하(屠何)나 현대의 족명인 달알이(達斡爾)[97]와 동일한 발음이라고 보았다. 그러면서 그는 중국 고대사에 자주 등장하는

"동호(東胡), 동곽(東郭), 동아(東阿), 독고(獨孤), 도하(屠何), 도하(徒河), 대완(大宛), 대하(大夏) 등의 성씨, 족명, 지명들은 달알이(達斡爾, 다오르)나 토화라(吐火羅) 같은 족명들과 관련이 있을 것"[98]이며, "역사적으로 도하(屠何), 도하(徒河), 대하(大賀), 달구(達姤), 나아가 서역의 대완(大宛), 대하(大夏) 등은 모두가 '달알이'라는 발음이 변화한 사례들"[99]

인 것으로 보았다. 주학연의 주장에 따르면 한자는 서로 다르지만 "동호, 동곽, 동아, 독고, 도하, 대완, 대하, 달구, 달알이, 토화라" 등 이 모든 이름들이 사실 알고 보면 동일한 발음을 시대나 기록자에 따라 각자 다르게 표기한 것일 뿐이라는 것이다. 언어학적 측면에서 볼 때, '도-'가 '동-' 식으로도 표기된 것은 알타이계 북방민족이나 아랍계 유목민족, 유럽에서는 프랑스나 스페인 어에서 보편적으로 들을 수 있는 비음화(鼻音化, nasaliza-

---

96) 졸역, 주학연, 《진시황은 몽골어를 하는 여진족이었다》, 제110쪽, 우리역사연구재단, 2013(제2쇄).
97) 졸역, 같은 책, 제173쪽.
98) 졸역, 같은 책, 제180쪽.
99) 졸역, 같은 책, 제252쪽.

tion) 현상, 즉 콧소리이다.

그런데 고대 중국어에서는 이 비음화 현상이 아예 존재하지 않았기 때문에 그 발음을 듣는 입장의 중국인들이 자신들에게 익숙한 '동-' 발음을 가진 한자로 표기했던 것으로 이해할 수가 있다. 또, '-하'가 전통적으로 '-아', '-가', '-고', '-호' 등의 한자음으로 다양하게 표기된 것 역시 알타이계, 아랍계 언어들에서 보편적으로 들을 수 있는 후음화(喉音化) 현상이 반영된 결과이다. 목구멍에서 나는 소리는 'ㅎ(h)'와 'r(g)'의 중간음으로, 보통 우리가 가래를 뱉는 느낌으로 내는 소리인데, 이 자음이 그런 발음현상이 없는 민족이나 나라에서는 자신들에게 익숙한 발음으로 변형되어서 발음되거나 글자로 표기된다.

우리가 잘 알고 있는 몽골족의 영웅 "Chingiz Khan"의 경우를 예로 들어 보면, 몽골인들은 이것을 '징기스항'으로 발음하지만 후음화라는 발음현상 자체가 아예 존재하지 않은 우리나라 등의 외국인들은 이를 자기 귀에 들리는 대로 '칭기즈칸'식으로 표기하는 것이 보통이다.

6) '도하(屠何)'는 고대 북방민족의 이름

주학연의 이러한 주장이 전혀 허황된 것이 아니라는 점은 중국의 역대 문헌들이 그대로 증명해 주고 있다. 사실 '도하(徒河)'는 처음부터 그렇게 불린 것이 아니다. '도하'는 원래 한대 이전에는 '도하(屠何)'라는 이름으로 불렸다. 춘추전국시대 어느 한 시점에 지어진 것으로 전해지는 《일주서(逸周書)》의 〈왕회편(王會篇)〉에는 다음과 같은 내용이 나온다.

… 북쪽 제단은 정동쪽인데, 고이에서 바친 잠양, (잠양은 양인데 뿔이 4개

인 것을 말한다), 독록에서 바친 공공, 고죽에서 바친 거허, 부영지에서 바친 현맥, 도하에서 바친 청웅, 동호에서 바친 황비, 산융에서 바친 융숙이 놓여 있네. …

… 北方臺正東, 高夷嗛羊, 嗛羊者, 羊而四角. 獨鹿邛邛, 距虛善走也. 孤竹距虛, 不令支玄貘, 不屠何青熊, 東胡黃羆, 山戎戎菽 …

이 대목은 주 성왕(周成王: BC1055~BC1021)이 천하의 제후들을 모아 놓고 잔치를 벌이는 장면을 묘사한 것인데, 당시 주나라 동북쪽에 있던 다양한 동이족, 북방민족들이 여기에 함께 소개되어 있다. 특산물에 대한 소개는 접어 두더라도 여기에 '고이', '독록', '고죽', '부영지', '부도하', '동호', '산융' 등의 동이족이 소개되고 있는 것을 볼 수 있다. 서진시대의 학자인 공조(孔晁)는 이 대목에 "'부도하' 역시 동북쪽의 동이족이다(不屠何, 亦東北夷也)"라는 주석을 붙이고 있다.

또, 전국시대에서 진-한대 사이에 지어진 것으로 전해지는 《관자(管子)》의 〈소광편(小匡篇)〉에는 '부도하'가 '도하'로 소개되고 있다.

중원에서는 진공을 구하고 북적의 임금을 사로잡고 호맥을 무찔렀으며 도하를 격파하였습니다.

中救晉公, 禽狄王, 敗胡貉, 破屠何.

당대의 학자인 윤지장(尹知章: 669~718)은 이 대목에 "'도하'는 동호의 조상이다(屠何, 東胡之先也)"라고 주석을 붙이고 있다. 마찬가지로 《묵자(墨子)》의 〈비공편(非攻篇)〉에도 다음과 같은 기록을 찾아볼 수 있다.

예전의 도하가 연나라, 대나라, 그리고 호맥 사이에서 멸망할 수밖에 없었던 이유는 바로 공격 때문이었다.

古屠何, 其所以亡于燕代, 胡貊之間者, 亦以攻戰也.

위의 각 예문들에서 볼 수 있는 것처럼, '도하(屠何)'는 동이계 북방민족의 하나로서, 춘추시대에는 연나라를 공격해 위험에 빠뜨릴 정도로 막강하였다. 그러나 천하의 패권을 장악한 제 환공(齊桓公: ?~BC643)이 이끄는 중원 제후국 연합군의 공격을 받아 국력이 약해진 후로는 수시로 주변 국가들로부터 공격을 당하다가 결국 연나라에 멸망당했다고 전해진다.

중국 학계에서는 그동안 이 동이족이 세운 나라가 전한대에 요서군 도하현에 있었으며, 그 위치가 지금의 요령성 금주시 일대라고 주장해 왔다. 그런데 이 동이족은 시대나 문헌에 따라서는 때로는 '표호(豹胡)', '도하(屠何)', '부도하(不屠何)', '부저하(不著何)' 등의 다른 이름으로 불리기도 했으며, 전한대에 그 땅에 요서군이 설치되면서 그 이름이 '도하(徒河)'로 굳어진 것이다.

여기서 '부저하'의 '저(著)'는 한눈에 보기에도 형태가 비슷한 글자인 '도(屠)'가 잘못 전해진 것임을 알 수 있다. 그리고 이름자에 사용된 '부(不)'는 얼핏 보기에는 일종의 접두사로 이해할 수도 있지만, '표'가 '부도'로도 기록된 것을 볼 때 이 동이족의 원래 이름 첫 글자의 자음이 'bd-, bl-, ph-, pf-' 식의 복자음(複子音)인 것을 한자로 '음차(音借)'하는 과정에서 '부도'처럼 두 글자를 쓰거나 '표', '도'처럼 한 글자를 써서 표기했을 가능성이 높다. 마찬가지로, 나머지 이름자인 '호(胡)', '하(何)', '하(河)' 역시 전형적인 음차의 예로서, 동이족의 발음을 기록자가 임의로 적당한 한자를 골라 표기한 경우라고 할 수 있다.

그런 의미에서 볼 때, 우리가 맨 처음에 화제로 삼았던 춘추시대의 동이계 북방민족의 이름인 '도하(屠何)', '도하(徒河)' 역시 바로 이 북방계 발음현상인 후음화의 산물이라고 할 수 있겠다. 한자로 표기된 '-하(何)', '-하(河)', '-하(夏)', '-아(阿)'나 '-호(胡)', '-고(孤)', '-구(姤)', 또는 '-곽(郭)', '-각(各)', 심지어 '-알이(幹爾)' 등의 족명, 인명, 지명의 발음들은 사실 알고 보면 한자만 다를 뿐 동일한 발음을 표기한 경우인 것이다.

그렇다면 앞서 손진기, 왕면후 두 학자가 요령성 금주시 일대의 옛 이름이라고 소개한 '도하(徒河)'라는 지명은 우연히 한자를 '강'의 의미를 나타내는 '하(河)'로 사용했을 뿐이지 그 의미 '강'과는 전혀 상관이 없는 셈이며, 두 학자의 이에 관한 상세한 지리 고증 역시 공연한 헛수고에 불과했던 셈이다. 우리가 이 점을 분명히 기억한다면 중국 학계가 손진기, 왕면후의 고증을 결정적인 단서로 삼아 집요하게 내세우는 "지금의 요령성 금주시는 전한대 요서군의 속현인 도하현"이라는 주장은 근본적으로 잘못된 주장이며, 기본 전제가 잘못된 것임을 알 수 있을 것이다.

Ⅷ. 나오면서

1

우리는 이 책에서 지금까지 사마천의 《사기》 등, 기존의 역사서, 지리서 등의 역사 문헌들에 소개, 묘사되고 있는 일련의 고조선 또는 '한사군' 관련 기록들을 지리, 조선, 항해, 언어, 문자 등 다양한 학문을 통하여 입체적으로 살펴보았다. 그 과정에서 일본 식민사학자들의 수상한 행적과 발굴들에 대한 시비는 일단 제쳐 놓더라도 고조선, 한사군의 위치 및 영토와 관련하여 다음과 같은 사실들을 확인할 수 있었다.

① 위만이 동쪽으로 변방 요새와 패수를 차례로 통과한 후 그 동쪽 상하장에 머물다가 조선으로 진입하고 있어서 '지금의 평양'과는 위치가 일치하지 않는 점
② 〈조선열전〉에 묘사된 왕험성은 남쪽으로는 물을 접하고 있는 반면, 그 북쪽에 험한 산지가 버티고 있는 등, 전형적인 '배산임수(背山臨水)'의 입지조건을 갖추고 있는 점
③ 비왕 장을 살해한 섭하가 패수를 건너 도주한 한나라 측의 요새가 대동강이나 압록강에서 수천 리나 떨어진 '평주'의 유림관이었다는 점

④ 순체가 동쪽으로 진격하여 패수의 조선 서부군을 격파한 후 계속 동진하여 포진한 곳이 왕험성의 '서북면'이었다는 점(양복은 왕험성 남부 포진)

⑤ 양복의 조선 출정과정을 소개한 "종제부발해"를 통하여 출발지와 목적지에 대한 대체적인 추정이 가능하다는 점

⑥ 진 시황의 순행 노선 및 진나라 도로 인프라, 그리고 당시 중국인들의 영토에 대한 인식이 언제나 산해관 '이내'에서 멈추고 있고, 진-한 교체기 초나라와 한나라의 격돌, 진-한대의 각종 농민 봉기 및 민란들 역시 '예외 없이' 산해관을 넘어선 적이 없었다는 점

⑦ 《한서》등 복수의 역사서에서 동쪽으로 '갈석산을 지나고 나야' 낙랑, 현토 두 군이 나온다고 분명하게 소개하고 있는 점

⑧ 황해도의 '수안'이라는 지명은 한대로부터 거의 1,000년이나 시차가 벌어진 고려시대 이후에 비로소 사용되기 시작했다는 점

⑨ '낙랑'이라는 이름표를 보란 듯이 달고 있는 일부 의심스러운 유물들을 제외하면, 평양의 고분들이 '낙랑'의 것임을 뒷받침해 줄 만한 결정적인 증거가 없다는 점

⑩ 이른바 '점제현 신사비'는 산 암벽에 새겨진 석각이며, 처음부터 용강 들판에 세워져 있던 것이 아니라 '제3의 장소로부터' 누군가에 의하여 운반되었을 가능성이 높다는 점

⑪ 이른바 '낙랑군 호구부'를 언어적, 문자적으로 따져 보면 '-호', '-별' 등 크고 작은 문제들이 확인된다는 점

⑫ '임둔태수장' 봉니가 1997년 요동과 요서 사이의 호로도 태집둔 인근에서 발굴됨으로써 '한사군'의 위치에 대한 정밀한 재조사가 필요하게 되었다는 점.

⑬ '도하'라는 지명에 대한 중국 학계의 고증이 도하의 유래와는 무관할 뿐 아니라, '음차(音借)'라는 문자학적 용법의 가능성이 전혀 반영되지 않았다는 점

⑭ 기존의 위치 고증에서 직선(평지)거리와 우회(산지)거리 사이의 편차가 거의 2배 이상 벌어질 가능성을 전혀 고려하지 않았다는 점

⑮ 무엇보다도 중요한 것은 두우의 '우갈석' 또는 학자들의 '고구려의 옛 땅'은 모두 오독의 산물로, 이 중 어느 경우이든 간에 '한반도를' 구체적으로 거론한 적이 없었다는 점. 바꿔서 말하자면, 고조선의 왕험성, 낙랑군의 치소 조선현, 고구려의 평양을 지금의 한반도 평안도의 평양지역으로 비정한 것은 그 연대를 아무리 멀리 높게 잡더라도 400~500년이 채 되지 않는다는 점

이처럼 현재 정설로 통하는 '고조선재한반도설' 및 '낙랑재평양설'과 정면으로 배치되는 문헌적, 고고적, 지리적 증거들은 한두 가지가 아니다. 현재 사학계의 정설과 실제 상황 사이에 존재하는 각종 모순과 증거들은 이 밖에도 수십 가지 넘게 찾아낼 수가 있다. 그러니 원전, 자료가 부족해서 고대사 연구를 못 한다고 하는 것은 솜씨 없는 목수가 연장 탓을 하는 것과 다를 바가 없는 셈이다.

이 책에서 필자가 제시한 이 열 가지가 넘는 단서들은 각자 유리되어 존재하고, 분야 역시 문헌, 고고, 지리 등 다방면에 걸쳐 있다. 따라서 얼핏 이것들이 고조선 또는 '한사군' 관련 연구에서 큰 의미가 없는 것처럼 치부될 수도 있다. 그러나 서 말이나 되는 구슬도 한 데 꿰면 그 나름의 가치와 의미를 가진 목걸이가 되는 법이다. 파편화되고 유리된 이 단서들을 하

나하나 이어 붙이는 과정에서 우리는, 다소 불완전하고 투박하기는 하지만, 그것들이 퍼즐처럼 서서히 어떤 유기적으로 완전하면서도 구체적인 그림으로 짜 맞추어지고 있는 것을 느낄 수가 있다.

그 퍼즐 조각들이 짜 맞추어져 이루어진 그림을 통하여 우리는 고조선 또는 '한사군'이 최초에 위치했던 지점은 기존의 정설에서 주장해 왔고, 지금도 일종의 신앙처럼 여겨지는 한반도 (북부)가 아니라 중국의 어느 한 지역이었을 확률이 훨씬 높다는 느낌을 가지게 된다. 그리고 그 조각들 중에서 대부분이 요서 이서지역, 즉 대략 하북성 동북부에서 요령성 서북부 사이를 고조선 또는 한사군의 당초 위치로 가리키고 있다.

만일 이 책에서 제시한 근거들에 큰 문제가 없다면, 우리는 이를 토대로 고조선 또는 '한사군', 나아가 초기의 고구려가 지금의 요서지역에 있었으며, 그 강역의 서쪽 끝이 중국 하북성의 동북부, 즉 지금의 천진(天津)-당산(唐山)-노룡(盧龍)-창려(昌黎) 일대까지 들어와 있었다는 점, 그러나 시간이 흘러 한-당 두 중원 왕조의 영토 확장과 함께 그 중심지가 점차 동쪽으로 이동해 가서 장수왕(長壽王: 394~491) 시기, 즉 5세기에 이르러 한반도 북부에 완전히 뿌리를 내렸을 것이라는 결론에 도달하게 될 것이다.

2

어쩌면 이 책을 읽고 있는 독자들 중 누군가는 혼란에 휩싸일지도 모르겠다. 평양지역은 수백 년 전부터 국내의 학자들에 의하여 기자조선의 수도로 굳게 믿어져 왔다. 실제로 일제 강점기에는 현지에서 효문묘 동종, 낙랑 봉니, 낙랑 와당, '점제현 신사비' 등 낙랑군의 이름표를 단 실물 증거들이 줄줄이 발견되거나 발굴되었다. 또, 일제 강점기부터 대형 낙랑 고분들이 차례로 발굴되었으며, 해방 이후에도 무려 2,600여 기나 되는 크고 작은 무덤들이 그 지역에서 집중적으로 발견되었다.

이 크고 작은 고분들과 유물들이 "낙랑군이 한반도 북부에 존재했다"는 주장을 입증하는 부동의 증거물들이 아니고 무엇인가? 또, 한반도 각지에서 발견된 명도전(明刀錢) 등의 유물들은 그 자체가 한반도가 2,000년 전부터 이미 중원왕조의 식민지였다는 증거가 아니고 무엇이겠는가? 그렇지 않고서야 어떻게 중국에서 수천 리나 떨어진 머나먼 한반도 지역에서 이 같은 중국계 유물들이 발굴될 수 있다는 말인가?

그러나 필자는 이것이 일종의 우연한 일치라고 본다. 한반도 북부에서 중국계 유물들이 대량으로 쏟아져 나왔거나 최근 100년 사이에 대동강 지역에서 3,000여 기의 크고 작은 무덤들이 발견되었다거나, 명도전이 각지에서 출토된 것은 그저 '우연한 일치'일 뿐이다. 그중에 더러 '낙랑'이라는 이름표를 보란 듯이 붙이고 있는 유물들이 출토된 것은 사실이다.

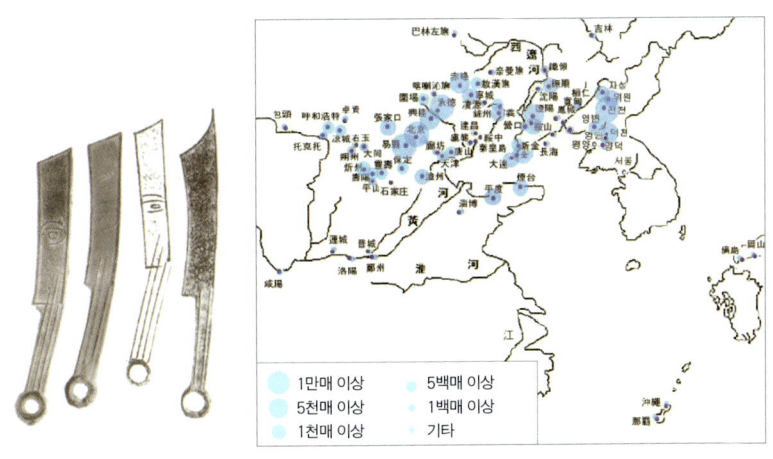

다양한 형태의 명도전과 박신미가 제시하는 동북아의 명도전 분포 현황

그러나 그것들 사이에 한반도 북부가 낙랑군 지역이었다는 기존의 정설을 뒷받침해 줄 만한 어떠한 역사적 인과관계가 존재한다고 단정할 수는 없다. 우리가 그것들을 '낙랑군', 나아가 한사군의 것으로 인식하게 만드는 '기시감'은 어디까지나 일본 식민사학자들과 기존의 정설에 의하여 저도 모르는 사이에 뇌리에 각인된 것이기 때문이다.

또, '낙랑'이라는 이름표가 붙은 유물들 정도는 누구라도 다른 곳에서 평양으로 갖다 놓았을 개연성도 얼마든지 있다. 이처럼 고고학적 근거들은 많지만 그 가설을 역사적 진실이라고 논리적으로 뒷받침해 줄 수 있는 문헌기록은 어디에도 존재하지 않는 것이다. 실제로 역사기록들 중에는 "낙랑군은 한반도 북부의 평양에 있었다"라고 분명하게 적은 사례가 단 하나도 없었다. 그런 상황에서 지금의 평양이 고대에도 평양으로 불렸다고 해서 고대의 평양과 지금의 평양을 동일시하고, 고대의 낙랑이 지금의 평양이라고 단정한다는 것은 전형적인 '일반화의 오류'라고 하지 않을 수 없다.

그렇다면 우리 고대사에 있어 한반도 북부 평양은 어떠한 위상을 가지는가? 평양이 고조선의 강역이었을 것은 그 유물, 유적들을 통해서도 충분히 짐작할 수 있을 것이다. 다만, 여기서 문제가 되는 것은 거기서 쏟아져 나온 대량의 중국계 유물과 다수의 중국계 고분의 성격을 어떻게 정의할 것인가 하는 것이다. 이 문제와 관련하여 이상의 퍼즐 조각들을 종합하여 분석해 본 결과 필자는 평양지역의 중국계 유물, 유적들의 성격과 관련하여 두 가지 가능성이 있을 수 있다는 결론에 도달하였다.

첫째, 진-한대 이래로 중국인들이 민간 차원에서 외국 각국과 통상관계를 수립하는 과정에서 건설된 무역 전초기지였을 가능성이다. 즉, 평안도 평양지역에 광범하게 분포하는 중국계 고분, 유물들은 사실은 당나라 때에 중국 산동반도의 등주(登州)와 강소성의 양주(揚州)에 설치되었던 신라방(新羅坊), 조선시대에 경상도 지역에 개설되었던 왜관(倭館), 일본 장기(長崎) 지역에 서양인 상인들을 위하여 개방되었던 출도(出島), 서부개척시기에 미국 LA에 건설되었던 차이나 타운(China Town), 그리고 근대에 중국 홍콩, 상해, 대련, 청도(靑島) 등지에 건설되었던 제국주의 열강의 조계(租界) 등과도 상당히 유사한 성격을 가지는 지역이었다고 본다.

즉, 고조선 당국과의 교섭을 통하여 국제 통상을 위하여 평양지역에 구축했던 일종의 무역 전초기지로서, 고조선, 고구려 시대에 중국인 이주민들이 집단거주하던 지역이었을 가능성이 높다는 것이다. 이 같은 무역기지들은 이미 고대부터 문화, 정치적으로 배타적인 '치외법권'을 존중받았을 것이다. 그렇다면 그 사실 자체만으로도 그 지역에서 문화적으로 이질적인 유물, 유적, 고분들이 수시로 발견되는 것이 하등 이상할 것이 없는 자연스러운 현상이 된다.

일본 승려 원인(圓仁: 794~864) 이 자신의 《입당구법순례기(入唐求法巡禮記)》에서 신라의 한가위 명절이 신라방 지역에서 본국에서처럼 지켜졌고, 심지어 중국의 명절 풍습에까지 영향을 미쳤다고 전하고 있는 것은 그 단적인 증거라고 할 수 있다.

현재까지 평양지역의 경우는 말할 것도 없고, 서해안, 남해안 등의 경우 명도전 등 중국계 유물들이 주로 내륙이 아닌 연안지역을 중심으로 발견되고 있는 데다, 평양지역 역시 낙랑군의 치소라는 기존의 정설과는 어울리지 않게 현지에서 발굴된 유적들에서는 군사적 방어설비가 제대로 갖추어지지 않은 점이나, 출토된 유물들이 생활용품들 위주이고, 칼, 창 등 몇 점의 무기를 제외하고는 자위 차원의 무기조차 갖추어져 있지 않은 점 등은 그 지역이 군사, 행정적 용도와는 무관한 지역이었음을 방증해 준다.

어떤 학자들은 한반도 각지에서 명도전 등 중국계 화폐들이 다수 출토된 점을 들어 한대 이래의 요동군이 한반도까지 진출했다는 증거라는 주장까지 서슴지 않는다. 그러나 그 중국계 화폐들이 중국과 지리적으로 가까운 북쪽 변경지대는 둘째 치고 서해, 남해, 그리고 대마도를 넘어 일본열도 등 주로 해안지대에서 자주 출토되고 있는 점에 각별히 주목할 필요가 있다. 단순히 일부 변경이나 해안에서 불규칙적, 간헐적, 산발적으로 발견된 것만을 근거로 마치 그 지역이 정치, 행정적으로 중국의 식민지 또는 영향권 내에 예속되어 있었던 것처럼 예단한다면 그것은 역사학자로서는 대단히 무모하고 대단히 경솔한 행위라고 하지 않을 수 없다.

이와 유사한 사례는 중국에서도 도처에서 찾아볼 수 있다. 명도전이나 오수전(五銖錢)만큼 대량으로 출토된 것은 아니지만, 중국에서는 최근 100여 년 사이에 신강(新疆), 영하(寧夏), 감숙(甘肅), 섬서(陝西), 내몽고(內蒙古) 등의 변방은 말할 것도 없고, 하북(河北), 하남(河南), 요령(遼寧), 절강(浙江) 등 중국의 중심부, 심지어 북경 코앞에 위치한 한단(邯鄲)에서조차 5~6세기 비잔틴 제국의 금화들이 적게는 한두 점, 많게는 수십 점씩 산발적, 불규칙적으로 발견되었다.

이 지역에서 비잔틴 제국의 화폐가 발견되었다고 해서 서안이나 낙양이 비잔틴 제국의 지배하에 있었던 식민지였다고 단정할 수 있겠는가? 두 곳이 고대 중국의 중심지여서 이 같은 물음이 가소롭다면 고대에는 중국에

중국에서 출토된 로마 금화 – 낙양 출토(좌), 서안 출토(중), 신강 출토(우)

속해 있지 않았던 신강이나 영해 지역은 어떤가? 그곳에서 비잔틴 제국의 금화가 다수 출토되었으니 그 일대를 동로마의 식민지였다고 할 수 있겠는가?

이처럼 특정 국가의 화폐가 발견된 곳은 모두가 그 나라의 통치권력이 미치는 영토 또는 식민지였다고 주장하는 것은 일본열도에서 명도전이 발견되었으니 일본도 한나라의 식민지였다고 우기는 것과 다를 바가 없다.

둘째, 평양지역이 중국으로부터의 포로들을 안치한 집단수용지역이었을 가능성도 고려해 볼 수 있을 것이다. 이 가능성에 대해서는 그동안 학자들이 관심을 그다지 두지 않았다. 그러나 2014년 북경에서 한현도 묘가 발견된 사건은 그런 의미에서 평양지역의 성격을 정의하는 데에 있어 우리에게 시사하는 바가 적지 않았다. 중국 당국에서는 이를 한반도에서 모용씨에 의하여 강제로 이주당한 조선인 후예의 묘라는 결론을 내렸다. 아이러니하게도 이 같은 논리는 과거 우리 학계의 정설에 입각한 것이고, 그 역사적 진실 여부 역시 차후에 가려지게 되겠지만, 중국의 이 같은 해석은 역으로 평양지역의 중국계 유적, 유물들의 성격을 정의하는 데에도 그대로 적용할 수 있다고 본다.

즉, 중원지역에서 포로로 후방인 평양지역까지 끌고 온 중국인들이 조성한 중국인 집단수용지역이었을 가능성도 배제할 수 없는 것이다. 고조선의 경우는 일단 제쳐 두더라도, 고구려는 당시 동북방의 패자로서 그 강역이 요동과 요서에 걸쳐 있었다. 당시 중국 방면에서 보았을 때 한반도 북부는 고구려의 후방지역이었다.

만일 모용씨가 평양에서 1만 명이 넘는 조선인들을 수천 리나 떨어진 중원까지 강제이주시켰다는 중국의 논리를 여기에 적용한다면, 모용씨의 경우와 마찬가지로 고구려와의 싸움에서 패하여 사로잡힌 중국 측 포로들을 모용 연(慕容燕)의 경우처럼 수천 리를 넘어 지금의 평양지역으로 강제 이주시켰을 개연성도 충분히 고려해 볼 수 있을 것이다. 이는 평양 고분군의 규모와 비교해 볼 때, 그 고분들에서 출토된 유물들 중에서 무기류가 상당히 적은 편이라는 점 등을 통해서도 어느 정도 타당해 보인다.

지금까지 위에서 살펴본 이 두 가능성이 과연 현실적으로 타당한 것인지, 또는 역사적 진실과 무관한 것인지에 대해서는 앞으로 강단이나 재야의 학자들이 진지하고 엄정하게 하나하나 검증하고 확인해 나가야 한다고 본다.

3

필자는 이 책을 발표한 후에도 고조선 및 '한사군'을 요서지방에 비정했을 때를 전제로 하여 그 실체와 역사적 진실을 보다 심층적으로 고찰, 규명하는 작업을 계속해 나갈 계획이다.

원래 이번 책에서는 요동(遼東), 요동속국(遼東屬國), 양평(襄平), 요양(遼陽), 유주(幽州), 평주(平州), 유성(柳城), 패수(浿水), 왕험성(王險城) 등의 위치에 대한 문헌적, 고고적, 지리적 접근 및 재구성을 시도하고, 나아가 이른바 '점제현 신사비'의 원래 위치, 모용연(慕容燕)과 고구려의 각축지역에 대해서도 두루 고찰해 볼 생각이었다. 그것들은 오랜 기간 양국 고대사의 진실에 다가서는 과정에서 주요한 쟁점이 되어 왔고, 고조선 또는 '한사군'의 정확한 위치를 비정하는 데에도 대단히 중요한 지리적 정보를 담고 있기 때문이다.

지금 이 시점에서 공개할 수는 없지만, 필자가 이번 책을 집필하면서 다양한 역사서, 지리서 등을 대조, 분석한 결과, 고조선과 '한사군' 역시 중국, 특히 요서지방에 존재했었다는 보다 분명한 증거들을 다수 확보하였다. 다만, 이번 책의 분량이 이미 400쪽에 육박하고 있는 데다, 보다 확실한 검증을 위해서는 중국 현지에서의 정밀한 조사작업이 필수적이라는 판단에 따라 우리역사연구재단과의 상의를 통하여 그 내용을 보완한 후 하반기에 이번 책의 후속작으로 별도의 고대사 교양서로 출판하기로 결정하였다.

그 후속작을 집필할 때에는 주요 논의 분야를 하북, 요령 두 지역으로 좁혀서 이에 대한 문헌 분석, 지리 고증, 현지답사 등을 통하여 독자들이 고조선과 '한사군'의 실체에 한 걸음 더 가깝게 다가갈 수 있도록 최선의 노력을 경주할 생각이다. 물론, 한중 고대사를 둘러싼 제반 쟁점들에 대한 필자의 결론은 그 책에서의 연구, 분석의 결과들을 종합, 검토한 후에 최종적으로 내려지게 될 것이다.

찾아보기

ㄱ

《가경일통지(嘉慶一統志)》 / 367~369

〈가연지전〉 / 256, 258

갈석 / 164, 170

갈석문(碣石門) / 145, 190, 194, 201

갈석산 / 7, 8, 9, 57, 147~149, 174, 175, 177~185, 187~189, 196, 199~206, 208~214, 216, 217, 220, 223, 227, 230~239, 241~249, 256, 258, 376

갈석산재수안설 / 215

갈석 행궁 / 145, 188~190, 193

강녀석(姜女石) / 8, 188~194

거솔(渠率) / 281, 283

거연 한간(居延漢簡) / 280, 282, 324, 337~339

견당사(遣唐使) / 106

'경자년'조 / 96

계현(縣薊) / 204, 258

고구려 / 209, 210, 212, 213, 217, 220, 228, 245, 252, 253, 257, 349, 377, 378, 383

고구려 옛 땅[高麗舊界] / 212, 214, 217

고염무(顧炎武) / 6, 108, 272, 273

고유(高誘) / 183

고조선 / 17, 21, 25, 42, 43, 50, 52, 55, 60, 99, 105, 106, 114, 177, 206, 214, 240, 245, 253, 259, 265, 287, 294, 329, 358, 359, 364, 375, 377, 378, 380, 381, 383

고조선재평양설 / 158

고조우(顧祖禹) / 241, 242, 266

고죽(孤竹) / 213

고죽국(孤竹國) / 35, 244

고후(高后) / 45

고힐강(顧頡剛) / 171

공손도(公孫度) / 63~65, 243, 244

공손수(公孫遂) / 91, 92, 115

공안국(孔安國) / 233

〈공자세가(孔子世家)〉 / 124~126

관구검 기공비(毌丘儉紀功碑) / 342

관구반(關口半) / 355

관야정(關野貞) / 10, 298, 300, 302, 305~307, 311~313, 318, 329, 342, 349, 351~356

《관자(管子)》 / 372

〈관창해(觀滄海)〉 / 57, 204, 241

《괄지지(括地志)》 / 121, 155, 186, 187, 218

광개토대왕(廣開土大王) 비문 / 94

교치(僑置) / 245

《구당서(舊唐書)》 / 198

구원(九原) / 137, 147, 202, 235

〈군국지〉 / 161, 261~265, 270, 271, 276, 319

귀틀 무덤 / 288, 289

금서룡(今西龍) / 298, 299, 302, 306, 310~313, 318, 350

기량(杞梁) / 190

《기보여지전도(畿輔輿地全圖)》 / 186

기자(箕子) / 25~27, 29, 60

기후(幾侯) / 117, 119

김정호(金正浩) / 228

ㄴ

나무곽 무덤 / 288, 289

나진옥 / 307, 312, 313, 315

낙랑 / 61, 64, 161, 220, 237, 238, 249, 254~257, 262, 283, 285, 293, 352, 376

낙랑군 / 22, 49, 104, 105, 160, 169, 177, 207, 212, 214, 225~227, 245, 250~253, 262, 263, 278, 284, 287, 290, 291, 294, 297~311, 313, 316, 319, 323~325, 327, 333, 334, 341, 349, 353, 356, 364, 365, 378~381

〈낙랑군고(樂浪郡考)〉 / 223

낙랑군 호구부 / 10, 292, 293, 325~327, 329, 331, 334, 335, 337, 338, 340, 376

낙랑대윤(樂浪大尹) / 320

낙랑재평양설 / 293, 377

낙랑태수(樂浪太守) / 320

낙랑태수장 / 293, 320, 350, 355

난주(灤州) / 35

난하(灤河) / 43, 210

남거성 / 94, 95, 96

남려(南閭) / 47, 57, 60

남만주철도 / 169~171, 215, 216, 222, 343, 352

남월(南越) / 39, 68, 70, 74, 76, 88~90, 116, 160, 162

남월국(南越國) / 68, 70, 89

〈남월열전〉 / 89

낭야대 각석(瑯琊臺刻石) / 142, 305

노관(盧綰) / 33~37, 41, 42

노군(櫓軍) / 72, 73

노룡(盧龍) / 64, 213, 242, 378

노룡도(盧龍道) / 258

노룡새 / 203, 204, 242, 257, 258, 316

노룡현(盧龍縣) / 35, 185, 211

노박덕(路博德) / 74, 89

노인(路人) / 111~113, 117, 118

농천자언(瀧川資言) / 58

누선(樓船) / 70~73, 98, 110

찾아보기 387

누선군 / 6, 72, 77, 87, 92, 98, 99, 103, 108, 109

누선장군(樓船將軍) / 67~71, 74, 76, 83, 88, 89, 93, 110, 115

느슨한 연맹국가 / 46

늠구 / 125

니계(尼谿) / 6, 111, 124, 125

ㄷ

다(多) / 6, 74

단군조선(檀君朝鮮) / 29

달알이(達斡爾) / 370

담기양 / 65, 284, 367

당산(唐山) / 35, 245, 258, 378

《당서(唐書)》 / 80

《당서(唐書)》〈지리지〉 / 258

당 태종 / 108, 196~199, 206, 236, 249

당 토성(唐土城) / 52

대게석산(大揭石山) / 246, 248

대동강 / 10, 33, 42, 43, 77, 78, 84~86, 218, 220, 234, 286, 299, 300, 318, 347, 348, 349, 356, 375, 379

대련(大連) / 98, 170, 282, 343

《대명일통지》 / 315

대방 / 64

〈대완열전(大宛列傳)〉 / 79

대윤(大尹) / 75, 320

《대청일통지》 / 368

도각(屠各) / 370

《도덕경(道德經)》 / 150

도량형(度量衡) / 272

도엽암길 / 8, 86, 170, 215, 216, 219~222, 226, 227, 229~231, 342, 343, 345~347

도엽암길(稻葉岩吉) / 86, 170, 215

도올(檮杌) / 370

도위(都尉) / 65, 75

도하 / 371, 372, 377

도하(徒河) / 11, 365, 370, 371, 373, 374

도하(屠何) / 11, 370, 371, 373

도하국(屠何國) / 365

도하현(徒河縣) / 361, 363, 365~369, 374

독 무덤 / 288, 289

《독사방여기요(讀史方輿紀要)》 / 241, 266

돈황 / 160, 161, 262, 271

동극 / 132, 133

동부도위 / 65, 66, 67, 364

《동북역사지리(東北歷史地理)》 / 367

동월국(東越國) / 68, 69

동위(東魏) / 19

동이(東夷) / 63, 202

동이교위 / 63, 64

동이족 / 37, 38, 41, 44, 46, 372, 373

동이현 / 259, 263, 363

동해(東海) / 58~60, 135, 143, 144, 148, 249

동해군(東海郡) / 331

동호(東胡) / 30, 370, 372

두우(杜佑) / 155, 208~212, 214, 217, 220, 229, 231, 232, 377

등주 / 106, 381

등촌신일(藤村新一) / 294~296

ㄹ

리지린 / 21, 60, 93, 97, 208, 210, 259, 260, 265, 322

ㅁ

마원(馬援) / 71

마형(馬衡) / 301

만리 / 161

만리장성(萬里長城) / 32, 135, 154, 157~159, 162, 164, 165, 167, 169, 173, 177, 178, 209, 211, 212, 214, 217, 221, 223, 226, 227, 240

만리장성재수안설 / 8, 215, 216

만이복(蠻夷服) / 5, 37~40

《만주역사지리(滿洲歷史地理)》 / 345, 346

만철조사부(滿鐵調査部) / 170, 215, 220, 222, 342, 346

맹강녀(孟姜女) / 146, 178, 190~193

명도전(明刀錢) / 172, 379, 381, 382

모용 연(慕容燕) / 384

몽염 / 137, 147, 152, 154, 156, 169, 177, 178, 244

〈몽염열전(蒙恬列傳)〉 / 155

묘도군도(廟島群島) / 98, 99, 103, 107

무령현(撫寧縣) / 35, 195~197, 247, 248

《무릉서(茂陵書)》 / 259~266, 275

무수(武遂) / 186, 187

무재인남(茂在寅男) / 100

무제 / 6, 13, 20, 49, 62, 63, 65, 67~70, 74, 76, 78, 79, 82, 86, 87, 91, 92, 114~117, 119, 122, 208, 235, 237, 239, 249, 254, 262, 274, 283

무종(無終) / 204

무종현 / 34, 35

무체현(無棣縣) / 179

《묵자(墨子)》 / 372

문선제(文宣帝) / 206

문성제(文成帝) / 8, 205, 206, 236

《문헌통고(文獻通考)》 / 155

민현 / 155

밀운현(密雲縣) / 35, 113

ㅂ

《박물지(博物志)》 / 58

박성용 / 77, 78, 87, 289, 290, 291

박지원(朴趾源) / 260

반고(班固) / 27, 28, 45, 48, 50, 61, 75, 117, 120, 123, 157, 159, 162, 163, 207, 237, 246~248, 254, 257, 262

발해 / 6, 7, 57~60, 77, 86, 93, 97, 98, 99, 106~110, 117, 118, 130, 132, 133, 144, 145, 163, 164, 174~177, 181, 198, 203, 204, 206, 213, 232, 241, 249, 255, 285, 345, 376

발해군 / 109

배송지(裵松之) / 54

배인(裵駰) / 117

《백가성(百家姓)》 / 118

백단현 / 34, 35

백랑산(白狼山) / 204

백서본 / 336, 338

백조고길(白鳥庫吉) / 10, 342~347, 355, 356

번우성(番禺城) / 74, 89

범금 8조 / 28

벽돌 무덤 / 288, 289

별(別) / 330, 332

보정(保定) / 181, 239

보정시(保定市) / 179, 185~187

보통강 / 85

복승(伏勝) / 26

봉니(封泥) / 10, 11, 293, 317~324, 329, 350, 355, 357, 359~364, 366, 376

봉선(封禪) 의식 / 119, 143, 148, 175, 201, 235

부도위(部都尉) / 66

부도하(不屠何) / 373

부여 / 357

부저하(不著何) / 373

부조예군(夫租君) / 52

북향호(北向戶) / 130~132, 135

비여 / 36

비여현 / 34, 35, 179, 185, 211

비왕(神王) / 63, 66, 375

비음화(鼻音化) / 370

비파형 동검 / 288, 290

빠이뚜(百度) / 87, 153, 157, 178, 187, 206, 361, 362

ㅅ

사구(沙丘) / 147, 174

《사기(史記)》 / 5, 6, 13, 25, 27, 29, 33, 39, 50, 55, 66, 69, 84, 97, 114, 118~120, 128, 142, 143, 148, 154~156, 160, 162, 165, 169, 170, 186, 187, 191, 200~202, 207, 208,

217, 221, 226, 233, 234, 238~240, 254, 261, 266, 302, 340, 375

《사기색은(史記索隱)》/ 112, 207, 209

《사기정의(史記正義)》/ 63

《사기집해(史記集解)》/ 117

《사기회주고증(史記會注考證)》/ 58

사마상여(司馬相如) / 266

사마의(司馬懿) / 236

사마정(司馬貞) / 112, 207

사마천(司馬遷) / 13, 25, 33, 37, 39, 41, 43, 44, 47, 61, 75, 78, 79, 82~87, 99, 111, 120, 124, 125, 128, 133, 134, 142, 143, 147, 148, 154~156, 160, 161, 169, 174, 191, 199, 200, 201, 212, 233, 254, 266, 375

《사진삼관지(四鎭三關誌)》/ 34~36

산전재치랑(山田治郎) / 350, 355

산지(우회)거리 / 271

《산해경》/ 8, 182~184, 241, 243, 312

산해관 / 7, 35, 36, 51, 57, 59, 77, 86, 109, 134, 135, 137~140, 146, 148, 169, 174, 176, 181, 188, 211, 235, 242, 257, 260, 365, 376

《산해관지(山海關志)》/ 35, 36

《삼국지(三國志)》/ 14, 42, 43, 54, 203, 208, 315

삼합장촌(三合莊村) / 18

상(相) / 111, 112

《상서(尙書)》/ 8, 25, 26, 29, 179~182, 187, 210, 211, 231~233, 241, 243, 244, 249

《상서대전(尙書大傳)》/ 5, 25~27, 29

상-하장 / 33, 41, 43, 44

서견(徐堅) / 58

《서》경 / 162

서무산(徐無山) / 10, 257, 311, 315, 316

서무현(徐無縣) / 316

서부도위 / 66

서울광장 / 95

서융(西戎) / 37, 127, 155

석성현 / 34, 35, 247

섭하(涉何) / 5, 44, 53, 62, 63, 65~67, 113, 375

성사(成巳) / 113, 114

성산(成山) / 133, 135

소황지촌(小荒地村) / 356, 359, 362, 365, 366

손광기(孫光圻) / 102

손권(孫權) / 71

손진기(孫進己) / 367, 369, 374

송병준 / 354

《송서(宋書)》/ 80

송정등(松井等) / 343, 345, 347

《수경주(水經注)》/ 121

《수군변통절목(水軍變通節目)》/ 72, 73

수 문제 / 273

《수서(隋書)》/ 239

수성(遂成) / 207, 335

수성현(遂城縣) / 185~188, 207~209, 212~214, 217, 223, 225~227, 229, 230, 234, 239, 246

수성현[무수] / 183, 186~188

수안(遂安) / 170, 174, 218, 376

수안군 / 8, 173, 182, 214, 217, 220, 221, 224~230, 232~236, 238~243, 246, 256, 278

수 양제 / 206, 236

수중현(綏中縣) / 179, 188, 194, 200, 365

순열(荀悅) / 66

순체(荀彘) / 5, 6, 67~69, 74, 77~79, 81~92, 110~116, 122, 376

순행(巡行) / 140, 141, 174, 189, 199~201, 234

승수 / 183, 185

《시》경 / 162

시중(侍中) / 68, 86

《진시황은 몽골어를 하는 여진족이었다(秦始皇是說蒙古話的女眞族)》/ 370

《신당서(新唐書)》/ 106

신라 / 106

신라방(新羅坊) / 104, 381

신라성 / 94~96

《신증동국여지승람(新增東國輿地勝覽)》/ 221, 224, 225, 227, 229, 230

신찬(臣瓚) / 259

신채호(申采浩) / 21, 246

실학자 / 251

ㅇ

《아방강역고(我邦疆域考)》/ 260

악정현(樂亭縣) / 179

안병찬 / 288, 292

안사고(顔師古) / 125, 180, 232, 233

안택선(安宅船) / 72, 73

압록강 / 77, 78, 138, 159, 171~176, 218, 220, 260, 277, 356, 375

양복(楊僕) / 5, 6, 67~70, 73, 74, 76~79, 82~93, 97~99, 103, 104, 107~112, 114~116, 122, 376

양평 / 64, 244, 384

어양군 / 35

어양현 / 34, 35, 112, 113

어환(魚豢) / 30

여성 / 36

여성현 / 34, 35, 179, 185, 230, 246~248

《여씨춘추(呂氏春秋)》/ 124, 125, 183, 184

여아하(女兒河) / 368

《여지광기(輿地廣記)》 / 247

역계경(歷谿卿) / 47, 54

역도원(酈道元) / 121, 155, 177, 178

역참(驛站) / 138, 139

연(燕) / 30, 44, 85, 87, 152, 153, 162

연(燕)나라 / 30~33, 35, 40, 48, 87, 145, 151, 153, 154, 158, 162, 170, 172~176, 192, 201, 214, 244, 255, 358, 359, 372, 373

연국 / 5, 33~37, 41, 42, 240

연산산맥(燕山山脈) / 57, 78, 164, 181, 236, 257, 275, 277, 278, 358

연안항법(沿岸航法, coastal navigation) / 100~102, 104~107, 110, 111

《연행록(燕行錄)》 / 260, 265

열성(列城) / 150

열수(列水) / 115, 299, 306

열양(洌陽) / 120

열양후(洌陽侯) / 117

영정(嬴政) / 127, 140

영주(營州) / 64, 65

영지 / 36

영지현 / 34, 35

영평부(永平府) / 35

《영평부지(永平府志)》 / 195

예(濊) / 46, 57, 60

오수전(五銖錢) / 382

오환(烏桓) / 57, 203

옥전현(玉田縣) / 35, 315, 316

온양(溫陽) / 120

와당왕(瓦當王) / 190

왕건군(王健群) / 94~96

왕립신 / 366, 367

왕망(王莽) / 75, 76, 124, 320

〈왕망전〉 / 256, 257, 320

왕면후(王綿厚) / 367, 369, 374

왕부(王符) / 160, 161, 262

왕새시(王賽時) / 105

왕성생(王成生) / 359, 360

왕자금(王子今) / 9, 102, 282~285

왕중(王仲) / 105

왕험(王險) / 43, 44, 60, 63, 74, 76, 78, 79, 81~91, 98, 99, 107, 110, 113, 115~117, 217~220, 290, 375~377, 384

왕협(王唊) / 111~113, 117, 119, 121, 123

왜관(倭館) / 104, 381

요동(遼東) / 32, 64, 154, 157, 161, 170, 176, 178, 184, 185, 198, 235, 245, 283, 285

요동군 / 32, 46, 57, 60, 67, 69, 74, 75, 81, 84, 157, 174, 183, 249, 262, 276, 278, 284, 313, 324, 382

요동 동부도위(遼東東部都尉) / 65, 66

요동반도 / 60, 65, 77, 98, 99, 106, 107, 132, 139, 157, 159, 174, 176, 275, 277~279, 282~284, 348

요동산(遼東山) / 223, 225~227, 234

요동속국 / 262, 276, 277

《요동지(遼東志)》/ 260, 265

요서군 / 35, 201, 202, 235, 249, 262, 276, 277, 285, 360~363, 365~367, 373, 374

요서주랑(遼西走廊) / 57, 77, 366

요서 중심설 / 21

요수(遼水) / 183, 184, 209, 210, 213

요양(遼陽) / 158, 170, 384

요하(遼河) / 210

용강 각석 / 299, 300, 303, 307, 309~315, 314, 317

우갈석 / 8, 210, 211, 231, 232, 377

우거(右渠) / 47, 49~51, 53, 54, 57, 62, 66, 67, 74, 76, 79, 80, 83, 88, 90, 91, 112, 113, 117, 119, 121, 123, 141, 236, 254

〈우공(禹貢)〉/ 8, 63, 179~182, 187, 213, 220, 231~233, 241, 243, 244, 249

우북평군 / 35, 63, 64, 230, 246, 285, 316

우촌삼랑(牛村三郞) / 350, 355

우회(산지)거리 / 163, 165~167, 267~269, 377

《원화군현지(元和郡縣志)》/ 155

《위략(魏略)》/ 30, 47, 54, 55, 56

위만(衛滿) / 5, 20, 33, 37, 38, 40~49, 51, 53, 62, 77, 123, 240, 272, 290, 375

위산(衛山) / 78, 79, 82

위세품 / 326

위청(衛靑) / 69, 92

위타(尉他) / 39

유림관(楡林關) / 63, 65, 375

유방(劉邦) / 33, 34, 118

유성(柳城) / 203, 204, 384

유성현 / 34, 35

유주 / 59, 63, 64, 109, 186, 198, 203, 243, 244, 308, 313, 384

유철(劉徹) / 201

유향(劉向) / 191

유현(蘽縣) / 179, 185

〈육가열전(陸賈列傳)〉/ 39

윤내현(尹乃鉉) / 21, 319, 322

윤만 한묘 간독 / 332

윤지장(尹知章) / 372

음산(陰山)산맥 / 152, 164

음차(音借) / 373, 377

응소(應劭) / 112

의무려산(醫無閭山) / 175, 307, 308, 313, 314

이덕일(李德一) / 21, 53, 288, 300, 311,

317

이병도 / 8, 53, 54, 223~227, 229~231, 300, 328

이완용 / 354

이태(李泰) / 121, 155, 186

일남군(日南郡) / 271, 278

일-선 동조론(日鮮同祖論) / 348

《일주서(逸周書)》 / 371

《일지록(日知錄)》 / 97, 108, 273

임둔(臨屯) / 46, 53, 55, 60, 61, 254

임둔군 / 52, 259, 260, 263, 265, 266, 298, 356, 361~365

임둔태수장(臨屯太守章) / 11, 322, 357, 359~364, 366, 376

임유현(臨楡縣) / 179, 185, 196~198

임조(臨洮) / 135, 154, 155, 159, 161, 168, 178

임진왜란(壬辰倭亂) / 103

임회군 / 281~285, 322, 324

임회태수(臨淮太守) / 322

《입당구법순례기(入唐求法巡禮記)》 / 381

ㅈ

《자치통감(資治通鑑)》 / 67, 186, 187, 198

장량(張良) / 145

장벽파(張碧波) / 211, 245

장새(障塞) / 31

장수왕(長壽王) / 80, 252, 378

장수절(張守節) / 63, 65

장항 / 112, 113, 117, 119, 121, 123

저양(沮陽) / 120

적저국(荻苴國) / 118

적저후(荻苴侯) / 117

《전국책(戰國策)》 / 97, 202, 260

전내궁(箭內亘) / 343, 345~347

전주(田疇) / 204, 316

《전한기(前漢紀)》 / 66, 69

점제 / 207

점제비 / 298

점제현 / 10, 298~300, 302~307, 309~318, 342, 350, 355, 376, 384

점제현 신사비 / 378

정겸(丁謙) / 58

정백동 / 10, 292, 325, 329, 339

정인보(鄭寅普) / 21, 210, 246, 247, 296, 297, 300, 304, 307~309, 313~315, 318~320, 322~324

정인성 / 328

정화(鄭和) / 101

제강영치(諸岡榮治) / 350, 355

제 경공(齊景公) / 124

제 환공(齊桓公) / 373

조거용장(鳥居龍藏) / 10, 342, 347, 348

조계(租界) / 104, 381

조 무령왕(趙武靈王) / 37

조선(朝鮮) / 25, 27, 29, 30, 32, 33, 42~47, 49~51, 54~57, 61, 62, 65, 66, 69, 70, 74, 78, 80~84, 86, 87, 89, 90, 97, 99, 107, 108, 110, 111, 113~115, 117, 121, 123, 125, 130~133, 135, 155, 207, 213, 236~239, 249, 358, 375, 376

《조선고적도보》 / 350

《조선사연구》 / 247, 297, 319, 324

조선성(朝鮮城) / 244

《조선역사지리(朝鮮歷史地理)》 / 346

〈조선열전(朝鮮列傳)〉 / 5, 25, 29~33, 37, 41, 45, 48, 50, 53, 60, 66, 67, 69, 74~76, 82~87, 93, 98, 102, 107~109, 112, 120, 124, 125, 290, 375

조선총독부 / 216, 222, 251, 298, 299, 302, 306, 341, 342, 347, 348, 350, 351~355

조선현 / 19, 377

조선후(朝鮮侯) / 27

〈조전비(曹全碑)〉 / 338, 339

조조(曹操) / 8, 14~16, 57, 178, 203, 204, 233, 236, 241~243, 258, 316

조한(朝漢) 전쟁 / 5, 22, 62, 77, 116, 266

졸정(卒正) / 74~76

좌갈석 / 210~212, 231, 232

좌장군(左將軍) / 67, 69, 74, 75, 77, 82~84, 87, 88, 91, 92, 111, 114, 115

《좌전(左傳)》 / 190

주 무왕(周武王) / 25, 26

주 성왕(周成王) / 372

주영강 / 365~367

주천(酒泉) / 160, 269

주학연(朱學淵) / 11, 370, 371

준왕 / 42

《중국역사지도집》 / 367

중심이동설 / 21

지내굉(池內宏) / 344, 346, 347, 355, 356

지부(芝罘) / 133, 135, 147

지석산 / 183, 184

직도(直道) / 136, 137, 139, 259

직선(평지)거리 / 159, 163~167, 267~271, 278, 377

직예(直隸) / 58

진가외(陳可畏) / 172

진개(秦開) / 30, 358

진국 / 50, 53, 55

진례(陳澧) / 367, 368

진몽가(陳夢家) / 273, 274

진번(眞番) / 5, 30, 44, 46, 50, 52, 53, 55, 56, 60, 61, 254, 259, 260, 262~266,

298, 356, 364

《진서(晉書)》 / 63, 64, 212, 217, 224, 229

《진서》〈지리지〉 / 64, 217, 224, 229

진수(陳壽) / 14, 42, 203, 316

진 시황 / 128, 131, 133, 135~138, 140, 141, 148, 152, 153, 158, 162, 174~176, 188, 189, 192, 193, 198, 199, 201, 265, 302, 376

〈진시황본기〉 / 6, 128, 130, 133, 142, 170, 199, 201, 226, 234, 237, 302

진왕도(秦王島) / 196, 197, 198

〈진장성동단급왕험성고(秦長城東端及王險城考)〉 / 170, 219

진전좌우길(津田左右吉) / 300, 344, 346

진황도(秦皇島) / 8, 35, 36, 59, 78, 109, 135, 138, 178, 181, 188, 195, 196, 198, 199, 247, 316

ㅊ

차이나 타운(China Town) / 104, 381

참(參) / 111, 112, 117, 118, 123, 125

창려 / 64, 86, 147, 178, 179, 185, 213, 215, 236, 239, 241, 244, 245, 247, 248, 316, 378

창해 / 57~60, 130, 205, 241

창해군(蒼海郡) / 5, 57, 59, 60

천안현(遷安縣) / 35

최(最) / 113, 117, 118, 120, 123

《춘추공양전(春秋公羊傳)》 / 13

출도(出島) / 381

치도(馳道) / 136~138, 259

칭기즈칸 / 371

칭기즈칸 능 / 194, 195

ㅌ

탁발도(拓跋燾) / 20

《태강지지(太康地志)》 / 208, 209, 211, 214, 217, 239

태산 / 144

태산 각석(泰山刻石) / 142, 305

태수(太守) / 65, 75

태집둔(邰集屯) / 322, 356~359, 362, 364, 366~368, 376

《태평환우기(太平寰宇記)》 / 211, 243, 245

태행산 / 180~182, 241, 276, 313

통가(通假) / 60, 247, 340

《통전(通典)》 / 97, 155, 209~213, 217, 220, 229, 239

퇴결(魋結) / 5, 37, 39, 40

ㅍ

판옥선(板屋船) / 72, 73

패수(浿水) / 33, 41~43, 63, 77, 81~86, 102, 207, 375, 376, 384

평곡현 / 34, 35

평양 / 9, 10, 20, 21, 33, 41~43, 48, 49, 60, 70, 77, 78, 84~86, 98, 104, 105, 107, 108, 135, 169, 215, 218, 231, 234, 237~240, 243, 250~252, 256, 278, 282, 284~294, 297, 298, 300, 308, 317~325, 328, 329, 339, 349, 350, 353~355, 357, 358, 365, 375~378, 380, 381, 383, 384

평원진 / 146, 147

평주 / 9, 59, 63~65, 109, 117, 123, 205, 206, 243~246, 375, 384

표호(豹胡) / 373

피진 어(Pidgin Languages) / 333

ㅎ

하드리아누스(Hadrianus) / 151

한 무제 / 8, 13, 48, 49, 57, 61, 66, 72, 90, 105, 108, 123, 124, 148, 161, 176, 186~188, 200~203, 207, 233, 235, 236, 244, 249, 253, 256, 259, 265, 266, 286, 302, 303, 346, 353, 363, 364

한반도 중심설 / 21

한사군(漢四郡) / 17, 20, 21, 48, 49, 61, 106, 114, 206, 250, 251, 256, 261, 265, 266, 272, 276, 298, 329, 346, 364, 375, 376, 378

《한서(漢書)》 / 9, 27, 29, 45, 47~50, 53, 55, 57, 61, 71, 72, 75, 105, 116~118, 120, 123, 124, 157, 160~162, 165, 203, 206, 208, 221, 237~239, 246, 254, 255, 256, 261, 263, 265, 266, 270, 275, 276, 299, 319, 320, 340, 364, 376

《한서》〈지리지〉 / 5, 27, 121, 207, 218, 246~248, 300, 316, 367, 369

《한서음의(漢書音義)》 / 112, 117

한음(韓陰) / 111~113, 117, 118, 121, 123, 125

〈한전(韓傳)〉 / 42

한현도(韓顯度) / 19, 20

한현도 묘 / 383

합천(陝川) / 165

항산 / 180~182, 241, 276, 307

해내 / 130, 134, 143, 242

해양 / 36

해양현 / 34, 35

현토 / 61, 64, 123, 124, 206, 213, 220, 237~239, 244, 254~257, 262, 263, 265, 276, 279, 284, 298, 356, 364, 376

현토군 / 262, 263

호동이교위 / 64

호복(胡服) / 38

호위(胡渭) / 59, 108

호해(胡亥) / 146, 174, 201, 234

홍승현 / 173

황해 / 58, 70, 98, 99, 104, 106, 107, 109

《회남자(淮南子)》 / 8, 155, 182~184, 202, 206, 237~240

획청후(漍淸侯) / 117

효문묘 동종(孝文廟銅鍾) / 297, 328, 342, 349, 378

효문제(孝文帝) / 26

효혜제(孝惠帝) / 45

후등신평(後藤新平) / 343

후음화(喉音化) / 371, 374

《후한서(後漢書)》 / 9, 47~49, 57, 71, 72, 105, 161, 261, 263, 264, 270, 275, 276, 319, 320

흉노(匈奴) / 34, 35, 37, 39, 69, 92, 116, 137, 139, 152, 153, 157, 162, 240, 243, 255, 370